普通高等教育"十二五"规划教材

工 商 管 理 精 品 系 列

市场营销学

（第六版）

朱成钢 王 超 编写

◎教育部推荐教材

◎全国社科类优秀畅销书

立信会计出版社
LIXIN ACCOUNTING PUBLISHING HOUSE

图书在版编目(CIP)数据

市场营销学/朱成钢，王超编写. —6版. —上海：立信会计出版社，2015.8

普通高等教育“十二五”规划教材. 工商管理精品系列

ISBN 978-7-5429-4755-0

Ⅰ. ①市… Ⅱ. ①朱… ②王… Ⅲ. ①市场营销学—高等学校—教材 Ⅳ. ①F713.50

中国版本图书馆 CIP 数据核字(2015)第185938号

责任编辑　洪梅春

封面设计　周崇文

市场营销学(第六版)

出版发行	立信会计出版社		
地　　址	上海市中山西路2230号	邮政编码	200235
电　　话	(021)64411389	传　　真	(021)64411325
网　　址	www.lixinaph.com	电子邮箱	lxaph@sh163.net
网上书店	www.shlx.net	电　　话	(021)64411071
经　　销	各地新华书店		

印　　刷	常熟市梅李印刷有限公司	
开　　本	710毫米×960毫米	1/16
印　　张	21	
字　　数	390千字	
版　　次	2015年8月第6版	
印　　次	2017年3月第2次	
印　　数	3 101—6 200	
书　　号	ISBN 978-7-5429-4755-0/F	
定　　价	38.00元	

第六版说明

本书在2008年作了一次较大的修改形成第五版，发行至今也有七年了，作为一本教育部推荐的教材，承蒙广大读者接纳使用，各方面的反映总体上还是让人高兴的，作为第五版作者，我们对此深表感谢。回顾此书从初版以来的二十六年历程，市场营销不管是理论还是实践，在国内和国外都在不断得到发展接受，作为作者的我们也在这个发展过程中不断深化了对市场营销的认知，我们也把这些新的认知通过修改再版与广大读者分享。

21世纪开始至今，经济社会的全球化和信息化浪潮极大地改变了经济运行方式和消费生活方式，人类的生产劳动行为和生存行为与20世纪有了很大不同。经济全球化使人们越来越感受到地球村的存在，我们可以发现标注“中国制造”的商品全世界无处不在，与此同时我们的商业中心里也到处是显眼的国际品牌。各国国民的跨国流动与跨国投资也日趋自由便利。随着互联网技术的发展，人们越来越感受即时化同步化的好处，不管你身处何方，只要有“终端”和“网络”，你就和世界保持着“同步”，使很多事情都处在“即时”状态，你可以用你小小的移动终端(手机)查看商品信息、下单、付款、了解发货过程，还可以退货，可以与人分享你消费的体验。在全球化与信息化的今天，所谓“厂商”也可以借助互联网完成市场营销的全过程，他们可以在互联网上完成需求调查、产品设计、定制加工、促销推广、分拨交付以及他们想做的其他很多事情。

上述变化其实在本书第五版修改时我们就注意到了，所以七年前我们不仅作了文字的修订完善，更是在全书的内容结构方面作了较大的调整，在叙述了市场营销的经典理论后补充了全球化、信息化等对市场营销的影响。七年前我们还尝试在每个章节后增加案例和思考题，一是帮助读者加深对营销理论的理解，二是想通过案例的描述，告诉读者当今市场和生产消费领域新的动态，激发读者更多思考。这次修改我们保留了上一版的主要内容，只是对文字和案例进行了完善，所以熟悉并使用本书做教材的读者特别是教师，不必在教学框架上做大的变动。

第六版文字上变化不多，但是作为作者还是关注到今天在营销世界的日新月异，让我们感慨的是微信和百度(或者脸书和谷歌)已经成为人们生活中不可或缺的东西；互联网企业好像也不仅仅在做互联网，它们在设计未来汽车，未来能源；消费者也不仅只是商品使用者，他们同时也参与商品的设计制作；一个具体的商品越来越难以定义，如传统意义上的“电话”，现在只好用“移动终端”来表述；经济全球化也不只是单纯依靠跨国公司来实现，消费者的跨国界自由流动也是全球化的推动因素，甚至社会再生产各环节在信息化支撑下的全分离也可以推动全球化；人们不仅在物理世界生活着，同时也越来越喜欢虚拟世界的一切；消费者不仅仅满足于当经济人，大家越来越关心生态、文化、社会公平正义，越来越喜欢当社会人；今天在营销世界，“至上”“主导”等概念的说服力恐怕正在弱化，“众筹”“XX+”等概念已经广为传播……

我们期盼着，或许在下一次修订再版此书时，我们也可以用“众筹”的形式来实现。让我们就此发出邀请，请广大读者、教师和营销界的朋友们加入我们吧！

朱成钢　王超

2015年7月

目 录

第一部分 市场营销基础及营销战略

第二部分 市场营销策略组合

1 第一部分

市场营销基础及营销战略

第一章

市场营销绪论

第一节 市 场 综 述

企业是经济社会中一种独立的经济实体,它用一定量的经济投入换取一定量的经济报酬。如果经济报酬大于经济投入,企业就能够生存和发展;如果经济报酬不能补偿经济投入,企业就无法生存,就会破产。在市场经济中,企业的报酬来自商品或服务的销售收入,而销售收入的获得以及销售收入的多少,取决于企业的商品是否为市场所需要以及每种商品的价格是多少,即企业的经济报酬取决于市场。

在市场上,绝大多数的商品是由很多企业共同生产的,每一个企业都希望把自己的商品全部推销出去,并且能卖个好价钱。但市场的需求在很多情况下又不正好等于企业的供给量(在生产力水平高度发展的今天,很多商品都存在供大于求的情况)。因此,企业之间必然会发生竞争,每个企业都力图使自己的商品质量最好、价格最低,以便能最先销售出去。然而,一个最好的商品不仅需要质优价廉,还必须最能满足消费者的需求。商品能够满足消费者需求的功效越大,它的市场竞争力也就越强。因此,任何企业都面临着需求的问题。

在市场上,除了生产同类商品的企业之间存在激烈竞争外,还有很多其他综合因素影响企业能否把自己的商品推销出去。从宏观上看,这些影响因素来自政治、社会、经济、文化等各个方面,从微观上看,则来自市场需求的转换、供求关系的调整、各种商品价格的互相影响,以及企业本身的经营能力。这些宏观的或微观的影响因素都通过市场传导给企业,因此企业还面临着市场问题。

一、市场的定义

市场是企业活动的前提和舞台,要了解市场营销,首先必须先了解市场。市场是与社会分工和商品生产紧密联系的,哪里有社会分工和商品生产,哪里就有市场。一方面,市场是社会分工的产物,是随着社会工种大分化、大组合的发展而发展的,社会分工越发达,市场越繁荣。另一方面,市场是商品经济的范畴。没有商品生产与商品交换及其发展,就不会有日益扩大的市场。因为商品生产不是为了满足商品生产者自身的需要,而是为了交换或出售,去满足消费者的需要,而要满足消费者的需要，就只有在市场上进行交易，才能完成使命。

市场是商品交换的场所。因为各个商品生产者之间、商品生产者与消费者之间，彼此必须通过交换或买卖形式才能取得对方的商品或使用价值，这就促使商品交换逐步在一定时期和地点形成市场，亦即形成商品交换的场所。

但是在现代社会中，市场已不局限于有空间和时间限制的商品交易场所。因为大规模专业化生产的生产者不再为自己生产全部的物品，而是用自己生产的某种物品去交换各种所需的物品。因此，当物品还在生产过程中时，就已经开始寻找买者了，即商品的交易活动在物品生产时就开始了，市场早已超越了交易场所的范畴，它的空间和时间已扩大到生产过程，交易的场所仅成为市场的一个环节。可以说，现代经济社会中，市场已演化为由货币和价格作为媒介物而联系在一起的商品供求关系，我们可以用一个简洁的模型图把这种供求关系反映出来，见图 1-1。

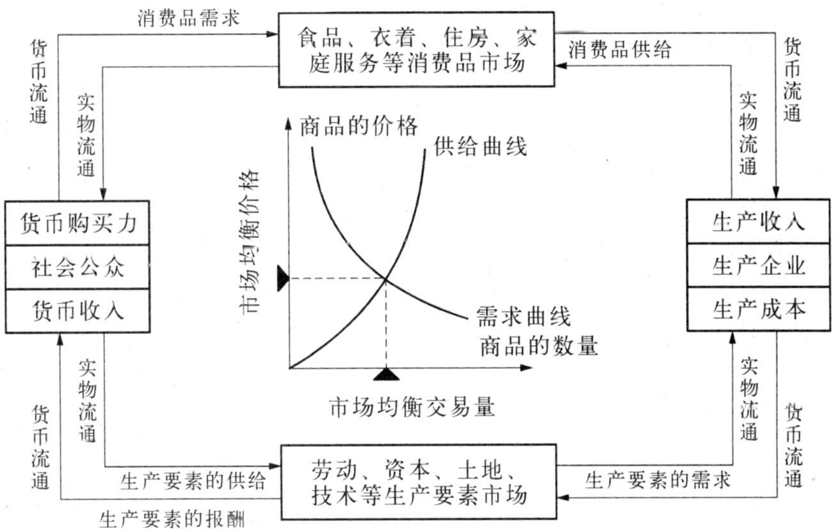

图 1-1　整体市场模型

在整个市场中，社会公众代表消费的一方，生产企业代表生产的一方。消费者用自己的货币收入向生产企业购买各种消费品以满足自己的需求，生产企业则向消费者出售他们所需的商品以收回投资，取得利润。这样，在模型的上方，便形成了以货币为媒介的消费品（最终物品）供求联系。但是消费者要购买所需的商品，先要取得一定数量的货币，而企业要进行商品的生产也需要有一定生产要素的投入，消费者或者社会公众通过向企业提供劳动、资本等各类生产要素获得货币收入（或称生产要素的报酬），企业则以货币向社会公众购买这些生产要素，这样又形成了模型下方生产要素（中间物品）的供求联系。

图1-1简洁地勾勒出现代社会经济活动的全部过程。从图中可以看出，经济活动的最基本内容就是以货币作为媒介物的商品供求联系。在消费品供求中，社会公众用货币购买商品，满足自己的需求，而企业则用商品换回货币，实现自己的供给。在生产要素供求中，社会公众向企业供给各类生产要素，换取货币收入，而企业则用货币向社会买入各种生产要素，以满足生产的需要。模型下方的供求联系是由模型上方的供求联系引致的，所以模型是一个整体。这个模型所表现的供给和需求的全部联系，就是一个整体市场。

二、市场的功能

市场的功能是指市场集体在运动过程中所具有的客观职能，它表现为市场集体所从事的具体活动，如交换商品、信息反馈等。市场功能是一切市场所共有的，一般来说，市场有六大功能。

（一）交换功能

这是指通过市场进行商品收购和商品销售活动，能实现商品所有权与货币持有权之间的互相转移，最终把商品送到消费者手里，使买卖双方都得到满足。也就是说，通过市场进行交换，能把生产者和消费者联系起来，实现经济上的结合。

（二）价值实现功能

商品的价值是人们在生产劳动中创造的，但其价值的实现则是在市场上通过实现商品交换来完成的。任何商品都会受到市场的检验，市场是企业营销活动的试金石。市场状况好，商品能顺利地在买者和卖者之间转换，最终送到消费者手里实现消费，价值才能最后实现。

（三）供给功能

这是指市场上商品运输和存储的活动。商品运输是商品实体借助于运输力量从生产场所转移到销售场所，商品储存是商品在流通过程中的短暂停滞。商品运输和储存是商品流通过程的重要环节，是商品的实体运动，通过上述活动可以实现商品在时空上的转移，以保证商品生产和流通的正常进行。

（四）反馈功能

市场是洞察商品供求的窗口，它好像是一种示波器，以它特有的信息反馈功能把供求正常和供求失调的信息反馈给生产经营者，以利于商品生产和流通的正常进行。

（五）调节功能

市场的调节功能是通过价值规律、供求规律和竞争规律来体现的。人们从市场上得到的有关市场供求、市场价格和市场竞争情况的信息反馈后，可以通过一定的调节手段和措施使生产的商品适应市场的需求。

（六）服务功能

这是为保证交换和供给等功能所必需的各种服务手段，如资金融通、市场情报收集、风险承担等。相应的各种服务于市场的设施和机构，如银行、咨询、信托、保险都应运而生，为市场营销、商品流通提供种种便利，对市场活动的顺利展开起到积极促进作用。

市场是社会经济发展到一定阶段的产物，而市场的发展反过来又对经济的发展起到极大的推动作用。作为商品经济运转过程中一个不可缺少的环节，市场所具有的上述功能，对经济的发展起着极大的作用。具体表现在：首先，市场能成为连接生产与消费的纽带；其次，市场能把分散的经营活动和错综复杂的买卖关系结合成一个有机整体；再次，市场有助于生产资料和消费资料在国家或民众之间的分配；最后，市场还能在一定程度上自发地调节产销之间、供求之间的经济利益关系。

三、营销市场

（一）营销市场的含义

上述对市场的定义或分析，是基于一种宏观的经济学立场，既不偏向于消费者的解释，也不偏向于生产企业的解释，对市场的定义和分析是一般的、全面的。但是，市场营销是一种企业的活动，作为营销学所研究的市场就必须站在企业的立场，从企业的角度去观察市场、解释市场，我们把这样的市场称为营销市场。营销市场是经济学意义的市场的一部分，是某种商品或服务的微观市场。虽然营销市场是营销学或企业所十分重视的，但并不等于说，经济学意义上的宏观市场对企业的营销活动毫无关系。相反，宏观市场的所有变化都会对企业的营销活动产生或多或少的影响，只不过这些影响的波心是企业的营销市场。所以，也可以换一种说法，宏观市场的一切影响，最终都是通过企业的营销市场传导给企业的。

一个从事营销活动的企业所面临的市场有两个：一个是企业购进生产要素的购买市场。在这个市场上，企业是需求者，如果生产要素的供给者越多，供给数量越丰富，企业的生产要素来源就越广，它的购买市场就越大。在经济发达的国家，如何去购买到自己所需的商品已不是很困难的事情，所以在很多情况下，企业是不把它的生产要素供给当作一个市场来看待的，而仅仅把它当作一种影响营销活动成败的条件来加以研究。另一个是企业出售自己商品的销售市场。在这个市场上，企业是供给者，如果消费者购买的数量越大，企业的销售市场也就越大。在市场经济条件下，销售市场对企业的生存和发展是有很大关系的，如果一个企业不能把所生产的商品销售出去，它就不能收回自己的投资，获取利润，既无法继续再生产，更无法扩大再生产，它就要停止营业，或者破产、倒闭。在市场经济中，企业应生产消费者需要的商品，并按消费者能够接受的价格，向他们提供最好的东西。为此，企业在整个生产、销售过程中就必须开展诸如市场调查、产品开发、促销策划、售后服务等一系列市场营销活动，由此，我们把企业的商品销售市场称为营销市场。

（二）营销市场的衡量

由于营销市场的重要性，企业在了解其性质的基础上，更要分析其规模、衡量其大小，以便正确地选定自己的最佳产量或销量。营销市场虽然在客观上也反映了一种商品的供求关系，但在主观上，企业只把它看作一定时期内市场购买某种商品的需求能力，这种能力最终表现为一定时期内市场可能购买的最大数量。因此，一种商品营销市场的大小，就是这种商品在一段时间内最大可能的需求量。

影响一种商品需求量的因素很多，主要可以归结为价格因素和非价格因素两类。

1. 价格因素

在一般情况下，如果影响需求的其他因素不变，那么价格与需求量总是表现为一种反向变动的关系，即一种商品的价格越高，市场可能的需求量越少；价格越低，市场可能的需求量越大。这种关系可以借助一个直角坐标图表现出来。图 1－2 中那条向下倾斜的曲线被称为需求曲线，因此经济学把价格同需求量之间的反向变动关系称为需求向下倾斜规律。

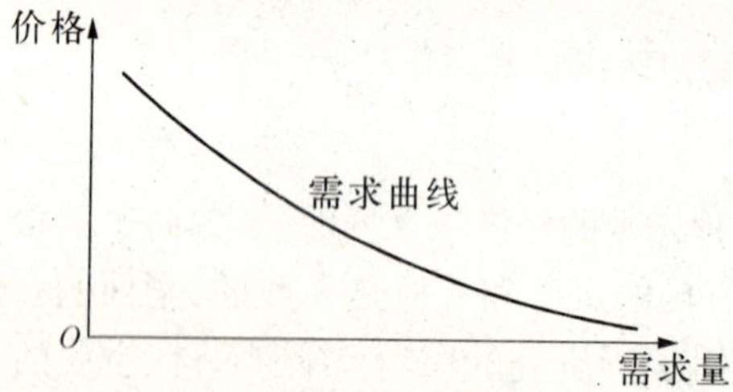

图 1－2　需求曲线图

2. 非价格因素

除了价格这个影响需求量的主要因素外，其他一些非价格因素对需求量也会有很大影响。随着经济的发展，消费者收入的提高，非价格因素的影响将越来越明显。这些因素具体包括：

（1）收入。收入正好与价格的作用相反，对大多数商品而言，消费者收入越高，可能的需求量就越大，但就不同的商品而言，收入的变化，对需求量的影响是不同的，这种因果联系称为收入效应。比如，当收入提高以后，大多数普通商品的需求量会相应得到增加，高档商品则会以更快的速度增加，而一些低档的商品因中高档商品的取代，需求量不仅不会增加，反而会逐渐减少。

（2）消费偏好。由于很多消费品较易受心理因素的影响，一种时尚的流行、一位歌星的示范都可能产生很大的趋同效应，促成很大的购买量。很多企业深知偏好的重要，因此愿意花费大量的广告宣传来培养一种偏好，从而扩大商品的营销市场。

（3）价格的预期。如果消费者已有了在未来购买某种商品的意向，一旦市场上价格发生波动，消费者预期价格将进一步上涨时，他们就可能提前购买，从而扩大一定时期内的需求量；反之，如果消费者认为价格在不远的将来可能下降时，也可能推迟购买，这样便减少了一定时期内的需求量。

(4) 相关商品的购买量。如果两种商品的功效相同或者相近，那么，一种商品需求量增加后，另一种商品的需求量相应就会减少，这称为市场的替代效应。咖啡和茶叶、空调和电风扇都存在一定的替代效应。如果两种商品在消费或使用时必须互相配合，如咖啡和糖、服装与配饰，当一种商品的需求量大量增加后，另一种商品的需求量也会随之增加，这称为市场的连带效应。

以上是影响商品市场需求量的一些主要因素。企业营销市场的大小同这些因素有关。也有的营销学家或企业把上述这些因素按市场营销的特点作了一个简单的概括，把企业营销市场的大小用一个公式加以表示：

营销市场＝人口＋购买力＋购买愿望

这个公式也简洁地说明了一个道理，企业要出售商品，就必须有消费者，人口越多，企业的潜在营销市场就越大。但是有的地区人口很多，却很穷，购买力不高，那么企业的营销市场仍然不会很大。因此除了人口因素外，购买力也是影响市场大小的一大要素。但是，假如有了购买力，而人们缺少购买该种商品的愿望，企业仍然不会有很大的营销市场。消费者数量、购买力和购买愿望，是构成企业营销市场大小的三大要素。

(三) 市场份额

营销市场是指某种商品的销售市场。在市场经济中，由于独占的企业很少，一种商品一般有众多企业同时生产或销售，所以，每一个企业的销售量只是整个营销市场的一部分。企业销售量占全部营销市场销售量的比重就是企业的市场份额，有时也称市场占有率。

在竞争的市场中，企业的市场份额是影响其销售量的前提条件。首先，较大的市场份额使企业能保持一定的生产和销售规模，从而有足够的收入以维持营业或扩大营业。其次，较大的市场份额使企业能处在较理想的规模经营状态，有利于降低成本，实现专业化，获得规模效益。再次，较大的市场份额能提高企业的市场声誉，从而使企业处于竞争的有利地位。因此，很多企业都十分重视自己的市场份额。在特定的时期内，企业甚至宁可放弃暂时的利润，也要保证自己具有一定的市场份额。也有的企业把市场份额的多少看作一种短期或长期的营销目标，作为衡量自己营销成败的标准。

第二节 市场营销的发展及其特点

一、市场营销的产生和发展

市场营销作为一门系统和科学地研究市场营销问题的学科，出现于 20 世纪，至今它仍是一门比较年轻的学科。但是，与市场营销有关的学问，却已有漫长的历史。在中国历史上出现过许多非常著名的商人，如范蠡、白圭等，他们的很多经商经验，直到今天依然有着极高的参考价值。司马迁在他的历史巨著《史记》中，对这些经商思想曾给予详细记载。比如，在《史记·货殖列传》中描写的"计然策"，认为贸易的物资以迎合将来的需要最为有利可图，即"旱则赀舟，水则赀车"。这同现代社会中要求企业注意满足消费者的潜在需求有一定的相似之处。又如，"计然策"认为经商者不能采取囤积居奇的办法来牟取过分高价，而是应看准时机，抓住市场机会"贵出如粪土，贱取如珠玉"，结果总是"贪贾三之，廉贾五之"。中国传统的经商理论还要求"务完物"，即必须保持商品质量的完好，同今天很多企业提倡的"质量是企业的生命"的观点相吻合。

上述这些思想虽然有其科学性，甚至也有一定的系统性，但同今天的市场营销思想相比，依然有很大的差距。主要原因是历史上这些经商思想产生的经济背景同今天已有很大差别。过去是自然经济，商品交易和市场活动只不过是整个社会经济活动的极小部分，是自然经济的一种补充，交易的内容和地域也极为狭小，交易的手段主要以贱买贵卖为特征。因此严格地说，上述思想仅是一种从事商品转卖的生意经。

市场营销作为一门完整和科学的理论，是人类社会工业化和市场化的成熟产物。因此，它的产生同资本主义经济发展有着密切的联系。

在20世纪初，一方面，西方主要资本主义国家基本上进入了工业化、机器化的大生产时代，社会经济水平有了极大的提高。蒸汽机推动了火车、轮船的升级换代，使得市场的距离缩短，市场的范围相应扩大；电话、电报的发明使商业信息的传递极为方便。这一切都强烈地推动了市场交易活动。另一方面，由于生产技术和管理水平的普遍提高，企业之间的竞争也开始激烈起来，但是由于消费者并不十分富裕，市场总的状况又是供不应求，所以企业在竞争中成败的关键在于能否提供质优价廉的商品。谁的价格低、质量好，谁的商品就有销路，谁在市场上就有优势。当时支配企业的是一种生产观念，企业不必考虑消费的品种偏好和变化偏好，企业的运作重点在于生产过程，而不是市场。当时美国福特汽车公司宣称"不管顾客需要什么颜色的汽车，我只有一种黑色的"，在这样一种所谓"卖方市场"的环境中，企业不会注意市场营销问题。

到20世纪20年代，由于生产力的进一步发展，资本主义市场经济的一些制度弊端逐渐显露出来，日益严重地影响着经济发展，使得资本主义世界产生了以"生产过剩"为特征的经济危机。企业的商品普遍积压，激烈的竞争从生产过程移向销售过程，推销观念逐渐支配了企业的行为。企业普遍认为，在市场上能否站稳脚跟的关键不是在于能提供什么商品、什么价格、什么质量，而是看你用什么手段把已经生产出来的东西推销出去。它们认为，问题不是出在企业内部，而是来自市场。因此在这一阶段企业非常注意广告宣传，以及各种形式的人员推销，一些企业甚至采取“强行推销”的手段强卖商品。同过去相比，这一阶段企业开始把注意力转向市场，但不是进行营销，而仅注重推销。在短期内一些企业确实降低了商品库存，在严重的经济危机中生存下来。但问题是降低了库存之后下一步怎么办？是重蹈商品积压的老路，还是在生产一开始就注意市场，确保产品一离开生产过程就能直接进入市场？

当第二次世界大战结束之后，一方面，由于战争的刺激和科学技术的发展，使得生产力水平又产生了飞跃的发展，微电子技术、核能技术、航空航天技术等的发展，把如何去生产一个质优价廉的物品变为一件普遍能做到的事情；随着交通、通讯的发展，市场范围也日益扩大，市场的沟通冲破国界，扩大到整个国际范围，世界性的市场逐步形成，市场已把企业、国家，甚至整个世界充分地联系起来。商品交易深入到人们生活的每一个细节，市场成为人们消费生活不可缺少的部分。另一方面，资本主义国家由于经济政策的调整，国家宏观调控的加强，市场经济制度进一步完善，企业生产什么？怎样生产？为谁生产？这些基本问题都逐渐由消费者手中的“货币选票”(投向)来决定，消费者的购买能力也在日益提高，消费者与企业之间在市场上的位置彻底颠倒过来，“买方市场”开始形成。在这种情况下，企业不仅把注意力集中于市场，而且开始懂得，以往商品积压的原因不仅产生于市场，而且也产生于企业自身，是企业自身在生产销售过程中以我为主，不考虑市场需求，盲目生产造成的。因此，企业在进行商品推销之前，逐渐注意加强市场调查，分析市场变化，在推销过程中也注意针对消费的不同特点，增加服务，改进宣传。在生产过程中注意从需求出发，不仅注重产品的内在质量，也注重产品的功能、包装、商标等，一切从需求出发的市场营销观念逐步形成。

二、市场营销观念变化的主客观条件

市场营销观念是20世纪50年代产生的一种支配企业生产经营活动的指导思想。市场营销观念的基本特点是企业的一切生产经营活动从满足消费者需求出发，企业在生产经营过程中，运用产品、价格、渠道、促销等多种营销手段，努力实现满足消费者需求的目标，通过满足需求换取合理利润。这种观念的产生，正如前述，有一定的历史背景条件。

(一) 客观条件

(1) 市场供求处于一种普遍的供大于求的状况，这种状况使得消费者有一个充分选择商品的余地，可以不急于购买任何一个企业试图向他们推销的商品，而企业则处在推销商品的境地，稍有不慎，便会失去市场。因此企业充分认识到消费者

“货币选票”(投向)的重要意义，于是很多企业提出了“顾客永远是正确的”口号。

(2) 随着人权运动的兴起，作为这个运动的一部分，消费者至上的思潮为西方资本主义国家的各个方面所接受。政府及司法界为保护消费者权益，制定了诸多法律，使消费者有了强大的“保护神”。社会各界也纷纷成立保护消费者利益的组织，宣传商品知识，揭露商业欺诈，倡导文明消费，那些试图损害消费者利益的人和行为成了“过街老鼠”，人人喊打。消费者自身也日益成熟，为维护自身正当利益，充分利用法律、社会舆论以及其他有力手段，消费者真正成了“皇帝”。

(3) 法制观念深入到社会的每一个细节，这不仅表现在充分的立法上，使企业和消费者的行为有法可依，更重要的是人们不再把商业上的虚假广告、伪劣商品及企业的强卖行为看成是普通的不轨商业行为，而是认识到这些行为在侵犯人权、破坏公平竞争、扰乱市场秩序中的不良作用，因此关于这类司法诉讼能得到充分的重视和保护。

(二) 主观条件

(1) 企业对生产经营活动的认识有了新的飞跃。很多企业家不是把生产经营看作一种简单的盈利行为，而是把它当作一种行为艺术。他们不愿意自己的商品发生积压，不愿意别人制造的商品超过自己，他们希望用他们的智慧和才能生产的商品是最好的，也是最受消费者欢迎的。

(2) 新一代的企业家普遍具有一种社会责任感。他们不仅把生产经营活动的成败看成是企业能否生存的前提，而是意识到，企业的生产经营是整个人类社会生存和进步的一部分，企业生产经营的成败，关系到人民的生活水平能否进一步提高，社会经济能否进一步发展。因此，西方营销学家认为，市场营销就是向社会传送一种新的生活标准。

在这样的历史背景条件下，支配企业生产经营行为的指导思想，从生产观念、推销观念一直发展到市场营销观念。后一个观念同前两种观念相比，有了本质的区别。其一，生产经营的出发点不同。前两者的出发点是企业自身的生产过程，即在商品投产之前并不问市场销路，而是在生产出来之后再考虑它们的销售问题，因此无法保证商品的适销对路；而后一种观念认为消费需求是企业生产经营活动的出发点，只有事先了解消费需求特点后，才能生产出适销对路的商品，因此市场调查是起点。其二，生产经营的手段不同。前两者是较为单一的，生产观念注重的是提高产量和质量以降低成本，说到底它是一种价格竞争的观念，推销观念只注重商品的推销，它的注意力是怎样把生产出来的商品推销出去，企业宁可花费较大力气，挖空心思创造出一系列的推销手段，把不合适的商品销售给顾客，然后恶性循环，不断重复；而后一种观念认为，只要从消费需求出发，生产的商品绝大多数是适销对路的，有了这个基础再配以良好的市场策略和销售服务，把商品的整体销售给顾客，便能从整体上满足消费者的需求。其三，最终目标不同。前两者的最终目标是企业的短期利润，即注重单位商品的利润，所以企业不大注意改善生产的基础设施，或投资一些短期内没有回报，但对企业长期发展却有大益的事情；而后一种观念虽然最终目标也在于增加利润，但这种利润是一种长期的总利润，并不一定要在短期内获得，在短期内企业为改善环境，提高声望，争取消费者，可以微利、无利甚至有一定的亏损。我们用表 1－1 把这三种观念作一个概括性的比较。

表 1－1　市场营销观念变化

企业观念	生产经营出发点	主要手段	目标	口号
生产观念	生产	提高质量、产量，降低成本	短期利润	“我生产什么，企业则卖什么”
推销观念	商品	促销宣传	短期利润	“我卖什么，顾客就买什么”
市场营销观念	消费者需求	整体营销	长期利润	“顾客需要什么，我就提供什么”

三、市场营销观念发展的主要阶段

现代企业的市场营销观念可归纳为五种，即生产观念、产品观念、推销观念、市场营销观念和社会市场营销观念。

（一）生产观念

生产观念是指导销售者行为最古老的观念之一。这种观念产生于 20 世纪 20 年代前。生产观念从企业自身生产出发，其主要表现是“我生产什么，企业则卖什么”。生产观念是在卖方市场条件下产生的。在资本主义工业化初期以及第二次世界大战末期和战后一段时期内，由于物资短缺，商品供不应求，在没有“卖不出去”的后顾之忧下，很多企业倾全力于产品的大规模生产，努力降低成本，使消费者购买得起，借以提高市场占有率。例如，美国汽车大王亨利·福特曾宣称：“不管顾客需要什么颜色的汽车，我只有一种黑色的”。生产观念是一种“重生产、轻市场营销”的商业哲学。

（二）产品观念

产品观念也是一种较早的企业经营观念。产品观念认为，消费者最喜欢高质量、多功能和具有某种特色的产品，企业应致力于生产高质量产品，并不断加以改进。它也产生于市场商品供不应求的“卖方市场”形势下。这种观念的缺点在于会使企业不适当地把注意力放在产品上，尤其在新产品发明出来时，企业容易只注意到自己优良的产品，而忽视市场需要和市场需求的变化，在市场营销管理中缺乏远见，致使企业经营陷入困境，营销学将这一现象叫做“营销近视”。比如，一些制造商认为，只要生产出质量更好、燃烧时间更长的火柴就会赢得顾客，但事实却并非如此，人们会为了燃烧而寻找更多更有效的办法，如利用打火机、煤气灶的自动点火装置等，相比之下，制作再精良的火柴，如果不如它的替代品更有效的话，也很难被卖出去。

（三）推销观念

推销观念（或称销售观念）产生于20世纪20年代末至50年代前，资本主义国家由"卖方市场"向"买方市场"过渡的阶段。在当时，伴随着科学技术的进步，科学管理和大规模生产的推广，产品产量迅速增加，逐渐出现了市场商品供过于求，卖主之间竞争激烈的新形势。由于大量商品销售不出去，所以企业积极寻找各种方法推销商品，推销观念应运而生。这种观念表现为"我卖什么，顾客就买什么"。它认为，消费者通常表现出一种购买惰性或抗衡心理，如果企业不进行大规模的促销和推销，顾客就不会购买足够多的商品。它的目标是销售出制造的产品而不是市场需要的商品。因此，企业必须积极推销和促销，以刺激消费者大量购买本企业商品。很多企业在生产力过剩时都会遵循推销观念。由于这种观念强调的是销售的交易，推销的商品大部分是购买者一般不会想到要去购买的商品或服务，所以这种营销活动具有很大风险。

（四）市场营销观念

市场营销观念是一种新型的企业经营哲学。这种观念是以满足顾客需求为出发点的，即"顾客需要什么，我就提供生产什么"。这种思想在20世纪50年代中期基本定型，当时社会生产力迅速发展，市场趋势表现为供过于求的"买方市场"，同时广大居民个人收入迅速提高，使得企业之间的竞争加剧。许多企业开始认识到，必须转变经营观念，才能求得生存和发展。市场营销观念认为，实现企业各项目标的关键，在于正确确定目标市场的需要和欲望，并且比竞争者更有效地满足目标市场的需要和欲望。

市场营销观念的出现，使企业经营观念发生了根本性变化，也使市场营销学发生了一次革命。市场营销观念同推销观念相比具有重大的差别：推销观念注重卖方需要，以卖主需要为出发点，考虑如何把商品销售到顾客手中；市场营销观念则注重买方需要，考虑如何通过制造、传送商品以及与最终消费商品有关的所有事物，来满足顾客的需要。从本质上说，市场营销观念是一种以顾客需求为导向的营销观念。

许多优秀的企业都是奉行市场营销观念的，如可口可乐、迪斯尼乐园、沃尔玛、希尔顿酒店等。而因为奉行这种观念取得成功的例子也不胜枚举。沃尔玛的创始人山姆·沃尔顿曾说过："我们的老板只有一个，那就是我们的顾客。是他付给我们每月的薪水，只有他有权解雇上至董事长的每一个人。道理很简单，只要他改变一下购物习惯，换到别家商店买东西就是了。"沃尔玛的营业场所总是醒目地写着其经营信条:“第一条:顾客永远是对的;第二条:如有疑问,请参照第一条。”

(五) 社会市场营销观念

社会市场营销观念是对市场营销观念的修改和补充。近年来,能源短缺、通货膨胀、失业增加、人口激增、环境污染严重等各种世界范围的社会问题日益严峻,而市场营销观念却回避了消费者需要、消费者利益和长期社会福利之间隐含的冲突,这样的情况和冲突导致了社会市场营销观念的出现。社会市场营销观念认为,企业应该确定目标市场的欲望、需要和利益,然后向顾客提供超值的商品或服务,以便改善顾客和社会的福利。社会市场营销观念要求市场营销者在制定市场营销政策时,应该在企业利润、顾客需要和社会利益三方面进行平衡。

四、市场营销及其特点

(一) 市场营销的定义

市场营销是一种企业的市场经营行为,它是在市场营销观念指导下产生的一种现代企业行为。市场营销是企业的一种市场经营活动,即企业从消费需求出发,综合运用各种科学的市场经营策略,把商品或服务整体地销售给消费者,尽可能满足他们的需求,并最终实现企业自身的生存和发展目标。对于这种行为和活动的文字解释大致有以下几种代表性的表述:

(1) 市场营销是与市场有关的人类活动。市场营销意味着和市场打交道,为了满足人类需要和欲望,去实现潜在的交换。

(2) 市场营销是“引导商品或服务从生产者流向消费者的企业营销活动”。

(3) 市场营销指企业以顾客为中心,以市场为导向,从产品规划开始,综合利用各种营销手段,最终实现企业经营目标的全过程。

(4) 市场营销是判断消费者对商品或服务的需求,刺激它的出售,并把它分配到最后消费者,完成企业利润的全过程。

(5) 市场营销是企业向社会创造和传递一种新的生活标准。

(6) 营销就是个人和集体通过创造,提供销售,并同别人进行交换商品和价值,以获得其所需所欲之物的一种社会和管理过程。

这些说法把市场营销这一企业的行为和活动作了基本的概括,而其中的每一种表述,又是人们从不同的立场和角度出发,对市场营销作出的独到而深刻的见解。2004年8月,在AMA(美国市场营销协会)夏季营销教学者研讨会上,AMA揭开了关于市场营销新定义的面纱,以此更新了近20年来AMA对营销的官方定义。这次公布的市场营销新定义是在整合了来自全球的理论界和实践界众多营销者的贡献基础之上而修订出来的。中国人民大学商学院郭国庆教授建议将新定义完整地表述为:市场营销既是一种组织职能,也是为了组织自身及利益相关者的利益而创造、传播、传递客户价值,管理客户关系的一系列过程。

(二) 市场营销的特点

现代市场营销的特点是由四个互相关联的理念所反映出来的,这四个理念是:消费者导向、目标市场、整体营销和利益远景。

1. 消费者导向

消费者导向是指企业营销活动的出发点是消费者需求,所有的营销策划都必须以满足消费者需求为目的的理念。市场营销学家认为,市场营销的关键是满足消费者的真正需要,并比竞争者做得更为出色。企业要对消费者的要求作出反应,以满足消费者的真正欲望或需要,最终结果是得到消费者更多的赏识,达到消费者满意。企业的顾客来自两种顾客群:新顾客和老顾客。吸引新顾客比保持老顾客常常要花更多的成本,因此,保持老顾客比吸引新顾客更加重要。这是因为,根据国外的调查发现,一个满意的顾客会购买更多的商品,对商品更"忠诚";容易接受企业介绍购买附加产品和对产品升级换代;为企业和其商品说好话;使竞争者的品牌、广告和低价作用减弱;主动向企业提出产品或服务的建议;易于规范化交易,降低服务成本。

那些不满意的顾客,只有5%的人会投诉,再给企业一次改进的机会,但95%的人会采取停止购买的方法。所以,倘若企业的营销不能使顾客满意,企业便面临失败。

2. 目标市场

从历史上看,企业选择的市场竞争战略经历三个代表性时期:大量销售时期、商品多样化时期和目标营销时期。在消费水平比较低的时代,人们追求的是生活的数量,拥有某种商品是顾客的普遍需求。因此,这一时期企业往往选择大量营销的战略,即通过标准化大规模地生产某一产品,大幅度降低成本,使消费者获得品种单一,但质量可靠、价格便宜的商品,以此击败竞争对手。当消费水平略有提高之后,人们开始追求生活的多样化,这一时期,单一的商品往往会失去市场吸引力,企业便会选择产品多样化战略,即经常革新老产品或同时生产较多的品种,以争取各种顾客,满足各种需求,击败竞争对手。当消费水平进入较高层次后,生活的个性化又成为人们追求的目标,人们不会喜欢大规模生产的廉价商品,也不会喜欢低水平的差异化商品,而是希望买到符合自己需求的个性化商品,因此,在这一时期,目标市场营销战略又成为许多企业的选择。目标市场营销就是企业依据市场细分方法,把总体市场区分为多个需求特征的子市场,然后选择其中的一个或少数几个子市场作为营销目标,为之设计专门化的商品,进行针对性的营销。

在现代工业化国家的市场上,消费水平一般都超越了追求生活数量化和多样化时代,进入了寻求生活个性化的时代,所以,现代市场营销也把目标营销作为自己的基本理念。美国市场营销学家认为,任何企业不可能在每个市场经营和满足各种需要，甚至也不可能在一个较大的市场内做好工作，即使强大的 IBM 公司也不可能最好地解决每位计算机顾客的需要。只有选定若干个自己营销能力所及的目标市场，并设计有针对性的营销策略，企业才会做得更好，见图 1－3。

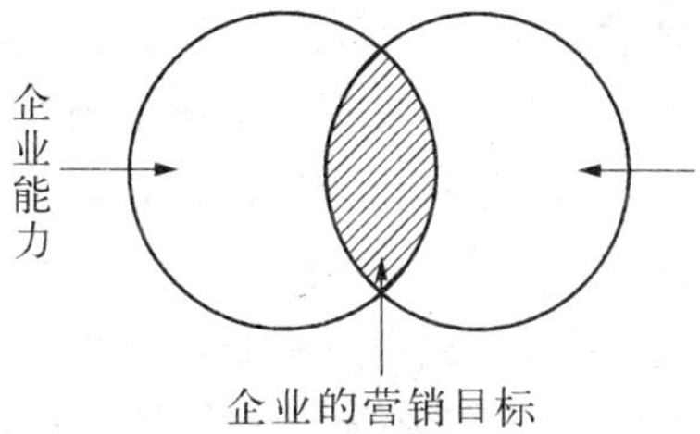

图 1－3 企业的营销目标

3. 整体营销

整体营销与传统的销售活动不同。市场营销强调企业在从事市场经营活动时必须利用多方位的综合性策略，营销理论中把这种综合性策略称为市场营销组合，它是整体营销这一理念的具体表现。传统的销售活动往往注重突出某一方面：生产观念支配下的企业只注重产量和成本，即仅借助于产品本身来扩大市场；推销观念支配下的企业则突出强调利用推销手段，希望用推销来扩大市场。营销观念支配下的企业则不主张利用单一的手段从事市场经营，而认为在产品设计、包装、商标、定价、财务、销售服务、公关、渠道、仓储运输及促销等多方面均需认真制定相应的策略，即整体营销。营销学把这些策略和手段归结成四个方面：产品策略、价格策略、渠道策略和促销策略，并称之为四大营销策略。在每种策略中又包含了一系列的具体手段。比如，产品策略中包含了产品组合、产品生命周期、新产品开发、包装、品牌等手段；价格策略中包含了成本核算、价格构成、定价技巧等多种手段；渠道策略中包含了销售地点、销售渠道、存货控制、运输设施等手段；促销策略中，包含广告、人员推销、销售促进等手段。可以说，营销组合包含了四大策略，而每一个策略中，又包含了许多具体手段，成为次一层次的组合。市场营销就是强调这种市场经营策略和手段的综合性、整体性运用，见图 1－4。当然，在具体设计营销方案时也可以有所侧重，根据消费者需求的主要特征，重点实施某一方面的策略。

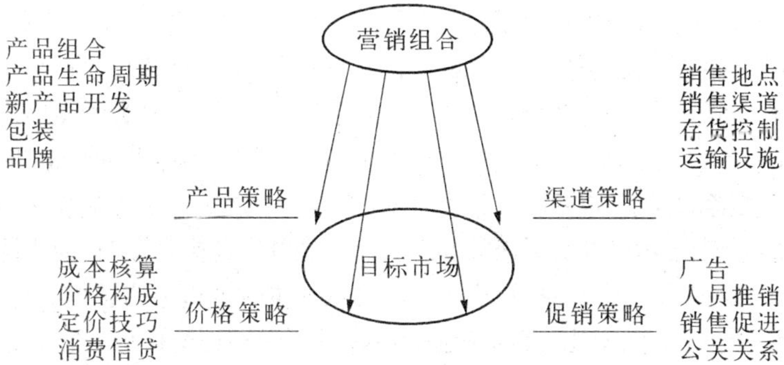

图 1－4 整体营销

随着营销业务的不断发展，企业营销策略也在不断扩大。比如，由于贸易保护主义思潮的盛行，政府对市场干预的加强，很多企业在国际营销中较多地注意利用政府的影响拓展商品的营销市场。又如，由于市场越来越多地受到很多非经济因素的影响，企业在营销中，又不得不处理好多方关系，争取舆论支持，树立良好形象，公共关系又成为企业必不可少的营销策略之一。

此外，在营销中还强调调动人的潜在因素，更多地发挥人的作用，这种"人"包括企业外部的人，即顾客；内部的"人"，即员工。营销过程必须十分重视理解人、了解人，善于处理好与各种人之间的关系，使所有的人都来关心和支持企业的营销活动。

4. 利益远景

企业要追求的不是一时一地的产品利润，而是通过长期行为在社会长期生存，从而获得长远利益，也就是说，企业应以追求利益远景为自己的理念。

不同的企业有不同的经营环境，不同的企业也会处在不同的发展时期，不同的产品所处生命周期里的阶段亦不同。因此，企业的目标是多种多样的，利润、产值、产量、销售额、市场份额、生产增长率、社会责任等均可能成为企业的目标。但无论是什么样的目标，都必须通过有效的市场营销活动完成交换，与顾客达成交易方能实现。

所以很多市场营销学家认为：市场营销应该同传统的企业盈利行为不同，虽然利润也是市场营销的目的，但是从事市场营销的企业追求利润的手段应建立在满足消费者需求的基础上。就是说，在营销一种商品或服务时，企业不能先考虑利润然后才考虑需求，而应倒过来，首先看这种商品或服务对满足消费者的需求有什么功效，然后根据需求的被满足程度来确定企业的盈利。消费者需求被满足的程度越大，企业的盈利也可能越多；反之，需求被满足的程度越低，企业的利润也只能越少。

市场营销的观点还认为，企业在满足需求过程中，必须充分尊重消费者。对消费者利益的尊重包含两层含义：首先，既要满足消费者的目前需要，同时又需顾及其长远利益。例如，电子游戏机的出现，虽然受到很多儿童的喜爱，但他们往往沉迷其中，影响身心健康；一些药品虽然能解除病人的短期痛苦，但又往往使之产生依赖性而影响了健康的其他方面。因此，企业在销售这类商品时应充分说明可能出现的不良作用，使消费者有事先意识，适度消费。其次，企业在生产或销售各种商品时既要考虑满足个别消费者的需求，也要顾及社会公众的利益。比如，小汽车能满足购车者的需求，但同时也带来了污染及交通事故问题。企业在开发此类产品时，应把除废系统和安全系统作为一个重要设计系统，而不应在降低成本时把这些装置排除掉。因此，同传统的经营观念和方法相比，市场营销已被赋予了一种道德评价。它做起来虽然很难，但却是必需的。只有把道德评价融入企业市场经营行为的企业，才能真正得到消费者和社会大众的承认和拥护，才能立足于市场长盛不衰。

第三节 市场营销管理

市场营销的目标要通过市场营销管理来加以实现，企业营销人员的基本职能就是从事市场营销管理。所谓市场营销管理，就是指为创造、建立和保持企业与目标市场之间的有效交换和互利关系，而对营销方案的分析、计划、执行和控制。

一、市场营销管理的任务

市场营销管理的本质是需求管理。企业在营销过程中一般要设定一个预期的销售目标，但实际需求水平不一定会正好等于这个预期水平，市场营销管理的任务就是要协调两者之间的不平衡。

根据需求水平、时间和性质的不同，市场上常常出现八种状态的需求，见表1-2。在不同的需求状态下，市场营销管理的任务有所不同。

表1-2 不同需求状态营销管理的任务

需求状态	营销管理的任务	营销方式	需求状态	营销管理的任务	营销方式
否定需求	解释需求	转换性营销	不规则需求	配合需求	同步性营销
无需求	产生需求	刺激性营销	充分需求	保持需求	维持性营销
潜在需求	发现需求	发展性营销	过度需求	减少需求	减低营销
退却需求	再生需求	再营销	无益需求	消减需求	反营销

（一）否定需求

否定需求是指可能的消费者对企业提供的商品或服务具有某种否定情绪，他们讨厌这种商品或服务，甚至愿意付出一定的代价来避免它们。比如，大多数人认为夏天不宜进补，或者认为年轻的时候不宜进补。这样，在夏季或很多人的年轻时代，对一些营养品就有了否定需求。但事实上，被消费者否定的商品或服务却能向他们提供一定的利益。消费者之所以存在否定情绪，大多因为对商品或服务缺乏了解，具有某种成见。因此，企业营销管理的任务，就是通过适当的途径，向消费者作出解释，以转换他们的态度，使他们成为企业现实的顾客。

（二）无需求

无需求是指潜在的消费者对企业的商品或服务不感兴趣或漠不关心。其主要原因在于消费者没有把商品的功效与自己的需求联系在一起，比如，大多数中老年人把美容化妆品看成是年轻女子的专用品，并不意识到自己也需要使用这种商品。

也有的无需求是因为市场缺少使用商品的特定环境，比如，在寒冷的冬天，人们很少吃冰淇淋。对于无需求，企业营销管理的任务在于刺激需求，使原来无需求的消费者产生需求；对于缺少消费环境的市场，企业则可以营造出各种适宜的小环境，以刺激需求；对商品和服务的形式可根据特定地区的环境进行必要的改进，使之适合当地人文或自然环境。

（三）潜在需求

潜在需求是指现在的商品或服务不能满足的、隐而不见的需求。比如，人们对于烟花爆竹，既希望燃放时增添节日的喜庆气氛，又不满它们的不安全和对环境的污染。因此人们肯定有一种潜在需求，希望有一种商品既能营造热烈的气氛，又安全卫生。潜在需求存在于一切领域，因此这是企业可以发掘不止的市场。对于潜在需求，企业营销管理的任务是发现需求，不断开发新的产品，努力发掘老产品的新功效。

（四）退却需求

退却需求是指市场对某种商品或服务的需求低于过去的水平，并且正进一步趋向衰退之中。很多退却的需求并不一定是商品落后造成的，大多数退却需求是由于时尚的转化、新产品的替代而引起的。比如，由于包装食品的出现，使广大消费者减少了对鲜活食品的需求，精制粮食的流行也使消费者对粗粮需求下降，但是这些老产品却依然有着新产品所无法替代的功能。此外，诸如通俗音乐的风行使传统音乐的听众减少，各种娱乐活动的增加使图书馆的读者人数下降等都可归入退却需求的范围。对于退却需求，企业营销管理的任务是进行再营销，以再生需求。当然再营销不是简单重复过时的营销行为，而是要根据新的消费特点赋予老产品以新的特征，使传统商品带给消费者以时代感。

（五）不规则需求

不规则需求是指需求与供给之间在时间或空间范围上的错位。比如，很多旅游设施在旺季人满为患，而到了淡季则生意清淡，人去楼空。很多交通服务、通讯设施也存在这种忙闲不均的状况。对于不规则需求，企业营销管理的任务是通过同步性的营销配合需求，使需求与供给之间在时空上的矛盾减至最低程度，从而充分利用资源，降低营运成本。

（六）充分需求

充分需求是指某种商品或服务的目前需求水平和时间等于企业期望的需求水平和时间，这是一种企业最理想最满意的需求情况。但是在千变万化的市场上，任何充分需求都不可能永久存在下去，作为一个企业，对于充分需求必须根据市场出现的情况随时调整营销策略，进行维持性营销以保持需求的理想状态。

（七）过度需求

过度需求是指需求超过了企业所能或所愿提供的供给数量。过度需求从表面上看是商品或服务的供不应求，但实质并不完全如此。比如，有些专售高档精品的百货公司，为了保持悠闲高雅的购物环境就不希望客流量过多；一些博物馆或名胜古迹，也希望观众人数不要太多。但企业的愿望却不一定为消费者接受，有时这些地方的客流量还是超过了企业的事先计划，从而产生过度需求。对过度需求，企业应通过减少营销措施来消减这类需求，如提高价格、减少服务或增加销售限制等，设法把需求降到理想水平。

(八) 无益需求

无益需求是指消费者对某种事实上有害于个人或社会环境的商品或服务的需求。比如，人们对香烟、烈性酒、带有色情的服务等需求都可以归入无益需求。对无益需求，企业营销管理的任务是通过反营销措施来消减这类需求。比如，发展新的无害或危害程度较小的商品以取代原有的商品或服务，在短期内如果无法停止这类商品供给时，可以通过必要的宣传以控制此类需求的继续发展。

二、市场营销管理的过程

现代市场营销管理的过程是受营销观念支配的，即营销过程是以研究和发现市场需求为开端的。传统的观点认为，企业生产产品，然后销售它们，营销发生于价值让渡过程中的后半阶段。而现代营销观念却认为，营销开始于业务策划过程之前。

表 1－3 展示了在两种不同类型的经营观念支配下，企业的经营过程。因此，现代营销管理的程序是与企业在营销观念支配下的价值创造和传递过程的次序相对应的，见图 1－5，它包括分析营销机会，研究和选择目标市场，设计营销战略，策划营销方案以及组织、执行和控制营销努力。

表 1－3 不同经营观念下的企业经营过程

制造产品			销售产品				
设计产品	采购	制造	定价	销售	广告促销	分销	服务

(a) 传统的经营观念

选择价值		提供价值					沟通价值		
市场细分	市场定位	产品开发	服务开发	定价	产品制造	分销服务	人员推销	销售促进	广告

(b) 现代的经营观念

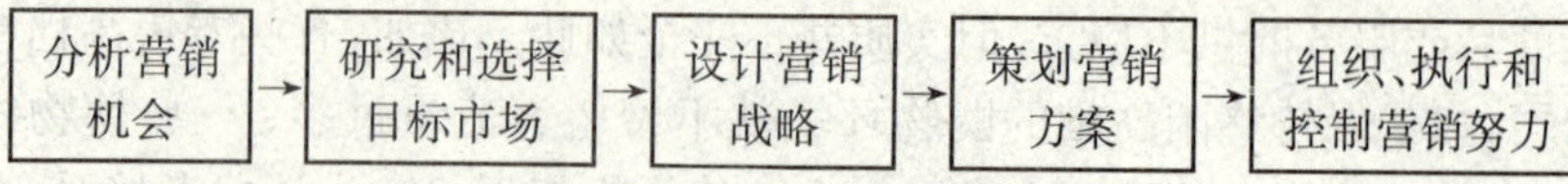

图 1-5 现代营销管理程序

(一) 分析营销机会

企业的营销机会都是要受到市场营销环境的影响。市场营销环境的变化会给企业市场营销活动提供机会或带来威胁，为此企业营销管理的第一个环节是分析市场的各种变化，从中寻找自己的营销机会并发现潜在的威胁。它可以通过以下几个途径来进行分析：

(1) 分析潜在的需求。比如，一个专门生产家具的企业可以研究未来若干年内消费者们的家庭观念和生活方式，从中分析未来的家庭需要什么样的家具。

(2) 分析现有的产品。这个家具生产企业也可以调查自己的用户对所购产品有什么不满，从中获得改进老产品、开发新产品的思路。

(3) 分析销售记录。这个企业还可以经常或定期地分析自己的销售记录，研究什么品种比较好销，什么品种销量不足，从而发现市场的需求偏好。

(4) 分析竞争对手的动态。企业必须密切注意竞争对手的动态，预见其可能的行动，以便做好迅速作出反应和决定的准备，在竞争中发现营销机会。

(5) 分析市场态势。企业的营销人员还应保持对市场足够的敏感性，对诸如经济发展、政策调整、收入变化、供求状况等有较充分的分析和预计，从宏观上掌握消费的动态。

(二) 研究和选择目标市场

通过分析营销机会，可以掌握总体市场的需求。但是，就同一种产品而言，在不同的人群中会有不同的需求特征，单一的产品是无法满足所有人的需求的。因此营销人员还必须研究不同人群的需求特征，从中确定自己的销售目标人群，从而使自己的产品特征与某一目标市场人群的需求特征相适应，见图 1-6。把总体市场区分为若干不同需求特征人群的过程叫做市场细分，在所有细分市场中选定若干人群作为企业营销目标的做法叫做确定目标市场。

市场(顾客群)

产品需求	家庭	办公室	宾馆
板式家具			目标市场 Ⅰ
实木家具	目标市场 Ⅱ		
钢塑家具			

图 1-6 确定目标市场

(三) 设计营销策略

在确定目标市场之后，企业的营销人员就要为进入这一市场设计营销战略。企业的营销战略主要是进行市场定位和产品定位。所谓市场定位，就是在这一市场的所有竞争对手中间确定本企业的独特地位，树立本企业的独特形象。比如，同样是生产家用实木家具的企业，市场定位的任务是确定企业的顾客。是提供高价优质产品和第一流服务，大做广告，专门以富有的购买者为目标呢？还是提供低价的普通家具，以价格敏感的普通顾客为目标？产品定位则是确定自己的产品特色。如果竞争者大多生产欧美风格的家具，则本企业可以专门生产经过改良的中国传统家具为特色。

(四) 策划营销方案

营销战略的实现，必须有具体的营销方案来支持。营销方案涉及营销费用、营销组合和营销资源的分配。营销费用的高低要与营销目标相适应，还要参考竞争对手的费用投入额。营销组合就是综合地、动态地把各种营销策略有机地配合运用，在营销方案中，应使各种营销策略具体化。在营销方案中还应明确企业的人、财、物的配置，包括一个营销行动的组织结构和领导体系。

(五) 组织、执行和控制营销努力

一项好的营销策划必须转化为行动，否则就毫无意义。因此，在策划好营销方案之后，应具体地组织实施，并对实施过程进行有效控制，从而最终实现目标。营销过程应有有效的领导，营销组织通常由企业最高领导层的副职领导，负责协调全体营销人员的工作，对各类营销人员进行选择、培训、指导、激励和评价。营销控制则主要指年度计划控制、盈利能力控制和战略控制。年度计划控制是为了保证企业在年度计划中所制定的销售、盈利和其他目标的实现；盈利能力控制是为了对产品、顾客群、销售渠道和订货量大小的实际盈利率进行测量；战略控制是为了评估企业的营销战略是否适合于市场条件。在实施营销计划的过程中可能会出现许多意外情况，企业必须行使控制职能以确保营销目标的实现。只有对营销努力进行有效的控制，营销策划方案才会最确切地得到实施，营销目标才会最大限度地得到实现。

第四节　市场营销的宗旨

一、提高顾客让渡价值

现代市场营销是以顾客导向为理念的，在激烈的市场竞争中，企业要赢得顾客，战胜竞争者，最根本的一条就是要使自己的商品或服务满足顾客的需要，使消费者满意。这是市场营销的宗旨。

（一）顾客让渡价值

顾客让渡价值是指总顾客价值与总顾客成本之差。总顾客价值是指顾客期望从某一特定商品或服务中获得的一系列利益，它包括商品价值、服务价值、人员价值和形象价值；总顾客成本是指顾客为购买某一商品所耗费的时间、精神、体力以及所支付的货币量，因此总顾客成本包括货币成本、时间成本、精神成本和体力成本。

顾客在购买商品时，总希望以较便宜的价格、较少的时间和精力消耗获取更多的实际利益，以使自己的需要得到最大限度的满足。企业要使自己获得比竞争对手更多的市场份额，就应尽可能减少顾客在购买过程中的总成本，增加总价值，使顾客在本企业获得比在竞争对手那里更多的让渡价值。

（二）总顾客价值

总顾客价值是由企业创造的，它包括商品价值、服务价值、人员价值和形象价值。

(1) 商品价值。商品价值是指由商品的功能、特性、品质、品种与式样等产生的价值。

(2) 服务价值。服务价值是指伴随商品的实体出售，企业向顾客提供的各种附加服务，如产品介绍、送货上门、安装调试、维修退换、技术培训等。

(3) 人员价值。人员价值是指企业员工的经营理念、业务能力、工作次序、应变能力等因素带给顾客的利益。

(4) 形象价值。形象价值是指企业及其商品在社会公众中形成的总体形象所产生的象征性利益。

（三）总顾客成本

总顾客成本是顾客通过购买获得某种利益时付出的代价，它包括货币、时间、精神和体力等代价。

(1) 货币成本。货币成本是指顾客购买商品时支付的价格、交通费、保险费等一系列货币支出。

(2) 时间成本。时间成本是指顾客从产生购买愿望到购得商品的全部过程所消耗的时间。

(3) 精力成本。精力成本包括精神和体力两方面，是指顾客在购买过程中进行选择、判断、购买、运输和安装等各种精神和体力的消耗。

（四）企业价值链和价值让渡系统

在一个竞争激烈的买方市场上，要提高企业商品或服务的市场占有率，就必须提高顾客让渡价值。要提高顾客让渡价值，不能靠营销过程中的某一个环节，而是要使营销过程的全部环节都来降低总顾客成本，增加总顾客价值。一个商品或一项服务，从制造到最终消费一般要经历许多环节，这些环节有些在企业内部，如设计、生产、销售、服务等环节，称为企业的价值链；有些延伸到企业外部，如供货、销售代理、零售等环节，称为企业的价值让渡系统。

提高企业价值链的营销效率，有利于在企业内部环节减少商品或服务的顾客成本，增加顾客价值。企业价值链的核心业务程序是企业价值链营销管理的重点，它包括：

（1）新产品实现过程。在快速、高质和按目标成本开发新产品中涉及的所有活动，包括识别、研究、发展和成功地推出新产品。

（2）存货管理过程。在原材料、中间产品和产成品的存货管理中所涉及的所有活动。

（3）订单—付款过程。从接受订单，按时送货到收取货款这一过程中所涉及的全部活动。

（4）顾客服务过程。在为顾客提供各种便利的过程中所涉及的所有活动，包括帮助顾客较快地在企业里找到要去的部门，获得快速而满意的服务、答复和解决问题的办法等。

企业还应超越其自身价值链，进入供应商、分销商和最终顾客的价值让渡系统中，提高营销的效率。企业应十分注意与这些相关外部伙伴的合作关系，通过谨慎地选择合作伙伴，树立双赢互利的合作理念，建立和谐一致的合作操作系统，从而形成一个价值让渡系统。营销学理论认为，成功企业的市场竞争力不仅体现在它有一套良好的内部营销机制，更体现在它是否还有一个有效和谐的价值让渡系统。市场竞争的本质也不仅仅是企业与企业之间的竞争，更是各个价值让渡系统之间的竞争。

二、增加顾客满意度

（一）顾客满意的含义

所谓顾客满意度，是指一个人通过对一个商品的可感知的效果（或结果）与他的期望值相比较后形成的感觉状态。因此，满意水平是可感知效果和期望值之间的差异函数。顾客可以经历三种满意度中的一种：

（1）如果可感知的效果低于期望，顾客就会不满意。

（2）如果可感知的效果与期望相等，顾客就满意。

（3）如果可感知的效果大于期望，顾客就会非常满意。

（二）顾客满意的重要性

顾客的满意与否对企业而言是非常重要的。美国哈佛商业杂志发表的一项研究报告指出："公司只要降低5％的顾客流失率，就能增加25％～85％的利润，而在吸引顾客再度光顾的众多因素中，首先是服务质量的好坏，其次是产品的本身，最后才是价格。"另据一项国外调查表明：一个满意的顾客会引发八笔潜在生意，其中至少有一笔成交；一个不满意的顾客会影响25个人的购买意愿；争取一位新顾客所花的成本是保住一位老顾客所花成本的6倍。

顾客的期望值是由以下因素形成的：

(1) 过去的购买经验。

(2) 朋友和伙伴的各种评价。

(3) 厂商的广告及它的承诺宣传。

可以看出，企业的宣传与承诺对形成顾客期望值起着十分重要的作用。在企业提供的商品或服务效用既定的情况下，如果广告宣传将顾客的期望值提得太高，结果很可能使他们失望；反之，广告宣传中承诺太低，又不一定能吸引顾客的购买欲望。因此，企业在营销中要掌握好广告宣传与顾客满意的关系。

(三) 顾客满意度的衡量

企业的营销人员怎样来衡量自己的商品或服务的顾客满意度呢？一般可以采取以下一些方法：

(1) 顾客投诉和建议制度。一个以顾客为中心的组织应为其顾客投诉和提议提供方便，为顾客提要求、谈建议、发牢骚敞开大门。企业通过这些信息了解顾客是否满意的情况，获得改进商品或服务的创意。

(2) 顾客满意度调查。有时仅靠投诉和建议制度企业还无法全面了解顾客的满意或不满意。大多数顾客在不满意时不是采取投诉的方法，而是转向其他厂商的商品或服务。所以企业还应通过专门调查的方法去了解顾客的满意与否。

(3) 分析流失的顾客。对于那些已停止购买或已转向另一个厂商的顾客，公司应该与他们接触一下，从而了解发生这种情况的原因。是自己商品的价格定得太高？还是产品质量有问题？或者是服务不周到？了解了不满意的原因，企业就可以对商品或服务加以改进。

(四) 顾客关系营销

现代营销的理论和实践一致认为，维持一个老顾客比开发一个新顾客的成本要低得多。因此，现代营销的重点不是去开拓市场，开拓新的市场是第二位的工作，企业营销的首要工作是与老顾客建立良好的伙伴关系，以保持顾客。这一营销战略称为顾客关系营销。

根据商品或服务的市场特征以及利润率，我们与顾客之间可以建立不同类型的互相关系，见表 1-4。

表 1-4 顾客关系营销的不同类型

市场特征 \ 利润率	高利润率	中利润率	低利润率
顾客及销售商很多	可靠型	反应型	基本型
顾客及销售商一般	主动型	可靠型	反应型
顾客及销售商很少	合伙型	主动型	可靠型

(1) 基本型顾客关系。企业出售商品，但不再与顾客接触。

(2) 反应型顾客关系。企业出售商品，并鼓励顾客，如有什么问题或不满意就打电话给企业。

(3) 可靠型顾客关系。企业在售后不久就打电话给顾客，以了解商品是否与顾客所期望的相吻合，同时还从顾客那儿征集各种有关改进产品的建议以及不足之处。

(4) 主动型顾客关系。企业的推销员常与顾客电话联系，讨论有关改进产品的用途或开发新产品的各种建议。

(5) 合伙型顾客关系。企业的营销人员一直与顾客相处在一起，以找到影响顾客的花钱方式或者帮助顾客更好地行动的途径。

此外，值得一提的是，要达到顾客的满意，全面的质量管理仍然是重要的途径。企业必须了解顾客对质量的感觉以及他们期望什么样的质量。然后，企业必须尽力提供比其竞争者更高的产品质量。企业的领导者还应调动全体营销人员和一般员工的工作积极性，参与质量管理，为实现顾客满意采取统一的负责任的行动。

第五节 21世纪市场营销新理念综述

进入21世纪，新的科技革命成果已将人类物质文明推向一个新的高度；新的技术发明使人类更大限度地摆脱繁重的体力劳动，使人类有更多的时间从事创造性思维活动；新材料、新技术改变了人类对自然资源的依赖，使人类更有可能在世界范围内调配资源；新的管理技术使管理工作更加科学、更加有效率；计算机技术的发展，尤其是通信技术的发展使地球上的人们更加紧密地联系在一起，地球真正成为一个地球村。面对这一系列巨大的变化，人类在憧憬美好未来的同时，也在思索着未来。要迎接未来的挑战就必须改变已形成的传统观念。

面对不断变化的市场环境，市场营销理论和实践都将发生重大变化。首先是市场的变化，电子商务极大减少区间销售；零售商店娱乐性服务增强；商家为争取顾客做了大量细致而独到的工作；降低成本和微利销售将成为主流，销售人员的作用更加突出。品牌观念的重要意义被提到突出位置；竞争优势是商家制胜的法宝；重视“顾客价值”成为市场营销中的新概念。

菲利普·科特勒教授首先以“我们将从这里走向何方”为题，预言了2005年后国际市场营销的十大新趋势。

(1) 由于电子商务的发展，在批发和零售之间已经出现实质性的非居间化(即中间环节减少或消失)。实际上，不需要到商店去，所有商品都可以买到，消费者从因特网上可以得到任何产品的图片，阅读产品说明书，按最优的价格和条件从自动售货机上买到商品。

(2) 体验消费越来越受到重视，更多的零售商开始在它们的商店里经营娱乐性项目和建造剧场。许多书店、食品店和服装店现在也设有咖啡厅和艺术片的讲座及电影放映。从根本上来说，这些商店是在推销"体验"，而不是销售各种商品。

(3) 大多数企业已经建立了专门的客户的基本材料库，其中包括某个客户在商业活动中的表现和特别需要。它们可以利用这些材料向个别客户提供"大批按要求定做的"产品。

(4) 商家通过富于想象力的方法在超过消费者的期望方面做了出色的工作。因此竞争者发现，它们越来越难以得到新的客户。大多数企业正在花费更多的时间以找到如何售出更多的商品、为客户提供更多服务的方法。

(5) 企业最终设法说服它的会计核算部门通过个别的客户、产品和销售渠道生产出更多的实际利润来，并正把其注意力集中到这些方面。

(6) 企业已经从"做成交易"的理念转变为"忠于顾客"的理念。许多企业已经开始具有为客户终生服务的思想，因为这是按长期销售合同进行的。

(7) 大多数企业60%以上的活动和需要现在要在外部进行或从外部得到，少数企业甚至100%要靠外部，这使得他们实际上只拥有少数资产，因此赢得惊人的回报率。

(8) 许多现场销售人员拥有更多的特许权限，他们装备了电子技术的自动销售工具，按市场需求定做和按合同要求生产的产品。

(9) 广告宣传更注重有效性和可到达性。由于有500个可供观看的频道，大量的电视广告已经从荧光屏上消失了，一般类的报纸和杂志上的广告则更少，市场人员通过特定的网络杂志和报纸做广告能够更有效地达到他们的"目标"市场。

(10) 企业不可能长久地保持它的竞争优势(专利权、版权、所处位置的优势、专有信息等除外)。一些企业很快能通过找到参照物，改变工艺和利用别人成果等做法复制别人具有的任何优势，企业唯一可以永远保持的优势是尽快学习和跟上形势变化的能力。

案 例

"超级女声"之超级营销

2005年夏天，"超级女声"像台风一样席卷了神州大地：千万观众的互动支持，高达数百万的短信票数，"玉米"、"凉粉"等忠实"粉丝团"的狂热追捧，湖南卫视更是创下了高达10%的收视率，几乎赶上央视的春节联欢晚会。其最高峰的时候观众人数高达4亿，广告价格每15秒高达7.5万元，其年度总决赛的报价更是开出了每15秒11.25万元的天价，超过了央视1套最贵时段11万元的电视剧贴片广告。成功的营销策划和商业运作使“超级女声”创造了2005年娱乐营销的神话故事。

无疑，“超级女声”的运作是非常成功的，在当年可以说是奉献给观众的一道视觉听觉盛宴。甚至到了当年全国总决赛的阶段，每逢周五晚八点，响彻大街小巷基本就是同一首歌“想唱就唱，要唱得响亮”；而到了全国冠军总决赛的前夕，全国各大城市的繁华地段都出现各个选手的忠实粉丝团自发组织的拉票团队。她们乘着特制的小电瓶车高举自己支持选手的海报，不遗余力地给选手呐喊拉票。观众的热爱、粉丝的痴迷令“超级女声”的火爆令人惊叹。

众所周知，在娱乐方式层出不穷的今天，中国观众的口味与以前相比已经有了很大的变化。20世纪80年代初，电视机还没有完全普及。那时的每个电视节目都是观众的最爱。甚至有从未见过电视机的老人在当天的电视节目结束后仍然会“坚守阵地”，目不转睛地盯着屏幕上的“再见”字样，直到画面消失只剩下满屏幕的雪花点才依依不舍地离开，足见当年的观众对电视的钟爱。电视节目也是因为电视机本身集视、听于一体的特点而带给观众新鲜感。到了20世纪90年代初期，电视机已经走进千家万户，有线电视开始普及。观众惊喜地发现，原来仅有的几个频道变为几十个，更多的频道使观众感到了选择的乐趣。数字电路的运用，推动了电视文艺的发展。而到了21世纪初期，电视机的制造技术已经非常成熟，人们几乎可以买到任何款式的电视机；并且有线电视的传输也更趋于稳定。但是硬件的提升没有软件的支持是不行的，加上个人电脑在家庭里的普及和互联网的应用，观众发现看电视逐渐变得乏味起来：千篇一律的面孔，没有看点的综艺节目，电视台百放不厌的电视剧，电视里出现的永远是和自己距离遥远的人和事。传统的电视节目，忽略了观众的喜好、参与，电视台只是根据自己的资源制作各种节目“食品”，却没有考虑观众的口味，做好的成品无人问津也是正常的。而人们打开电视做得最多的事情就是翻台以表达心中的不满。

时境变迁，现在是一个信息产业飞速发展，到处充满激情、挑战、变化的时代。以产品—节目为核心的传统营销模式令制作出的电视节目已经不能满足当今观众的需求。如何做到以消费者—观众为核心是处于发展

"瓶颈"的每一个电视节目制作者必须面对、解决的问题。

湖南卫视、天娱传媒、蒙牛集团联手打造的"超级女声"就是在这样的时代背景下,抓住了观众心里所想,从众多选秀节目中脱颖而出。其成功的重要原因之一就是以观众的喜好、参与为核心,用现代营销的理论进行策划、包装。正如节目的基调——粉红色一样,节目的各个环节都充满着新鲜、温暖的魅力。

(1) 海选。海选对于选手意味着参赛没有任何限制。只要你会唱歌,无论好不好听;只要你是女生,不管你高矮胖瘦;只要你想,你就可以参加比赛。这点非常符合"80后"一代个性张扬、独立、叛逆、充满表现欲望的特点。"只要我想,有什么不可以"就是这一代人标榜的信念。而对于观众来说,所有参赛选手都是从原来的观众中走出,从原本平凡的人中走出的。她们不是明星,所以对于观众来说就是"自己人"。自己人比赛哪有不看的道理,自己捧出来的选手哪能不支持。选手在PK胜利后都会发表一段对另一位淘汰选手的感言,有的选手会这样说"我会带着她的梦想继续在舞台上前行",其实她们每个人也是带着观众的梦想前行。海选让"超级女声"富有亲和力,拉近了节目与观众的距离。

(2) 赛制。"超级女声"唱区的选择可谓匠心独具,东西南北中,网罗了全国各地的选手。地区差异令选手们风格迥异,更满足了观众的各种胃口。而且五大唱区轮流比赛交错进行:错过了这个唱区,没关系还会有机会;这次发挥不好,别担心还可以到下个唱区试试。错开的比赛时间使选手参赛更方便,非常有人性化。而且观众也可以全面关注各个赛区的比赛状况。

(3) 短信神话。"喜欢她,就留下她",这句堪称娱乐经典的台词掀起了一场疯狂的"拇指风暴"。每位选手的去留都与她的票数息息相关,将比赛的决定权交给观众,这样不但充分调动了观众热心参与的积极性,使选手与观众真正地互动起来,更创造了意想不到的经济价值。每条几毛钱的短信费对于大多数观众来说都能接受,你只要花上几块钱就能让自己喜欢的选手继续留在舞台上,一般观众都不会去计较而是选择积极参与。据悉,当年"超级女声"创下了两千万条短信的纪录。

(4) PK。PK最原始的英文全称是penalty killing,一般出现在电玩游戏中,特指单挑,一对一。然而现在PK这个词语在中国的风行不得不归功于"超级女声"。作为"超级女声"比赛的重要环节,PK是最有看点的一部分。它不但制造了现场的紧张气氛令比赛充满了悬念,还能在选手去留的关键时刻充当试金石——或展示出选手真正的高贵品格,或暴露出选手的人性弱点，进而让比赛更富有戏剧化，吸引观众的眼球。

“超级女声”成功地进行了传统营销向现代营销的转变。当一个节目真正做到了充分尊重民意、以观众为中心，其结果就是观众对节目保持高度忠诚，死心塌地将节目看到底。

在“超级女声”经历了2005年的火爆之后，其他选秀节目也如火如荼出现在各个地方电视台。竞争的激烈，观众对选秀类节目的审美疲劳，传出的种种绯闻、黑幕、合约纠纷，“一夜成名”带给选手拔苗助长式的负面影响，使得2006年“超级女声”安静地落幕。观众没有再现2005年的狂热，也没有了铺天盖地的收视率统计与宣扬，更没有了相关利益方净收入增长的披露与预测。到2007年“超级女声”则改版变成了“快乐男声”。

案例思考 请你根据现代营销原理分析2005年“超级女声”是如何转变传统电视节目的营销观念而取得成功的？如果你是这档选秀节目的策划人，这档节目今后应朝什么新的方向发展？

复习与思考

一、名词解释

1. 营销市场
2. 市场份额
3. 市场营销组合
4. 市场营销管理
5. 市场营销观念
6. 顾客让渡价值

二、思考题

1. 什么是市场？怎样区分市场？
2. 什么是市场营销？现代企业为什么要树立市场营销观念？
3. 什么是整体营销？整体营销包括哪些基本策略？
4. 市场营销管理的任务是什么？
5. 顾客满意对企业营销的成败有什么重要意义？怎样提高顾客满意度？

第二章

市场营销环境

第一节　宏观及微观市场营销环境

市场营销环境是指一切影响、制约企业营销活动的外部因素的集合。根据环境因素对企业营销活动影响力的范围和作用方式，市场营销环境又可以分为宏观营销环境和微观营销环境。

一、市场营销的宏观环境

市场营销的宏观环境又称一般环境、间接环境、总体环境，是指那些给企业造成市场营销机会和形成环境威胁的外部因素。这些因素主要分六大类：人口环境、经济环境、自然环境、科技环境、法律环境和社会文化环境。在 20 世纪 80 年代以前，人们认为宏观环境是企业的外在因素，因此企业的营销和管理对这些环境因素是无法产生影响的，所以它们属于不可控因素，只有那些存在于企业内部的因素才是企业可以控制的因素。但是，在 20 世纪 80 年代后期，美国营销学家菲利普·科特勒提出了“大营销”的概念，认为当代营销者越来越需要借助政治力量和公共关系，在进军某一个特定地区时，冲破各种贸易壁垒和公众舆论方面的障碍，使企业在市场上有效地开展工作。从这个意义上说，企业的外在环境已经不是完全不可控了，它们多多少少可以通过“大营销”活动来加以影响和改变。

(一) 人口环境

市场是由那些想购买货物，同时又具有购买力的人组成的，因此人是市场的主体，人口的多少直接决定市场的潜在容量。而人口年龄结构、地理分布、婚姻状况、出生率、受教育程度以及职业特点等又会对市场需求格局产生深刻影响。

1. 人口总量

人口总量是指一个地区全部人口，包括当地常住居民和流动人口量。人口总量及其增长给企业带来了市场机会，也带来了威胁。一方面，人口增长意味着需求量的增长，即便人均收入不增加，市场总需求量也会上升。在中国，从人口总量看，由于政府实行了计划生育政策，人口自然增长率近几年开始下降，在很多经济发达的大城市，人口已出现负增长。这使得一些按人口消费的商品或服务的需求开始下降。比如,目前一些地区随着出生人口的减少,中小学入学人数开始下降。

2. 人口结构

人口结构是指一个地区人口的年龄构成、性别构成、家庭构成、民族构成等。由于人口出生率的下降,中国人口的年龄结构正在老化。全国人口中 60 岁以上的老年人比重已接近 10%,在一些大城市,老年人比重甚至接近 20%。因此,人口结构中的消费主体也会相应老龄化,将会使诸如保健品、营养品、老年人生活必需品市场兴旺。性别构成从总体上说一般都是对称的,但在不同的场合,性别构成的不同,会在购买习惯和购买行为上有着差别,反映到市场上就会出现男性消费品市场和女性消费品市场。家庭是购买和消费的基本单位,一个市场拥有家庭数量的多少和家庭平均成员的多少以及构成情况的不同,对市场消费的潜量和需求结构都有十分重要的影响。比如,家庭成员的增长会在一定程度上导致对住房、家具以及家电需求量的增长。

3. 人口分布

人口分布是指一个地区的人口布局。近年来我国的人口分布有两个主要特征:一是人口分布的城市化倾向,即农村人口正在向城镇聚集和流动;二是大城市中心地区的空心化倾向,即在一些老的特大城市,市中心的人口正在流向近郊。前一种倾向增加了人口的城市化需求,也增加了城市的劳动力供给,从而使企业降低了工资成本。后一种倾向使市中心的许多老商业区购买力严重下降,使城市的商业服务业不得不加以调整。

4. 婚姻家庭变化

婚姻家庭变化是指一个地区的婚姻状况和家庭结构变化。结婚是一种巨大的消费行为,一个婚礼往往产生比日常生活多数十倍,甚至数百倍的购买力。近年来离婚率在逐年上升造成大量的单亲家庭,加之人们的观念也在发生转变,丁克家庭、单身家庭也在逐步增多,这样使得家庭结构趋于小型化,过去的数代同堂已为三口之家甚至更小的模式所取代。因此,家庭生活对日常生活用品和服务的需求也在趋于小型化。

5. 教育和职业

由于受教育机会的增加,我国经济较发达的地区均已普及九年制义务教育,每年高等教育的招生人数正在不断增加,因此青年一代的文化需求和对消费品中的知识含量的要求远远超过了老一代消费者。作为公司职员代名词的"白领",在城市也已形成一种消费群体,他们成为引领消费的特殊人群。市场上,各种商品或服务的职业特征越来越明显。

(二)经济环境

经济环境是所有宏观环境中与企业市场营销活动最为密切的因素。企业营销的经济环境主要是指企业市场营销活动所面临的社会经济条件及其运行状况和发展趋势，包括消费者的收入水平、消费的倾向以及消费的结构等。

1. 消费者收入水平

消费者收入的高低直接影响着购买力的大小，从而决定了市场容量和消费者支出的模式。以中国的城市消费市场为例，当人均年收入不足 3 000 元时，消费的能级（所谓消费能级，是指大多数消费者对耐用消费品或高档服务的购买愿望及其支付能力）一般是百元商品；当人均年收入在 3 000～10 000 元时，消费能级为千元商品；当人均年收入达到 10 000～20 000 元时，消费能级为万元商品（10 万元以下）；当人均年收入超过 30 000 元时，消费能级则过渡到 10 万元级商品。消费者的收入总水平一般与一个地区的就业率和工资水平有关，就业率越高，或者平均工资水平越高，这个地区的收入总水平也越高。消费者的平均收入水平则同这个地区的经济发展有关，经济发展越快，平均收入水平越高。此外，企业的营销人员在分析消费者收入的时候，首先，需要区分货币收入和实际收入，只有实际收入才形成实际的购买力，它是影响消费者购买力和消费者支出的决定因素。其次，企业还应注意收入的分配状况，分析和研究不同收入阶层、不同地区、不同时期的消费收入。

2. 消费倾向

所谓消费倾向，是指消费支出占总收入的比重。在一般情况下，消费倾向与储蓄倾向正好相反，在收入中，消费支出越少，储蓄的倾向就越大；消费倾向越高，储蓄的倾向就越低。消费倾向低的地区，市场的需求往往不足，企业的新产品上市比较困难，消费者对广告的敏感度也较弱。消费倾向的高低，首先与收入水平有关，收入越高，消费倾向越高。其次，消费倾向受消费者心理的影响，如果失业率上升，社会保障系统不完善，生活的安全感低，消费的倾向肯定会下降。年龄也是影响消费倾向的重要因素，青年人的消费倾向最高，中年人由于家庭负担重，消费倾向较低，老年人则次之。有时，消费倾向还受消费环境的制约。比如，一个地区消费信贷比较方便，消费倾向就会高一些。企业特别是房产、汽车及其他昂贵商品的企业，适当地利用消费信贷，可以刺激需求，扩大市场。

3. 消费结构

消费结构是指消费者各类支出所占的比重，如衣、食、住、行等支出结构。它主要影响市场的商品结构，进而再影响企业的投资方向。近年来，我国的消费结构发生了很大的变化，表现为恩格尔系数不断下降。所谓恩格尔系数，是指食品支出占总支出的比重。目前食品支出的比重下降，其他支出的比重相应增加，它是衡量一个国家、地区、城市、家庭生活水平高低的重要参数。从 20 世纪 80 年代初至今，我国很多地区先后经历了服装消费热、家电消费热，目前正在向汽车消费和住宅消费进军，随着消费能力的增加，如交通、旅游、娱乐等服务消费比重正逐步上升。

（三）自然环境

企业营销的自然环境是指企业发展过程中所需的生态环境以及人民和政府对生态环境所采取的态度。随着经济的快速增长，企业面临的生态环境越来越恶化，企业主要面临的问题有：自然资源短缺、能源成本增加、环保费用上升、公众的生态需求增加、政府的环保立法更加严密。

1. 自然资源短缺

随着人口增多，对自然资源如木材、煤炭、石油、土地、淡水等消耗急剧增加，而这些自然资源本身却属不可再生，或短期内不可再生。比如，由于大量砍伐森林，引发了1998年中国长江流域的特大洪水，结果政府禁止在长江中上游砍伐林木。这必然对木材加工企业的生存带来威胁，它们不得不设法寻找替代原材料或转向新的经营业务。

2. 能源成本增加

石油是现代工业发达国家的主要能源，有“黑色血液”之称，而且是一种不可再生资源。随着原油期货价格的上升，各个国家对于能源的关注也达到了前所未有的高度。应运而生的是太阳能、风能等各种替代性能源的开发，到2006年全球每年的太阳能资源的市场已经达到了数百亿美元之多。在美国，太阳能发电已经成为现有电网最具有环保意义的补充，新的清洁能源将取代原有的传统能源。

3. 环保费用上升

现代工业生产中对于环境质量造成破坏是不可避免的，但是随着人类生活要求的提高，社会对环境保护的重视，企业在生产制造或其他营销活动中产生的环境污染被加强了限制，造纸、钢铁、化工等行业的企业要么被迫迁往郊区或其他国家，要么安装先进的环保装置。这些使企业直接增加了运输成本和基建成本，使企业不得不设法从其他方面减少支出，增强竞争力。只有注意环境保护的企业才能继续生存。

4. 公众的生态需求增加

由于生态环境的不断恶化，公众的生态意识开始觉醒。这种觉醒通过市场反映出消费者的“绿色需求”，人们对产品的原材料、添加物、包装、储存方式等开始全面关心，希望商品制造及营销过程中的所有环节均符合生态要求。随着环保主义的兴起，使消费者和生产者、经营者增强了环保意识，也为敏锐的企业提供了大量的市场机会。

5. 政府的环保立法更加严密

由于公众环保呼声的加强，政府的环保立法更加严密。这些立法已深入到企业营销过程的许多环节，如噪音标准、包装材料、添加剂种类、操作者健康、保质期、化学物残留量等都有越来越具体的规定。如果企业的商品和服务不符合这些规定，就会受到严厉的制裁，因此，企业在营销过程中，不仅要自觉提高环保意识，严格遵守政府颁布的各种环保立法，还要善于顺应形势，抓住由环保引起的市场机会。

（四）科技环境

企业营销的科技环境是指企业在产品的设计、开发、制造和营销过程中所受到的科技发展的影响。这种影响较为集中地表现于产品生命周期越来越短，微电子技术和网络技术的普及运用，专利技术和知识产权的保护以及人类正在进入的知识经济时代。与此同时，由技术革新带来的市场机会无限。

1. 平均的产品生命周期缩短

人类正在进入一个所谓知识或信息爆炸的时代，新的技术、新的发明层出不穷，产品从发明创新进入市场，到被更新的产品淘汰退出市场的周期不断缩短。1926 年，美国人普遍认为电视机普及到家庭“犹如白日做梦”，但这一梦想在 20 多年后却变成了现实。1948 年，曾有人预言人类实现登陆月球的理想至少还需 200 年时间，但这个理想 20 年后也实现了。最值得一提的是，现代电脑制造技术的飞速发展，平均每 18 个月就会使原先产品的制造成本下降一半，同时新的产品在技术上就会上一个等级。产品生命周期的缩短，一方面，加速了新产品上市的竞争，使很多企业被迫增加技术开发投入；另一方面，企业的产品营销周期也必须大大缩短，在成本核算、价格制定和营销策略上要顺应这种短周期的特点。

2. 微电子技术和网络技术的普及运用

微电子技术和网络技术的普及运用，正把人类社会引向一种虚拟化的或数字化的生存方式。人们可以借助电脑网络去传达一切所需的信息，企业越来越感到，通过信息垄断的方式去刻意创造自己产品的差异感已非常困难，因为所有的企业都可以通过网络向顾客介绍自己的产品，消费者在网络上轻而易举地就能对各种产品进行比较，因此，企业之间的竞争比过去更加趋于实质化。电脑网络普及带来的另一个影响是改变了人们的购物方式。顾客可以在国际互联网上搜寻，选择和购买自己需要的商品、购买地点和购买时间等，这些通常值得营销决策者重视的要素变得不怎么重要了，网络打破了购物的时空界限。

3. 专利技术和知识产权的保护加强

由于世界各国对技术创新的高度重视，各国法律对专利技术和知识产权的保护日益重视，对侵犯他人知识产权的处罚也有加重的趋势。因此，这一倾向使企业在产品仿制和已有技术运用时的限制条件增多，产品的开发成本加重了，在产品开发和营销过程中必须处理的法律事务也增多了，从而加大了产品开发和营销的难度。

4. 知识经济初露端倪

人类社会目前正从工业化经济社会逐步走向知识经济社会，即知识和信息的创造与运用已成为推动生产发展和社会进步的主要因素。当前,商品价值的高低主要取决于商品中所包含的知识含量,而不再像过去那样,价值量的高低由资源消耗和劳动含量而定。一个商品,如果缺少技术创新,即缺少知识含量,哪怕消耗的资源再多,使用的人工再多,也卖不出好价钱。因此,世界上很多企业开始把营销投入的重心转向人才集聚和高额的研究与开发投入,力图通过技术领先来获取巨大的市场先期利润。因此,今天企业的利润率高低在很大程度上是同它的科技投入成正比的,所谓"知识营销"已经成为营销理论中的一个新概念。

5. 市场机会增多

市场的出发点是人们的需求,科学技术最终也是为人类的需求服务的。凡是人们需要的商品或服务,总会有源源不断的技术人员进行创新和开发。举例而言,2001 年 10 月,第一代 ipod 诞生,随后一批又一批的革新技术被运用到了 ipod 产品中,容量的扩大、视频功能的增加、电话功能的升级、触摸功能的运用都在不断满足当今人们的需求,尤其是年轻人对于时尚的追逐。应该指出的是,新技术不应该仅仅停留在实验室中,更多的应该具有商业性的价值。对于企业而言,实用并且人们能买得起的产品才是好产品,因而企业在市场营销技术环境中更要将注意力放在产品的设计、改良上,以及与市场的需求相结合上。

(五) 法律环境

企业市场营销的法律环境主要指直接或间接地影响企业市场活动的各种法律、政策以及社会团体的活动。

1. 法律及政策规范

国家的法律及政策规范是否完备,对企业的营销会产生巨大影响。法律规范首先是使市场竞争环境公平化、秩序化;其次是向消费者倾斜,保护其合法利益;此外,法律规范还会注重对社会整体利益和长远利益的保护。企业的营销人员既要认真研究法律,遵循法律的规范,同时也应充分利用法律规范和政策条件来推进市场营销活动,实现营销目标。此外,对于劳工的保护也应该得到企业的广泛关注。2008 年新劳动法的实施曾经一度导致珠三角的大批工厂倒闭,最主要的原因就是工人的雇佣成本越来越高,使得工厂生产的成本价格上升,成本超过了售价,因此不得不关门。可见相关法律的出台会对企业的发展乃至生存带来相当严重的后果。

2. 法律的地位

在我国的社会发展过程中,法律的地位越来越高。1999 年 3 月,我国的宪法修正案中明确了"依法治国"的方略。在经济运行活动中,过去那种垂直的行政管理计划命令体系,已越来越多地被横向的市场导向机制所取代,所谓在遇到问题与困难时"不找市长,找市场"就反映了这个现象。在市场经济条件下,千千万万个企业之间的利益冲突和协调需要由法律加以规范，法律在经济生活中的地位越来越高。因此，企业在营销过程中，来自“上级”的干预或扶持将减少，但是法律的规范和保护将不断增加。

3. 政府的政策导向

政府为了实现预定的发展目标或根据特定时期社会经济的发展状况，会实施某些具有导向性的政策措施，比如，20 多年来我国政府实行的对外开放政策、环境保护政策、科教兴国政策、产业结构调整政策、控制人口政策等。这些政策的实施，对企业营销活动既会产生威胁，同时也会带来机遇，企业要及时研究这些政策的影响结果，避免其可能产生的不利影响，充分利用其提供的营销机会。

4. 政府机构执法更严

光有法还不够，还必须进行执法，这样法律才能起到应有的作用。我国市场管理机构比较多，有诸如工商行政管理局、物价局、环境保护局、卫生防疫部门等机构，分别从各个方面对企业的营销活动进行监督和控制。这在保护合法经营取缔非法经营，保护正当交易和公平竞争，维护消费者利益，促进社会主义市场经济的发展过程中发挥了举足轻重的作用。因而，企业必须懂法，在懂法的基础上守法，自觉地用法律规范自己的行为并且自觉接受执法部门的管理和监督。

5. 社会团体的各种活动

企业营销人员还必须了解有关社会公众利益团体的动向，在国外，它们被称为“压力集团”，对立法和社会舆论具有很大影响。我国由于国情不同，社会团体的影响相对较小，但随着社会民主化进程的加快，各民主党派在经济生活中的影响越来越大，其建议、提案同样会影响政府的政策方向和立法，进而对企业的营销活动产生影响。例如，近年来，我国消费者保护协会的作用在不断加强，国家还把每年的 3 月 15 日定为消费者权益保护日，它对企业营销活动的制约作用也十分明显，企业的营销人员必须高度重视。

(六) 社会文化环境

企业营销的社会文化环境是指各种社会人文及文化因素的特定状况及其变化对企业营销带来的影响。这个方面的影响因素较为重要的有人们的生活方式、社会阶层的构成、社会文化特征等。

1. 人们的生活方式

所谓生活方式是指人们在长期中形成的生存行为模式，或生活的固有模式。生活方式由人的经济能力、社会地位、历史传统以及社会成员共同的价值观念所生成，它对需求和购买方式具有重要影响。当人们的生活方式发生变化时，企业的商品、广告及产品组合都应随之调整。对企业的营销人员而言，如果对一种新的生活方式的产生保持充分的敏感性，就会随时找到新的营销机会。比如，双休日的实行，使许多人可以有机会在周末睡一个晚觉，当接近中午时起床后，到底是应该用早餐还是直接用午餐变成两难选择。聪明的企业发现这是一个营销机会，专门推出了介于早餐和午餐之间的早午餐，满足了周末晚起人们的需求。

2. 社会阶层的构成

社会阶层是指依据人们的社会地位和经济收入等因素区分的人的社会圈子。不同社会阶层的人其生活的需求和购买方式有明显的差异。社会阶层又有一定的动态性，人们因自己的收入、职业和社会地位变化会改变自己原先所属的社会阶层。一个社会的阶层构成也会随社会发展而发生改变。美国社会学家保罗·福赛尔写了一本名为《格调》的书，把美国社会区分成三个主阶层和九个子阶层，见图2－1。

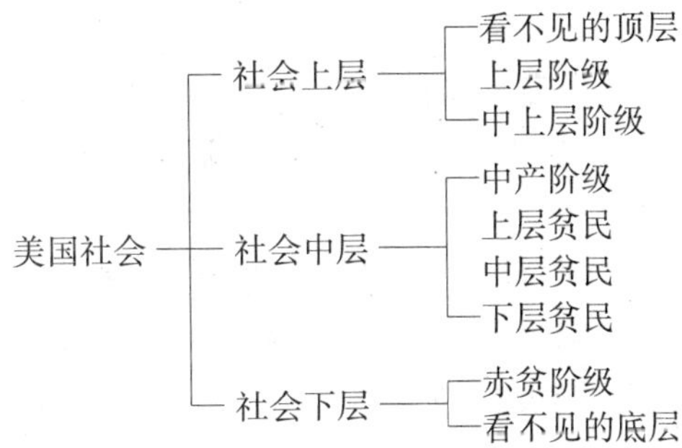

图2－1 美国社会的阶层

不同的社会阶层不可能同处一个细分市场，比如，福赛尔认为，社会上层最爱喝的饮料是加冰的苏格兰威士忌，社会中层是马提尼鸡尾酒，而社会下层则是易拉罐装的啤酒。我国社会虽然没有被明确地区分出各种阶层，但是“白领阶层”、“工薪阶层”等概念的出现，表明社会阶层是我国的一种客观存在，因此，它们对企业营销活动的影响也是必然的。

3. 社会文化特征

文化主要是指一个国家、地区或民族的传统、风格和道德及价值观念。人们在不同的社会文化背景下成长和生活，各有其不同的基本观念和信仰，这是在不知不觉中形成的，成为一种行为规范。一个社会的核心文化和价值观念具有高度的持续性，它是人们世代沿袭下来的，并且不断得到丰富和发展，影响和制约人们的行为，包括消费行为。因此，社会文化影响人们的需求，影响人们对商品的选择、对广告和服务形式的偏好。营销者在商品和商标设计、广告和服务形式等方面，要充分注意消费者的文化背景，充分了解并运用文化的蕴含，在创新时，要注意不与社会核心价值观念相抵触，否则会受到不必要的损失。

二、市场营销的微观环境

企业的微观营销环境主要由企业内部参与营销决策的各个部门、企业的供应商、营销中介机构、顾客、竞争者、社会公众组成。

1. 企业内部

微观环境中的第一种力量是企业内部的环境力量。一个企业的市场营销部门不是单独存在的，它面临着许多其他职能部门，如高层管理、财务、研发、采购以及制造等部门，而这些部门与营销部门之间分工是否科学，管理是否合理，目标是否一致都会影响到企业的营销管理决策和营销方案的实施。由于营销是企业生产产品的最终目的，因此企业的所有职能部门都是在围绕着营销，围绕着顾客这一中心。

2. 供应商

供应商是向企业及其竞争者提供生产产品或服务所需的各种资源的企业或者个人。其中，供应商所提供的资源主要包括原材料、设备、能源、服务、资金等。这些资源提供的价格、质量、数量都会直接影响到最终的产成品的价格和质量。企业要处理好与供应商的关系，既要避免订货渠道的单一性，防止供应商抬高价格，又要与供应商保持良好的关系，保证供货渠道的畅通。

3. 营销中介机构

(1) 中间商。中间商是协助企业寻找顾客或直接与顾客进行交易的企业。中间商可以分为代理中间商和经销中间商两类。前者是专门介绍客户或协助促成交易的完成，但并不拥有商品的所有权。后者则是通过购买商品，拥有商品的所有权，再出售商品，从中获取差价的中间商。

(2) 实体分配公司。实体分配公司是协助企业将货物从产地运送到目的地的企业。它主要包括仓储公司和运输公司。实体分配公司的作用是协调生产者和消费者之间的供需矛盾，提供商品的时间效用和空间效用。

(3) 市场营销服务机构。市场营销服务机构包括营销调研公司、广告公司和各种咨询公司，它们帮助企业选择市场，认清目标顾客群，推出适当的产品。现代企业常常将此类业务外包，由此诞生了一大批营销中介服务机构。

(4) 金融机构。营销金融机构包括银行、信贷公司、保险公司等，它们帮助企业进行资金的收付与融通，为企业的资金链提供良好的保障。

4. 顾客

顾客是指企业产品或服务所针对的对象，也就是企业目标市场的最终服务对象。在现代营销中，企业的一切营销产品和服务都是围绕顾客所进行的。顾客是企业最重要的环境因素。企业的目标市场可以分成五种：消费者市场、产业市场、中间商市场、政府市场和国际市场。

5. 竞争者

根据美国哈佛商学院教授迈克尔·波特的竞争力模型，企业面临的竞争者主要有五种类型：现有企业、供应方、顾客、潜在的竞争者和替代产品的企业。这五种趋势构成了行业的特征，处于其中的企业不可避免地受到来自这五种竞争力的威胁。

6. 社会公众

公众是指对企业实际营销能力具有实际或潜在兴趣或影响的群体。所有企业都应该在社会公众面前树立良好的形象，与社会公众保持良好的关系。一般而言，企业需要面对七类公众：金融界、媒介公众、政府机构、公民行动团体、地方公众、一般公众和内部公众。不同企业的主要公众有所不同，要受到社会中各类公众对其看法的影响，这种看法可能增强企业的营销力量，也可能削弱企业的营销力量。现代企业的营销部门通常有公关职能，它的目的就在于保证企业在社会公众面前树立良好的社会形象，从而促进企业的营销影响力。

第二节　消费品市场购买行为分析

一、消费品市场概述

消费品市场是指个人或家庭为满足生活需要而购买商品或服务的市场。消费品市场属最终产品市场，是市场运行的出发点和最终点。对最终产品或服务的营销企业而言，这是一个直接面对的市场，对生产或销售中间物品的企业而言，其产品的市场需求又是最终市场所引致的，因此，消费品市场的动态会对所有的企业产生直接或间接的影响。消费品市场的顾客，是千千万万具有不同个性的消费者，他们的购买行为复杂多变，既受到经济、社会等外在因素的影响，又受个性、心理等内在因素的影响，因此，营销人员必须运用科学方法和技术，去掌握消费品市场的需求特点，才能获得营销的成功。

（一）消费品市场的特点

消费品市场与其他市场相比较，具有如下特点：

(1) 从市场交易的商品看，由于直接购买、消费商品的消费者人数众多、偏好相异，因而市场交易的商品品种、规格、样式亦浩繁复杂，大多数商品的消费周期一般较短，商品的专用性却相对不强，许多商品在功能上可以相互替代。这些决定了商品的需求弹性较大，即商品价格的变化对该商品的需求变化影响较大。

(2) 从市场交易的规模和方式看，由于购买人数多，每次购买的商品数量少，因而市场分散，交易次数频繁，交易场所多种多样，这又决定了大多数消费品需通过中间商来连接生产者和消费者。现实生活中，商厦、代销店、马路边，乃至于田间都会成为消费品市场的一部分。有时消费品市场的一次购买仅仅表现为一盒火柴、几颗纽扣的销售。

(3) 从消费者的购买行为看，由于市场上消费品种类繁多、竞争激烈，消费者的选择余地很大，他们往往会对商品的品质、功能、价格等进行比较。另外，由于消费品直接与人们的日常生活密切相关，新的消费品不断涌现，人们不可能全面、及时地了解、体验大多数消费品的使用功能，因而消费者对于消费品的购买受广告和其他媒体的影响颇大。

(4) 从消费者的消费习惯看，由于消费者之间存在民族、居住地区、受教育程度、性别、年龄等的差别，因而消费品市场的购买差异大、消费层次多。同时，随着社会生产力的提高和国际化倾向的日益增强，消费品市场的流动性不断加强，消费者的消费习惯在动态发展中融合、变化。

(二) 消费品市场的购买对象

消费品市场的购买对象即消费品。消费品花色品种繁多，我们必须根据不同标准对消费品进行分类后，才能有效地研究它们各自的不同特征及其对消费者需求和购买行为的影响。下面介绍三种常用的分类方法。

1. 根据商品的购买方式分类

(1) 简便品。简便品是指售价低、不需要挑选、能迅速购买的商品或服务，包括日用品、冲动型商品和应急商品。

日用品是指经常购买或使用的低价值商品或服务，如香烟、报纸、肥皂、作料、传呼电话等。对于日用品，消费者往往经常地有规则地购买，很少花时间去挑选，事先也不多作规划。

冲动型商品是指消费者事先没做购买的心理准备，因看到广告宣传或实物，或经过触摸或受其他消费者影响，而引起购买欲望导致购买行为的商品或服务，如儿童玩具、糖果点心、公园里的娱乐游戏等。消费者的冲动性购买才产生冲动型商品，消费者从产生购买欲望到实现购买的过程往往是很短暂的。

应急商品是指人们平时不会购买或没有购买的需求，而在需求突然出现时急速购买的商品或服务，如应急药品、自行车胎修补、雨具等。人们购买应急商品往往目标明确，购买迅速，希望在最短的时间、最近的地点实现购买。

(2) 选购品。选购品是指需要经过挑选比较后才购买的商品或服务，如服装、家具、家用电器等。对这类商品，消费者在购买前，要对商品的质量、款式、价格、售后服务乃至包装或购买地点等各方面进行比较，然后从中挑选出自己比较满意的商品。

(3) 特殊品。特殊品是指消费者有所偏爱的独特产品或名牌产品，如名牌电视机、照相机和高级音响设备等。特殊品往往不需要比较选择，因为消费者已经知道自己要什么品牌，只是在购买时要花时间去寻找出售这个物品的商店。

2. 根据商品的使用频率和商品形态分类

(1) 耐用品。耐用品是指可以作长期使用的有形物品，如汽车、电冰箱、电视机等。由于耐用品的价格比较昂贵，消费者在购买时常采取慎重的态度，需要企业提供更多的销售服务，要求有尽可能多的质量保证。

（2）非耐用品。非耐用品是指通常只能使用一次或几次的易消耗的有形物品，如肥皂、食品、牙膏、纸张等。由于非耐用品的单价较低，容易消耗，消费者经常购买，因此人们常常对此类商品产生偏爱情感，消费者会经常重复购买同一品牌的商品。

（3）服务。服务是指以劳务的形式直接向人们提供的，能满足人们某种需要的无形商品，如理发、住宿、修理等。消费者在购买服务时，其消费过程同购买过程紧密地联系在一起。服务虽然没有商标，很少广告，但消费者仍然有很强烈的选择意向。

还有许多其他方法可以对商品进行分类。但是，对任何一种商品来说，呆板而固定地把它归入某一类型是不科学的，有的商品在不同的情况下可有不同的市场地位，只有结合其他因素对市场进行整体分析时，商品分类的方法才是一种科学的工具。

（三）消费品的购买者

对消费品购买者的分析，实际上也就是分析购买组织，其目的在于研究消费者市场购买行为的发起和组织，不同的购买角色对购买行为的影响与制约。在消费者市场中，消费者的购买活动一般是以个人或家庭为单位进行的，购买决策可能由一个人作出，但一个购买行为往往是家庭及其他成员共同影响的结果，因此，消费品的购买者往往是一个群体。这种群体一般由五种角色组成，每一个角色的行为对购买行为的最终完成都有一定影响。例如，某一家庭购买一台电视机，首先提出建议的可能是女儿；家庭中的其他成员，或同事、朋友等对要购买的品牌、式样、性能可能都有影响力；最终决策也许由父母两人共同商量作出，而实际购买者可能是父亲或儿子；最后全家享用。在这一购买决策中，好几个人起着不同的作用：

（1）倡议者。最先提出购买某商品的人。

（2）影响者。其观点或建议对最终购买决策有较大影响的人。

（3）决策者。最终作出部分或全部购买决策的人。

（4）采购者。实际从事采购商品的人。

（5）使用者。消费或使用所购商品或服务的人。

为了进一步研究家庭成员对购买决策的影响力，家庭权威中心理论把家庭分成四种类型：

（1）各自作主型。即每个家庭成员都可以相对独立地作出有关自己的购买决策。

（2）丈夫支配型。即丈夫掌握购买决策权。

（3）妻子支配型。即妻子有权作出购买决策。

(4) 调和型。即多数购买决策由家庭成员共同协商作出。

家庭权威中心点不是固定的，它会随社会、经济、文化等情况的变化而转移。如孩子长大了，有了独立生活的能力，逐渐就会越来越多地自己作决定，而不再依靠父母。特殊的社会环境会产生特殊的家庭权威中心，如随着我国独生子女家庭的日趋增多，也就出现了一些新问题，有的家庭成了"子女支配型"，即子女要什么就必须买什么。

了解参与购买决策成员的特点和各自的作用，可以帮助营销者研究消费者的购买行为，确定产品应当具备的特色，有针对性地展开促销活动，准确地吸引顾客，收到更好的营销效果。

(四) 消费品的购买时机

购买时机主要包括购买时间和购买地点两方面。

1. 购买时间

一般而言，有的消费品由于受商品本身所固有的特性的影响，它的销售具有一定的季节性；而不同的消费者阶层也会根据自身的收入状况、习惯、嗜好，在具体的购买行为上表现出一定的时间规律。例如，节假日期间商品销售量最大，像我国的春节、国庆节、中秋节等，人们习惯购买各种食品，但随着观念的更新，诸如鲜花、专用礼品等在几个大的节假日期间销量也很大。另外，在一个月中，职工工资发放日之后数天为购买最踊跃的时期。因为，大部分职工，特别是低收入的职工，均在发放工资后购买基本生活资料，添置日用品。在一周中，又以周末购买量最大，因为这个时候最具备购买时间方面的条件。再则，商品的本身特征也决定着消费者的购买。如冬季买皮外套、取暖器，夏季吃冷饮、买空调等。当然，消费者的收入状况也影响其购买时机，尤其对价高的耐用消费品的购买更为明显。

总之，企业营销人员应在了解与掌握消费者购买商品的时间规律的基础上，积极组织货源，增加营业时间，合理定价与进行促销活动，将产品推向市场，及时满足消费者的需求。

2. 购买地点

购买地点主要是指消费者在何处决定购买及实际在何处购买。一般说，耐用品如电视机、电冰箱等常在家里预先作出购买决定，然后到商店购买。有的日用品则多半在商店临时决定购买，其中许多日用品是受包装、款式等因素的影响而发生的冲动型购买。

企业营销人员应当针对消费者购买时机不同的特点，采用不同的营销策略，如对在家中作购买决策者，可采用各种广告媒体，特别是报纸、杂志、电视、商品目录及说明书等来影响他们。对现场决策的购买者，则应利用产品新颖的款式、精美的包装，以及商品的陈列和现场广告，激起他们的需求欲望。

二、消费者购买动机

动机是引起行为的原动力，人们的各种行为都有一定的动机。消费者的购买动机来自人们本身存在的各种需要，只有当消费者有了某种需要并期望得到满足时，才会产生购买的动机，并进而转化为购买行为。

(一) 需要

需要是购买动机的基础，是购买行为的起点，同样也是市场营销的出发点，所以，研究购买动机首先应从了解消费者的需要出发。

1. 需要的层次

消费者的需要是复杂多变的，并且是多层次的。多层次的需要决定了购买动机的丰富性和购买行为的多样性。在需要层次的分析方面，美国心理学家马斯洛的理论是最为典型和最有影响的。

马斯洛将人类的需要分成五个层次：生理需要、安全需要、社会需要、尊重需要及自我实现需要。它们是依照由低到高的层次组织起来的。一般来说，当低层次的需要基本满足后，就会出现较高层次的需要，人们在不断的追求中，出现新的需要，产生新的行为动力。这种需要层次可由图 2－2 来表示。

(1) 生理需要。生理需要是指与个人生存直接相联系的需要，它涉及最基本生活资料的满足，如为满足饥、渴、遮蔽而需要吃、喝、穿等。马斯洛认为，在人的所有需要都未得到满足时，生理上的需要是压倒一切的，是最为优先的。“对于一个处于极端饥饿的人来说，除了食物，没有别的兴趣，就是做梦也梦见食物，甚至可以说这时(只有这时)充饥才成为独一无二的目标。”因此，生理需要是人们最原始、最基本的需要。

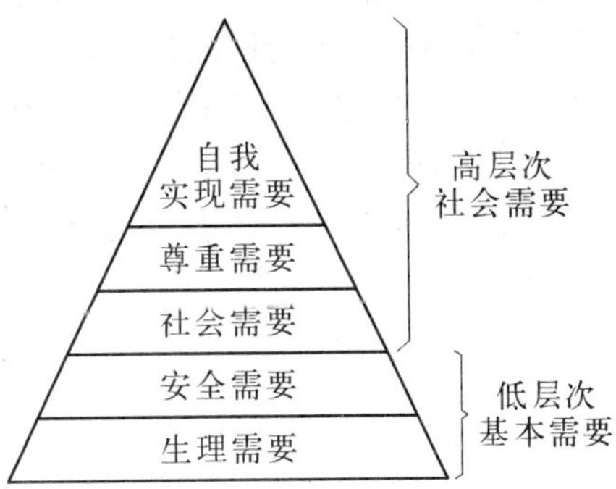

图 2－2 马斯洛划分的需要层次

(2) 安全需要。安全需要是指当人们的生理需要得到满足之后，产生的为避免生理及心理方面受到伤害所要求的保护和照顾的需要，如财产安全、人身安全、职业安全、健康保障等的需要。

(3) 社会需要。社会需要包括归属感、爱情、友谊等方面的需要，希望能被社会上某些团体或者他人所接受，使自己在精神上有所归属。这种需要促使人们致力于与他人感情的联络和建立社会关系，如朋友交往、伙伴关系、参加某些团体或集会等。

(4) 尊重需要。尊重需要是指想通过自己的才华与成就获得他人的尊重，即要求他人给予尊敬、赞美、赏识和承认地位的需要。

(5) 自我实现需要。自我实现需要是指希望个人自我潜能禀赋得到高度发挥，要求自己成为最优秀的人。这种需要在其他各种需要都得到满足之后才有可能出现，是最高层次的需要。

马斯洛的需要层次论揭示了人的需要具有一定的发展规律，营销人员通过这种规律，可以预测市场需求发展变化的趋势，从而了解消费者的潜在需要，更好地把握可能出现的市场机会。

2. 需要的特点

(1) 可变性。消费者的需要不是一成不变的，随着社会生产的发展和生活条件的改善，消费者的需要会不断深化、拓展，即使同一层次的需要，其内涵也是可变的，处于发展之中。例如，过去与人们日常生活关系不大的电话，现在已成为人们日常生活中不可缺少的通讯工具；许多只是作为炫耀的物品，现已成为满足人们基本生活需要的消费品。又如，我国婚龄青年讲究的“三大件”，从 20 世纪 70 年代的手表、自行车和缝纫机，已快速发展到了 90 年代的录像机、音响设备和空调。在进入新世纪后，住房、汽车和电脑可能成为新的“三大件”。因此，需要会随着社会的发展呈现由低到高(质的发展)，由简到繁(量的扩展)的发展趋势。

(2) 复杂性。复杂性是指消费者需要的多样性和差异性，表现在三个方面：第一，对同一类商品的各种需求。人们往往要求某一商品除了具备某种基本功能外，还要兼有其他的附属功能；第二，对不同商品的各种需求。有的家庭在同一时间内会产生购买彩电、冰箱、空调等多种需要；第三，同一消费者明显需要和潜在需要的同时存在。

(3) 周期性。同一需要在形式上总是不断翻新、重复出现的，也只有这样，需要的内容才会丰富、发展。对需要的历史考察表明，人们对许多消费品的需要都具有周期性重复出现的特点，所不同的只是周期的长短。如对裙子设计和流行式样选择上，不管花样如何翻新，但基本款式总在长裙与短裙间周而复始；而现今世界风行的“回归大自然”的消费时尚，也正是这一特点的体现。

(4) 层次性。人们的需求是有层次的，虽然在各个层次之间难于划分，但是基本上还是有次序的。首先需要满足的是最基本的生活需求即生理需求，然后再满足社会交往需要和精神生活需要。换言之，消费需求是逐层上升的，首先是满足低层次的需要，然后再满足较高层次的需要。随着生产的发展和消费水平的提高以及人们社会活动范围的扩大，人们消费需求的层次必然会逐渐提高，由低层次向高层次发展，因此消费者所购买的商品越来越多地满足社会性和精神性要求。

(5) 时代性。人类的消费需求往往受到时代风尚、周围环境等的影响。由于社会环境的不同，人们所处的时代不同，消费者需求和爱好也会有所不同。例如，随着教育普及制度的推广，人们的文化水平已经有了很大的提高，因此人们对于文化用品的需要也在日益增多。由此可见，消费者的需求具有时代性。

(6) 替代性和联系性。消费者需求在某些商品上具有联系性，消费者在购买一种商品时往往会购买另一种商品。例如，消费者在购买洗面奶的同时往往会一起购买面膜、面霜等。所以在出售商品时，同时出售联系商品，不仅会给消费者带来方便，也会给企业带来经营收入的增加。此外，一些商品具有替代性，即某种商品的销售量增加，另外一种商品的销售量会减少。例如，鸡肉、猪肉、牛肉之间就有替代关系。

了解、分析消费者需要的特点，目的在于帮助企业制定良好的营销策略，树立起以市场为导向的营销观念。在市场竞争日益激烈的今天，企业的着眼点不能仅仅放在满足消费者的即时需要上，而且应根据消费者固有的需要心理特点，来引导消费，创造新的市场和新的顾客。

(二) 购买动机

由于消费者的需要复杂多样，在此基础上产生的消费者的购买动机因而也是多样化的。多样化的购买动机大体上可概括为两大类。

1. 生理性购买动机

生理性购买动机是消费者由于生理上的需要而产生的、购买用于满足其生理需要的商品而产生的购买动机。消费者为寻求温饱与安全、逃避痛苦与危害、组织家庭与延续后代，以及增强体质与智能等方面的需要所引发的购买动机都属此类。生理性购买动机是消费者本能的、最能促使购买行为发生的内在驱动力，在所有的购买动机中最具普遍性和主导性。

2. 心理性购买动机

心理性购买动机是消费者由于心理需要或精神需要而引起的、购买用于满足其精神或感情需要的商品而产生的购买动机。这类购买动机比生理性购买动机更为复杂。由于社会经济的发展和社会生活的多元化，心理性购买动机对于购买行为的影响占有越来越重要的地位。消费者的心理性购买动机可细分为下列几种类型：

(1) 感情动机。消费者的需要是否得到满足，会引起对事物的好恶态度，从而产生肯定或否定的感情体验。而这些不同的感情体验反映在不同的消费者身上，就会体现出不同的购买动机。根据感情动机中不同的侧重点，又可把它分为四大心理倾向：① 求新倾向，即追求所购买商品的时效和新颖，其核心是“时髦”和“奇特”。服装要款式新颖，摆设要别出心裁，食品要应时尝新，等等。② 好胜倾向，即以争强好胜为主要购买目的，其核心是“争赢”和“摆阔”。这类顾客购买的商品往往不是由于急需，而是为了赶超他人，不甘落后。③ 求名倾向，即以追求所购商品能显示自己的地位和名望为主要目标的购买动机，其核心是“炫耀”和“显名”。东西要名贵，商标要名牌，产地要正宗，从中获得一种让人羡慕的高贵心理。④ 求美倾向，即以追求所购商品的艺术价值和欣赏价值为主要目标的购买动机，其核心是“美化”和“装饰”。这类消费者较少考虑价格和实用，他们重视的是商品的造型、色彩、表现力和整体上的协调美、韵律美。

(2) 理智动机。理智动机是建立在消费者对商品的客观认识的基础上，经过充分地分析比较后产生的购买动机。它具有客观性、周密性的特点，在具体购买活动中表现为：① 求实倾向，即以追求所购商品实用价值为主要目标的购买动机，其核心是“有效”和“实用”。这类顾客比较注意商品的功用和质量，要求经济实惠。例如，吃的只讲营养，至于色、味、形或烹调技艺则不讲究；穿的只注意质地耐穿，至于款式、色彩则在其次。② 求廉倾向，即以追求商品的物美价廉为主要目标的购买动机。这类消费者对商品的价格很计较，而对商品的包装、款式、色彩则不大挑剔。

三、消费者购买行为

购买行为是建立在复杂多样的购买动机基础上的，但又受到许多其他因素的影响，并呈现出不同的类别。

(一) 购买行为的类别

1. 习惯性购买行为

对于价格低廉、经常性购买的商品，消费者的购买行为是最简单的。这类商品中，各品牌的差别极小，消费者对此也十分熟悉，不需要花时间进行选择，一般随买随取就行了。例如，买油、盐之类的商品就是这样。这种简单的购买行为不经过搜集信息、评价产品特点、最后作出重大决定这种复杂的过程。

这类产品的营销者可以用价格优惠和销售促进等方式来鼓励消费者试用、购买和续购其产品。由于消费者对这些商品的品牌不很在意，而只是被动地接收信息，营销者在做广告时要注意视觉符号和形象。

2. 寻求多样化的购买行为

有些商品品牌之间有明显差别，但消费者并不愿在区别品牌上多花时间，而是不断变化他们所购商品的品牌。例如，在购买点心之类的商品时，消费者往往不花长时间来选择和估价，下次买时再换一种新花样。这样做往往不是因为对商品不满意，而是为了寻求多样化。对这种情况，营销者应多采用销售促进和占有有利的货架位置的办法，保证供应，鼓励消费者购买。

3. 化解不协调的购买行为

有些选购品，品牌之间区别不大，而消费者又不经常购买，购买时有一定的风险性。对这类商品，消费者一般先转几家商店看看有什么货，进行一番比较，而后，不花多长时间就买回来，这是因为各种品牌之间没有什么明显的差别。一般如果价格合理，购买方便，机会合适，消费者就会决定购买。例如，购买沙发，虽然也要看它的款式、颜色，但一般差别不太大，有合适的就会买回来。

购买以后，消费者也许会感到有些不协调或不够满意，也许商品的某个地方不够称心，或者听到别人称赞其他种类的商品。在使用期间，消费者会了解更多情况，并寻求种种理由来减轻、化解这种不协调，以证明自己的购买决定是正确的。

4. 复杂的购买行为

当消费者要购买一件贵重的、不常买的、有风险的，而又非常有意义的商品时，就会全身心地投入购买。这类商品各种品牌之间有明显的区别，消费者往往对这类商品缺少了解，需要学习，要经历一种复杂的购买过程。首先了解产品性能、特点，从而对该商品产生某种看法，并与其他相关商品进行反复地比较后，最后才进行实际购买。这期间，消费者往往还会向其他该商品的使用者征求看法、意见。对于这种购买行为，营销人员应利用一切渠道让消费者了解商品的性能、特点以及它在同类商品中的优势地位，并积极做好售后服务。

以上四种购买行为的类型，可以归纳为表 2－1。

表 2－1 购买行为的类型

品牌特点 \ 时间、精力投入情况	高 投 入	低 投 入
品牌之间有明显区别	复杂的购买行为	寻求多样化的购买行为
品牌之间有较小区别	化解不协调的购买行为	习惯性购买行为

（二）购买行为的影响因素

1. 个性因素

个性是一个人身上表现出的经常的、稳定的、实质性的心理特征。个性的差别也将导致购买行为的不同。例如，在服装选择方面，性格外向的人，往往偏爱色彩鲜艳、对比强烈、款式新颖的服装；而性格内向的人，一般比较喜欢素淡、深沉的色调。另外，消费者的个性还可导致消费者在购买过程中的不同表现。例如，外向型的消费者一般喜欢和售货员交谈、开玩笑，表情容易外露，很容易表现出对商品的态度，但也较容易受外界的影响；内向型的人大多沉默寡言，内心活动复杂但不轻易表露；理智型的人大多喜欢对商品进行反复比较、分析和思考，最后再作购买决策；意志型的人大多目标明确、积极主动，而且决策果断。可见，消费者的个性也是影响其购买行为的一个重要因素。营销人员应"对症下药"，投其所好，使营销策略更具有针对性。

2. 经济因素

经济因素是影响消费者购买行为的直接因素，它主要包括消费者收入、消费品价格、消费品效用等。

(1) 消费者收入。消费者是否购买商品以及购买多少，相当程度上是由其支付能力的大小决定的，而支付能力的大小又受收入水平的限制。所以，任何一个消费者的购买能力的大小，归根到底是由其收入水平决定的。收入水平高，购买能力大；收入水平低，购买能力就小。

(2) 消费品价格。消费品价格的影响作用主要表现在以下三方面：① 消费品本身的价格。一般来说，某消费品本身的价格高，则消费者对它的需求和购买便会减少；反之，某消费品本身价格低，则消费者对它的需求和购买便会增加。然而，其价格所带来的购买者购买行为的变化是不一样的。有的消费品，其价格变化大，消费者的购买行为却变化很小，有的消费品则相反。造成这种差异的主要原因是不同的商品具有不同的价格弹性，弹性大的商品，价格变动的影响大；弹性小的商品，价格变动的影响小。② 消费品的预期价格。如果某消费品的预期价格提高，即该消费品的行情看涨，消费者现时可能会扩大购买；如果预期价格下降，即该消费品的行情看跌，消费者现时可能会减少购买。③ 相关的其他消费品价格。例如，即使苹果价格不变，但如果生梨的价格下降(上涨)了，消费者对苹果的购买也会减少(增加)。因为这两种水果在满足人们的食用欲望和功能中存在很大的替代性。再如，即使录像带的价格不变，录像机的价格上涨(下跌)后，同样会引起对录像带购买的减少(增加)。因为这两种产品在使用功能上存在互补性。

3. 社会因素

消费行为作为个体行为，首先受到个人因素的影响，因此个体之间的消费活动表现出不同的特点。但消费者作为整个社会生活消费的一个组成部分，又受到他所处的社会历史条件的制约和社会因素的影响，这主要包括了社会文化、相关群体、家庭因素等。

(1) 社会文化。社会文化是指人类在社会历史发展过程中所创造的物质财富和精神财富的总和。从广义上来说，社会文化包括了民族传统、宗教信仰、风俗习惯、教育层次、价值观念等。

一是民族传统。各民族都有自己的文化传统。例如，中华民族一向有勤劳、节俭的基本传统，它在消费上就表现为重积累、重计划、省开销，即所谓"精打细算，细水长流"，在选择商品时追求实惠和耐用。而美国等西方国家则不同，他们一向强调享受人生，在消费行为上表现为注重当前消费的效果，购买时不太会瞻前顾后，冲动型购买较多，在选择商品时追求情调和色彩等。

二是宗教信仰。世界上宗教种类繁多，各种宗教对于教徒的婚丧嫁娶、饮食和衣着等诸方面都有规定，这些规定也无疑影响到人们的消费和购买行为。

三是风俗习惯。不同的国家、民族和地区都有其独特的风俗习惯，这些风俗习惯有的是因历史、宗教而形成的，有的是由自然环境、经济条件所决定的。

四是教育层次。现实社会中，人们所受教育的程度和教育层次是存在差异的，教育层次的差异也影响到人们的消费行为和购买行为。例如，教育层次较高的群体依据科学、合理的营养组合原则来选购食品，而教育层次较低的群体在选择购买食品时，较多地受到味觉的驱使。

五是价值观念。价值观念是指人们对事物的是非与优劣的评判原则和评判标准。改革开放以前，中国人认为富裕并非是什么光荣之事，标新立异更非正确之举。这种观念反映到服装的消费上，便是追求朴素、大众化的格调，把新颖的样式片面地视为奇装异服。而改革开放以后，人们的价值观念发生了重大变化，购买服装时更多地倾向于式样、面料的新颖，注重服装与个性的协调。

(2) 相关群体。相关群体是指与购买者有直接或间接社会联系的个人或团体。相关群体包括三个层次：① 初级群体，主要是指家庭成员、朋友、同事、领导等，这一群体属非正式组织，消费者与他们发生直接的联系，他们对消费者购买行为发生直接影响，对消费者示范作用最强烈；② 次级群体，是指与消费者有关的各种群众团体和组织，如社会团体、职业团体、党派、学会、教会等，一般是正式组织，次级群体对消费者行为发生间接影响；③ 渴望群体，主要是指消费者渴望加入作为参照体的个人或组织，如对某种类型电影明星和体育明星的崇拜和效仿，使许多消费者把他们的生活规范和消费行为作为自己生活的参照。

(3) 家庭。家庭是人们生活的直接场所，人们的消费行为、消费方式、消费习惯等最先是从家庭继承和发展而来的，家庭对消费者购买行为的影响与制约，主要表现在以下三方面：① 家庭的消费、购买传统影响当前的购买行为。例如，生活在我国南方的北方籍家庭，经常购买面粉、水饺；生活在异国他乡的俄国人家庭喜爱购买鱼子酱。② 家庭的社会地位和经济条件决定了消费者的消费层次、消费结构和购买水平。它们之间一般呈正比例发展。③ 家庭结构影响消费者的购买行为。家庭结构不同，其购买行为也就体现出一定的差异性。尚无子女的年轻夫妇家庭或者是与子女分居的老年夫妇家庭，一般没有其他负担，购买力比较强，业余时间比较空闲，兴趣和爱好容易得到发挥。其消费需求比起其他形式的家庭来说较单纯，消费层次也较高。有子女的双亲家庭和高收入的复代家庭，主要是围绕保证子女的需求和照顾老人的健康为中心开展消费的。

4. 心理因素

对于心理因素方面，消费者主要受到四种心理因素的影响，包括动机、感知、学习以及信念和态度。

（1）动机。我们知道每个人几乎在每个时候都有需要，有些是生理需要，如饥饿感、口渴感等，有些则是精神上的需要，如获得尊重的需要、认可感等。在过去，人们对于人类动机最为深入的研究就是马斯洛的需要层次论。应该说动机是人们最为主要、最为原始的购买心理因素。

（2）感知。感知是人们收集、整理并解释信息，形成有意义的客观世界图像的过程。人类的感知过程分为三个步骤，即选择性注意、选择性曲解和选择性记忆。选择性注意帮助人们过滤大部分接触到的信息。选择性曲解则是人们将得到的信息加以扭曲，使这些信息合乎自己的意愿。选择性记忆是指人们记住那些符合自己态度和信念的信息。因此，营销人员在销售过程中，应该注意顾客感知的过程，在每个不同的营销阶段，充分利用顾客的感知过程，向他们传达营销信息。

（3）学习。学习是指由经验所引起的个人行为的改变。学习论者认为，人类的行为多半源于学习，学习反映在动机、刺激、诱因和强化的交互作用中。对于营销人员来说，学习理论的实际意义在于可以把商品与消费者认知联系起来，利用刺激性诱因并提供正面强化手段，使人们产生商品需求。

（4）信念和态度。信念是人们对事物所持有的具体看法。态度是人们对某事物或观念所持的相对稳定的评价、感受和倾向。态度导致人们喜欢或不喜欢某些事情，并对它们亲近或是疏远。人们的态度是不会轻易改变的，人们的态度形成一种固定的模式，改变态度就要改变其他的相关因素。因此，营销人员在营销过程中，最好使其商品迎合既有的态度，而不要去试图改变人们的态度。

四、消费者购买过程

消费者购买过程是指消费者购买行为或购买活动的具体步骤、程度和阶段。由于商品性质等的不同，消费者的购买过程也大有差异。有的商品的购买过程只有几分钟，有的商品的购买过程则需几个月甚至几年。许多西方市场营销学家提出了各具特色的购买过程模式，这些模式适合于描述较复杂的购买过程。典型的购买过程一般分为五个程序，即认知问题、收集信息、判断选择、购买决策和购后评价。见图 2－3。

认知问题 → 收集信息 → 判断选择 → 购买决策 → 购后评价

图 2－3　消费者购买过程

（一）认知问题

所谓认知问题，就是消费者发现现实状况与其所想达到的状况之间有一定的差距，从而意识到自己的消费需求。因此，认知问题又称认识需求。认知问题总是受到某种内部刺激或外部刺激而发生的，例如，饥饿、干渴等的刺激使人们意识到食物、饮料的需求，或者看到别人吃东西而引起食欲；从电视、杂志上看到时装广告而感觉到对某类服装的心仪而产生购买欲望。

（二）收集信息

当唤起的购买动机很强烈，而且可以满足的物品又易于购买时，消费者的需求就能很快得到满足。但在大多数情况下，需求不是立即能得到满足的，因而，需求便储存在记忆中。这时，消费者处于一种高度警觉的状态，对于满足需要的事物极其敏感，有些消费者就会着手收集有关信息。一种是收集同其需求相关的一般信息，如要购买电视机，就从各种广告媒体及其他信息渠道中寻求有关电视机的信息；另一种是收集同其需求相联系的具体信息，如收集电视机的各种品牌、价格、性能、规格、款式等。

对于营销人员来说，这一阶段的一个关键问题就是了解消费者所要求助的信息来源，以及这些信息来源对消费者购买决策的相对影响程度。消费者信息来源主要有如下四个方面：

(1) 个人来源。个人来源是指家庭成员、朋友、邻居或同事等提供的。消费者是很信赖这种信息来源的。

(2) 商业来源。商业来源是指从推销员、广告、零售商、商品包装、展示会、商品说明书等方面获得的信息。

(3) 大众来源。大众来源是指大众传播媒介、消费者评估组织等提供的有关信息。

(4) 经验来源。经验来源是指消费者本人通过以前购买使用或当前试验中获得的知觉。

在上述信息来源中，最主要的是商业来源，因为其信息针对性强，较可靠。而经验来源则是评价信息可靠性的依据。

（三）判断选择

消费者掌握了一定的相关信息后，就会对此加以对比和评价。这种对比和评价往往是围绕商品属性展开的。

任何一个消费者在购买时不仅要考虑商品质量的优劣，价格的高低，而且要比较同类商品的不同属性。如果消费者认为某种品牌的商品在各方面的属性都好于其他品牌的同类商品，而且能够买到，则无疑会购买此品牌的商品。但情况往往不是这样，各种品牌都有不同的特点和优势，需要消费者来衡量、选择。而且，消费者也并非对商品的所有属性都感兴趣，也不是对感兴趣的属性都等同视之。例如，有些人购买电冰箱最看重的是保鲜效果，有些人则最看重是否省电。但多数情况下，消费者都要着重考虑商品的几种（一般为 3～4 种）属性。通过对这些属性的评价，最后决定选择某一品牌的商品。

（四）购买决策

购买决策是消费者购买行为过程中的关键性阶段，因为只有作出购买决策，才会产生实际的购买行为。经过判断和评价后，消费者便产生了购买意图。但购买决策的最后确定，除了消费者自己的喜好外，还受到其他因素的影响，如他人态度、环境因素、非环境因素等。

（1）他人态度。这是影响购买决策的因素之一，如丈夫要买一套西装，受到妻子反对，就改变或放弃购买意图。这一影响程度是同他人与自己的关系、他人反对态度的强度及他人劝告可接受的强度有关。

（2）环境因素。消费者购买决策还受到其收入、商品价格、商品的预期利益的影响。

（3）非环境因素。购买决策还受到推销态度、购买条件等因素的影响。

上述可见，评价后的偏爱，只反映了行为的倾向，并不一定成为实际购买行为，实际购买还受其他因素的影响。

（五）购后评价

消费者购买商品之后对商品的评价，关系到消费者的再购买行为，从而决定着这一商品的市场命运。消费者购买商品后，往往会通过使用，以及家庭成员、亲友、同事的评判，对自己的购买选择进行检查和反省，以确定购买这种商品是否明智、效用是否理想等，从中产生满意或不满意的买后感受。这种买后感受不仅影响到消费者自己会不会重复购买，而且还会影响他人购买，从而对企业能否扩大营销市场带来重大影响。因为，消费者往往会对朋友、同事诉说这种买后感受，如果不满意的话，甚至会通过大众媒介公之于社会。而满意的购后感觉，则会在客观上鼓动、引导其他人购买该商品，这也就是销售上的格言“最好的广告便是满意的顾客”的真谛所在。此格言形象地反映了消费者购后评价的重要性。所以，企业一定要加强与用户的联系，视质量为产品的第一生命，努力做好售后服务工作，力争获得消费者对商品的良好的购后评价。

第三节　组织市场购买行为分析

一、组织市场的含义

组织市场也称企事业和政府社团市场，是指企业、事业单位和政府社团为生产、办公或服务需要而购买商品或服务的市场。这个市场又可分为较常见的三种类型：生产者市场、转卖者市场和政府社团市场。

（一）生产者市场

生产者市场也称产业市场，是由那些购买商品或服务为进一步制造新的商品或服务，以销售或租借给其他单位的组织或个人组成的市场。这个市场涉及的主要产业有：农、林、牧、渔业，矿业，制造业，建筑业，运输业，通讯业，公共服务业，金融业，生活服务业等。

（二）转卖者市场

转卖者市场也称中间商市场，是由那些为继续转卖而购买商品或服务的组织或个人组成的市场。这个市场主要包括批发商、零售商、进出口商等。

（三）政府社团市场

政府社团市场是由购买或租用商品以执行各级政府和事业团体职能的各级政府单位和社会事业组织组成的市场。这个市场的成员众多，包括政府机构、学校、医院、社团、公共服务机构、议会、党团组织等。

二、组织市场的购买特征

由于组织市场的购买者是组织团体，而不是个人，组织市场购买者的动机是通过购买商品再加工制造，或转卖给他人，因此组织市场的购买行为与消费品市场购买行为有明显的差异。主要从以下几个方面来表现其特点。

（一）组织市场需求特点

首先，组织市场需求是一种派生性的需求，即它的需求是由消费市场的需求派生出来的，因而最终也取决于消费市场的需求。比如，消费者若对汽车的需求量增加，必然会引起汽车公司对钢材等造车原材料的需求增加。其次，组织市场的需求波动性较大。作为派生性的需求，受经济前景、科技发展及经济周期的影响较大，消费市场需求较小的波动就会导致组织市场需求很大的波动。再次，组织市场的需求多缺乏弹性。许多原材料和劳务商品的市场都较稳定，总需求受价格变动的影响很小。比如，钢材的价格下降，汽车公司不会因此大量增加钢材的采购，因为生产规模和生产能力有限。特别是在短期内，产业用户不可能对生产方式做大的更动。

（二）组织市场的规模、结构及地理分布特点

组织市场的买主户数少，规模大。一个社会的组织团体虽然很多，但相对于消费者来说，毕竟要少得多，然而买主的规模及其购买数量又是个体消费者远不可及的。发达国家垄断势力的发展，使许多组织市场上出现了少数大买主买下大部分商品的现象。另外，由于自然条件、交通设施、市场竞争及历史的原因，导致产业分布趋向集中，使组织市场中的生产者市场的地理区域也较集中。美国有半数以上的产业买主都云集于纽约、加利福尼亚、宾夕法尼亚、伊利诺伊、俄亥俄、新泽西和密执安七个州。

（三）组织市场的交易特点

首先，组织市场的采购表现出专业化、理性化特点。由于购买批量大、技术性强，多由专业人员从事采购，且采购的目的是为了盈利，所以这种采购行为多属理性行为。其次，组织市场倾向于直接购买，通常都不经过中间商，且重视售前、售后服务。再次，组织市场买卖双方关系较稳定，并常开展互购。买卖双方合作良好，达成交易后一般都愿意保持良好的、长期的业务关系，有时还相互购买对方的产品，互给优惠。

（四）组织市场的购买单位性质特点

相对于消费者市场而言，组织市场的购买通常会涉及更多的决策成员和更加专业化的采购工作。组织市场的购买通常由那些受过专业化培训的采购代表来执行，因为他们经常负责企业的购买，并一直在工作中学习如何更好地购买。组织市场中，采购越复杂，涉及的人越多。在重要的购买过程中，企业通常会成立采购小组，技术专家和企业的高层管理者参与到采购小组中是常有的事情。因此，组织市场中的营销人员必须要受过良好的培训，只有这样，企业才能应对同样受过良好训练的采购人员。

三、组织市场的购买者

组织市场的购买者多为组织机构。具体从事采购活动的职能部门多种多样，千差万别。小单位常由一个或几个人负责采购。大企业则可以设有采购副总经理，亲自领导专职的采购部门，常称作采购中心。采购中心所有参与购买决策的人员都有共同的目标，并分担决策风险。有的单位采购主管人的权限较大，可以对产品规格和供应商的选择全权决策，有些采购主管人的权限则很小，甚至只限于安排订单，重大的决策权都在上层。

参与采购和影响采购决策的人在购买决策过程中，通常分别担任五种角色：

（1）使用者。使用者是指所采购物品的实际使用者。采购某种商品的要求通常都是由使用部门首先提出的，他们在商品的规格、型号的决定上有很大的作用。

（2）影响者。影响者是指组织内部直接或间接影响采购决策的人。技术人员常常是最主要的影响者，他们可以提供评价方案的有关资料信息以供采购决策。

（3）采购者。采购者是具体执行采购任务的人员。他们负责选择供应商和具体洽谈签约。在较复杂的采购过程中，常有高级管理人员亲自参加交易谈判。

（4）决策者。决策者是指组织中有权最终决定采购项目和供应商的人。日常采购中，采购者本身往往就是决策者。在复杂的采购中，决策者通常是单位的主管。

（5）把关者。把关者是指能控制信息流的人员。他们可控制外界与采购有关的信息流入组织内部。如采购代理商有权阻止供应商的推销人员直接会见被代理单位的使用者和决策者。另外，还有一些接近决策者的人，如技术人员、秘书等也属把关者，卖方往往通过这些人向决策者施加影响。

四、组织市场的购买过程及其影响因素

（一）组织市场的购买过程

组织市场的购买过程通常可分为八个环节，即：① 认识需要；② 确定需要；③ 说明需要；④ 物色供应商；⑤ 征求建议；⑥ 选择供应商；⑦ 正式发出订单；⑧ 检查履约情况。但是并非每次采购过程都需经过这八个阶段，组织购买行为的复杂程序取决于采购业务的类型。直接重购、修正重购和新购等不同的购买类型所经历的购买环节是有所差异的，见表2-2。

表2-2 组织市场购买过程的环节

购买类型 / 购买环节	直接重购	修正重购	新购
认识需要	无	可能	需要
确定需要	无	可能	需要
说明需要	无	可能	需要
物色供应商	无	可能	需要
征求建议	无	可能	需要
选择供应商	无	可能	需要
正式发出订单	需要	需要	需要
检查履约情况	需要	需要	需要

（二）影响组织市场购买决策的因素

组织市场的购买虽然具有理性化、集体决策等特征，但当供应商们在商品质量、价格、服务等方面大致相同的情况下，采购人员选择供应商就常常会受一些非理性因素的影响。通常可将影响采购决策的因素归纳为四大类：环境因素、组织因素、人际因素和个人因素。

（1）环境因素，即一个组织外部环境的因素，如一个国家的经济前景、市场需求、技术发展变化、市场竞争、政治法律等情况。如果经济前景不佳，市场需求不振，组织购买者就不会增加投资，甚至会减少投资，减少原材料采购量或库存量。

（2）组织因素，即企业或事业团体本身的因素，如企业或社团的目标、政策、组织结构、运作机制等。这些因素也会影响组织购买者的购买决策和购买行为。

（3）人际因素，即上述参与采购和影响采购决策的角色之间的人际关系。组织的采购过程中通常包括五种购买角色，这五种角色都参与购买决策过程，他们在

组织中的地位、职权、影响力以及他们互相间的关系各不相同，这些要素都能影响组织的购买决策和购买行为。

(4) 个人因素，即各个购买角色的年龄、受教育程度、个性等。这些个人因素会影响各个参与者对要采购的商品和供应商的感觉、看法，从而影响购买决策和购买行为。

案 例

《阿凡达》的文化竞争力

《阿凡达》火爆上映，成为2010年年初最为重要的文化事件之一。

成都是中国电影消费力十分强劲的城市之一，虽然整个城市尚无一块真正意义上的IMAX屏幕，绝大多数电影院的3D厅以偷工减料的方式采用单机播放，观看《阿凡达》的基础条件并不理想，但《阿凡达》还是史无前例地点燃了影迷们的热情，影迷们蜂拥而至，一睹为快。《阿凡达》大热大火，不仅烧热了影视新技术应用的未来，也展示了发达国家产业体系在文化传播力、文化竞争力方面的强大实力，值得中国营销人士深思。

手段一：让观众走入电影并拉动持续消费。

众所周知，电影产品尤其是商业电影制作周期长、前期投资巨大且成本高(如明星片酬、搭景方面的投入等)，而其销售渠道狭窄、销售周期短、销售竞争激烈(如争夺档期和院线平台)。这种强烈的反差使得电影产品的营销环境远比标准化生产的普通产品险恶，天堂与地狱如影随形。

商业电影的消费者选择影片的基本动机是寻求高性价比的娱乐放松，而电影产品内在的艺术价值恰恰有一种神奇的魅力，它会给予消费者超出其想象的满足感，从而让消费者持续迷恋和忠诚。因此，“视”“听”“感”“动”可以概括为商业电影取得成功的要诀，即以具有冲击力的视觉和听觉效果震撼消费者的感官，配合剧情让消费者“感受”“感触”“感悟”“感动”，进而催发消费者的“角色代入感”使其与影片互动，并在观影后成为影片持续消费的拉动者。

手段二：深入观众内心。

在电影艺术史上，“视觉效果表达”是卡梅隆取得的重要成就之一。但他之所以成为世界电影票房之王，除了他独到(甚或霸道)的视觉表达技术，还在于他坚持真实地展现人性和真情，在提供视觉盛宴的同时，抚慰消费者承受巨大压力的心灵。

《阿凡达》上映后，媒体和影迷对导演卡梅隆在《泰坦尼克号》大获成功后隐忍蛰伏14年之久深表钦佩，也充满了好奇。事实上，卡梅隆的低调并非偶然。一方面，艺术大师以不断挑战极限为人生追求，他必须静下心来探索新的艺术表达手法。另一方面，电影艺术是一种技术关联度非常高的团队创作行为，卡梅隆的圆梦之旅不仅需要整个团队在意识和知识上保持一致，更需要相关的技术尤其是核心应用技术为其提供保障。

手段三：强大的技术支持。

据媒体报道，为了追求梦幻效果，卡梅隆和他的合作伙伴文斯·佩斯在索尼公司的支持下，专门研发了一套全新的数码摄影系统，这套系统可以快速捕捉演员的动态表演并将其转化为数字信号，同期制作CG动画，极大地拓展了导演的创作空间。

2003年，卡梅隆推荐导演罗得里格兹应用这套数码摄影系统拍摄3D影片《特工神童》。虽说《特工神童》票房大获成功，但电影院出于成本顾虑，不愿意投入资金更新放映系统，迎合电影拍摄技术变革。2005年，美国拥有的3D屏幕数量仅为200多块，无法承载卡梅隆的3D电影梦想。于是，卡梅隆在出席2005年电影院年度大会时，利用他的特殊身份力劝电影院改革放映系统，参与到电影技术的变革中。随后，卡梅隆从福克斯公司筹集了几百万美元，制作了阿凡达专题的30秒试验画面，成功说服福克斯公司投资1.95亿美元拍摄《阿凡达》。

卡梅隆和福克斯公司携手合作，加快了同业拍摄3D影片的步伐。随着片源不断增多，院线系统加大了追加3D屏幕的力度。到2009年年底，美国的3D屏幕达到了12 000块。拍摄技术的成熟与播放平台的普及，扫清了影片拍摄与销售渠道的所有障碍。

手段四：极力造势，吊起观众胃口。

福克斯公司采用了简单而直接的推介方式：在专业媒体和影迷集中的场所频繁推出预告片（甚至是预告片的预告片），吊足了观看者的胃口。

及至正式放映，《阿凡达》精良的制作技术和特殊的播放系统，共同验证了卡梅隆给予观众全新的、革命性体验的承诺，再次掀起全社会的关注和追踪。与此同时，由于新技术有效地屏蔽了盗版行为的干扰，院线平台全力以赴，《阿凡达》终于书写了独霸档期的新世纪传奇。《阿凡达》准确地把握住了电影工业的发展方向，通过技术进步升华了文化竞争力优势，它注定就是“世界之王”。

案例思考 从1997年《泰坦尼克号》到2010年《阿凡达》电影市场营销环境发生了哪些变化？《阿凡达》取得巨大成功的原因是什么？有哪些是后续的大成本制作电影必须遵守的原则？

观众越来越追求震撼的视听体验，这是否意味着小成本制作的电影营销将更加困难？目前的市场营销环境对小成本制作电影存在什么样的机遇？

复习与思考

一、名词解释

1. 消费倾向
2. 恩格尔系数
3. 简便品
4. 选购品
5. 耐用品
6. 购买角色
7. 购买动机
8. 相关群体
9. 生产者市场
10. 转卖者市场
11. 政府社团市场

二、思考题

1. 什么是企业的宏观经济环境？它对企业营销活动产生什么影响？
2. 消费品市场的主要特点是什么？
3. 什么是需求层次论？它对企业营销决策有何影响？
4. 家庭在购买中的主要作用是什么？
5. 什么是消费者的购买过程？为什么要研究购买过程？
6. 组织市场的主要购买特征有哪些？它与消费者市场有什么区别？

第三章

市场营销调查

第一节　市场营销调查系统

市场营销调查系统是指能够为营销决策及时、准确地收集、整理、分析和评估并转达所需要信息的人员、设备和程序。

一、评估信息需求

信息是为企业的管理人员所用，因此信息必须要以管理人员的需要作为起点。信息太多和信息太少都不利于管理人员作出决策。信息本身并没有价值，它的价值在于信息的运用。很多情况下，额外的信息很少影响管理人员已经作出的决策，也许信息成本还会超过未来收益。营销人员不应假定获得额外信息总是合算的，而应该仔细衡量额外信息的成本及其未来收益。

二、开 发 信 息

市场营销管理人员需要的信息可从公司内部数据、市场营销情报和市场调查中获得，这些信息由信息分析系统处理之后会更加适合管理人员的需要。

（一）内部数据

许多公司建立基于公司资料信息的内部数据库。营销人员可以随时获得数据库里面的信息，并且通过这个过程，认识到市场的机遇，制定计划，评价公司的绩效。因此，营销人员建立的数据库必须要具有如下的特性：首先，公司必须以某种方式使自己的信息系统条理化，以便营销人员及时找出问题答案或者作出明智的决策。其次，营销人员应用强大的数据库挖掘技术，寻找有意义的数据库模型，并将其转达给管理人员。

（二）营销情报

营销情报是指对竞争对手和市场营销环境发展的公开可得信息的系统收集和分析。营销情报的来源有如下几个方面：首先，多数的情报可以从公司自己的员工收集。其次，公司还可以从供应商、中间商和顾客那里得到关于竞争对手及其产品的重要情报。再次，公司还能够通过观察竞争对手或分析竞争对手的现象来获得信息。最后，政府机关是另一个情报的重要来源。一些统计调查报告，商业研究的分析报告中都有详细的数据信息。

（三）信息分析

公司收集到的营销情报通常需要更多的分析，营销人员需要更多的数据分析，才能得到更有用的市场调查问题和决策。在这些分析中，统计分析、计量经济学的运用是相当有帮助的。这样的分析可以使管理人员通过数据，解决市场营销活动的问题。

三、传递信息

首先，市场营销的信息只有在被充分利用、制定出有效的营销决策时才是有价值的，因此市场信息必须及时传递到企业的管理层。其次，管理层在特定情况下和现场决策时可能还需要非常规的信息来解决问题。最后，信息技术的发展给信息的传递带来革命，随着计算机、软件和通信的进步，多数公司已经将自己的信息系统计算机化。公司的管理层，无论是在家里、宾馆还是飞机上，他们都能运用计算机及时地得到企业的营销信息数据。

第二节　市场营销调查的作用和类型

市场营销调查是指营销人员对与企业营销活动有关的市场信息进行收集、整理、分析和判断，为营销策划和营销决策提供事实与理论依据。市场营销调查是一项十分关键的工作，它是每一项营销活动的先行环节，同时它又贯穿于整个营销过程之中，帮助营销人员及时掌握各种所需的信息，并对有关事件的发展态势进行判断与估计。

一、市场营销调查的作用

1. 市场营销调查是企业正确决策的前提

决策是企业营销活动中的一项最关键的工作。决策需要对企业的内部条件、外部环境和经营目标进行综合分析和平衡。一般来讲，企业内部条件是已知的，企业经营目标一旦确定一般不会轻易变动，故这两个因素是企业可以控制和调整的；企业外部环境是经常变化的，是企业本身无法控制的。企业的内部条件必须不断服从和适应外部环境的变化，这样才能取得动态平衡和协调。因此，正确的营销决策首先取决于周密细致的市场调查、全面周到的市场分析和准确可靠的市场预测。再从决策的程序看，决策是一个先确定决策目标、再拟订各种可行方案、最后比较择优的过程，而其中每一个程序都需要以市场调查的资料为依据。由此可见，市场调查是企业正确决策的前提,没有正确的信息情报和科学的分析预测为基础,其决策将是盲目的、不可靠的。

2. 市场营销调查是企业制定营销计划和策略的基础

企业的营销计划必须与企业内、外部条件相吻合,由此才能制定出切实可行的营销计划。企业的营销策略也要考虑企业内、外部条件,而且更多的是考虑企业外部条件。只有根据不断发展变化的市场形势要求制定出来的企业营销行动准则和方式才是正确而有效的。而这些企业外部条件的了解和掌握必须依赖市场调查,依赖市场调查所取得的市场情报资料和对这些信息资料的分析及对未来的预测。由此可见,市场调查是企业制定营销计划和策略的基础工作。没有市场调查,营销计划和策略的制定就没有依据,也就制定不出切实可行的营销计划和正确有效的营销策略。

3. 市场营销调查是加强企业营销管理、提高企业经济效益的重要手段

在市场竞争条件下,企业的经济效益问题是关系到企业兴衰存亡的重大问题。营销决策的正确与否,最终也是从经济效益上体现出来的。但经济效益不仅与营销决策有关,而且与企业全体营销人员是否协调配合有关。只有了解市场营销中的各种惯例、规范,才能制定出切合实际的营销管理办法和行之有效的营销人员行为准则。从市场角度看,讲究企业经济效益必须使企业生产与国家政策和消费者需求相适宜。而要达到这种适宜就必须开展市场调查。只有了解国家政策的宗旨和市场上消费者的各种需求特点,做到知己知彼,才能找到企业、国家、消费者三者之间的共同点。

4. 市场营销调查是增强企业的竞争力和应变能力的重要手段

市场竞争是激烈的,而且情况也是在不断变化的。市场上的各种变化因素可以分为两类:一类是可控因素,如产品、价格、渠道、促销等;另一类是非可控因素,如国内、国际环境等。这两类因素不是相互独立的,而是相互联系、相互影响的。一个企业如果不能认清楚非可控因素,不能识清国际国内形势,就不能有针对性地了解市场的可控因素,因此市场调查能够帮助企业了解市场的国际国内动向,预测市场的未来趋势,从而保持对于客户的了解,做到有的放矢。

二、市场营销调查的类型

(一) 按调查信息收集的途径分类

1. 直接调查

直接调查是指营销人员在周详严密的调查方案和程序下,通过实地观察和直接访问被调查对象而获取信息资料的调查。其特点是获取的资料直接、及时、有针对性,有利于发现他人未及发现的问题。同时,这种调查方法适应的范围比较广,

几乎所有目的的调查都可以利用此方法获得信息数据。但是,直接调查程序严密,调查涉及范围与调查的费用和人力成正比,专业要求又特别高,如果不具备上述条件,直接调查的结果就可能缺乏准确性。

直接调查的大致程序是:

(1) 确立调查目的。即将调查目的明确化和具体化,并确定调查的关键和重点。

(2) 决定调查的框架及方法。即选定直接调查的具体方法,设计调查问卷,排出调查的计划程序,然后对调查人员进行培训。如遇重大调查,在正式开展调查前应进行试查,以便了解调查过程中可能出现的问题。

(3) 进行实地调查。即根据事先确定的调查计划和调查程序实施调查。在实施调查过程中,要控制好调查的进度,保证调查质量,发现问题及时修正。

(4) 整理、分析和解释资料。即对获取的原始资料进行归纳、整理和分析,寻找调查答案。

(5) 提出调查报告并追踪。即将调查整理后的结论整理成正式的调查报告并提出解决问题的建议。对报告的结论进行追踪,发现问题及时反馈。

2. 间接调查

间接调查是指营销人员通过搜集企业内部现有的档案记录(账簿、销售记录、顾客意见本等)和企业外部各种相关资料(政府统计报告、新闻报道及电脑互联网等),对这些资料进行分析、归纳和演绎,进而提出市场调查结论及建议的调查。间接调查获取信息的渠道宽、成本低、参考价值高,特别适合于缺少直接调查条件的营销项目。其不足是时间价值不高,针对性差,他人的结论易对本企业的营销项目产生误导。

(二) 按信息收集的规模分类

1. 普查

普查是指对被研究总体中的全体单位进行无一例外的观察、询问、登记的一种调查方式。这种调查方式的优点在于可以获得总体全面情况的准确资料;缺点是工作量大,时间长,费用高。企业一般很少采用这种方式,除非被研究总体中单位较少,项目比较简单。

2. 重点调查

重点调查是指对被研究总体中具有举足轻重地位的单位进行调查,以此获得整个总体基本情况资料的一种调查方式。例如,要研究世界石油市场未来一段时间价格变动情况,只要对一些主要产油大国(如欧佩克国家)的石油产量变动情况进行了解,即可估计出未来石油市场价格的变化趋势。

3. 典型调查

典型调查是指对被研究总体中具有代表性的个别单位进行的调查。这种调查方式的特点是调查单位少，可以对调查单位进行细致透彻的调查，因而可以取得调查单位的详尽资料。使用这种方式调查的关键是要选择好典型，即被调查单位具有充分的代表性。

4. 抽样调查

抽样调查是指在被研究总体中抽取一定数量的单位，即样本，根据对样本观察的结果，从数量上推算整个总体情况的一种调查方式。抽样调查方式是非全面调查中用得最广泛的一种，市场调查大多数都是采用抽样调查方式。

第三节 市场营销调查的方法和内容

一、市场营销调查信息收集的方法

（一）观察法

观察法是调查者通过直接观察和记录被调查者的言行来搜集资料的一种方法。这种方法的特点是调查者与被调查者不直接发生对话，甚至不让被调查者知道自己是被观察的对象，使得被调查者的言行完全在一种自然状态下表现出来，从而可以观察了解到被调查者的真实反应。这种方法的缺点是无法了解被调查者的内心活动及其他一些靠观察无法获得的资料，如收入情况、还想购买什么、购买哪一种等。

（二）询问法

询问法是由调查人员向被调查者询问，根据被调查者的回答来搜集信息资料的一种方法。询问法具体可以分为口头询问法和书面询问法两种。

1. 口头询问法

口头询问法是由调查人员亲自向被调查者询问，根据其口头回答取得资料的方法。询问可以采取自由式交谈，也可以事先拟订好提纲进行提问；可以采取个别询问形式，也可以采取开调查会的形式；如果是个别询问，也可以采用电话询问的形式。

2. 书面询问法

书面询问法是调查人员事先设计好调查表，然后分发给所有被调查者，根据被调查者的书面回答来搜集资料的方法。这种调查方法是市场调查中用得最广泛的。因为口头询问法调查人员所花费的时间和精力是比较大的，采用书面询问法可以克服这一缺点。除此以外，更重要的是这种方法可让被询查者有时间来思考问题，可以得到被调查者比较系统而完备的回答。采用书面询问法的关键在于调查表的设计要合理。书面询问通常采用通讯的方式，即由调查人员将调查表寄发给每个被调查者，由被调查者填好以后再寄还给调查者。这种方法的缺点有两点：

一是调查表回收率往往较低，根据国外经验，调查表回收率能达到 60%即算是成功的；二是费用较高，因为凡要求对方回答问题一般都要付给相应的费用或至少给对方一些小礼物，否则很难保证调查表的回收率。

（三）实验法

实验法一般用于产品的试销，它把自然科学中实验求证的方法应用于市场调查，即把某种商品和被调查者作为实验对象，把特定地点作为“实验市场”，然后变换商品的各种条件进行试销，并检验测定效果，所以这种方法又称为试销法。

实验法是目前消费品市场普遍采用的一种调查方法，应用范围很广。凡是某种商品改变品种、品质、包装、价格、设计、商标、广告以及陈列方式时，均可应用此法先作小规模的实验推销，由此来了解消费者的反应。这种调查方法的优点在于能够和正常的生产、销售结合起来，便于了解各种因果关系，一举多得。这种方法的缺陷是由于影响销售的因素很多，实验无法做到面面俱到，测试结果容易出现偏差，因此使用此法要尽量注意选择与实际市场情况相同的条件进行，同时还必须能控制误差。

（四）定性研究法

1. 焦点小组访谈

焦点小组访谈又称小组座谈会，是指由训练有素的主持人以非结构化的自然方式对一小群调查对象进行的访谈。其主要目的是通过听取他们谈论调查人员所感兴趣的话题来得到观点。小组座谈会通常被视为一种最重要的定性研究方法，在国内外得到广泛运用。

2. 观察法

观察法是现代市场调查的一种普遍的方法，是指根据调查课题，观察者利用视觉、听觉等感觉器官和其他科学仪器，有目的、有针对性地对研究对象进行考察，从而取得研究所需资料的一种方法。观察法包括参与观察法与非参与观察法，结构式观察法与无结构式观察法，直接观察法和间接观察法。

3. 深度访谈法

焦点小组访谈和观察法有时仅能观察到表面现象，因此仅靠这些方法不足以达到目的，这时就要采用深度访谈法。深度访谈法是一种一对一执行的非结构化、直接的人员访谈，非常有技巧的调查员对单个的调查对象进行深入的面谈，从而挖掘关于某一主题的潜在的行为动机、信仰、态度及感受。

4. 投射技术法

投射技术法是一种采用无结构的、非直接的询问方式，可以激励被调查者将他们所关心话题的潜在动机、态度或情感反映出来。投射技术法可以分为词语联想法、句子和故事完成法、漫画测试法、照片归类法、消费者图画法等。

二、市场营销调查的方法

(一) 抽样调查方法

抽样调查是一种被广泛采用的采样调查方法，因为它省时、省力又省钱，取得的结果又比较接近普查的结果。当然，抽样调查也会出现抽样误差，但这些误差只要在合理范围内，就不会影响调查结果。不过，有些非抽样误差应该加以避免。造成非抽样误差的原因主要有样本数过少、问卷设计不当、统计错误等。另外，抽样方法的选择一定要科学合理。抽样的方法很多，常见的可以分为随机抽样法和非随机抽样法两类，主要方法见图 3－1。

- 抽样方法
  - 随机抽样法
    - 单纯随机抽样法
      - 抽签法
      - 等距抽样法
      - 乱数表法
    - 分层随机抽样法
      - 分层比例抽样法
      - 坦敏分层抽样法
      - 多次分层抽样法
    - 分群随机抽样法
    - 系统抽样法
  - 非随机抽样法
    - 任意抽样法
    - 判断抽样法
    - 配额抽样法

图 3－1　抽样方法

1. 单纯随机抽样法

单纯随机抽样法是指在抽取样本前先对总体单位进行编号，然后直接从总体中随机抽取样本号码的方法。其抽取号码的常用方法一般有三种：

(1) 抽签法。抽签法是将总体所有单位号码放在一个容器中，然后任意从中抽取所需份数的号码，或者用摇号、掷骰子等方法确定样本单位的方法。

(2) 等距抽样法。等距抽样法是根据所需的样本数，按号码顺序和一定的间隔距离抽取号码的方法。采用这种方法时，每一个总体单位编号必须是随机的。

(3) 乱数表法。乱数表是一张将 0～9 的数任意排列组合而成的表，通常是两位数的组合，使用时根据需要也可将其组成三位数、四位数等，但原数字前后顺序不变。抽样时先随意指定某行某列的数为第一个样号，然后依次取下去，碰到重复的号码去掉，直到取满所需样本数为止。

2. 分层随机抽样法

分层随机抽样法是指先将总体按与调查目的相关的标志分类，然后在每一类中按比例随机抽取样本的方法。分层抽样的类型有以下几种：

(1) 分层比例抽样法。分层比例抽样法是以分层后各层母体总量的多少为比例抽出样本数的方法。

(2) 坦敏分层抽样法。坦敏分层抽样法是当各层样本的调查费用有显著差别时，在不十分影响可信度的前提下，调整各层的样本数目，使调查费用降至最低的方法。

(3) 多次分层抽样法。多次分层抽样法是指在对总体第一次分层后，对其中的某些层次再作一次或二次分层，然后再进行抽样的方法。

3. 分群随机抽样法

如果说分层随机抽样法适合于介质分明的母体，那么分群随机抽样法则适合于介质乱度高的母体，因此，分群随机抽样法就是对乱度高、异质性大的总体，按地域或其他外观来划分成几个群，然后再在各群中随机抽样的方法。

4. 系统抽样法

系统抽样法是指先将总体样本进行编号，然后按抽样距离进行抽样的方法。抽样距离由母体总数除以样本数而得。系统抽样法的性质介于随机抽样法和非随机抽样法之间，主要看第一个样本如何抽取而定。如果第一个样本是以主观意志决定的，这种方法属于非随机抽样法；如果第一个样本是以随机方式抽取的，这种方法则属于随机抽样法。

5. 任意抽样法

任意抽样法是指根据被调查对象的方便和合作与否来抽取样本的方法，如街头访问调查就属任意抽样法。这种方法属于非随机抽样法，适用于总体和样本之间差别不大的情况。任意抽样法使用方便、成本低，但抽样偏差大，结果不可靠。

6. 判断抽样法

判断抽样法是指由专家的判断而决定所选样本的方法，但设计调查者必须对母体的有关特征具有相当的了解。此种抽样法应极力避免挑选极端的类型，而选取“多数型”或“平均型”的样本作为调查研究的对象。

7. 配额抽样法

配额抽样法是指依一定的标准规定地区或职业等不同群体的样本配额数，然后对配额内的抽样由调查人员主观地抽出的方法。至于配额抽样法在各层中要抽多少样本，要根据抽样设计决定，各层次样本数决定之后，便交给调查员调查，而在各层中到底要调查哪一个样本，则由调查者以判断抽样的原则去决定。所以说配额抽样实质上是一种“分层”判断抽样。

(二) 调查问卷的设计

调查问卷是营销人员在向调查对象作访问调查时用以记录调查对象的态度与意愿的书面形式。

1. 成功的调查问卷应具备的条件

(1) 问卷设计须谨慎、友好,能得到被调查者的关心与合作。在拟订调查表时,尽量避免提出被调查者不感兴趣的问题以及与调查事项无关的问题。

(2) 问题的设置应简洁明了,准确无误,能有利于调查者与被调查者之间的对话。提问应避免使用过于专业的名词,同时也不应将两个或两个以上的问题合并为一。

(3) 问题排列须合理有序,能帮助被调查者构思答案。问题的排列顺序一般先提出概括问题,由近到远,由简单到复杂,原则上把一些涉及私人性质的问题放在较后提出,以避免引起被调查者的防范心理。

(4) 问题的设计科学,便于数据处理,特别是在当今电脑技术被普遍运用以后,问卷的形式更应有利于电脑录入和进行数据处理。

2. 调查问卷的设计程序

调查问卷的设计程序是否被严格遵循,关系到一张问卷的质量,进而影响调查的结论。调查问卷设计的基本程序是:

(1) 充分了解调查的目的。

(2) 决定调查的具体内容和所需要的资料。

(3) 逐一列出各种资料的来源。

(4) 从被调查者的角度,考虑这些问题是否能得到确切的资料,哪些问题便于被调查者回答,哪些难以回答。

(5) 按照人们逻辑思维,排列发问次序。

(6) 决定每个问题的提问方式。

(7) 写出问题,一个问题只涉及一项内容,同时考虑回答时的方便。

(8) 审查提出的各个问题,消除含义不清、倾向性语言和其他疑点。考虑提出的问题语言是否自然、温和、有礼貌和有趣味性。

(9) 考虑将得到的资料是否对解决问题有帮助,如何进行分析和交叉分析。

(10) 以少数被调查者为实例,对调查表进行小规模的事先预试。

(11) 审查预试的结果,既要着眼于所收集的资料是否易于列表,又要着眼于资料的质量,看是否有不足之处需要改进。

(12) 修改调查问卷并正式打印出来。

以上步骤是一般的工作顺序,如遇特殊情况,还应视情况的特殊性增加一些额外的环节。

3. 调查问卷的设计和提问方式

调查问卷可以分为两类:一类是开放式的,即问卷所提的问题没有事先确定的答案,由被调查者自由回答。这类问卷可以真实地了解被调查者的态度与情况,但调查者不易控制，五花八门的答案也很难归纳统计。另一类是封闭式的，即问卷内的题目调查者事先给定了可供选择的答案或范围，这种问卷虽然呆板，但便于归纳统计。当然，很多时候调查问卷的设计是将两种类型结合起来，以封闭式问题为主，适当放置若干开放式问题。

(1) 开放式问卷的提问方式：

一是完全自由式，即被调查者可以用几乎不受任何限制的方法回答问题。如：

你对改进本企业的产品有什么建议？

这种问题可以征集到调查者所不了解的信息资料。

二是字词联想法，即列出一些字词，每次一个，由被调查者提出他脑海中涌现出的第一个词。如：

当您听到下列字词时，您脑海中涌现出的第一个词组是什么？

汽车________ 旅行________ 美国________

这种方法可以帮助调查者了解被调查者在某个领域最熟悉的概念。

三是语言完成法，即提出一些不完整语句，每次一个，由被调查者完成该句子。如：

当你口渴时，你最想喝________。

这种提问比较有利于了解被调查者的偏好。

四是故事完成法，即提出一个未完成的故事，由被调查者来完成它。如：

几天前我到某饭店吃饭，这个饭店的环境布置比较高级，这使我产生了下述感想________。

这种方式适合于掌握被调查者对某种产品或服务形式的主观感受。

五是漫画法，即将一幅漫画展示在被调查者面前，一个人已发表了一种意见，要求被调查者发表另一种意见。如：

在一家食品店内，一位顾客向另一位顾客推荐说："我最喜欢这个牌子的饼干。"如果您就是另一位顾客，您会说：________。

这种方式有利于了解被调查者的态度与调查者之间的距离。

六是主观幻觉测验法，即调查者向被调查者出示一组图片或照片，要求他根据自己的理解虚构一则故事。如：

图上画着一男一女两位年轻人，女的爱不释手地看着一件绣花衬衣，男的在皮夹里掏钱。要求被调查者编一段100字的故事。

这种方法形象生动，善于调动被调查者的思维，有利于他们更加配合地回答问题。

(2) 封闭式问卷的提问方式：

一是单项选择题，即在一个问题后，提供两个以上的既定答案，由被调查者选择其中的一个作为回答。如：

你购买方便面最重要的原因是什么？

方便 □　好吃 □　便宜 □　营养 □　无替代品 □

答案是唯一的，排他的。它的优点是答案分类明确，但排斥了其他可能存在的缘由。

二是多项选择题，即一个问题中同样包含多个给定的答案，但被调查者可以选择两个以上的答案作为回答。如：

你购买方便面的原因主要有哪些？

方便 □　好吃 □　便宜 □　营养 □　无替代品 □

答案是多项的，它的优点是较多地了解被调查者的态度，但统计时比较复杂。

三是是非题，即问题只提供正反两个互相排斥的答案，请被调查者选择。如：

你是否购买过方便面？

是 □　否 □

答案简明清晰，但只适用于不需反映态度程度的问题。

四是事实性问题，即要求被调查者回答一些有关事实的问题。如：

你每周购买几次方便面？

□ 次

这种问题便于了解被调查者的行为事实。

五是李克特量表，即被调查者可以在同意和不同意之间内选择。如：

你认为 A 品牌方便面比 B 品牌的要好吗？

很赞成 □　同意 □　差不多 □　不同意 □　坚决不同意 □

这种方法用以了解被调查者对该问题态度的激烈程度。

六是语言差别法，即在两个意义相反的词之间列上一些标度，由被调查者选择自己意愿方向和程度的某一点。如：

你对 A 品牌方便面的评价是？

口味好 |____|____|____|____|____| 口味差
分量足 |____|____|____|____|____| 分量不足
价格便宜 |____|____|____|____|____| 价格贵
食用方便 |____|____|____|____|____| 食用不便

这种方式回答容易，又能较准确了解被调查者的态度。

七是分等量表，即对事物的某些属性从优到劣进行分等。如：

你认为 A 品牌方便面的口味如何？

极好 □　很好 □　好 □　尚可 □　差 □　极差 □

这种方法可以避免极端答案，对被调查者态度的把握比较客观。

(三) 调查人员的选择与培训

一项营销调查的成功与否与调查人员的素质和技能紧密相连,因此,在正式开展营销调查之前,还必须慎重选择调查员,对所选人员进行培训,保证调查的质量。

1. 调查访问员的选择

调查访问员是指那些带着调查问卷走访调查对象的专业或兼职人员。这些人必须具有良好的心理、性格和外在条件。

(1) 心理和性格条件:

敬业——忠于工作,认真踏实,不歪曲问题。

耐心——不会因为重复、机械性工作而烦恼。

开朗——善于与人交往并愿意与人讨论各种问题。

积极——努力完成规定的访问任务,并不为困难所折服。

细心——在工作中尽量避免差错,认真记录问题答案。

(2) 外在条件:

年龄——一般应选择 20~30 岁年龄段的人,体力充沛,成熟有经验。

性别——尽量选择女性,使被调查者有安全感,同时也乐于回答问题。

语言——能通晓当地语言,便于沟通。

2. 调查访问前的培训

不管是有经验的专业调查员,还是临时聘请的业余访问员,由于每一项调查案例都有所不同,因此在调查实施前必须进行针对性的培训。培训的主要内容有:

(1) 基础调查知识。即调查人员必须了解必要的调查基础知识和与调查有关的注意事项。如调查的目的、抽样技巧、调查行为准则、受访者可能具有的心理特点等。

(2) 访问技巧。即训练调查员掌握访问时必须具备的技巧,如怎样建立和谐的访问气氛,怎样适当地提问,怎样处理拒绝访问,怎样保护自己不受骚扰,等等。

(3) 熟悉问卷内容。即调查员对调查问卷本身的内容进行熟悉和理解,并掌握问卷的设计观念,题目的说明技巧等。

三、市场营销调查的常见内容

(一) 消费市场调查

1. 消费市场调查的主要内容

消费市场调查是市场营销调查最为常见的内容,消费市场调查的具体项目又视不同公司在营销中的需要而定,但通常消费市场的下述情况是许多营销者所经常关心的：

消费者人文情况——人口数量、人口结构、文化背景等。

消费者的收入情况——收入总量、支出总量和结构、消费预期等。

商品的市场占有率——特定商品或品牌的市场占有率、市场份额等。

商品的拥有率——购买周期、购买频率、购买金额、购买时间、购买地点等。

2. 消费市场调查的常用方法

(1) 独立项目调查。独立项目调查就是因某营销项目的需要，就该项目所需的有关消费信息开展一次性或若干次的独立调查。这种独立项目调查的方法有两种：第一种是通过分析现有的资料获得所需的信息。比如，分析政府统计报告、研究机构的研究报告、有关家庭或个人消费动态的信息等，都能提供消费市场的动态。营销调查人员可以通过对这些资料的检阅、分析、整合、推断，获得较为详细的消费市场的一般动态和历史资料。第二种是对消费者进行访问，通过访问了解所需信息。访问的形式可以采取直接询问，也可以采取观察、实验等间接的形式。

(2) 消费者固定样本连续调查。消费者固定样本连续调查是指营销人员根据抽样调查的原理，事先与一定数量的家庭或消费者合作，请他们作为调查的固定样本，在一个较长期限内，定期填制企业发给的调查表格，对自己的消费或购买行为进行记录。营销人员通过分析这些记录的信息，掌握消费需求变化的轨迹。固定样本连续调查的样本固定时间可以是连续一年，但更多的情况是连续数年，时间越长，反映的变化就越具有参考价值。固定样本连续调查特别适合于调查整个市场的动向、各品牌的市场占有率的季节性变动、品牌的忠诚度等。

(二) 购买动机调查

1. 购买动机调查的内容

购买动机是导致消费者购买行为的内在因素，它由个人的需要所引发，是达成满足需要的行为动力。因此，动机是行为的原因，行为是动机的结果。对购买动机的调查是营销调查中经常发生的，也是十分重要的。以下几方面的营销活动，与购买动机存在着特别密切的联系。

(1) 营销项目策划。任何一项营销策划的核心内容都是从需求出发，向市场销售一种商品或一项服务，这就要了解顾客的需求，了解顾客将采取什么样的行为去接受该项商品或服务，因此，购买动机就成了必须了解的对象。只有掌握了购买动机，营销人员才可能策划出与需求相适应的商品品质、特性、价格、包装、销售方式等具体方案。

(2) 广告。在现代信息社会，消费者从广告中获知了商品品质、用途、价格及其客观存在事项，当他们觉得广告诉求的内容与自己的需求一致时，他们就会采取购买行动。所以，只有确切地了解了购买动机之后，才会选准广告的诉求内容，才会使广告的作用真正发挥出来。

(3) 企业形象设计。企业形象是影响消费者购买选择的一个十分重要的因素，什么样的企业形象才能打动消费者呢？只有对消费者的购买动机作了详细的调查后，才有可能设计出受欢迎的企业形象。

(4) 商品印象。在多数情况下，消费者对商品缺少专业知识，而是凭对商品的外观印象的判断作出购买决策的。因此，如果掌握了购买动机，把这种深层次的购买原因设计到商品的外形、款式和包装中，商品的购买率就会大大提高。

2. 购买动机调查的基本方法

对购买动机的调查是一项专业性很强的工作，目前很多企业使用的主要有问卷法、分析法和深度心理学方法等几种。

(1) 问卷法。问卷法是由调查人员通过对消费者进行访问，作详细的问卷调查，了解消费者购买动机的方法。这种方法比较适合于大件耐用消费品，因为在购买这类商品前，消费者都有详细的计划或考虑，对自己的动机或需求比较明确，如购买汽车、住房等。

(2) 分析法。分析法是将不同情况下的两组或多组消费者进行比较，了解分析互相之间的差异，然后找到产生差异的原因的方法。比如，同样一种商品，通过对比广告前的销售量和广告后的销售量来了解广告对增加购买行为的影响。

(3) 深度心理学方法。深度心理学方法是运用深度心理学原理，通过人际对话、催眠术以及梦的解析来了解人的购买动机的方法。这种方法专业性很强，一定要让受过心理学专业训练的专门人员来进行。

(三) 广告效果调查

1. 广告效果调查的主要内容

广告调查就是为了获取广告对接受者的影响而作的调查。具体地说，广告调查可区分成两种目的：一种目的是调查广告的销售效果，即广告发布之后，商品销售量的变化；另一种目的是调查广告本身的效果，就是广告被公众的关注程度。这两种调查可归结为广告效果调查。

广告的最终目的是通过与潜在顾客的信息沟通，激发他们的购买欲望，鼓励他们购买商品，从而扩大商品销售。但是广告同销售额之间虽存在一种因果联系，这种联系却不存在数量上的对应关系，增加一百万元的广告支出，并不一定会相应增加多少万元的销售。因为销售额的增加除了广告的影响外，还有诸如价格、环境、收入等一系列的影响因素，很难将广告的影响单独地分离出来。所以，有关广告对销售额的直接影响一般都是参考性的。

营销人员更为关心的是广告本身的效果，就是不直接把销售情况的好坏作为广告效果，而是以广告的收视收听率、商品知名度等间接促进商品销售的因素为评价效果。如果一项报纸赠奖活动的反应强烈，或公众对某一广告的回忆度高，这个广告就被认为有较好的效果。因为广告本身被注意的程度越高，这则广告对消费者的影响力就越大。

2. 常见的广告效果调查

(1) 广告销售效果调查。广告销售效果调查一般把广告费用同销售金额进行比较，然后得出结论，最常用的计算公式为：

$$\text{广告销售效果}=\frac{\text{销售量增加额}}{\text{广告费增加额}}\times 100\%$$

广告销售效果调查通常可采用销售实验的方法，就是在两个市场性质相同的地区，或同一市场的不同时间，进行广告与无广告的销售额对比，从而获得广告的影响力资料。

(2) 广告媒体调查。针对广告的目的，需运用适当的媒体，才能发挥广告的最佳效果。因此，在选择媒体时，必须获得各种媒体的详尽资料。为了获得这些资料，对报纸、杂志、电台、电视以及其他各种媒体所作的调查，就是媒体调查。媒体调查的主要内容是：

印刷媒体——销售份数、读者层等。

电波媒体——视听率、视听阶层等。

(3) 广告方案调查。广告的目的是扩大消费者的购买量，要达到这个目的，广告方案的制作起着关键作用。一个好的广告方案不仅能引起消费者注意，告诉他们一些信息，而且能影响消费者的态度，引发购买行为。广告方案调查的目的在于弄清楚这个方案能否引起人们的注意？它能传递多少信息？这些信息在消费者心中造成多深的记忆？通过方案调查，可以获得有关读者率、记忆率等信息。

第四节　市场需求量的测定

一、不同市场的界定

营销理论认为，市场是某一商品的实际购买者和潜在购买者的全体。一个市场的规模是由购买这一商品的全部可能的消费者的人数而定的。成为可能的购买者需要具备三项条件：兴趣、收入和通路。兴趣是表明只有对一种商品有兴趣的人才有可能成为其顾客；收入是他们具备支付能力的前提；通路则是指对此商品有兴趣的顾客是否存在购买的障碍，如法律不允许、交通不便等。根据上述情况，可以划分出如图 3-2 所示的一些既相互关联，又有一定区别的市场概念。

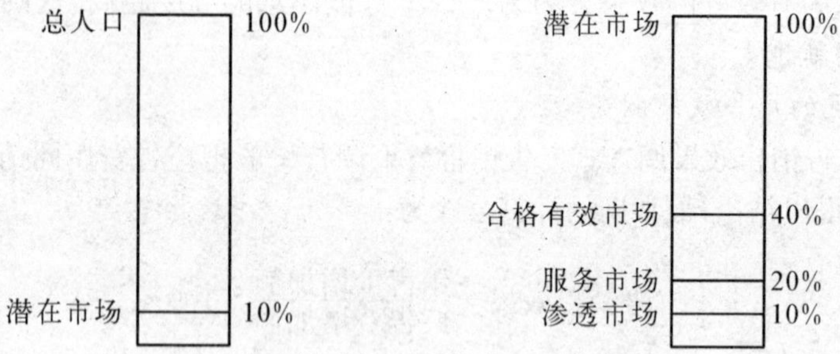

(a) 总市场　　(b) 潜在市场

图 3-2　不同市场的界定

（1）潜在市场。潜在市场是指那些表明对某个在市场上出售的商品有某种程度兴趣的顾客群体。因为他们可能由于收入或通路障碍目前还无法一下成为现实的购买者，所以称潜在市场。

（2）合格有效市场。合格有效市场是指那些对某个商品既有购买兴趣，又有支付能力，同时也没有通路障碍的顾客群体。

（3）服务市场。服务市场就是企业选定的目标市场，是指企业决定要在合格有效市场上追求的那部分。

（4）渗透市场。渗透市场是指那些已经购买了这种商品的顾客群体。

二、市场需求量的基本含义

市场调查的一项基本任务是对市场需求量进行测定，因为任何企业营销活动的开展，都是以市场需求的存在为前提的。这个需求有多大？它的发展趋势如何？它存在于什么地方？这些问题对一个准备营销的企业而言都是至关重要的。因此，对于当前市场和未来市场需求量的测定成为市场调查工作的基本任务。

市场需求量的衡量可以按五个不同商品层次，五个不同的空间层次和三个不同的时间层次进行，这样一共可获得 75 种不同类型的需求估计，见图 3-3。

需求量衡量的每种类型都为一个特定的目的服务。一个企业可以为一个商品项目作短期需求量测定，以便订购原材料以及安排其他营销事项。也可以为它的主要商品线作区域性需求量预测，以便决定是否进行区域销售。

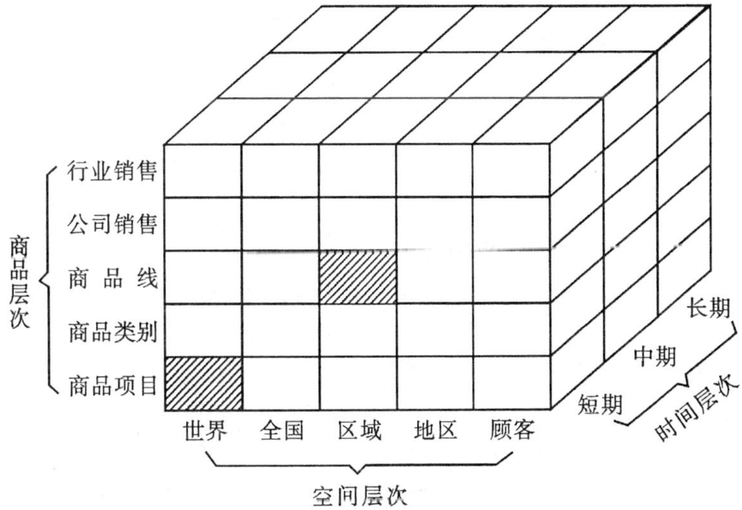

图 3-3 市场需求量的估计

三、市场目前需求量的测量

(一) 目前市场的总需求量

市场总需求量是指在一定区域、一定时间内,以及一定的营销环境和一定的营销费用水平下,消费者可能购买的商品总量。市场总需求量是一个变量,它是一定营销条件的函数,其计算公式为:

$$\theta = nqP$$

式中 θ——市场总需求量;

n——在一定条件下,特定商品(市场)的购买者数量;

q——每个购买者的平均购买数量;

P——商品的平均价格。

例如,每年有1亿人买书,每人每年平均买3本,每本书的平均价格是10元,那么,这一年书籍的市场总需求量为30亿元(1×3×10)。

在不进行任何营销努力的情况下,仍然会有一定的市场需求量,这个量称为市场需求的最低量。如果以这一点为基础,随着市场营销努力的增强,受到刺激的消费者会增加购买,从而扩大市场需求,最后达到某一个极限。在这一极限,无论再怎样增加营销投入,需求量也不会再增加,这就是市场需求的上限,也称为市场潜量。另外,在经济萧条期,市场潜量会低一些,而在繁荣期,市场潜量会高一些。图3-4是市场总需求函数曲线图。

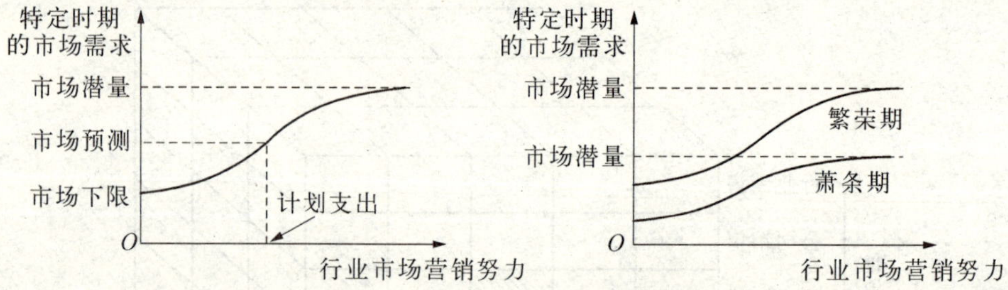

图 3-4　市场总需求函数曲线图

(二) 地区市场需求量

企业面临的一个重要决策是选择怎样的一个地区市场去投入它的营销力量？为此，需要测算和比较各地区不同的市场需求量，然后根据这一需求量来确定是否值得在此地区投入营销力量（开店、建销售网等），以及投入多少营销力量。很多企业采用多因素指数法来估计地区的需求量。一个地区相对购买力的销售和营销管理指数的计算公式为：

$$B_i = 0.5y_i + 0.3r_i + 0.2p_i$$

式中　B_i——i 地区的购买力占全国购买力的百分比；

y_i——i 地区的个人可支配收入占全国的百分比；

r_i——i 地区的零售额占全国的百分比；

p_i——i 地区的居住人口占全国的百分比。

例如，假定 i 地区的个人可支配的收入占全国的 2%，零售额占全国的1.96%，人口占全国的 2.28%，则该地区的购买力指数为 2.044%（0.5×2%+0.3×1.96%+0.2×2.28%）。

如果企业在全国的销售额为 2 亿元，则该地区可能的销售额为 408.8 万元（20 000×2.044%）。

当然，权数需要有一定的根据。这种方法主要适用于中档商品，若需更精确的估算，还要考虑其他因素，如市场上竞争者的潜力、当地促销成本、季节性波动、市场特点等。

(三) 估计行业销售额和市场份额

各种行业协会通常收集和发表全行业的销售情况，当然并不具体列出每家企业的销售量。企业可以通过对照全行业的情况对自己进行评价。假定某企业的年销售额增长了 5%，但全行业的年销售额增长了 10%，那么这家企业在本行业中的市场份额实际上是下降了。

除了向行业协会了解市场销售额及其增长情况外，另一种办法是向专业的市场调查机构购买有关市场营销和各品牌商品销售量的具体资料，然后通过研究、比较市场占有率，了解自己的市场占有率或竞争对手的市场份额。

四、市场未来需求的预测

(一) 未来需求预测的程序

能够很容易预测的商品或服务是极少的。如果存在容易预测的商品，通常它的需求水平及其发展趋势是完全稳定的，同时也不存在竞争。但是，在大多数市场上，需求并不稳定，因此，对未来需求的预测是否准确，就成为企业经营成败的关键因素。预测的失误可能造成存货积压、被迫降价或脱销，企业都将蒙受重大损失。实际上，需求越不稳定，预测的准确性就越关键，因此预测的过程也就越复杂。企业通常可以采用三个阶段的程序获得销售额的预测。

(1) 宏观经济预测。宏观经济预测是指对整个国家、地区以及相关的国际经济形势的分析，从中发现影响商品销售的因素，如经济增长、物价水平、就业率、消费倾向、投资率、外贸出口等。

(2) 行业预测。行业预测是指本行业的发展趋势判断，包括行业的投资、新技术运用、各企业的年度及长期发展目标、是否有重大事件出现的可能等。

(3) 企业销售预测。企业销售预测是指本企业的目标市场需求变化，以及企业自身营销努力可能产生的对销售的影响程度。

(二) 企业销售预测的方法

1. 购买者意图调查法

购买者意图调查是在营销环境和营销努力既定的情况下，预测顾客可能购买什么。美国一些调查公司对耐用消费品的购买意图调查采用了表 3-1 的提问方法。

表 3-1 购买概率尺度

你打算在未来 6 个月内买一辆汽车吗？					
0.00	0.20	0.40	0.60	0.80	1.00
不可能	可能性很小	尚有可能	有可能性	非常可能	一定要买

这就是所谓的购买概率尺度。当然，还要补充调查消费者目前和将来的个人财务状况和对经济前景的预期。这样，商品的制造者就可以根据这些调查结果安排生产量。这种调查方式的误差被认为小于10%。

2. 销售人员意见综合法

在无法对购买者进行询问的情况下，企业可以要求它的销售人员对未来需求估计，预测人员通过对这些估计的综合归纳与修正得出未来需求的数量。

3. 专家意见法

企业也可以借助专家来获得预测。专家包括经销商、分销商、供应商、营销顾问和行业协会。许多企业从一些著名的经济预测公司购买经济和行业预测。这些预测专家处在较有利的位置,由于他们有更多的数据和有更好的预测技术,因此他们的预测是很有价值的。

企业也可以为某一特殊问题召集专家,组成一个专门小组和召开一个特定的预测会议,请专家们交换意见并作出一个小组的估计,这叫小组讨论法。企业也可以要求专家们分别提出个人的估计,然后由一位分析专家把这些估计汇总成一个最后的估计,这叫个人估计汇总法。还可以由专家们提出个人的估计和设想,由企业审查、修改,并继之以更深化的估计,这叫德尔菲法。

4. 市场试销法

市场试销是在购买者并无具体购买计划或其购买意向变化无常,并且专家也难以估计的情况下所采用的方法。试销的方法有三种:

(1) 标准试销法,即选定几个地区,通过事先确定的营销方案进行实际销售,然后观察顾客的反应,测定营销努力与销售量的关系以及一个地区的潜在销售量。

(2) 控制试销法,即通过专门的市场试调机构开展试销工作。企业只要讲明所要进行试销的商店数目及其地理位置,所有一切事项该机构均可负责安排。该机构将试销的情况、数据和结果提供给企业。

(3) 模拟试销法,即通过模拟的市场来试销新产品。模拟市场可选定一家现有的商店,也可以临时布置一个商店。首先,要让参加试销活动的顾客看广告,包括试销商品的广告和竞争商品的广告,然后,发给顾客少许钱,请他们随意选购。在顾客选购过程中,试销者分别记录买与不买的理由。几个星期后再电话询问顾客的买后感受。通过这些记录,企业可以得出未来可能销售量的结论。

5. 时间序列分析法

时间序列分析是把过去的销售数据分解成四种成分,然后把这些成分再组合以获得所需的销售预测数的分析。过去的销售数据(θ)所分解成的四种成分是:

(1) 趋势(T),即人口、资本构成和技术状况基本发展的结果。这可以从过去的销售曲线的变化规律中推测出来,也可以看作是过去销售曲线的自然延伸。

(2) 循环(C),即经济周期波动的影响,可以从销售波动中获取。现代社会经济的周期性波动比较明显,它对中期预测就特别重要。

(3) 季节(S),即一年中销售活动的某一形态。季节这一名词可以是每小时、每周、每月,或每季度等重复规律性出现的时间。季节成分可能与气候、假日、生活方式或贸易习惯有关,它能为销售预测提供某些规律性特点。

(4) 偶发事件(E),主要包括罢工、风暴、时尚、战乱、自然灾害等。这些事件是无法预测的，为了有利于观察正常的销售行为，应将它们从过去的数据中剔除出去。

总之，时间序列分析法就是根据上述四个要素分析原始销售数据，再结合这些要素预测未来的销售量。

6. 指数平滑法

指数平滑法其实是另一种时间序列分析技术，比较适合于短期预测，它比较经济、简便。其计算公式为：

$$\theta_{t+1} = a\theta_t + (1-a)\,\bar{\theta}_t$$

式中　θ_{t+1}——下一期的销售预测；

a——平滑常数（$0 \leqslant a \leqslant 1$）；

θ_t——在 t 期间的销售额；

$\bar{\theta}_t$——在 t 期间的平滑销售额。

假如平滑常数是 0.4，本期销售额是 50 000 元，平滑销售额为 40 000 元，那么，销售预测为：

$$\theta_{t+1} = 0.4 \times 50\,000 + (1-0.4) \times 40\,000 = 44\,000(\text{元})$$

7. 需求统计分析法

需求统计分析法是为揭示影响销售的最重要的实际因素和研究它们相互影响而设计的一套统计方法。最常见的分析因素有价格、收入、人口和推销学。

需求统计分析法将需求量（θ）看作一个因变量，然后设法将它分解为若干独立变量的函数，即：

$$\theta = f(x_1, x_2, \cdots, x_n)$$

通过运用多元回归分析的方法，可以找到最好的预测方程式。

案　例

可口可乐一次失败的市场调查

1985 年 4 月 23 日，可口可乐公司董事长罗伯特·戈伊朱埃塔宣布了一项惊人的决定：可口可乐公司经过 99 年的发展，决定放弃它一成不变的传统配方，更改配方调整口味，推出新一代可口可乐。

1. 改变口味的原因

可口可乐公司作出改换口味的决定，是希望借此将其饮料王国的强劲对手置于死地。在 20 世纪 80 年代，可口可乐在饮料市场的领导者地位受到了挑战，其可口可乐在市场上的增长速度从每年递增 13%下降到只有 2%，其原因是竞争对手百事可乐来势汹汹，它先是推出了"百事新一代"的系列广告，将促销的锋芒直指饮料市场最大的消费群体——年轻人。在第一轮广告攻势大获成功之后，百事可乐公司仍紧紧盯着年轻人不放，继续强调百事可乐的"青春形象"，又展开了号称"百事挑战"的第二轮广告攻势，使百事可乐在美国的饮料市场份额从 6%猛升至 14%。

可口可乐公司不相信这一事实，也立即组织了口感测试，结果与"百事挑战"中的一样，人们更喜爱百事可乐的口味。市场调查部的研究也表明，可口可乐独霸饮料市场的格局正在转变为可口可乐与百事可乐分庭抗礼。最终拿出了样品，这种"新可乐"比可口可乐更甜、汽泡更少，因为它采用了比蔗糖含糖量更多的谷物糖浆，它的口感柔和且略带胶粘感。

2. 市场调查过程

可口可乐公司技术部门决定开发出一种全新口感、更惬意的可口可乐，并且在研制新可乐之前，秘密进行代号"堪萨斯工程"的市场调查行动，它出动了 2 000 名市场调查员在 10 个主要城市调查顾客是否接受一种全新的可口可乐，问题包括：可口可乐配方中将增加一种新成分使它喝起来更柔和，你愿意吗？可口可乐将与百事可乐口味相仿你会感到不安吗？你想试试一种新饮料吗？调查结果表明只有 10%～12%的顾客对新口味可口可乐表示不安，而且其中一半表示会适应新的可口可乐，这表明顾客们愿意尝试新口味的可口可乐。

在新可乐的样品出来后，可口可乐公司组织了品尝测试，在不告知品尝者品牌的情况下，请他们说出哪一种饮料更令人满意，测试的结果令可口可乐公司兴奋不已，顾客对新可乐的满意度超过了百事可乐，市场调查人员认为这种新配方的可乐至少可以将可口可乐的市场占有率推高 1%～2%，这就意味着多增加 2～4 亿元的销售额。

为了确保万无一失，可口可乐公司倾资 400 万美元进行了再一次规模更大的口味测试，13 个最大城市超过 19 万名顾客参加了测试，55%的品尝者认为新可乐的口味胜过了传统配方的可口可乐，而且在这次口感测试中新可乐再次击败了对手百事可乐。

3. 失败的结局

新可乐即将投产，目前面临的问题是：是为"新可乐"增加新的生产线呢？还是彻底地全面取代传统的可口可乐呢？可口可乐的决策层认为，新增加生产线会遭到遍布世界各地的瓶装商的反对，公司最后决定"新可乐"全面取代传统可口可乐、停止传统可口可乐的生产和销售。

在“新可乐”全面上市的初期，市场的反应相当好，1.5 亿人在“新可乐”面世的当天就品尝了它，但很快情况有了变化。在“新可乐”上市后的一个月，可口可乐公司每天接到超过 5 000 个抗议电话，而且更有雪片般飞来的抗议信件，可口可乐公司不得不开辟了 83 条热线，雇佣了更多的公关人员来处理这些抱怨和批评。而且许多人开始寻找已停产的传统可口可乐，这些“老可乐”的价格一涨再涨。“新可乐”面市两个月后，销量远远低于公司的预期值，不少瓶装商强烈要求改回销售传统可口可乐。

公司的市场调查部门进行了紧急的市场调查，一月前还有 53%的消费者声称喜欢“新可乐”，可现在一半以上的人说他们不喜欢“新可乐”，再过一个月，认可“新可乐”的人只剩下不到 30%。“新可乐”面市三个月后，其销量仍不见起色，而公众的抗议却愈演愈烈。最终可口可乐公司决定恢复传统配方的生产，其商标定名为可口可乐古典，同时继续保留和生产“新可乐”其商标为新可乐。但是可口可乐公司已经在这次的行动中遭受了巨额的损失。

案例思考 “新可乐”上市失利的原因是什么？应该如何使用“新可乐”市场调查的结果？在今天这样的市场环境下，如何设计“新可口可乐”市场调查的方法和内容？

可口可乐市场调查的方法是什么？这种市场调查方法存在哪些方面的不足？还有哪些市场调查方法可以考虑？针对不同的调查方法，应该如何设计市场调查的内容？

复习与思考

一、名词解释

1. 市场调查
2. 普查
3. 抽样调查
4. 分层随机抽样法
5. 调查问卷
6. 潜在市场
7. 服务市场
8. 标准试销法

二、思考题

1. 为什么要开展市场营销调查？
2. 直接调查和间接调查的主要区别是什么？
3. 调查问卷的设计必须注意哪些事项？
4. 访问调查时对访问人员的要求是什么？
5. 怎样进行市场需求量的预测？

第四章

企业战略与营销组合

第一节 企业战略

一、企业战略的含义及特点

（一）企业战略的含义

“战略”一词起源于军事领域，是指军事方面事关全局的重大部署。自20世纪60年代美国的安索夫发表了《企业战略》和《战略管理论》后，“战略”俨然成为一般性用语，并广泛应用于经济管理等领域，成为管理理论的一个重要组成部分。几十年来，各流派对“战略”含义都有不同的界定和侧重点。商业史学家小钱德勒在《战略与结构》中指出，战略可以定义为确立企业的根本长期目标并为实现目标而采取必需的行动序列和资源配置。亨利·明茨伯格提出战略的“5P”定义，即计划（plan）：总体规划与基本准则；计谋（ploy）：可操作性较强的谋略和计策；模式（pattern）：一系列决策中形成的某种共性；定位（position）：在竞争中的位置选择；视角（perspective）：经久一致的思维方式。波特在《什么是战略》中强调，战略的实质在于与众不同，在于提供独特的消费者价值。W.钱·金和勒妮·莫博涅在《蓝海战略》中认为，战略包括企业关于消费者价值的主张，关于企业利润的主张，以及在组织活动中关于人的主张，并着重强调创新和改变游戏规则对于战略的重要性。

企业战略则是对企业各种战略的统称，其中包括竞争战略、营销战略、发展战略、品牌战略、融资战略、技术开发战略、人才开发战略、资源开发战略等。企业战略是层出不穷的，如信息化、数字化就是全新的战略。各种企业战略的基本属性是相同的，都是对企业的谋略和对企业整体性、长期性、基本性问题的计谋。无论哪个方面的计谋，只要涉及的是企业整体性、长期性、基本性、计谋性问题，就属于企业战略的范畴。企业战略层次及各层次之间的区别见表4-1。

（二）企业战略的特点

企业战略是设立远景目标并对实现目标的轨迹进行的总体性、指导性谋划，属于宏观管理范畴，具有目标导向性、全局性、长远性、竞争性、系统性、风险性六大主要特征。

表 4－1　企业的战略层次及区分

	企业战略	业务战略	营销战略
范　围	现在的任务 应从事任务 企业整体政策	现行业务市场的进入机会 现行业务市场的多样化行为	确定目标市场 确定营销组合
目　标	整体目标 基本目标(利润、增长等)	完成企业整体目标 保证企业基本目标在业务中的实现	寻求一个待定市场的目标实现 受企业目标限制
资源组合	在企业所有业务中集中和配置资源	根据战略业务单位配置资源 在业务单位的功能性部门中配置资源	建立综合定位竞争优势
竞争优势	企业具备和吸收创建基本竞争优势 建立核心竞争力	建立相对的竞争优势	建立综合定位竞争优势

1. 目标导向性

企业战略界定了企业的经营方向、远景目标，明确了企业的经营方针和行动指南，并筹划了实现目标的发展轨迹及指导性的措施、对策，在企业经营管理活动中起着指导的作用，具有较强的目标导向性。

2. 全局性

从空间角度分析，企业战略立足于未来，通过对国际国内的政治、经济、文化及行业等经营环境的深入分析，结合企业自身资源，站在系统管理的高度，对企业的远景发展道路进行了全面的规划。

3. 长远性

首先，从时间角度分析，企业战略面向未来，把握企业的总体发展方向，聚焦企业的长期目标，并给出实现长期目标的行动序列和管理举措。其次，围绕长期目标，企业战略必须经历一个持续、长远的奋斗过程，除根据市场变化进行必要的调整外，制定的战略通常具有长效性和稳定性。

4. 竞争性

竞争是市场经济不可回避的现实，也正是因为有了竞争才确立了“战略”在经营管理中的主导地位。面对竞争，企业战略需要进行内外环境分析，明确自身的资源优势，通过设计适当的经营模式，形成特色经营，增强企业的对抗性和战斗力，推动企业长远、健康的发展。

5. 系统性

立足于长远发展，企业战略确立了远景目标，并需围绕远景目标设立阶段目标及各阶段目标实现的经营策略，以构成一个环环相扣的战略目标体系。同时，从组织关系来看，企业战略需由决策层战略、事业单位战略、职能部门战略三个层级构成一体。决策层战略是企业总体的指导性战略，决定企业经营方针、投资规模、经营方向和远景目标等战略要素，是战略的核心；事业单位战略是企业独立核算经营单位或相对独立的经营单位，遵照决策层的战略指导思想，通过竞争环境分析，侧重市场与产品，对自身生存和发展轨迹进行的长远谋划；职能部门战略是企业各职能部门，遵照决策层的战略指导思想，结合事业单位战略，侧重分工协作，对本部门的长远目标、资源调配等战略支持保障体系进行的总体性谋划。

6. 风险性

企业作出任何一项决策都存在风险，战略决策也不例外。市场研究深入，行业发展趋势预测准确，设立的远景目标客观，各战略阶段人、财、物等资源调配得当，战略形态选择科学，制定的战略就能引导企业健康、快速地发展；反之，仅凭个人主观判断市场，设立目标过于理想或对行业的发展趋势预测偏差，制定的战略就会产生管理误导，甚至给企业带来破产的风险。

二、企业战略的意义

企业战略是由企业战略特征决定的，具有非常重要的意义，主要表现为以下几个方面。

（一）谋划企业发展与竞争的意义

企业发展与竞争的关系就像部队建设与打仗的关系。任何一个国家的部队不仅要研究如何打仗，同时也要研究如何发展。如果不发展，再好的战略战术也只是纸上谈兵。企业发展与竞争的关系又好比拳击训练与比赛的关系。拳击教练不仅重视上场比赛，更重视拳击手平时的训练，其中包括耐力和心理素质等方面的训练，如果不通过训练来提高综合素质，那么拳击手在比赛场上恐怕连一分钟都站不住。

企业不能只重视竞争而不重视发展。如果不能很好地谋划发展问题，即不能很好地谋划企业综合素质提高问题，那么竞争战略再高明也很难保证竞争胜利，即便一时胜利了，很快也会败下阵来。

需要强调的是，目前，重视竞争战略、营销战略而忽视发展战略的企业为数不少。光研究怎样竞争、怎样营销，是不能保持企业优胜地位的。要想使企业保持优胜地位,必须认真谋划企业的发展之路。

(二) 谋划企业全局发展的意义

1. 关注企业的全局性问题

企业是一个由若干相互联系、相互作用的局部构成的整体。局部有局部性的问题,整体有整体性的问题。整体性问题和局部性问题是两种不同性质的问题,应该分别解决。企业领导要善于抓大事,抓好一件大事能够带动数万件小事。企业发展战略就是企业中最大的事,应该引起企业主要领导人的高度重视。

2. 关注企业的整体性问题

及时正确地解决整体性问题是企业发展的重要条件。企业领导研究思考问题要善进善退,进以求治,退以顾全。解决任何问题都要钻进去,但是不要钻进去就退不出来,因为企业面临的问题很多,忽略任何一个重要问题都不行。

同时应该看到,不少经理由于学历和经历等原因,从上任那天开始就存在很大的局限性,如果再不提高整体意识,那么就很难使企业健康发展。

(三) 谋划企业长远发展的意义

1. 关注企业长期发展问题

企业长期发展问题不是短期发展问题之和,不是解决了一系列的短期发展问题就能够自然长期发展,因为长期发展问题与短期发展问题具有本质的区别。企业面临的长期发展问题很多,如发展方向问题、发展目标问题、发展步骤问题、品牌建设问题、信誉建设问题、文化建设问题、人才开发问题、创新问题、学习问题等。这些问题得不到有效解决,企业就很难获得长期发展。

2. 提前谋划未来

对于企业未来将遇到的问题,要未雨绸缪,提前谋划。因为解决任何问题都需要一个过程,特别是重大问题需要一个较长的过程。企业未来需要的技术应该提前开发,未来需要的产品应该提前开发,未来需要的市场应该提前开发,未来需要的人才应该提前开发,未来需要的公共关系应该提前构建,未来需要的企业文化应该提前建设,等等。如果企业只重视提前开发新产品、新技术,是远远不够的,因为应该提前开发的东西有很多,如果连提前开发新产品、新技术都做不到,企业也就不能长期发展下去。

3. 正确处理短期利益与长期利益的关系

重视长期发展就要预测未来。预测未来是困难的,但或多或少地可以把握事物的发展趋势。人无远虑,必有近忧。领导人不关心企业未来,只看到眼前利益,就等于葬送了企业的前途。

第二节　企业战略规划及内容

一、确定企业战略目标

（一）确定企业战略目标的步骤

企业目标就是实现其宗旨所要达到的预期成果，没有目标的企业是没有希望的企业。美国行为学家J·吉格勒指出，设定一个高目标就等于达到了目标的一部分。企业愿景是能够指引员工前进的理想，而企业目标则是能够通过努力实现的规划。在设立企业目标时要充分结合企业的愿景，使两者达到和谐。

企业确定战略目标时，要注意几个要素：指导企业资源分配方向激励员工；明确工作努力的方向；衡量经营活动成效；创造良好声誉和品牌形象。

确定企业战略目标的步骤分为以下三步：

（1）确定战略目标。确定战略目标的第一步是对企业的现状进行分析，最常见的是进行SWOT分析。所谓SWOT分析就是分析企业的优势、劣势、竞争对手是谁，以及竞争对手的长处和短处，机会在什么地方，市场状况等。

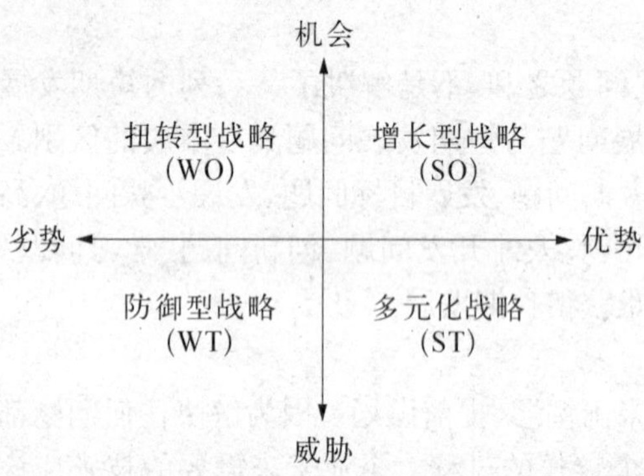

图4-1　SWOT原则

"S"就是优势(strength)；"W"就是劣势(weakness)；"O"就是机会(opportunity)；"T"就是威胁(threat)。具体来说，一方面要分析环境变化给企业带来的机会和威胁；另一方面要在与竞争对手比较的基础上分析企业的优劣势。根据扬长避短、避实击虚的原则决定企业未来的发展方向。

（2）制定战略规划。基于分析的结果给出一个判断，主要是考虑在这样一个分析结果的基础上，在未来的三到五年内（根据你制定战略规划的周期长短）如果企业不进行改革，那么企业的领导者或者股东们会不会满意？如果满意的话，就保持企业现有战略，不做改革；如果不满意，那么就要考虑在目前分析结果的情况下，企业可以对内部及外部做哪些改革，并将其所能导致的结果与不改革的结果进行比较，寻找变化和差别，这些变化和差别是不是能使企业满意，之后再决定是不是要改革，怎么改革，并确定改革的目标。

（3）对制定好的战略规划文本进行评估、审批，如果有需要的话还要进行修改。当企业决定改革，而且考虑好怎样改革后，就把这些改革的决定写成正式的文件。

以上就是确定战略目标的步骤，具体见图 4－2。

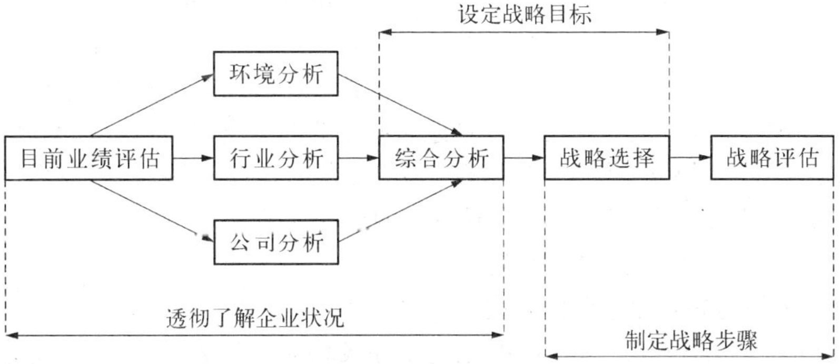

图 4－2　确定战略目标的步骤

（二）企业战略业务单位目标应具备的条件

企业在经营时不只追求一个目标，大多数业务单位都有几个目标，包括可获利性、销售数量的增长、市场份额的提高、风险分担、创新等。战略业务单位必须确立这些目标并实施有效的管理。为使这个体系能有效运行，业务单位的各种目标应具备如下条件：层次化、数量化、现实性、协调一致和时间明确。

（1）层次化。战略业务单位任务确定后，要将这些任务具体化为企业最高管理层的目标，形成一套完整的目标体系，使每个员工都有自己明确的目标，并肩负起这些目标的责任，正如美国管理学家彼得·杜拉克所说："管理人员应当由所要达到的目标而不是由他的上级来控制和指挥"，他把这种制度称为目标管理。

（2）数量化。以数量来表示企业的目标，便于企业最高管理层管理计划、执行和控制的过程。如"提高市场占有率"这一目标就不如"一年内将市场占有率提高10％"更具体更可操作。

（3）现实性。企业制定的目标水平应建立在对市场机会和企业竞争优势分析的基础上，这样规定的目标才能实现。

（4）协调一致。有些企业提出的目标往往是相互矛盾的，当目标不一致时，将会引起混乱。不同的目标选择，要求有不同的市场营销战略。

（5）时间明确。对于所确定的目标，应规定明确的完成时间，这样才便于进行检查和控制。

二、战略业务单位的组合安排及评估

（一）战略业务单位的含义及特征

1. 战略业务单位的含义

一般而言，许多企业都有不同的业务范围，因此，每项业务都要有自己的战略。

通用电气公司把它所经营的范围划分为 49 种，并称为战略业务单位（亦称战略性事业单位、策略性事业单位。即 SBU，strategic business units）。

战略业务单位是公司中的一个单位或者职能单位，它是以企业所服务的独立的产品、行业或市场为基础，由企业若干事业部或事业部的某些部分组成的战略组织。战略业务单位必须在公司总体目标和战略的约束下，执行自己的战略管理过程。在这个执行过程中其经营能力不是持续稳定的，而是不断变化的，可能会得到加强，也可能会被削弱，这取决于公司的资源分配状况。

2. 战略业务单位的特征

一个理想的战略业务单位应该具备以下特征：

(1) 有独立的业务。它是一项独立业务或相关业务的集合体，但在计划工作中能与公司其他业务分开而单独作业。

(2) 有不同的任务。它区别于其他业务单位的具体任务，大目标相同，但从不同的方向去努力。

(3) 有自己的竞争者。它在各自的领域都有现实或潜在的对手。

(4) 掌握一定的资源。它对公司分配的资源具有控制权，以创造新的资源。

(5) 有自己的管理班子。它往往有一位经理，负责战略计划、利润业绩，并且控制影响利润的大多数因素。

(6) 能从战略计划中得到利益。它有相对的独立权，能按贡献分得应有的利润和其他利益。

(7) 可以独立计划其他业务。它可以拓展相关业务或开展新的业务。

(二) 战略业务组合单位的评估

制定企业发展战略，首先必须认真确定企业现有业务或产品的现状。对每项业务和产品的战略性盈利潜力都要进行评估分析，决定哪些业务应当维持，哪些应当减少，哪些应当淘汰，进而制定合理的投资计划，把有限的资金投入到发展经济效益好的业务或产品中去。

业务评估的方法很多，其中以波士顿咨询公司和通用电器公司的两种评估方法最为著名。

1. 波士顿公司的市场增长率—相对市场份额矩阵

波士顿公司的市场增长率—相对市场份额矩阵，通常也称四象限评估法，见图 4-3。

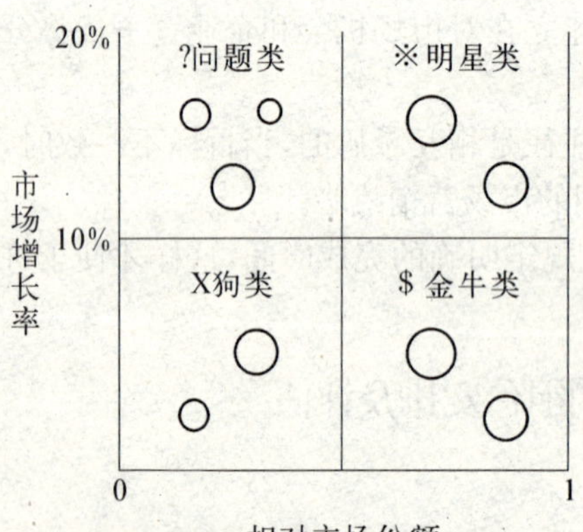

图 4-3 市场增长率—相对市场份额矩阵

图中圆圈表示企业现有的各项不同的业务,圆圈的大小表示它们销售额的大小。圆圈的位置表示它们的市场增长率和相对市场份额所处的地位。纵坐标为市场增长率,表明各项业务的年销售增长率。一般大于10%的年增长率被认为是高的。故以10%为界分成高低两档;横坐标是相对市场份额,表示各项业务的市场占有率和该市场最大竞争者的市场占有率之比。比值为1就表示此项业务是该市场的领先者。所以再以比值1为分界线把相对市场份额分成高低两档。这就形成了图中的四个象限。我们可以根据业务所处的象限不同,将所有战略业务单位进行分类评价。

(1) 问题类。问题类业务是市场增长率高而相对市场份额低的业务,是可能有发展前途而企业尚未大力投资的业务。企业发展往往可从问题类开始。问题类业务需投入大量资金以满足迅速增长的市场需求。企业应该慎重地选择一两个有前途的问题业务,集中投入资金,将其培养为明星业务。

(2) 明星类。问题类业务经营成功就变为明星类业务。明星类业务是高速增长市场中的领先者,有一定的优势。企业必须投入大量资金来维持其市场增长率和击退竞争者的进攻。因此明星类业务不一定能为企业带来丰厚的利润,但它常常是企业未来的金牛类业务。

(3) 金牛类。当明星类业务的市场增长率下降到10%以下,却仍保持较大的市场份额时,就变为金牛类业务。金牛类业务市场增长率低,企业不必大量投资。作为市场领先者,还享有规模经济高利润的优势,所以能为企业带来大量的利润,用作经营开支和支持其他各类业务。

(4) 狗类。狗类业务是指市场增长率和相对市场份额都较低的业务,它们在竞争中处于劣势。可能是亏损业务,也可能是仅能保本的业务。如果没有特别的原因,应进一步收缩或淘汰。

业务在矩阵图上定位后,企业可以确定其现有业务组合是否健康。若发现问题类或狗类业务过多,或明星类、金牛类业务太少,都是不合理的投资组合,需要及时调整。

由于一般产品都有生命周期,在此矩阵图上往往会表现为从问题类开始,转向明星类,进而成为金牛类,最终降为狗类。企业必须注意每项业务变化的位置,预测未来的市场变化,合理地规划未来矩阵,制定投资发展战略。

一个失衡的业务组合就是有太多的问题类和狗类业务或太少的明星类和金牛类业务。在对各战略业务单位进行分类之后,企业的下一步任务就是要确定赋予每项战略业务单位什么目标、战略和预算。下面有四种战略可供选择:① 发展战略。发展战略的目标是为了设法提高战略业务单位的市场占有率,甚至不惜放弃近期收入。这一战略适用于问题类业务,如果它们要成为明星类业务,其市场份额必须有较大的增长，并且能对明星类业务有较多投入。② 维持战略。维持战略的目标是保持战略业务单位现有的市场占有率。这一战略适用于金牛类业务，目的是使其继续为企业提供大量的现金。③ 收缩战略。收缩战略的目标是增加战略业务单位的短期现金收入，而不管其长期影响。收缩活动常包括取消研究与开发费用、拒绝更新设备和销售人员、减少广告费用等。其愿望是投入的减少快于销售额的下降，从而使公司的现金流成为正的增加。这一战略适用于处境不佳的金牛类业务，也适用于问题类和狗类业务。④ 放弃战略。放弃战略的目标是出售或清理业务，以便把有限的资源用于其他效益较高的业务。这一战略主要适用于狗类业务和无发展前途的问题类业务。

2. 通用电器公司的多因素业务经营组合矩阵

波士顿公司的市场增长率—相对市场份额矩阵评估法，只考虑市场增长率和相对市场份额两个因素，而确定企业的投资发展战略往往不仅仅取决于这两个因素，通用电气公司的多因素业务经营组合矩阵能把诸多因素综合起来考虑，见图 4－4。

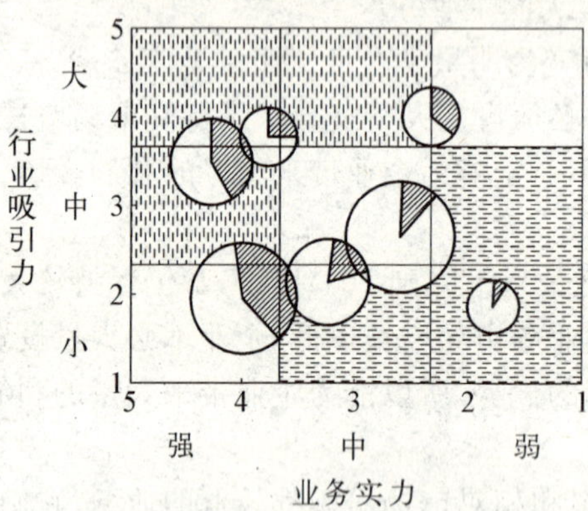

图 4－4　多因素业务经营组合矩阵

图中圆圈仍表示企业的业务，圆圈大小表示市场的规模，圆圈中阴影部分表示企业在这个市场所占的份额。

一个实力雄厚的企业不可能在一个夕阳行业中大展宏图，同样一个孱弱的企业也不可能在一个朝阳行业中有所作为。所以对每项业务的评定主要依据行业吸引力和企业实力这两个变量。企业进入有吸引力的行业，并拥有在这个行业获胜所需的各种业务实力，成功的可能性就较大。

因此，问题的实质是要比较准确地衡量这两个变量。分析者首先应列出构成这两个变量的各种因素。行业吸引力一般包括市场规模、市场增长率、利润率、竞争强度、技术要求、能源要求、环境影响及通货膨胀因素的影响等；业务实力包括市场占有率、产品质量、品质信誉、分销网点、促销效率、生产能力、生产效率、单位成本、物资供应、开发研究实绩及管理水平等。管理人员和营销人员可对这些因素加以评估打分，然后寻找一个适当的测定方法，把这些因素的作用合并成一个指数，最后再根据求得的两个变量指数，在图上找到代表该项业务的点，以这点为圆心作圆，圆的大小和市场规模成比例。假如，A 业务行业吸引力指数为 3.45，业务实力指数为 4.3，而这两个变量的最高指数都是 5，显然 A 业务是相当令人感兴趣的一项业务。

矩阵中业务实力和行业吸引力分别划为高、中、低三档，形成九个格子，实际分为三个部分。左上角三个格子(竖虚线部分)表示业务实力强、行业吸引力大，对位于这部位的业务，企业应“开绿灯”，采取增加投资、积极开发的扩增战略；从左下角到右上角的对角线上的三个格子(空白部分)表示业务实力和行业吸引力都属于中等水平，对位于这部位的业务，企业应采取维持原来投资、保持现有市场占有率的维持战略；右下角三个格子(横虚线部分)表示业务实力和行业吸引力都较差，对处于这个部位的业务，企业必须“开红灯”，采取收缩和不考虑长远利益的放弃战略。

第三节　市场竞争与竞争战略

市场竞争是指不同的利益主体为在市场上争夺有利地位而进行的竞争。它包括卖方之间为争夺销售市场而进行的竞争、买方之间为争取货源而进行的竞争、买方与卖方之间为争取各自的利益而进行的竞争等。市场营销学中着重研究的是卖方之间的竞争。这类竞争的核心是争取顾客，争夺市场销路，扩大本企业产品的销售，提高产品的市场占有率，从而获得最大的经济效益。

市场竞争是市场经济的一般特征。只要有商品生产和商品交换存在，就必然有竞争。在社会主义生产和流通中，价值规律作为商品经济的内在规律，必然会起到重要的作用，也必然派生出竞争规律。因此，现代企业制定营销战略，不仅要迎合目标顾客的需求，还要针对为相同目标顾客服务的竞争对手，才能使企业在竞争中立于不败之地。市场竞争战略就是企业为自身的生存与发展，在竞争中保持或发展自己的实力地位而确定的企业目标和达到目标应采取的各项策略的有机结合体。

企业竞争战略制定过程包括四个因素：竞争对手分析、企业竞争能力分析、企业竞争定位和企业竞争战略制定。

一、竞争对手分析

鉴于卖方之间的激烈竞争，企业在市场营销中，至少要了解竞争者五个方面的问题：谁是竞争者？它们的战略是什么？它们的目标是什么？它们的优劣势分别是什么？它们的反应模式是什么？其步骤见图 4－5。

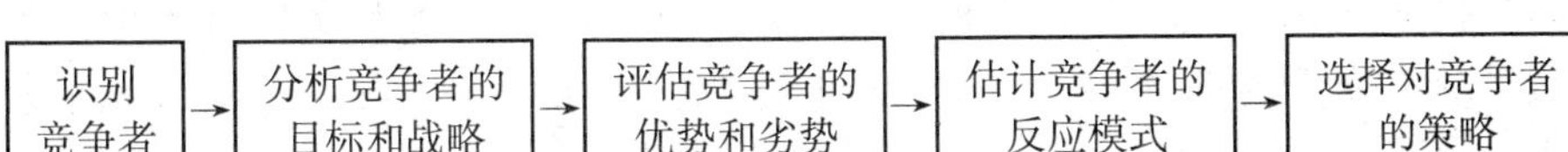

图 4－5　分析竞争者的步骤

（一）识别竞争者

1. 行业竞争观念

从行业方面来看，提供同一类产品或可相互替代产品的企业，构成一个行业。经济学家认为，行业动态首先决定于需求与供应的基本状况，供求会影响行业结构，行业结构又会影响行业的行为，如产品开发、定价和广告战略等，行业的行为决定着行业的绩效，如行业的效率、成长和就业。行业竞争结构会随着时间变化而变化。决定行业结构的因素有销售商数量及产品差异程度、行业进入与流动障碍、退出与收缩障碍、成本结构、纵向一体化等。企业要想在整个行业中立于不败之地，就必须了解本行业的竞争结构，以确定自己的竞争者范围。

2. 市场竞争观念

从市场方面来看，竞争者是那些满足相同市场需求或服务于同一目标市场的企业。例如，从行业观点来看，打字机制造商以其他同行业的公司为竞争者；但从市场观点来看，顾客需要的是“书写能力”，这种需要也可以通过使用铅笔、钢笔、电脑来实现，因而生产这些产品的企业均可成为打字机制造商的竞争者。以市场观念分析竞争者，可以拓宽企业的眼界，更广泛地看清现实的竞争者和潜在的竞争者，有利于企业制定长期的发展规划。

（二）分析竞争者的目标和战略

1. 分析竞争者的目标

竞争者的最终目标是追逐利润，但是每个公司对长期利润和短期利润的重视程度也就不同，对利润满意水平的看法也就不同。具体的战略目标有多种多样，如获利能力、市场占有率、现金流量、成本降低、技术领先、服务领先等，每个企业有不同的侧重点和目标组合。了解竞争者的战略目标及其组合可以判断它对不同竞争行为的反应。比如，一个以低成本领先为目标的企业对竞争企业在制造过程中的技术突破会作出强烈反应，而对竞争企业增加广告投入则不太在意。美国企业多数按照最大限度扩大短期利润的模式经营，因为当前经营绩效决定着股东满意度和股票价值。而日本公司则主要是按照最大限度扩大市场占有率的模式经营，由于贷款利率及资金成本低，所以对利润的要求比较低，在市场渗透方面显示出更大的耐心。

2. 分析竞争者的战略

战略群体是指在某特定行业内推行相同战略的一组企业。战略的差别表现在产品线、目标市场、产品档次、性能、技术水平、价格、服务、销售范围等方面。企业最直接的竞争者是那些处在同一行业同一战略群体的企业。区分战略群体有助于认识三个问题：

（1）不同战略群体的进入和流动障碍不同。比如，某企业在产品质量、声誉和纵向一体化方面缺乏优势，则进入低价格、中等成本的战略群体比较容易，而进入高价格、高质量和低成本的战略群体则较为困难。

（2）同一战略群体内的竞争最为激烈。处于同一战略群体的公司在目标市场、产品类型、质量、功能、价格、渠道和促销战略等方面几乎没有差别，任何一家企业的竞争战略都会受到其他企业的高度关注及必要时的强烈反应。

（3）不同战略群体之间存在现实或潜在的竞争。不同战略群体的顾客会有交叉；每个战略群体都试图扩大自己的市场，涉足其他战略群体的领地，在企业实力相当和流动障碍小的情况下尤为如此。

（三）评估竞争者的优势和劣势

为了估计竞争者的优势及劣势，企业需要收集过去几年关于竞争者的情报和数据，如销售额、市场占有率、边际利润、投资收益、现金流量、发展战略等。信息的收集有时要通过间接的方式取得，如通过二手资料、他人的经验等。企业可以对中间商和顾客进行调查，如以问卷调查方式请顾客给本企业的产品和竞争者的产品在一些重要方面进行打分，通过对分数分析了解竞争者的优势和劣势。在寻找竞争者的劣势时，要注意发现竞争者对市场判断上的失误，从而利用这一机会。

在评估竞争对手的优势和劣势时，有三个变量是每一个企业都应当检测的：① 市场份额，即竞争者在目标市场的销售份额。② 心理占有率，即回答“举出该行业中首先想到的企业或品牌”时，列出竞争者的顾客所占的比率。③ 情感占有率，即在回答“举出你喜欢购买其产品的企业或品牌”时，列出竞争者的顾客所占的比率。

跟踪分析这三组数据的变化，可以发现在这三个变量之间存在着密切的关系。如果某个竞争者虽占有最高的市场份额，但其份额可能正在下降，这往往说明它的心理占有率和情感占有率正在下降。这些顾客滞销度和偏好的下滑可能是因为竞争者尽管提供了优质产品，但在供货效率和提供技术服务方面欠佳。

同时在竞争者相关数据分析的基础上，企业还可以利用标杆管理法，找出竞争者在管理和营销方面的最好做法，并以此作为基准，然后加以模仿、组合和改进，力争超过竞争者。施乐公司向美国运通公司学习账单处理技术，向 LL Bean 公司学习仓库管理技术，向卡明斯工程公司学习生产计划技术。施乐公司实行定点超越减少了其成为行业领先者的时间。标杆管理的步骤为：确定定点超越项目；确定衡量关键绩效的变量；确定最佳级别的竞争者；衡量最佳级别竞争者的绩效；衡量公司绩效；制定缩小差距的计划和行动；执行和检测结果。

（四）评估竞争者的反应模式

了解竞争者的经营理念、内在文化、主导信念和心理状态可以预测它对竞争行为的反应。竞争中常见的反应类型有下列四种。

（1）从容型竞争者。从容型竞争者是指对某些特定的攻击行为没有迅速反应或强烈反应。可能原因是：认为顾客忠诚度高，不会转移购买；认为该攻击行为不会产生大的效果；它们的业务需要收缩；反应迟钝；缺乏作出反应所必需的条件等。

(2) 选择型竞争者。选择型竞争者是指只对某些类型的攻击作出反应，而对其他类型的攻击无动于衷。了解竞争者在哪些方面作出反应有利于企业选择最为可行的攻击类型。

(3) 凶狠型竞争者。凶狠型竞争者是指对所有的攻击行为都作出迅速而强烈的反应。这类竞争者意在警告其他企业最好停止任何攻击。

(4) 随机型竞争者。随机型竞争者是指对竞争攻击的反应具有随机性，有无反应和反应强弱无法根据其以往的情况加以预测。许多小公司属于此类竞争者。

(五) 选择对竞争者的策略

企业可以根据不同的竞争者类型选择相应的策略。

(1) 强竞争者与弱竞争者。攻击弱竞争者在提高市场占用率方面所耗费的资金和时间较少，但能力提高和利润增加也较少。优势企业应攻击强竞争者以提高自己的生产、管理和销售能力，更大幅度地扩大市场占有率和利润水平。

(2) 近竞争者与远竞争者。多数企业重视同近竞争者对抗并力图摧毁对方，但是竞争胜利可能招来更难对付的竞争者。引用美国的战略研究学者波特举的例子，鲍希和隆巴公司曾积极同其他软镜头生产商对抗并且取得了很大的成功，然而导致失败者纷纷把资产卖给露华浓、强生等较大的公司，使自己面对更强大的竞争者。

(3) "好"竞争者与"坏"竞争者。有时竞争者的存在对企业是必要且有益的，具有战略意义。竞争者可能有助于增加市场总需求；可分担市场开发和产品开发的成本，并且有助于使新技术合法化；竞争者为吸引力较小的细分市场提供产品，可导致产品差异性的增加。

但是，企业不能把所有的竞争者都看成是有益的。因为每个行业中的竞争者通常都有表现良好和破坏性的两种类型。表现良好的竞争者按行业规则活动，按合理的成本定价，有利于行业的稳定和健康发展，它们激励其他企业降低成本或增加产品差异性，并接受合理的市场占有率与利润水平。而具有破坏性的竞争者则不遵守行业规则，常常不顾一切的冒险，投资于风险过高的产业，或用不正当手段扩大市场占有率来扰乱行业的均衡。

二、企业竞争定位

企业在了解分析了竞争状况、竞争者和企业竞争能力之后，还要对企业进行竞争定位。确定本企业在行业中的地位，才能制定出适合自己的竞争战略。企业竞争定位的依据要依赖于企业的目标、资源、环境以及本企业在目标市场、竞争性行业市场中的地位来确定。

(一) 企业基本竞争战略

波特在《竞争战略》一书中，把企业可推行的基本战略分为三种。

1. 总成本领先战略

努力降低产品生产和销售成本，从而使自己的产品价格低于竞争者的价格，以迅速扩大销售量提高市场占有率。

2. 差异性战略

大力发展别具一格的产品线项目，以争取在产品或服务等方面比竞争者有独到之处，从而取得差异优势，使顾客情愿接受较高的价格。如海尔公司采取的就是这种战略。

3. 聚焦战略

集中力量为某一个或几个细分市场提供最有效的服务，更好地满足一定顾客群的特殊需要，从而争取局部的竞争优势，如娃哈哈集团选择儿童营养液这个细分市场。

以上三种竞争战略是有差别的，成功地实施这三种战略需要不同的资源与策略。表 4-2 说明了实施这三种战略所需要的不同条件。

表 4-2 总体竞争战略实施条件

竞争战略	资源与策略	组织安排
总成本领先战略	大量投资，资金充足。工人技术熟练，产品容易制造，分销系统成本低	严密的成本控制，健全的责任制，激励与产品数量挂钩
差异性战略	高水平营销规划能力，产品总体设计水平高，创造及科研能力强，企业信誉高，与销售渠道关系密切	研发和营销部门相互协调，组织激励不以数量为主，要求职工技术水平高，科技力量强
聚焦战略	将低成本战略和差异性战略组合运用于特殊目标市场	

(二) 企业的行业竞争地位

决定企业的行业市场地位的因素是企业目标、企业实力和企业的实际地位。根据各企业在行业中的竞争行为，可以把它们分为四类。

1. 市场主导者

市场主导者是指相关产品的市场占有率最高的企业。一般而言，大多数行业都有一些企业被认为是市场主导者，它们在价格变动、新产品开发、销售渠道的宽度和促销力量等方面处于主导地位。它们是市场竞争的导向者，也是其他企业挑战、学习、回避的对象。

2. 市场挑战者和市场跟随者

市场挑战者和市场跟随者是指那些在市场上处于次要地位的企业。这些处于次要地位的企业可采取两种战略：一是争取市场主导地位，向竞争者挑战，即市场挑战者；二是安于次要地位，在共处状态下求得尽可能多的收益，即市场跟随者。

3. 市场补缺者

每个行业几乎都有一些小企业，它们专心关注市场上被大企业忽略的某些细小市场，在这些小市场上通过专业化经营来获取最大限度的收益，也就是在夹缝中求得生存和发展。

三、企业竞争战略制定

同一行业中的各个企业可以推行不同的竞争战略，也享有不同的竞争地位，如统治地位、强壮地位、有利地位、防守地位、虚弱地位、无活力地位等。每个企业应认清自己处在哪一种竞争地位，这将有助于企业制定出有效的营销战略，作出投资、维持、缩小或退出等决策。

根据企业在行业中的行为，把竞争者分为市场主导者、市场挑战者、市场追随者和市场补缺者。由于各自的特点不同，他们所采取的竞争策略也有所不同。

1. 市场主导者战略

在美国，绝大多数的行业都有一个被公认的市场主导者。例如，汽车行业的通用汽车公司，摄影行业的柯达公司，软饮料行业的可口可乐公司，快餐行业的麦当劳公司，等等。这些公司在相关产品市场中占有最大的市场份额。通常在价格变化、新产品引进、分销覆盖和促销强度上，对其他公司起着领导作用。这类主导者可能会受到赞赏和尊敬，也可能不会。但是其他公司都必须承认它的统治地位。主导者是竞争的一个导向点，其他公司可以向它挑战，可以模仿或避免同它竞争。作为市场主导者的经营生涯并不轻松（除非享有合法的市场独占权），它必须时刻保持警惕，其他公司会向它挑战或者利用它的弱点占据它的主导地位。一项产品的革新和上市，往往都会动摇主导者的地位。如泰利诺的非阿司匹林止痛片就取代了拜尔药厂阿司匹林的主导地位。处于主导地位的企业要想继续保持它的统治地位，必须从以下三方面进行努力：

(1) 必须设法扩大总市场，找到扩大总需求的办法。总市场扩大，得益最多的将是处于统治地位的企业，因为它在总市场中所占的份额最大。通常企业可以通过寻找新用户、新用途和促使它们更多地使用它的产品来扩大总市场。例如，强生公司使婴儿洗发精成为整个洗发精市场的领先品牌；杜邦公司用最初制作降落伞的尼龙纤维生产尼龙丝袜、衬衫面料，进而制作汽车轮胎、沙发椅套和地毯，不断延长尼龙纤维的生命周期，发现产品新用途使杜邦公司声名大振。

(2) 主导者必须通过有效的防御和进攻措施来保护自己现有的市场份额。在努力扩大总市场规模的同时，必须时刻注意自己的现行业务不被敌手侵犯。例如，可口可乐公司要经常提防百事可乐公司，通用汽车公司必须时时提防福特汽车公司，柯达公司必须时时提防富士公司。为保护它们的统治地位，企业必须不断创新，成为本行业新产品构思、顾客服务、分销效益和成本降低方面的主导者。为保护现有的市场份额，主导者可以采取“以攻为守”的战略。例如，日本精工公司所实行的在全世界分销2 300种手表品种的计划，就是为确定一个宏大的市场包围范围，以便采取四面出击的进攻式的防御。主导者也可以采取“堵漏洞”以防进攻的战略。比如，一个经营包装商品的主导者，就应生产多种规格、形式的品牌商品，以满足消费者的各种偏好，尽可能多地占有供不应求的市场。主导者还可以采取阵地防御、侧翼防御、先发制人的防御、反击式的防御、运动防御、收缩防御等多种防御方法。一个成熟的市场主导者，为了保护自己，应努力做好每件事，不给竞争者有可乘之机。

(3) 即使在市场规模不变的情况下，主导者也应努力扩大它的市场份额。有关经营战略对利润影响的研究表明，盈利率是随市场份额线性上升的。所以西方许多企业都把扩大市场份额作为经营的目标。市场主导者也可以通过进一步增长它们的市场份额而成长。但必须谨慎选择为取得市场份额而采用的战略，避免招致反托拉斯。同时要明确，只有在产品单位成本随市场份额增加而减少时，或在提供适合消费者需求的新产品、消费者愿接受溢价时，高份额才会导致高利润。

2. 市场挑战者战略

市场挑战者是指那些在市场处于次要地位的企业。这些企业往往都是一些规模较大的公司，如百事可乐公司、福特汽车公司等。这些公司在市场上可以采取两种不同的姿态：它们可以参与竞争，但不干扰市场局面；可以攻击市场主导者和其他竞争者，以夺取更多的市场份额。持后者姿态的，称为市场挑战者。一般在那些固定成本高、储存成本高和基本需求呆滞的行业，这种竞争性抗衡较激烈，挑战者活动频繁。

大多数挑战者的战略目标是增长市场份额，从而获得较高的盈利率。挑战者可以选择本行业中的主导者，或者选择其他与自己企业规模相仿的公司及本地区较小的公司为竞争对手。以主导者为竞争对手是个有高度风险的战略，一旦成功，收益也很可观。挑战者一般可以选择那些没有为市场服务好的主导者，这样成功的可能性较大。挑战者通常可以在这些主导者的领域里仔细寻找那些未被发现的消费需求和消费者的不满，也可以依靠产品创新向主导者进攻。例如，施乐公司就是通过干印代替湿印从3M公司夺得了复印机市场的统治地位的。挑战者的战略以进攻为主，包括正面进攻、侧翼进攻、包围进攻、绕道进攻和游击进攻等。

3. 市场追随者战略

市场追随者是指那些力图维持自己的市场份额，追随主导者而非攻击主导者的企业。在钢铁、肥料、化工等资本密集的同质产品行业，产品形象差异不大，服务质量也相仿，价格敏感性却很高。这些行业中的企业一般都反对攫取短期市场份额的做法，大多数公司都不互相拉顾客，而经常仿效市场主导者，为购买者提供相似的产品，所以市场份额高度稳定。

但是追随者并非没有战略，它们通常应用其特有的能力积极活动，保持自己一定的市场份额，并有所增长。它们可以紧紧追随或保持一段距离追随，也可以有选择地追随。追随者经常会成为挑战者的攻击目标，所以必须努力保持他的低成本和高质量服务，必须及时进入新产品市场。某些追随者如尼奥、坎普公司(造纸)、宝来电脑公司等，能主动细分和集中市场，有效地研究和开发，着重于盈利而不注重市场份额，并有较好的管理。尽管它们的市场份额不到主导者的 1/2，但其资本净值报酬却超过了本行业的平均水平，甚至超过主导者。

4. 市场补缺者战略

市场补缺者是指那些选择不大可能引起大企业兴趣的市场的某一部分，从事专门化经营的小企业。几乎每个行业中都有许多小企业为市场的某些部分提供专门服务。这些小企业因缺少竞争实力而尽量避免与大公司冲突。它们往往占据着市场的小角落，通过专门化为那些被大企业忽略或放弃的市场进行有效的服务。

补缺战略的特点是专门化，即在市场、顾客、产品及营销组合上实行专门化。市场补缺者要承担的主要风险是市场容量过小和受到攻击。通常采取多种补缺，可以增加企业的生存机会。

采用补缺战略能使低份额的企业获得较好的投资收益，因为它们目标高度集中，产品线窄，从而产品质量高而生产成本低，价格适中，因此不少大公司也喜欢采用多种补缺战略去为总市场服务。

第四节　市场增长战略

企业对现有业务组合进行评估分析后，就可以对企业的现有业务在本战略周期内的业务收入和预期利润作出估计了。如果企业现有的经营业务预期收入和利润量达不到战略任务和目标的规定，或者企业现有的经营业务不能充分利用已出现或由企业所发现的新的市场机会，就会形成战略计划缺口，见图 4－6。

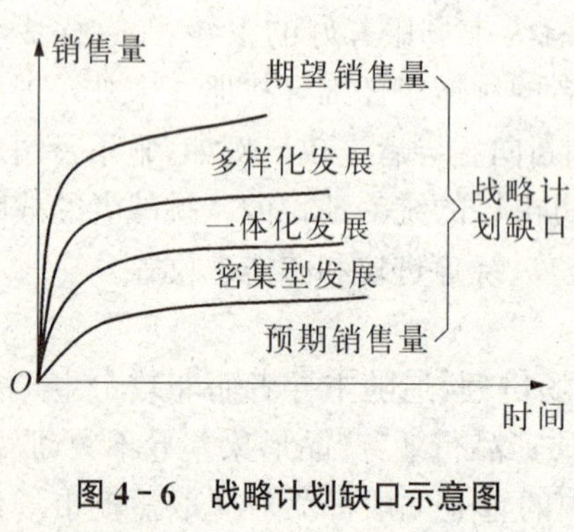

图 4－6　战略计划缺口示意图

在这种情况下，部分业务就要被放弃、淘汰，同时需要发展新业务、新产品，开拓新市场，这就需要制定企业的增长战略。

通常有三种战略可供选择：密集型发展战略、一体化发展战略和多样化发展战略，见表 4-3。

表 4-3 市场增长战略

密集型发展战略	一体化发展战略	多样化发展战略
市场渗透 市场开发 产品开发	后向一体化 前向一体化 水平一体化	同心多样化 水平多样化 综合多样化

一、密集型发展战略

密集型发展战略是指在企业现有的业务领域里寻找未来的发展机会。制定发展战略，首先应审视现有的产品和市场是否还有可开发的机会。市场营销学中经常引用安索夫探测密集型发展机会的产品/市场扩展方格，见表 4-4。

表 4-4 产品/市场扩展方格

市场＼产品	现 有 产 品	新 产 品
现有市场	市场渗透	产品开发
新 市 场	市场开发	多样化发展

(一) 市场渗透

市场渗透是指采取更积极的措施在现有市场上扩大产品的销路，如通过增加广告宣传等营销传播手段，或开发新的分销渠道等，以扩大销售额及提高市场占有率，促进企业发展。这种渗透至少可运用三种方法：一是千方百计地使现有顾客多购买本企业的产品。如牙膏生产商可以向顾客说明每餐后刷牙是护齿洁齿的最好办法，如果能增加顾客的刷牙次数，也就增加了牙膏的使用量而最终增加了购买量。二是把竞争者的顾客吸引过来购买本企业的产品。如提供比竞争对手更为先进的产品性能或更为周到的服务或在市场上树立更好的产品信誉、形象。三是努力发掘潜在顾客。这就需要企业在现有产品的质量、价格、包装、服务、品牌、商标等方面下工夫，提高企业信誉，并有效地运用各种促销手段，刺激需求，从而求得发展。如市场尚有未使用该种产品的消费者存在，他们或是由于支付能力的限制，或是由于产品某些设计不适合其需要，因而没有使用该种产品。企业就应针对相应的情况，采取如分期付款或简化产品某些功能的做法来降低价格，或改进现有的设计，使得产品适合他们的需要，从而使这些消费者加入使用本企业产品的行列。

市场渗透战略实施的市场条件是：产品本身还没有达到成熟期，竞争对手相对较小；目标市场尚未饱和，还有较大的潜量。

（二）市场开发

市场开发是指用企业现有的产品去满足新的市场需求，从而增加销售。通常可以采取三种方法：一是在当地寻找尚未购买此产品的潜在顾客，如把中小学生作为手机的潜在消费群体。二是在当地建立新的分销渠道把产品推向其他消费群体，如把一直放在专卖店销售的手机投放到大众化的电器市场上销售。三是在当地或国内其他地区或国外增设新的售卖点，如在城市里，由于彩电购买量的扩大，黑白电视机的销售减少时，将黑白电视机输往农村地区，或者输往别的不发达的国际市场。

（三）产品开发

产品开发是指通过在现有产品线上追加新的品种，增加产品项目中的产品系列，满足现有顾客的潜在需求，扩大现有目标市场的销售额。产品开发有两种方式：一是利用现有技术增加新产品；二是在现有产品的基础上，增加更多的花色品种或更多的规格。

二、一体化发展战略

一体化发展战略是指生产企业、供应商、销售商实行一定程度的联合，融供应、生产、销售于一体，提高企业的发展与应变能力。当企业的基本业务很有发展前途，在供产或产销方面实行一体化，能提高效率，增强竞争力，扩大销售时，可运用一体化发展战略，以便充分利用自己在产品技术和市场上的优势，促进企业发展。见图 4－7。例如，美国的柯达公司，在涤纶片基发明和使用之前，由于需要严格地制造胶卷片基所用的原料——牛骨的品质，所以自己建立几个大型的养牛场，以保证原材料有可靠的质量。再如，可口可乐公司创立的瓶装销售方式，就是为了适应饮料业的产品存放期短，故必须降低其运输成本。

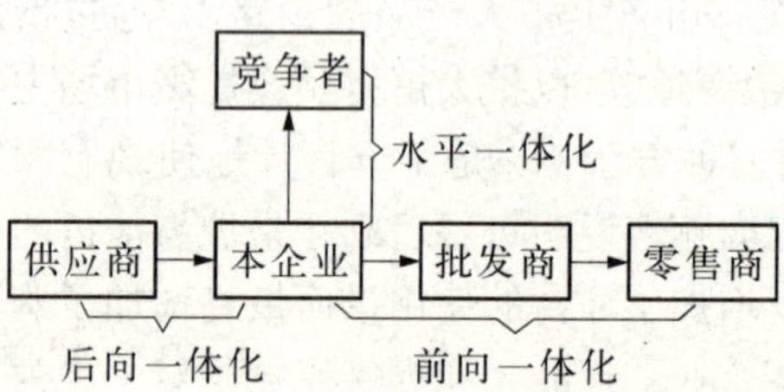

图 4－7 一体化发展战略

（一）后向一体化

后向一体化是指企业通过收购或兼并若干原材料供应商，控制原材料的生产和供应，实行供产联合，建立属于自己的原材料供应体系。例如，某汽车制造商原来向其他厂商购进汽车轮胎，现在发现汽车市场增长很快，改为自己开办轮胎厂或通过收购股份参与控制现有的轮胎企业。

(二) 前向一体化

前向一体化是指企业通过收购或兼并若干中间商,建立自己的分销系统,实行产销联合,自产自销。例如,海尔在向中间商销售产品的同时,还在全国积极发展海尔专卖店,直接向消费者出售海尔的产品,实现产销一体化。

(三) 水平一体化

水平一体化是指企业收购或兼并若干个同类型的竞争者,把几个生产同类产品的企业合并起来,组成联合企业或专业化公司,扩大生产经营规模;或者既收购兼并供应商也收购兼并中间商,实现供、产、销一条龙的营销体系;合资经营同类产品也属水平一体化。例如,燕京集团在全国兼并了不少啤酒企业,就属于此类。水平一体化由于能够借用别人原有的工人、科研人员、厂房设备、原料渠道、销售渠道,能够因不破坏行业格局而避免竞争对手的联合打击,称为低成本扩张。

近年来,一体化经营在我国企业界广泛采用。一体化的战略是在市场竞争中实现的,充分体现了竞争的活力,可达到资源的优化组合,从而有利于提高整个社会的经济效益。例如,日本照相机行业在第二次世界大战后初期有 500 多家独立的公司,现在只剩下尼康公司、佳能公司等几家;中国的冰箱行业 20 世纪 80 年代有 500 多家,现在只剩下十几家。

二、多样化发展战略

多样化发展战略也叫多角化发展战略,是多向发展新产品和多个目标市场相结合的战略,也就是企业采取跨行业的多种经营。企业在具有充分潜力的情况下,经营现有业务范围以外的产品和业务,扩大生产和市场范围,充分发挥企业资源,扩大销售。当企业资金充足,在已有的经营领域里没有更多的或更好的发展机会,或者企业在目前的经营领域里继续扩大业务量,会使风险过于集中时,可考虑采取多样化的发展战略。多样化战略可以减少风险,增强企业实力。例如,世界上许多大型的香烟生产企业,由于从 20 世纪 70 年代中期开始,都面临了世界范围蓬勃发展的"禁烟运动",故将其经营香烟产品的丰厚利润转移到其他的业务领域,以分散风险和求得新的发展。

(一) 同心多样化

同心多样化是指开发与本企业现有产品线的技术和营销有协同关系的新产品,吸引新的顾客,就像从圆心出发,向外扩大经营范围,如制药厂生产护肤美容品。同心多样化发展不需要企业进行重大的技术开发和建立企业新的销售渠道,有利于发挥企业原有优势,风险小,容易成功。

(二) 水平多样化

水平多样化是指企业如果要进入一个新的市场,研究生产某种能满足现有顾客需求,或者生产与企业现有产品在技术上关系不大的新产品但在市场和分销渠道上具有相同性质的产品,如收割机公司面向现有的农民市场开发农药、化肥等化工产品。

(三) 综合多样化

综合多样化也叫跨行业多样化,就是开发与企业现有技术、产品、市场都毫无关系的新业务、新产品,把业务拓展到其他行业中去,减少因某行业不景气带来的威胁。例如,健力宝集团不仅增加了饮料的新品种,还向服装业、旅游业、房地产领域扩展经营业务。综合多样化发展的做法由于要触及企业过去毫无经营经验和营销资本的新领域,所以其投资风险也更大。其所具有的管理难度也远远大于前两种做法。由于资金使用的分散,其所能得到的平均利润率是否理想,是决策时必须认真考虑的,否则,会因大而难调,造成战略计划完成的困难。

综上所述,企业寻找新的业务机会,一般应先在现有产品和市场上寻找扩大业务途径,然后考虑与目前业务有关的一体化战略,最后再到目前业务之外的领域中去寻觅适当的机会。

第五节 市场细分战略

从市场营销角度看,市场是指潜在购买者对一种商品或服务的总需求。购买者人数众多,分布广泛,购买要求又有所不同。所以,在通常情况下,一个企业作为无数市场供应者中的一员,不论其规模有多大,实力有多雄厚,都不能满足所有购买者的整体需求,不可能为某一市场的全体顾客服务。因此,每个企业都必须为自己的市场选定一定的范围和目标,满足一部分人的需要。市场营销学中,把这种企业选定的营销对象称为目标市场。现代社会已有越来越多的企业把有效地选择目标市场作为企业制定营销战略的首要内容。

市场细分可以帮助企业经营者更好地识别市场机会,有效地进入市场。市场细分战略主要包括市场细分化、选择目标市场和市场定位三个步骤。

一、市场细分化

为选择有效的目标市场,确定产品结构和服务方向,首先必须对市场进行细分。

(一) 市场细分化的理论依据和意义

1. 市场细分化的理论依据

在前面介绍市场特征时,我们已了解到,人们可以从不同的角度、采用不同的标准,对市场进行各种各样的划分。市场细分化则是市场营销学中一个全新的概念。它不同于传统的以交换内容、交换方式、经营区域等为标准的划分,它是通过辨别具有不同类型消费需求和欲望的消费者群,把整个市场划分为若干个子市场、亚市场的划分,目的是要在大市场中寻找对企业最有利的细分市场,确定企业自身的市场地位。

营销学家们认为,市场包含着无数的购买者,每个购买者的需求和欲望千差万别,他们的购买目的各不相同,这就是消费需求的异质性理论,它是市场细分化的基础和依据。

市场按商品类别可分为同质市场和异质市场。所谓同质市场,就是消费者对商品的要求和对营销策略的反应具有一定的相似性的商品市场。例如,食盐市场,所有的消费者对这一生活必需品的需求基本相同,定期购买量也大致相同。只要价格便宜,包装便于使用,没有更多可挑剔之处。所以,这种市场上的竞争者提供的商品和使用的营销策略大致也相同,不用采取更多的促销手段,竞争的焦点集中在价格上。只有很少一部分商品市场属同质市场。在大部分商品市场上,购买者对同类商品的质量、特性要求各不相同。例如,在服装市场上,每个购买者对服装的款式、质料、颜色、价格等都有不同的要求,这类商品市场就叫异质市场。在异质市场上,一些购买欲望和兴趣大致相同的消费者群,就构成一个细分市场,不同的消费者群形成一个个不同的细分市场。企业可以根据不同的细分市场上消费者对商品特性的不同要求,提供不同的商品,采取不同的营销策略。

值得注意的是,同质市场和异质市场是可以相互转化的。例如,饮用水市场在初期曾是同质市场,但近年来,随着瓶装水和矿泉水的出现,这个市场愈来愈成为异质市场,不仅包括纯净水消费者,还包括蒸馏水消费者、矿泉水消费者和太空水消费者。原来没有必要细分的市场,此时需要进行细分了。又如,寻呼机、缝纫机、自行车等产品曾一度是高档耐用品,由少数购买者最先使用,这些产品的市场异质性很明显。但当经济水平提高了,情况就不同了,这些商品已不再是高档品,产品需求的同质性占了主导地位,细分变得有限。

2. 市场细分化的意义

市场细分化的理论是由美国营销学专家温德尔·斯密在 20 世纪 50 年代提出的,现已为理论界和企业界广泛接受并运用,有人称之为营销学研究中继“消费者需求为中心观念”之后的又一次革命。这一概念的提出和应用,对世界各国的营销理论研究和实践都有着不可忽视的积极意义。

(1) 市场细分化有利于企业分析、发掘和捕捉新的市场机会,选择最有效的目标市场,制定最佳的营销战略。企业可以根据市场竞争状况,分析各细分市场的消费需求满足程度,从而发现那些尚未得到满足或满足不够的需求。这往往是企业成功的机会。例如，哈药六厂发现，在现代社会中，胖子越来越多，男女老少皆有，面对消费结构复杂的消费群体，一瓶大众化的饮料有谁来买？少儿不是领导型，老人不是主动型，在男人与女人之间，哈药六厂首先选择了女人作为减肥产品的消费主体，而针对女性消费群体，又进行了进一步的细分。考虑到在女性肥胖人群中18～25岁之间的年轻女性是最担心体重问题的人群，而这部分消费者具有冲动消费的特点，哈药六厂最终以"苗条淑女"来命名自己的饮料产品，将目标消费者定位在最喜欢喝减肥饮料的最怕胖的青春女孩。

(2) 市场细分化有利于中小企业开发市场，使各类企业在竞争中同存共进。当今，几乎每个国家都存在大量的中小型企业，这些企业的资金和经营能力有限，往往在整体市场或大市场上缺乏竞争力。然而，在激烈的市场竞争中，众多中小型企业不但没被并吞，相反，它们的存在极大地促进了社会经济的发展。原因就在于它们具有转向灵活的特点，可以在营销过程中不断发现市场空隙，并及时钻进去，弥补这一空隙。而空隙的发现就有赖于在市场细分的基础上寻找那些特定的消费者未满足的需求，推出相应的产品。

(3) 市场细分化有利于企业把自己的特长和细分市场的特征结合起来，集中有限的资源，经营市场紧缺商品，从而取得最大的经济效益。例如，美国有一家规模很小的制鞋公司，在品种规格甚多的皮鞋市场上缺乏竞争力。但它对市场细分化之后，发现有相当的一群消费者喜欢穿一种轻便舒适的皮便鞋。而自己又正有大量猪皮原料，可以加工做成这种便鞋的薄皮。于是，就制成一台专用剥皮机，专门生产与竞争者不同的薄皮便鞋，打入了竞争激烈的皮鞋市场，满足了这个偏爱轻便、舒适的消费者群的需求，占领了这一细分市场，取得了一定的经济效益。

(4) 市场细分化有利于企业调整市场营销策略。不同的消费者群受总体营销环境的影响不同。在细分市场的情况下，企业为不同的消费者提供不同的商品，制定特定的市场营销策略，以观察和估计顾客的反应。一旦市场情况发生变化，企业就有较灵活的应变能力，可及时调整策略。

中国是世界上最具潜力的市场，但今天绝大多数活跃于其间的企业都认识到，获得整个市场是不可能的，或者至少不能以同一种方式吸引住所有的购买者。市场细分对于经营者有重要的意义：可以针对某一个细分市场，生产适销对路的商品，并采取适当的营销方法占领这一市场，取得较大的市场份额和最好的经营效果。

(二) 市场细分化的标准

企业用于市场细分的标准是导致顾客需要出现异质性、多元化的因素。也就是说，是什么因素使消费者及用户的需要、动机和行为千差万别。

1. 消费品市场的细分标准

市场细分化的作用能否得到充分发挥，往往取决于企业采取什么方法对整个市场进行划分,以及划分的标准是否合理有效。标准确定不当,企业就难以发现理想的目标市场。由于市场细分化的基础是消费者需求的异质性,即差异性,而这种差异又是由消费者的生理特征、社会经济地位和心理性格等各种因素决定的,这就引出了市场细分化的各种标准。不同的企业、不同的营销环境,细分市场的标准都往往有所不同。根据市场细分化的一般标准,企业可以从表 4－5 所列因素进行考虑。

表 4－5 市场细分标准及应考虑的因素

市场细分标准	具体因素	
地理细分	地区 城市或乡村	地形气候 交通运输
人口细分	年龄 性别 家庭大小 生活阶段 收入	职业 教育 宗教 种族 国籍
心理细分	生活方式 社会阶层	性格
行为细分	追求利益 对销售因素敏感程度	信赖程度 使用情况

(1) 地理细分,即按消费者所处的地理区域、地形气候等来细分市场。这是因为处于不同地理位置的消费者,对于同一类产品的需求和偏爱往往有所不同。例如,北方人爱吃辣的、咸的,南方人口味则清淡些,爱吃甜食。城里人购买化妆品以美容为主要目的,农村人对化妆品的要求以护肤为多。多雨地区需要大量胶鞋,干旱地区胶鞋就几乎没有销路,等等。企业应尽量把自己的资源投入到最有利的区域市场中去。地理因素相对来讲是一种静态因素,较容易辨别,所以往往被作为细分市场的第一步。由于同一地区的消费者的需求还有很大的差异,市场还要按其他因素进一步细分。

(2) 人口细分,即按人口统计资料所反映的内容,如年龄、性别、家庭规模、收入、职业、文化水平、宗教信仰等因素来细分市场,这些因素与消费者的需求有着密切的关系。例如,青年人服饰多追求新颖时髦,中老年则以偏爱端庄大方的居多。化妆品的女性市场要比男性市场大得多。大家庭需要大口径炊具,小家庭则需要小口径炊具。收入高的常常是高价商品市场的光顾者,而收入水平低的购物者时常受求廉心理的支配。人口因素比较容易衡量,所以是细分市场最常用的标准。

(3) 心理细分，即根据购买者所处的社会阶层、生活方式、个性特点等对市场进行细分。在地理因素和人口因素雷同的消费者中，对商品的偏爱程度也不尽一样，这就在于人们的心理区别。持不同生活方式的消费者，对产品的兴趣也会不同。例如，“奉公守法”的消费者喜欢经济安全、污染程度低的汽车，而那些“玩车者”就喜欢灵敏度高的花哨的汽车。性格独立的、易冲动的、机灵善变的、自信的消费者喜欢福特车，而保守的、节俭的、计较利益的、冷静的消费者则偏好通用汽车公司的雪佛兰车。心理因素是较复杂的动态因素，企业必须根据消费者的不同心理变化，随时进行调查研究，获得可靠的衡量数据，从而确定自己的目标市场。

(4) 行为细分，即以购买者对产品的购买动机、使用情况、信赖程度等来划分消费者群。购买动机不同、追求的利益就不同。例如，同样买牙膏，有的注意防龋，有的追求洁白光亮，有的对牙膏的味道很讲究，有的则强调经济实惠。所以经营牙膏就可以根据购买动机来细分市场。另外，对本企业产品的经常使用者、信赖者，一般无需多做广告等宣传，对不曾使用或不常使用本企业产品的消费者，就应采取必要的促销手段。

总之，市场细分是一个以调查研究为基础的分析过程。对每种产品细分时，可以循序渐进，越分越细，可以根据消费者对商品的潜在需求，取几个对消费需求影响可能较大的因素作为细分标准。一个理想的细分市场往往是用一连串的因素组合起来的。例如，一个企业要经营服装，需要对市场进行细分。由于消费者对服饰的需求受到年龄、性别、职业、收入、文化程度、婚姻、居住地区、性格、兴趣等多种因素的影响，所以就形成了一张由这么多因素组成的市场细分表 4-6。

表 4-6 未婚女青年细分市场的影响因素

年龄	性别	收入	职业	文化程度	婚姻	住地	性格	兴趣爱好
学龄前	男	低	机关工作人员	大学、大专	单身	城市	内向	运动
小学生	女	中	企业管理人员	中学、中专	结婚	郊县	外向	旅游
大中学生		高	专业技术人员	小学	离婚	农村		艺术
青年			工人	文盲	鳏寡			其他
中年			农民					
老年			离退休人员					
			学生					

表 4-6 是由九个因素组成的一个未婚女性青年的细分市场。只要其中某一因素变动，就会形成另一个市场。若图表中所有的因素进行交错结合，可以形成几万、几十万个细分市场。

2. 生产者市场的细分标准

生产者市场细分变量与消费者市场细分变量大致相同的部分不再赘述,此处考虑一些其他变量。

(1) 最终使用者。生产者市场常按最终使用者的需求来进行细分。由于不同使用者的需求侧重不同,因此要制定不同的营销策略。例如,钢材,有的用户需要线材,有的用户需要板材,有的用户需要钢管。

(2) 产品用途。同一种产品常有若干不同用途,反映出使用者的不同需求,这也可作为市场细分的依据。

(3) 客户规模。客户规模的大小,即购买量的大小,也被许多企业作为细分市场的一个重要变量。因为大中小客户对企业的重要性不同,所以在企业销售资源的使用上有所区别,大客户通常由主要负责人接洽。

大多数情况下,生产者市场不是以单一的变量进行细分,而是把一系列变量结合起来进行细分。

(三) 市场细分化有效性的原则

企业可按照各种标准进行市场细分,但并不是所有划分出来的细分市场都是有效的或是有用的。要使细分后的市场对企业有价值,必须遵循以下原则:

(1) 可估量性。细分市场的规模及其购买力是可以估量的,即在这个细分市场可获得足够的有关消费者特性的资料。如果某个市场的资料无法获得,那就无法进行估量,也就不能把它纳入本企业市场细分的范围。在实践中,有些市场捉摸不定,难以估量,就不能对它进行细分了。

(2) 足量性。企业所选定的细分市场规模必须足以让企业有利可图。一个细分市场应该具有值得为之设计一套营销规划方案的尽可能大的同质群体。

(3) 可接近性。细分市场应是企业可能进入并具有一定的份额,否则细分没有现实意义。例如,细分的结果发现已有很多竞争者,自己无力与之抗衡,或虽有未满足的需要,但因缺乏原材料或技术,货源无着落,难以生产经营,这种细分就没有意义了。

(4) 差异性。差异性是指细分市场在观念上能被区别,并且对不同的营销组合因素和方案有不同的反应。例如,在已婚与未婚的妇女中,对动物毛大衣销售的反应基本相同,该细分就不该继续下去。

(5) 稳定性。细分市场必须在一定时期内保持相对稳定性,以便企业制定较长期的营销策略,从而有效地开拓并占领目标市场。如果细分市场变动过快,目标市场昙花一现,则增加了营销风险。

(四) 市场细分化的程序

美国学者伊·杰·麦卡锡提出的一套逻辑性强、粗略直观的七步细分法,很有实用价值。其步骤如下：

(1) 选定产品市场范围，即在明确企业任务、目标，对市场环境充分调查分析之后，首先从市场需求出发考虑选定一个可能的产品市场范围。

(2) 估计潜在顾客的基本需求，即由决策层通过"头脑风暴法"，从地理因素、心理因素、行为因素等几方面大致估计一下潜在顾客对产品有哪些需求。

(3) 分析潜在顾客的不同需求。企业依据人口因素做抽样调查，向不同的潜在顾客了解上述哪些需求对他们更重要，初步形成几个消费需求相近的子市场。

(4) 剔除潜在顾客的共同需求，即对初步形成的几个子市场之间共同的需求加以剔除，以它们之间需求的差异作为细分市场的基础。

(5) 为这些子市场暂时定名，以便高度概括出每个子市场的特征。

(6) 进一步认识各细分市场的特点，作进一步细分或合并。

(7) 测量各细分市场的大小，从而估算可能获利的水平。

这只是一般的市场细分程序，实际市场细分过程中，可根据具体情况加以简化或丰富。

二、目标市场的选择

在对整体市场作出必要的细分之后，就可以觉察到，并非所有的细分市场对企业都具有吸引力。且各个细分市场之间往往存在着相互矛盾，若同时去满足它们的需求，将会引起资源浪费、效率下降。为了更有效地发挥企业现有资源，即人力、财力、物力和信息的优势，争取最大获利机会，企业应在市场细分化的基础上选择一个或几个细分市场作为营销对象。这个营销决策过程就叫做选择目标市场。

(一) 目标市场的分析评估

为保证选择目标市场的最优化，除必须掌握一定的决策技术、遵循决策程序外，还必须通过周密细致的、全面的调查研究和预测，对各细分市场的状态和变化趋势，对本企业的营销能力和营销特点，作出全面的分析评估。

1. 评估各细分市场的状态和变化趋势

对各细分市场状态的评估主要是通过对市场容量的分析，估计出各细分市场的获利程度。这种分析评估一般从两方面着手：首先，估计各细分市场目前的基本容量有多大。这就需要通过对消费者的数量、购买力、消费习惯及对价格变动的敏感程度等情况的调查，分析商品可销量、可销金额及营销利润。其次，估计各细分市场的需求潜力有多大。即通过对消费者数量的增减趋势、收入与购买力的变动、消费倾向及其他可能出现的变化的分析预测，大体估计出各细分市场今后一段时期内的可销量、可销金额和营销利润的变动趋势。企业可以在这两方面分析的基础上，直接剔除一些容量较小或可能进一步缩小的细分市场，使选择的范围更集中。

2. 评估企业的营销能力和营销特点

对企业营销能力和营销特点的分析，更是决策成败的关键。实践证明，容量大、潜力大的细分市场，并不是适合于每个企业的最有利的目标市场。企业在选择之际，首先应全面地分析企业的生产、技术、营销和管理等方面的综合能力。有时候，一个容量很大的细分市场对商品的质量要求很高，而企业的技术条件却难以适应这种高要求，这一市场就不宜作为该企业的营销目标市场。相反，那些容量不大却有一定潜力的细分市场，只要与企业的综合营销能力相适应，就可能成为企业的最佳选择。另外，选择目标市场还必须考虑有利于企业的特点和优势的发挥。如果某些细分市场的需求与企业的综合能力相适应，但这一细分市场的竞争者很多，企业的竞争力又不如竞争者，这时企业就应该考虑舍弃这些细分市场，避免不必要的竞争，求得相对稳定和安全的市场环境。

根据英国营销学协会安德鲁泰勒教授对英、法、德等国家的 360 家出口大企业的调查，90％的出口产品集中在少数几个目标市场，盈利却比无目标市场的企业高出 30％～40％。可见，选择目标市场是相当重要的营销战略。

（二）目标市场的营销范围选择

1. 目标市场营销模式选择

营销人员在对不同的细分市场进行分析评估后，就必须对进入哪些市场进行营销作出选择。在营销的理论和实践中，可供选择的目标市场营销模式一共有五种，见图 4－8。

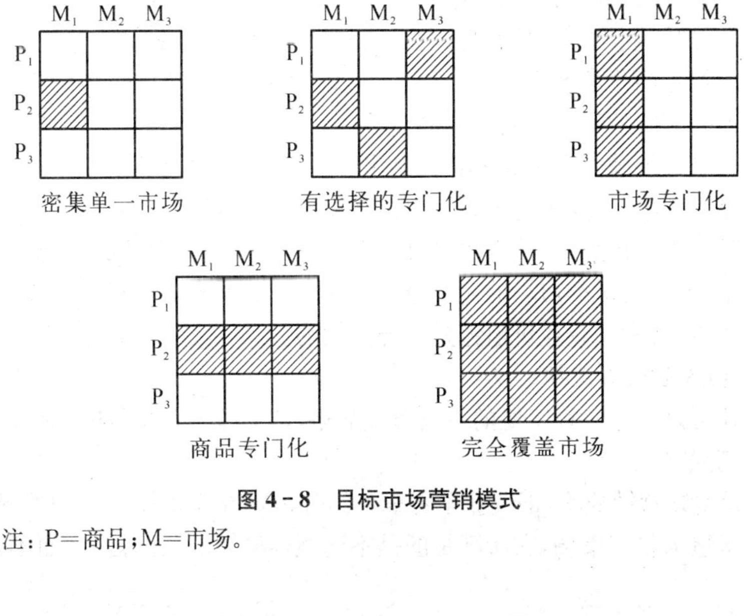

图 4－8 目标市场营销模式

注：P＝商品；M＝市场。

(1) 密集单一市场,即企业在众多的细分市场中只选择一个子市场作为营销的目标市场,进行集中营销。比如,有的制鞋公司只做女鞋,而从不涉足男鞋或童鞋。这种密集性的营销,可以使企业专门化,比竞争者更加了解这一细分市场的特性,容易在这个特定的市场上树立很高的声望,建立巩固的市场地位。此外,专门化的生产和销售,也有利于形成规模、降低成本、形成技术优势,从而提高盈利能力。但是,这种目标市场选择模式使企业承受的市场风险增大,假如企业所选择的市场在短期内发生波动或需求转移,或某个有实力的竞争者决定加入同一个细分市场,企业的商品销售量就会锐减,甚至会被迫倒闭。

(2) 有选择的专门化,即企业同时选择几个相关度很小或根本没有关系的细分市场作为营销的目标市场,但每个细分市场都有可能赢利。比如,上述公司既可生产女鞋,也可生产皮装,或沙发等产品,这种模式同密集单一市场相比,可分散企业的市场风险,万一某一目标市场发生波动,企业仍可在另外几个市场获利。但是,这种模式的缺点在于各个细分市场的营销力量彼此缺少呼应,在分散营销风险的同时也分散了企业的营销力量。

(3) 市场专门化,即企业为满足某个顾客群体多种需要而向他们提供多种商品或服务。比如,上述那个企业为满足女性顾客群的需要而生产或销售女鞋、女装、女用手袋,甚至女用化妆品。这种模式的优点是使企业能够在这个市场上充分获得顾客的信任,树立良好的声誉。同时也便于在这一顾客群体中销售各类新产品,成为各类新产品的代理商。其缺点是当这一市场的消费能力受到某种外在因素影响时,企业就会产生危机。

(4) 商品专门化,即企业只生产或销售某一种类的商品,把它推向不同的市场。比如,上述企业将生产的女鞋销售给城市妇女的同时,也销向农村和出口。这个模式同市场专门化的区别在于:前者是以同类型的商品推向不同的顾客群,而后者是向同一顾客群推出不同种类的商品。它的优点是充分获取不同细分市场的利益,扩大销售,但缺点是当新的替代品出现后,企业就会发生危机。

(5) 完全覆盖市场,即企业通过生产各种产品和提供各种服务全方位地满足整体市场的需求。比如,上述那家企业通过生产各种鞋类产品满足所有人群的鞋类穿着需求,形成对鞋类市场的完全覆盖。这一模式只有大企业可以采用,因为它所需要的资本、技术和企业价值链是十分巨大的。

2. 市场覆盖战略选择

大企业可以采用三种主要的市场覆盖战略,即无差异营销战略、差异营销战略和集中营销战略。

(1) 无差异营销战略,即企业不考虑各细分市场在需求特点上的差异,仅推出一种商品来追求整个市场,它所满足的是不同顾客群体的共同需求,而不是他们的不同之处。无差异营销战略主要适用于广泛需求的、能够大量生产、大量销售的产品。比如，制鞋公司所生产的运动鞋，除了尺码和色彩有所不同外，不再考虑其他因素，不管顾客是什么年龄、什么性别或什么穿着目的，只有同一种类的运动鞋可供购买。这样，该企业就可以用一个设计、一种产品和一个营销计划来迎合最大多数的购买者。无差异营销的实质是通过标准化和批量化的生产，使企业的产品处于低成本状态，同时提供稳定的产品质量。这种战略已经使包括可口可乐公司在内的一大批世界著名企业获得了成功。但是，在消费日渐个性化的今天，这种市场覆盖战略正在受到挑战。

(2) 差异营销战略，即大企业在不同的细分市场采取不同的具有针对性的营销战略，对不同的顾客群推出不同的产品和服务。差异营销战略对于小批量、多品种生产的企业具有很大的优越性。比如，上述那个生产运动鞋的企业，可以针对顾客年龄、性别设计不同的运动鞋，还可以根据运动的类别设计专门的运动鞋，如网球鞋、登山鞋、轻便步行鞋等，使每一细分市场顾客的需求都得到最大可能的满足，差异营销由于满足了不同顾客的需求，往往比无差异营销创造更大的销售额，但是也会增加营销的成本。

(3) 集中营销战略，也称密集性营销战略，即选择一个或几个子市场为目标，制定一套营销组合方案，集中力量争取在这些子市场上占用大量份额，而不是在整个大市场上占用小量份额。例如，上海大众汽车公司集中于小型汽车市场的开拓和经营，美国的惠普公司专攻高价的计算机市场，等等。集中营销战略主要适用于资源力量有限的小企业。其无力在整体市场或多个细分市场上与大企业抗衡，而在大企业未注意或不愿顾及、自己又力所能及的某个细分市场上全力以赴，则往往易于成功。

对上述市场覆盖战略的选择，必须从企业自身资源、能力、产品特点、市场特点、产品生命周期、竞争对手的销售策略等各方面综合考虑，慎重选定适合于本企业的战略。

三、市场定位与市场营销组合

企业进行市场细分，确定目标市场后，紧接着应考虑目标市场各个方位的竞争情况。因为在企业准备进入的目标市场中往往存在一些捷足先登的竞争者，有些竞争者在市场中已占有一席之地，并树立了独特的形象。新进入的企业如何使自己的产品与现有的竞争者的产品在市场上相区别，树立自己产品的个性，这就是市场定位的问题。

(一) 市场定位的概念和作用

市场定位是为了适应消费者心目中某一特定的看法而设计的企业、产品、服务及营销组合的行为。产品定位就是将某个具体的产品定位于消费者心中，当消费者产生类似需求就会联想起这种产品。产品定位是其他定位的基础，因为企业最终向消费者提供的是产品。

市场定位的作用主要表现在以下几个方面：

(1) 定位能创造差异，有利于塑造企业特有的形象。通过定位并向消费者传达定位的信息，使消费者清楚地了解差异性，从而引起其注意。若定位与消费者的需求吻合，企业的品牌就可以留驻在消费者的心中。例如，品牌云集的洗衣粉市场，汰渍洗衣粉的强力去渍的定位使其独树一帜。

(2) 适应细分市场消费者或顾客的特定要求，以更好地满足消费者的需求。每一产品不可能满足所有消费者的要求，每一个企业只有以市场上的部分特定顾客为其服务对象，才能发挥其优势，提供更为有效的产品或服务。但只确定了目标消费者是远远不够的，令目标消费者以企业的产品作为购买目标才更为关键。为此，企业需要将产品定位在目标市场消费者所偏爱的位置上，并通过一系列的营销活动向目标消费者传达这一定位信息。

(3) 正确定位有助于形成竞争优势。当今信息社会中，消费者大都被过量的产品或服务的信息所困惑，他们不可能在作每项购买策略时，都对产品作重新的评价。为了简化购买决策，消费者往往会对产品进行归类。定位一旦得到消费者的认可，能使企业形成巨大的优势，且这一优势往往非产品质量和价格所带来的优势可比。

(二) 市场定位的依据

一种新产品或新品牌在目标市场如何定位，如何塑造形象，即依据什么来定位，是定位中遇到的问题。产品定位的依据很多，概括起来主要有以下类型：

(1) 以产品质量、价格或服务定位。强调与众不同的高品质、高价格，如 IBM 公司、微软公司等。

(2) 以使用者类型定位。在广告中指出目标市场也可以视为某一产品定位的好办法。例如，百事可乐公司将其可乐定位为“新生代的选择”；强生公司将它的婴儿洗发露扩展定位到成年人使用的一种柔和洗发露，结果使得这种洗发露的市场占有率从 3%提高到 14%。

(3) 以使用场合或特殊功能定位。例如，绿箭口香糖告诉人们在需要口气清新的时候使用它；佳得乐运动饮料强调的是补充人体流失的水分等。

(4) 以区别竞争者不同属性定位。例如，日本轿车以其小型、廉价、省油等特点，与美国传统的大型、豪华、耗油的汽车相区别、相抗衡，并取得了成功。

(三) 市场定位战略

1. 产品定位战略

产品定位是现代营销学中一个十分重要的新概念。近年来在西方受到企业广泛的重视，理论与实践发展都很快。产品定位也叫市场定位，是为适应消费者心目中的某一特定地位而设计企业产品和营销组合的行为，即从各方面为产品培养一定的特色，树立一定的市场形象，在未来顾客的心目中确定一个适当的位置。

现代企业要使自己经营的产品保持稳定的销路，不仅要慎重地选择它的顾客目标，还要考虑它的竞争目标，即明确企业的竞争对手，从而考虑将为选定的目标市场提供些什么，企业将凭什么同竞争者较量。这就有赖于产品定位。产品定位包括潜在定位、再定位和心理定位。

(1) 潜在定位，即企业进入市场前所进行的定位。企业要进入某一市场，常常可能已有其他竞争者捷足先登了。这时，企业就应仔细研究同一产品市场上主要竞争对手的位置，采用定位图来分析，从而确定本企业产品的位置。假设某汽车公司要打进汽车市场，以汽车的大小不同和速度高低不同进行产品定位。该公司可先在产品定位图上描述出目前市场上存在的竞争者的位置，见图 4－9，四家竞争者 A、B、C、D 的销售量高低不[illegible]，用圆圈的大小表示。竞争者 A 占据高速小型的位置；竞争者 B 生产中等速度、中等大小的汽车；竞争者 C 销售小型低速汽车；竞争者 D 推出的则是大型低速汽车。这家汽车公司在这个市场上的位置应定在何处？大多数企业不喜欢向一个现有的竞争者进攻(除非该竞争者十分虚弱不堪一击)，而倾向于寻找某些被竞争者忽视的重要需求。该汽车公司便考虑将产品定在大型高速汽车市场，见图 4－9 中 T_1。因为，据分析，大型高速汽车可供旅游用，在旅游业呈快速发展趋势的今天会有一定的市场。这一细分市场又尚无竞争对手，可避开竞争。这种定位就是追求市场上还没被占领的空白领地。

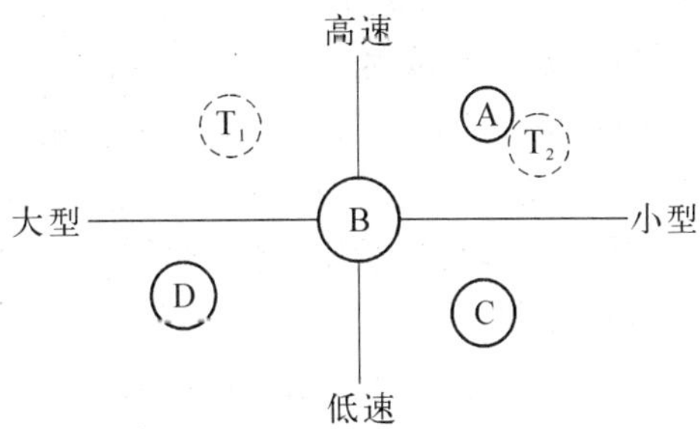

图 4－9　产品定位战略图

另一种做法就是将产品定位在某一竞争对手的毗邻。仍以这一汽车公司为例。如果大型高速汽车的市场容量不大，而企业的生产能力和资源都有剩余，这就需要进一步发掘市场。它们经调查发现，小型高速汽车的市场容量最大，需要的人最多。而竞争者 A 所占的市场份额又不太大，潜在需求还有相当部分没满足，于是又考虑在竞争者 A 的毗邻定位。但是要最后作出这样的决定，还须将本企业与竞争者 A 的经营能力、技术水平、产品性能、市场价格等作一一比较，看企业是否比原竞争者更具优势，若不如竞争者，就不宜这样定位。因为在一般情况下，先入为主，先占领市场的企业在竞争中往往占优势，后打进去，要花费更大的力气、支出更多的费用。若企业条件优于竞争者，就可以进行这样的定位，见图 4－9 中 T_2。

(2) 再定位，即重新定位。企业产品在细分市场上的潜在定位即使很恰当，经过一段时间也会发生变化。新的竞争者打入市场，往往会定位于本企业产品的附近，侵占了本企业的部分市场，见图 4-10。小型高速汽车市场竞争激烈，企业扩大销售很困难。这时就该考虑再定位。通常采取拉开各自距离的方法(如图中箭头所示)，进一步创造各自的特色，赋予产品更新的特点，以吸引新的消费者。手表市场的竞争中，各企业常对产品再定位。例如，雷达表的特色是机械永不磨损；西铁城的特色是超薄型，1%秒计时；电子表会奏乐报时，等等。

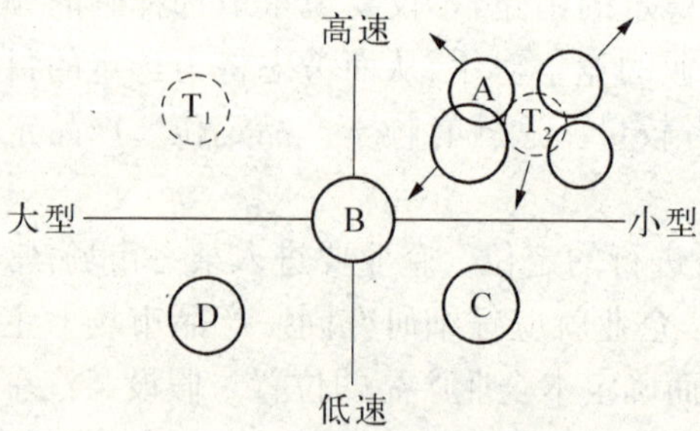

图 4-10　产品再定位战略图

(3) 心理定位，即从消费者的心理需求出发，考虑自己的产品以什么样的形象出现。一般都以自身最突出的优点来定位。例如，草珊瑚牙膏心理定位在希望能治疗牙周炎上；芳草牙膏则从牙齿常因过敏引起疼痛的消费者心理需求出发，定位于脱敏上。心理定位应贯穿于产品定位的始终，无论是潜在定位还是再定位，都要考虑消费者的心理需求。

2. 品牌定位战略

品牌是商业化的现实生活中最常见的东西。在国际上，有一半的产品是靠品牌成交的，如瑞士的手表，法国的化妆品，日本的电子产品和小汽车，德国的照相机，美国的可口可乐及中国的丝绸等。品牌定位包括档次定位、类别定位、情景定位和比附定位。

(1) 档次定位，即依据品牌在消费者心目中的价值高低区分出不同的档次。例如，酒店、宾馆按星级划分为 1～5 个等级，是档次定位的一个例子。因为档次定位反映品牌的价值，不同品质、价位的产品不适宜使用同一品牌。如果企业要推出不同价位、品质的系列产品，应采取品牌多元化策略，以免使整体品牌形象受低质产品印象的破坏。例如，顶新集团在中档方便面市场成功推出"康师傅"。在进攻低档方便面市场时，不是简单地沿用影响力已经很大的"康师傅"，而是推出新的品牌"福满多"。

(2) 类别定位，即依据产品的类别建立起品牌联想。类别定位力图在顾客心目中造成该品牌等同于某类产品的印象，以成为某类产品的代名词，在消费者有了某类特定需求时就会联想到该品牌。例如，在饮料市场，可口可乐和百事可乐是市场的领导品牌，市场占有率极高，在消费者心目中的地位不可动摇。七喜汽水的非可乐定位就是借助类别定位的一个经典例子。非可乐的定位使七喜处于与可口可乐和百事可乐对立的类别，成为可乐饮料之外的另一种选择。

(3) 情景定位，即将品牌与一定环境、场合下产品的使用情况联系起来，以唤起顾客在特定情景下对该品牌的联想。例如，米开威(Milky Way)自称为“可在两餐之间吃的甜点”，在两餐之间想吃甜食的顾客自然想到它。

(4) 比附定位，即攀附名牌，比拟名牌来给自己品牌定位。其目的是借名牌之光来提升自己品牌的价值和知名度。

(四) 市场营销组合

在确立市场定位的基础上，企业营销管理的下一步就是制定营销组合策略。所谓营销组合就是公司用来从目标市场寻求其营销目标实现的一套营销工具，是现代市场营销学理论中的一个十分重要的概念，由美国哈佛大学教授尼尔·鲍顿于 1964 年最早采用的，并确定了营销组合的十二个要素。

1. 4P 组合

1960 年，麦卡锡提出了著名的 4P 组合。麦卡锡认为，企业从事市场营销活动，一方面要考虑企业的各种外部环境，另一方面要制定市场营销组合策略，通过策略的实施，适应环境，满足目标市场的需要，实现企业的目标。麦卡锡绘制了一幅市场营销组合模式图，图的中心是某个消费群，即目标市场，中间一圈是四个可控要素：产品(product)、价格(price)、渠道(place)、促销(promotion)，即 4P 组合。在这里，产品就是考虑为目标市场开发适当的产品，选择产品线、品牌和包装等；价格就是考虑制定适当的价格；渠道就是要通过适当的渠道安排运输储藏等把产品送到目标市场；促销就是考虑如何将适当的产品，按适当的价格，在适当的地点通知目标市场，包括销售促进、广告、人员推销等。图的外圈表示企业外部环境，它包括各种不可控因素，包括经济环境、社会文化环境、政治法律环境等。麦卡锡指出，4P 组合的各要素将要受到这些外部环境的影响和制约。

2. 6P 组合

市场营销组合由 4P 发展为 6P 是由菲利普·科特勒提出的，它是在原 4P 的基础上再加政治(politics)和公共关系(public relations)。6P 组合主要应用于实行贸易保护主义的特定市场。随后，菲利普·科特勒又进一步把 6P 发展为 10P。他把已有的 6P 称为战术性营销组合，新提出的 4P：研究(probing)、划分(partitioning)即细分(segmenting)、优先(prioritizing)即目标选定(targeting)、定位(positioning)，称为战略性营销组合。他认为，战略性营销组合必须先于战术性营销组合的制定，只有在搞好战略营销计划过程的基础上，战术性营销组合的制定才能顺利进行。菲利普·科特勒在讲到战略营销与战术营销的区别时指出：“从市场营销角度看，战略的定义是企业为实现某一产品市场上特定目标所采用的竞争方法，而战术则是实施战略所必须研究的课题和采取的行动。”现在，战略营销与战术营销的界线已日趋明朗化，如通用汽车公司等许多公司已按这两个概念分设了不同的营销部门。

3. 11P 组合

到 20 世纪 90 年代，又有人认为，包括产品、价格、渠道、促销、政治和公共关系的 6P 组合是战术性营销组合，企业要有效地开展营销活动，首先要有为人们(people)服务的正确的指导思想，又要有正确的战略性营销组合的指导。这种战略的 4P 营销组合与为人们服务的正确的指导思想和战术性的 6P 营销组合就形成了市场营销的 11P 组合。

4. 4C 理论

美国市场学家罗伯特·劳特伯恩提出了以 4C 为主要内容的市场营销组合即 4C 理论，即针对产品策略，提出应更关注顾客的需求与欲望(customer's needs and wants)；针对价格策略，提出应更关注顾客为得到某项商品或服务所愿意付出的成本(cost)；针对渠道策略，提出应更关注消费者购买和使用的便利性(convenience)；针对促销策略，提出促销过程应是一个与顾客保持双向沟通的过程(communication)。

5. 4R 组合

近年来，美国学者唐·舒尔茨在 4C 营销理论的基础上提出 4R 营销理论。4R 组合包括关联(relevance)、反应(reaction)、关系(relationship)和回报(reward)。4R 营销组合的最大特点是以竞争为导向，在一个全新的层面上描述了市场营销的构架，该营销理论认为，随着市场的发展，企业需要从更高层次上以更有效的方式在企业与顾客之间建立起有别于传统的新型的主动性关系。与 4P 和 4C 相比，其主要的特点是动态性、互动性、可持续性和互利性。4R 营销组合的操作要点包括：

(1) 紧密联系顾客。企业必须通过某些有效的方式在业务、需求等方面与顾客建立关联，形成一种互助、互求、互需的关系，把顾客与企业联系在一起，减少顾客的流失，以此来提高顾客的忠诚度，赢得长期而稳定的市场。

(2) 提高对市场的反应速度。多数公司倾向于说给顾客听，却往往忽略了倾听的重要性。在相互渗透、相互影响的市场中，对企业来说最现实的问题不在于如何制定、实施计划和控制，而在于如何及时地倾听顾客的希望、渴望和需求，并及时作出反应来满足顾客的需求，这样才利于市场的发展。

(3) 重视与顾客的互动关系。4R 营销理论认为，如今抢占市场的关键已转变为与顾客建立长期而稳固的关系，把交易转变成一种责任，建立起和顾客的互动关系。而沟通是建立这种互动关系的重要手段。

(4) 回报是营销的源泉。由于营销目标必须注重产出，注重企业在营销活动中的回报，所以企业要满足客户需求，为客户提供价值，不能做无用的事情。一方面，回报是维持市场关系的必要条件；另一方面，追求回报是营销发展的动力，营销的最终价值在于其是否给企业带来短期或长期的收入能力。

营销组合是一种动态的、整体性的组合。每一个组合因素都是不断变化的，是一个变量；同时又是相互影响的，每一个因素都是另一个因素的潜在代替者。

可见，营销组合具有可控性、复合性、动态性和整体性的特点。营销组合是营销成败的载体，因此，营销组合是体现现代营销观念的重要手段。

案　例

沃尔玛——营销战略回归美国模式

世界零售业巨头沃尔玛最近在中国突然陷入“裁员”漩涡，起因是沃尔玛宣布合并全国20多个地方采购部门，数百名员工的岗位也将被裁撤，调整的理由是要把采购权重新收归总部。

2010年，沃尔玛中国总裁兼首席执行官陈耀昌开始正式推行权力下放改革，目的是为了让各地门店的商品结构更适合当地市场，当年沃尔玛深圳总部除了掌管100多个全国供应商外，其他商品的进场权、定价权、促销谈判以及陈列等权力都下放到各大区。可惜的是，这一措施并没有起到应有的效果。沃尔玛采购端过于分散所带来的不良后果之一，就是其在中国市场的表现比竞争对手有所落后。一些沃尔玛的内部人士甚至抱怨，来自地方采购办公室采购的商品价格竟然比市场同类产品高出许多。

近年来，国际零售巨头在中国纷纷传出关店、裁员的消息，市场销售每况愈下。各家都在寻求战略改变。沃尔玛的本土化战略没有取得预期效果，不得不考虑战略转型。沃尔玛此举被认为是对前任中国区总裁陈耀昌执行的本土化策略的一次重大调整。有业内人士评价，其现任CEO高福澜正在将此前的本土化策略转向美国沃尔玛的模式，“一旦成功，这才是对本土零售业的真正威胁”。

措施一：调整采购体系　取消各地方城市采购办公室

沃尔玛中国于2012年10月30日晚间，公开对外宣布的中国战略升级计划，在这项被沃尔玛方面命名为“沃尔玛中国长期发展五项战略”的规划中，即包括“重新布局和调整采购体系”。按照规划，沃尔玛公司将对全国的采购办公室进行优化，将全国29个采购办公室裁减为8个，优化后的采购办公室将分别位于深圳、大连、北京、上海、武汉、成都、厦门和昆明 8 个城市。

当日下发当日执行，这也引发了被调整采购办公室员工的强烈反感，湖南、福州、广州等地多位采购办的员工向网易财经表示，自己在“毫无心理准备的情况下接到了该通知”，感觉很“受伤”也很是“失望”，并指责沃尔玛方面的做法“没有人情味”。

对于员工的质疑和指责，沃尔玛中国区相关负责人向网易财经解释，当日下发当日执行，并不是沃尔玛方面“没有人情味”，而是采购业务管理系统所决定的，“这是出于对公司内部机密安全的考虑，因为被合并的采购办公室员工将不能登录公司内部的采购业务系统”。

措施二：加快终结陈耀昌时代　采购权重新收归沃尔玛总部

在业内看来，收回采购权是沃尔玛中国新任总裁兼 CEO 高福澜自 2012 年 3 月上任以来，“蛰伏”大半年之后采取的一项“直击”沃尔玛中国困境“要害”的措施。

2010 年年初，为了让各地门店的商品结构更适合当地市场，陈耀昌开始正式推行权利下放改革。当年沃尔玛深圳总部除了掌管 100 多个全国供应商外，其他商品的进场权、定价权、促销谈判以及陈列等权力都下放到各大区。陈耀昌的做法并没有得到应有的效果，直到目前，沃尔玛卖场内许多商品的售价还略高于其竞争对手卖场内同样商品的售价。零售行业观察人士、《中国连锁》杂志副主编陈岳峰认为，俗话说“外行看热闹，内行看门道”，有着 30 年零售经验的高福澜在巡店过程中必然会发现，沃尔玛在中国的运营已经摒弃了其在国外成功的价格“利器”，而这背后的主要原因就是采购端的乏力。

虽然沃尔玛近几年在中国的开店速度呈高速扩张态势，但其中国区的业绩却呈现营业利润仅“微幅”增长的状态。据普华永道提供的数据显示，沃尔玛在中国零售行业的市场份额为 11.2%，略高于华润集团的 9.8 和家乐福的 8.1%，但却低于大润发的 12%。

北京商业经济学会秘书长赖阳认为，采购体系是沃尔玛在许多国家取得成功的关键，“一直以来，沃尔玛固执地坚持‘营采分离’”。在这种模式下，沃尔玛在全球许多国家采购物品的价格要明显低于其竞争对手。

沃尔玛中国公司事务部高级总监李玲表示，此番采购体系完成调整后，其优势将主要从两个方面体现出来，一个是采购体系权力的高度集中；另一个则是商品的采购价格将进一步降低，“消费者将获得更加低廉的价格”。

他的说法并非空穴来风，中国连锁经营协会会长郭戈平近日透露，前三季度，中国零售百强的销售额平均增幅不足10%，创十年来新低。而经济增长放缓、消费意愿不足是影响零售业增速的重要因素。“以往单纯靠规模扩张的粗放式增长模式正面临终结，零售企业亟待找到新的盈利增长点”。

事实上，沃尔玛在美国能成功的“秘密武器”就是其强大的物流配送体系。沃尔玛中国总裁高福澜上任后，在沃尔玛中国区走访了170多家门店。有业内人士评价：“高福澜现在出手改变沃尔玛的方向就是将之前的本土化策略转向美国沃尔玛的模式，也就是更加国际化的管理理念。如果能够实现，对于本土零售企业来说肯定是很大的威胁。”完成这一调整后，每个采购办公室要面对的门店数量比原来要增加不少，也提高了沃尔玛的采购效率。

值得关注的是，此次调整也许是这家世界零售巨头在华战略调整的开始。在沃尔玛的中国战略升级计划中，沃尔玛还计划未来三年在中国开设超过100家门店，投资建设更多物流配送中心等。沃尔玛之所以做出如此大的改变，根源在于跨国零售巨头近年来在中国市场遭遇的困境。在业内人士看来，市场不景气，中国市场吃不透，竞争激烈以及物业纠纷，成了国外零售巨头每况愈下的主要原因。

案例思考　沃尔玛最核心的竞争优势是什么？沃尔玛“重新布局和调整采购体系”是加强还是削弱了它的竞争优势？具体如何对竞争优势产生影响？沃尔玛的这一行动是否说明了跨国企业战略选择的一个趋势？

互联网已经深刻地改变了企业的业务运营方式，在这种环境下，你如何看待这种本地化和总部化的冲突？在营销战略的选择上，应该考虑哪些因素？

复习与思考

一、名词解释

1. 企业战略　　2. 战略规划
3. 市场细分化　　4. 目标市场
5. 同质市场　　6. 市场主导者

7. 市场挑战者
8. 金牛类业务
9. 一体化发展战略
10. 多样化发展战略
11. 密集型发展战略
12. 产品差异化

二、思考题

1. 企业战略的意义有哪些?
2. 如何确定企业战略目标?
3. 企业可选择哪些竞争战略? 其实施条件分别是什么?
4. 市场细分化在企业营销过程中的作用是什么?
5. 市场细分化的依据和程序是什么?
6. 企业怎样选择自己的目标市场和目标市场战略?
7. 什么是产品定位? 为什么要进行产品定位?
8. 处于不同竞争地位的企业应怎样选择自己的竞争战略?
9. 企业怎样根据实际情况选择自己的发展战略?
10. 为什么要实行营销提供物的差异化? 营销提供物的差异化主要表现为哪几个方面?

2 第二部分

市场营销策略组合

第五章

产 品 策 略

第一节　产品及其整体化概念

一、产品的概念

企业在营销活动中，首先遇到的问题，就是准备向市场提供什么样的产品，同样，消费者产生了某种需求之后，也必须通过市场寻找一种能够满足自己需求的产品。因此，产品是整体市场交换活动中最基本的物质内容，它关系到企业营销活动的成败，也关系到消费者的需求是否得到最大限度的满足。

什么是产品呢？经济学的定义为：产品是为交换或出卖而生产的劳动产品，它具有使用价值和价值的两重属性。由于产品具有使用价值，人们通过对产品的使用，能够获得某一方面的满足；由于产品具有价值，人们就不能无偿地获得它，而必须采取交换的方式来换取。

在现代市场营销学中，产品概念具有极其宽广的外延和深刻而丰富的内涵，它是指通过交换而满足人们需要和欲望的因素或手段，包括能够满足消费者或用户某一需求和欲望的任何有形物品和无形产品，包括可以给顾客带来附加利益和心理上的满足感及信任感的售后、售前服务，保证、运送与信贷、产品形象、销售者声誉，等等。

二、产品整体化概念

同经济学相比，市场营销学则更多地从消费者的立场来观察产品，从这一意义上看，产品是由五个层次构成的整体，这五个层次包括：核心产品、一般产品、期望产品、附加产品和潜在产品，见图 5-1。

(一) 核心产品

核心产品是指它所具有的满足顾客需求的效用，即顾客真正购买的基本服务或利益。著名的推销专家海因兹·姆·戈德曼曾指出，相当数量的推销员根本不知道他们推销的是什么产品，即指出大多数推销人员根本没有考虑核心产品问题。比如，女士购买口红并不是为了获得口红本身，而是要满足爱美的需求；人们购买电视机是为了满足其信息和娱乐的需要；购买牙膏是要获得牙膏能洁齿、防蛀的效用。

顾客购买任何东西，都是出自于某种需要，他们之所以购买产品，是因为希望该产品能够向他们提供某种满足。与其说顾客是在购买产品，不如说他们是在购买一种满足。所以，企业应把握好产品的功效与目标顾客需求之间的必要联系。美国露华浓化妆品的制造商提出了这样一种产品理念："在工厂里，我们生产化妆品；在商店里，我们出售希望。"一个设计再好、制作再精良的产品，如果不具备目标市场所需的核心利益，即产品功效，是不会有市场的。

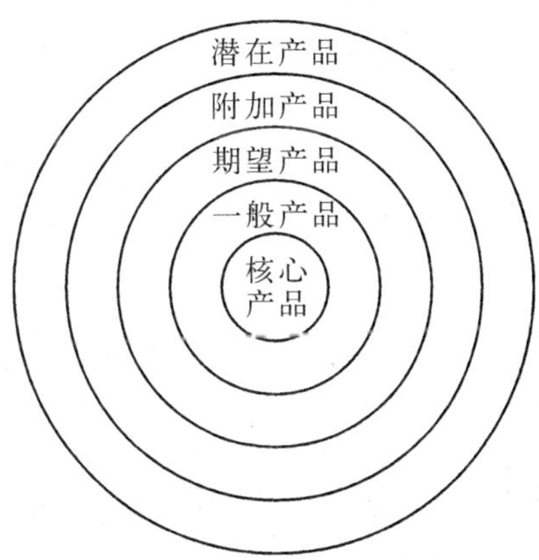

图 5－1　产品整体化概念示意图

（二）一般产品

一般产品是指产品的外在形态。比如，汽车可以分轿车、卡车、旅行车、大型巴士等形态种类。不同的外在形式具有不同的功能，它是构成一个产品的一般条件。任何产品，不管其具有何种与众不同的特性外貌，首先都必须具有这类产品的一般形态。比如，汽车是由动力驱动的一种地面交通工具，如果一种称为汽车的东西不具备基本的动力驱动作用，顾客就不会认可这是一辆"汽车"。只有具备了汽车的一般形态，然后才可在造型、色泽、动力的大小等方面进行变化。所以，一般产品是顾客进行购买选择的必要条件。

（三）期望产品

期望产品是指消费者购买产品时通常希望和默认的一组属性和条件。比如，一种型号的轿车是高级型还是普通型，是运动型还是绅士型，都应该在设计中体现出来。这些属性是每一个购买轿车的顾客所期望的。任何产品都必须具备这样一些基本属性，顾客期望得到它们，任何一个产品的提供者如果制造的产品连顾客期望的基本属性都不具备，他的产品就缺乏了上市的基本条件。

（四）附加产品

附加产品又称产品的附加利益，是指在产品的销售和使用过程中企业向顾客提供的服务、便利以及可以用价值衡量的一切无形的东西。它们不是产品本身，它们是无形的，但是附加产品能帮助消费者在购买和使用产品时获得更多的便利感、安全感、荣誉感等。比如，汽车制造商在出售汽车的同时，还把维修网络建立到消费者最容易接近的地方，汽车的购买者就会有便利感和安全感；如果厂商把自己的汽车塑造成了名牌，购买者在获得一辆汽车的同时，还会获得一份荣誉。正如美国著名营销专家李维特所言："未来竞争的关键不在于工厂能生产什么产品，而在于该产品提供的附加价值：安装、维持、用户咨询、购买信贷、及时交货和人们以价值来衡量的一切东西。”现代市场竞争并不在于各家企业在其工厂中生产什么，而在于它们能为其产品增加些什么内容，诸如包装、服务、广告、客户咨询、融资、送货、仓储，以及人们所重视的其他价值。因此，附加产品是产品差别化和竞争的主要内容。

（五）潜在产品

潜在产品是指该产品最终可能会实现的全部附加部分和所转换部分。如果说期望产品和附加产品主要是让顾客满意的话，潜在产品则通过额外的优惠和好处，使顾客产生一种出乎意料的惊喜。比如，一辆汽车的制造者不仅建立了便利的维修网络，而且当顾客把坏车送去维修时，还可免费借用一辆车，以供维修期间使用。厂商也可以通过每年提供免费保养使买主省却很多麻烦和开支，从而把短期的买卖行为转化成一种长期的合作行为。在市场竞争日益激烈的今天，潜在产品已逐渐为营销者所重视。潜在产品是一种服务创新。

总之，产品是一个整体的概念，它不仅是某种形状的物品或服务形式，而且还有与使用产品有关的附加利益。产品的核心内容是它的实际效用，也就是能在多大程度上满足人们的需求和满足人们什么样需求的属性。

第二节　产品生命周期策略

一、产品生命周期的概念

人们往往发现，不管什么产品，无论其过去多么受欢迎，或者曾经风靡市场，最终总会因为某种原因而被市场淘汰。产品在市场上也像人的生命一样，有一个产生、发展和消亡的过程。这个过程可以分成若干阶段，每一个阶段都有一定的市场特点。营销理论中把产品从进入市场到最终退出市场的整个销售历史，称为产品的生命周期。

在一般情况下，根据产品销售量变化的情况，可以把整个产品生命周期划分成四个阶段，即导入期、成长期、成熟期和衰退期，见图 5-2。

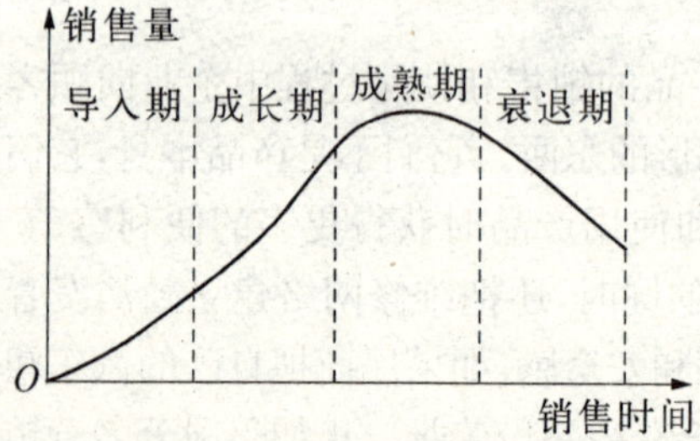

图 5-2　产品生命周期图

（1）导入期，即产品刚刚进入市场，处于向市场推广介绍的阶段。

（2）成长期，即产品已为市场的消费者所接受，销售量迅速增加的阶段。

（3）成熟期，即产品在市场上已经普及，市场容量基本达到饱和，销售量变动较少的阶段。

(4) 衰退期，即产品已过时，为新的更受市场欢迎的产品所代替，销售量迅速下降的阶段。

在理解产品生命周期的概念时，应注意以下几个问题：首先，产品的生命周期是其在市场的整个销售历史，是指产品的经济生命，这一概念必须区别于产品的自然生命。其次，营销学主要研究产品品种的生命，而不是某一品牌或某一大类产品的生命周期。最后，不同的产品具有不同的生命周期，各种产品在生命周期整个过程中的表现形式，并不完全同图 5 - 2 的情况一致。

二、产品生命周期各阶段的特点

产品在其生命周期各阶段具有不同的市场特点，企业只有在了解各阶段的特点之后，才有可能制定出相应的营销策略，保证企业营销活动的成功。关于产品生命周期各阶段的特征，可以从以下几个角度进行观察。

(一) 产品的销售量

如图 5 - 2 所示，在导入期，由于生产的批量少，一些消费者因为对新产品缺乏了解，常常不愿改变以往的习惯去购买，因此，在这个阶段，产品销售量小，销售增长率低，一般不超过 10%。

经过一个阶段的介绍推广，当产品为市场充分了解并接受时，由于市场容量很大，消费者踊跃购买，产品销售量迅速增加，增长率超过 10%，便进入了成长期。

在产品的成熟期，由于市场普及率高，市场容量接近饱和，销售量增长速度减弱，到了成熟期的后阶段，销售量便逐渐下降了。成熟期的销售增长率一般处在 0.1%～10%之间。

当市场出现了更新颖、功效更大的产品，或者消费者的需求出现变化时，旧的产品就逐渐被新的产品代替。有时虽然没有替代产品出现，但因为消费者需求的转移，对以往的产品不再感兴趣，产品就进入了衰退期，销售迅速地下降，销售增长率出现负值。

(二) 产品价格

当产品处于导入期时，生产成本和促销费用都很高，价格不可能太低，尽管这一阶段的价格有时会低于成本，但同整个生命周期的其他阶段相比，仍然可能是最高的，见图 5 - 3。

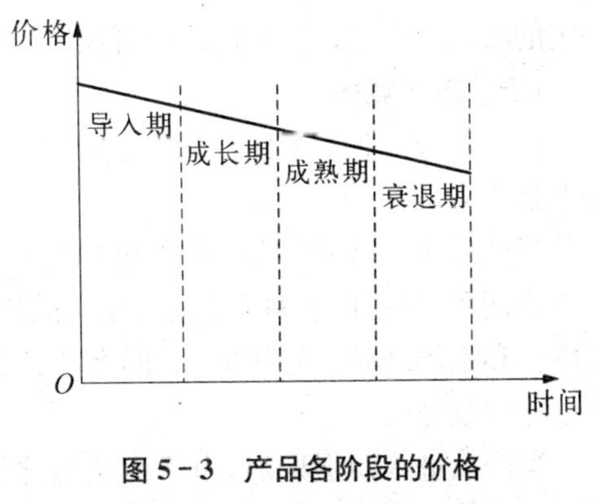

图 5 - 3　产品各阶段的价格

当产品销量有了一定的增加之后，

成本费用会相对减少，随着市场竞争的加剧，产品价格会不断下降。当进入衰退期后，各企业为了避免积压，往往把价格定得很低，甚至低于成本。

（三）产品成本

在导入期，由于生产的批量小，固定成本和促销费用比较大，因此产品的总成本较高，见图 5-4。

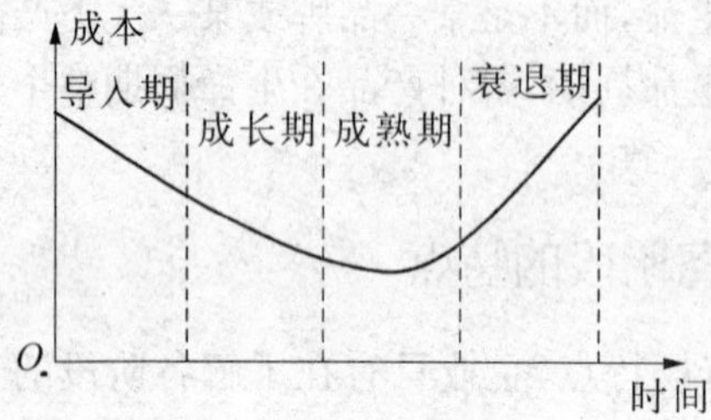

图 5-4 产品各阶段的成本

当产品进入成长期和成熟期后，由于生产批量增加，技术进一步成熟，产品的固定成本不断减少。另外，随着产品市场知名度的提高，广告促销费用也相应减少。在成熟期，产品成本会出现整个生命周期中的最低点。

到了衰退期，由于销量下降，生产批量减少，产品的单位成本必然会有所增加。同时，企业为了推销产品，大量地支出促销费用。另外，一部分产品的积压，又提高了仓储成本。种种原因都增加了衰退期的产品成本。

（四）销售利润

在产品的导入期，生产成本和销售费用比较高，但是由于新产品还不为消费者充分接受，价格一般不能太高，因而此时成本常高于售价，发生亏损，见图 5-5。

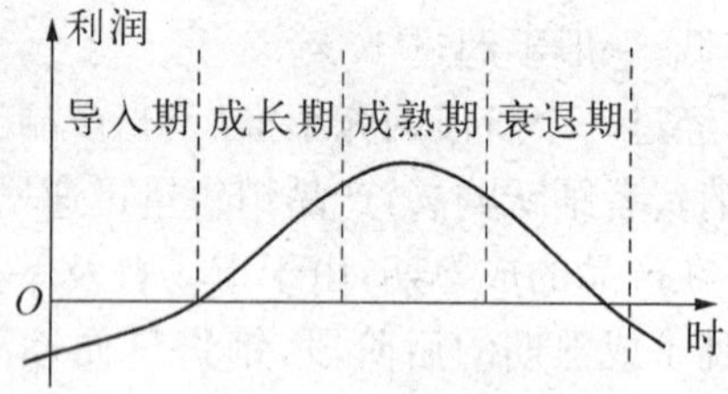

图 5-5 产品各阶段的利润

当产品进入成长期后，由于销量不断上升，成本不断下降，价格开始高于成本，从而产生盈利。当进入成熟期时，利润往往达到最高点。

随着产品衰退期的到来，又会出现价格不断下跌、成本不断上升的情况，到了一定的点，就可能发生亏损，使利润出现负数。

（五）市场竞争

在产品导入期，由于成本高、销量少、知名度低，有的产品还有亏损，企业的竞争者是不多的。

当产品进入成长期后，由于市场的欢迎，利润的增加，会吸引大量的竞争者。在成长期和成熟期，各种仿制品、代用品以至冒牌产品会大量出现，直接危害企业的声誉和市场地位。这个时期，同类产品之间的削价竞争、广告竞争和销售服务竞争也异常激烈。

当产品进入衰退期后，由于市场境况的没落，利润急剧减少，大部分竞争者都会纷纷退出，转向其他产品的经营。留存的竞争者的主要目标在于如何把现有的库存尽快推销出去。在这一阶段，竞争的手段主要集中在价格和销售促进方面。

(六) 消费者的态度

在导入期，由于产品刚刚进入市场，大多数消费者一般持观望的态度。在这一阶段，能够购买产品的人往往是一些喜爱新颖或者对产品很在行的圈内人士。

当产品为广大消费者所了解后，大部分消费者就会从观望中转变过来，积极地要求购买。在产品成长期，购买或使用该产品，往往成为一种时髦，一些经济条件较优越的人，或者年轻人，总是会想方设法地去获得此种产品。在这个阶段，对消费者来说，产品的质量和服务有时并非是首先要考虑的问题。

在成熟期，由于产品已家喻户晓，市场投放量又大，大部分消费者都愿意购买。但是在此阶段，人们对产品的质量、花色品种和服务要求变得更加严格了。

在衰退期，绝大部分消费者都已不再继续购买这种产品了，只有一些心理保守的人，或者经济条件差、想购廉价货的人，才在这一时期继续购买。因此，消费者对产品的要求，在衰退期中主要集中在价格方面，他们无论如何也不会去购买价格很高且处于衰退期的产品。

三、产品生命周期各阶段的划分方式

企业在营销过程中，必须经常了解自己的产品正处于生命周期的什么阶段，以便及时制定出相应的营销策略。但是，产品生命周期的各阶段之间并无明显的界限，带有很大的随机性和模糊性，一般只能作出定性的判断。要真正完整地描述产品生命周期曲线，只有在产品被市场淘汰后，才能根据它的全部销售历史资料整理出来，但此时对企业营销活动已失去指导意义。因此，企业只有通过一些变通的方法来判断产品生命周期的各个阶段。通常有两种方法：类比法和销售增长率比值法。

(一) 类比法

所谓类比法就是根据同类产品的市场销售过程来分析、判断产品生命周期的各个阶段。很多产品的出现，往往是对以前某一种产品的改进、改善，因此，它的销售特点和销售历史，同前一种产品会有很大的相似性。譬如，市场的各类休闲型服装就是一个很好的例子。最先出现的击剑衫，而后是夹克衫，再以后就是各种太空服、轻巧衫，等等。当一个企业推出一种新款服装时，可以参照市场已经销售过的类似服装来判断这种新式服装的市场导入期、成长期、成熟期及衰退期的长短、特征等。由于同一产品在各地销售和流行的时间有先后，因此，参照同种产品在先行销售地区的发生、发展情况，也是一种很好的方法。当然，各地区由于经济水平、文化素养和生活习惯不同，情况不会完全一致。

用类比法必须注意几点：第一，两种产品必须有可比性，就是说两者之间在消费方式、价格、原料、销售方式等方面有相似性。比如，击剑衫与夹克衫之间有可比性，而击剑衫与西服之间就没有可比性。第二，不管类比的产品之间有多大程度的相似，毕竟是两种不同的产品，它们在销售时间和使用价值上总有一定的差异，因此被比产品的生命周期情况只能作为一种参考。

（二）销售增长率比值法

由于产品生命周期变化的主要特征反映在销售量变化上，因此，通过观察销售量的变化来判断产品正处于生命周期的哪个阶段也是一种可行的方法。所谓销售增长率比值法就是用销售增长率的数据（$\Delta Y/\Delta t$ 的比值）制定出定量标准来划分产品生命周期的各个阶段。这里，ΔY 表示销售量的增长率，Δt 表示时间的增加量。

在一般情况下：

$\Delta Y/\Delta t$ 的值从销售始点起增长不足10%时，为导入期。

$\Delta Y/\Delta t$ 的值大于10%时，进入成长期。

$\Delta Y/\Delta t$ 的值从10%以上的增长速度缓解下来，处于0.1%～10%之间时，属于成熟期。

$\Delta Y/\Delta t$ 的值转为负值时，则产品进入衰退期。

需要说明的是，生命周期是产品在整个市场的销售历史，因此，ΔY 是指该产品在整个市场的增长率，而不是某企业的销售增长率。

四、产品生命周期各阶段的市场营销策略

（一）导入期的市场营销策略

在产品导入期，由于消费者对产品十分陌生，企业必须通过各种促销手段把产品推入市场，力争提高产品的市场知名度。另一方面，由于导入期的生产成本和销售成本相对较高，企业在给新产品定价时又不得不考虑这个因素，所以，在导入期，企业营销的重点主要集中在促销努力和价格方面。一般有四种可供选择的市场策略，见图5-6。

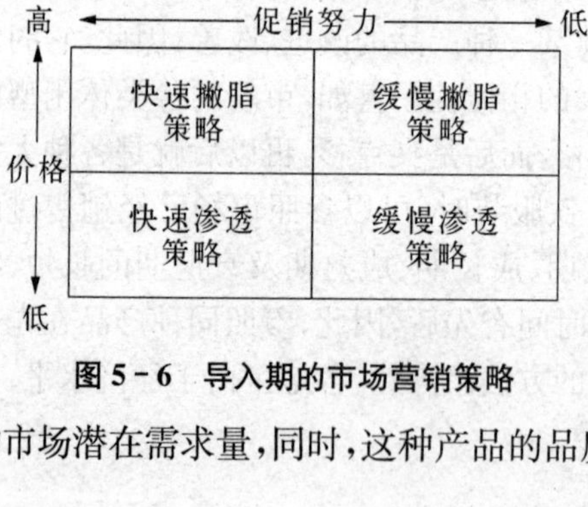

图5-6 导入期的市场营销策略

1. 快速撇脂策略

这种策略的方法是：采取高价格的同时，配合大量的宣传推销活动，把新产品推入市场。其目的在于先声夺人，抢先占领市场，并希望在竞争还没有大量出现之前就能收回成本，获得利润。适合采用这种策略的产品，必须有很大的市场潜在需求量，同时，这种产品的品质要特别高，功效要比较特殊，很少有其他

产品可以替代。消费者一旦了解这种产品后，常常愿意出高价购买。譬如，配合大规模的广告宣传，同时利用特殊手段——赠送样品，诱使消费者试用。这种策略主要适用的市场环境为：绝大部分的消费者还没有意识到该新产品的存在；知道该新产品的人有强烈的购买欲望而不大在乎价格；产品存在着潜在的竞争者；企业具有提高产品声誉或知名度的愿望。

2. 缓慢撇脂策略

这种策略的方法是：在采用高价格的同时，只用很少的促销努力。高价格的目的在于能及早收回投资，获取利润；低促销的方法可以减少销售成本。但是，这种策略的适应面很窄，主要适用于产品的市场比较固定、明确，大部分潜在的消费者已熟悉该产品，他们愿意出高价购买。同时，产品的生产和经营有相当的难度和要求，普通企业无法参加竞争。

3. 快速渗透策略

这种策略的方法是：在采用低价格的同时作出巨大的促销努力。其特点是可使产品迅速进入市场，有效地限制竞争者的出现，为企业带来巨大的市场占有率。该策略的适应性很广泛，主要适用于：其市场环境首先是产品具有很大的市场容量，可望在大量销售的同时降低成本。其次是消费者对这种产品不太了解，对价格又十分敏感。最后是潜在的竞争比较激烈，只能用低价来争取顾客，遏制竞争。

4. 缓慢渗透策略

这种策略的方法是：在新产品进入市场时采取低价格，同时不作大的促销努力。低价格有利于市场快速接受该产品；低促销又能使企业减少费用开支，降低成本，以弥补低价格造成的低利润或亏损。这种策略主要适用的市场环境是：产品的市场容量大，消费者对产品有所了解，同时对价格又十分敏感，潜在的竞争压力较大。

当然，在产品导入期，企业除了把促销手段和价格手段配合起来使用外，还有很多可采取的策略。譬如，借助现有产品的提携，将新老产品合并一起出售，利用特殊手段诱导潜在顾客使用；还可以尽量说明中间机构来经销产品，等等。上述四种策略并不意味着企业只能选择其中之一，应该从整个产品生命周期过程的总体战略去考虑，灵活地交替使用。

（二）成长期的市场营销策略

在产品进入成长期后，有越来越多的消费者开始接受并使用，企业的销售额直线上升，利润增加。在此情况下，竞争者也会纷至沓来，威胁企业的市场地位。因此，在成长期，企业营销的重点应放在保持并扩大自己的市场份额、加速销售额的上升方面。企业可以通过以下几个途径达到自己的营销目的。

1. 改进产品本身特点

改进产品的质量，增加产品的新特色，在商标、包装、款式、规格、定价等方面作出改进。同时,企业还可以从拓展产品的新用途着手以巩固自己的竞争地位。

2. 积极寻找新的市场

在成长期,由于市场容量较大,企业可开辟的市场新领域很多。在分析销售业绩的基础上,仔细寻找产品尚未到达的市场领域,针对这一目标市场作重点推广。

3. 拓展原有的分销渠道

努力疏通并增加新的流通渠道,扩大产品的销售面。进一步扩大现有的销售网点方便消费者的购买也是提高销售增长率的方法之一。

4. 改变企业的促销重点

在导入期,企业促销重点就是建立产品的知晓度,当进入成长期后,促销重点就应转向宣传产品的特色,提高产品的知名度。产品定位战略是成长期中十分适用的战略。所谓产品定位,就是企业要为产品创造一定的特色,使本企业的产品在消费者心中占据特定的位置,引起消费者对产品的偏爱,从而使消费者在购买同类产品时偏重于对本企业产品的购买。

5. 充分利用价格手段

在成长期,虽然市场需求量较大,但在适当时期也可以降低价格,以加强竞争能力,这样既可以吸引更多的购买者,又可以阻止竞争者的进入。当然,降价可能暂时减少企业的利润,但如果能扩大市场份额,长期利润还是有可能增加的。

(三) 成熟期的市场营销策略

在产品成熟期,市场的容量基本饱和,销售增长率较低,成熟期晚期,销售增长率可能会出现停滞或负值。此时,企业营销的重点应放在保持自己产品的市场份额上,并努力延长产品的生命周期,力图把产品推向新的销售高潮。在这一时期,企业可采取的市场策略有以下几个方面。

1. 努力开发新的市场

首先,通过市场细分化的方式,努力寻找现有市场中未被开发的部分。比如,护肤品起初只是女性使用,后来发现广大儿童和男性也是可以使用的,因此又进入了儿童市场和男性市场,使得市场扩大不少。其次,通过宣传推广,设法扩大现有顾客的购买量,提高产品的重复购买率。最后,努力开辟新的市场。譬如很多高档化妆品原来一般是城市市场的消费品,但随着城乡差别的缩小,也应该向农村市场投放。

2. 产品的革新和改良

改良产品品质,如在普通奶粉中添加一些维生素、氨基酸、铁或钙,制成含营养成分奶粉。在众多的产品中,消费者总是愿意选用品质更佳的产品。增加产品的性能也是一种方法,如把普通热水瓶改造成气压式热水瓶,使消费者在使用中更加方便。另外,还可以改革产品的外形,使产品有一种新的形象,给人以新的感觉。消费者往往有一种求新心理,当产品在市场普及后,这种求新心理更为突出。

3. 改变原有的营销手段

这方面的手段有：通过降低售价来加强竞争能力；改变广告方式以引起消费者新的兴趣；采用多种促销方式如大型展销、附赠礼品等；扩展销售渠道，改进服务方式或货款结算方式等。

(四) 衰退期的市场营销策略

当产品进入衰退期时，企业既不能简单地一弃了之，也不应恋恋不舍，一味维护原有的生产和销售规模。企业必须认真研究产品在市场的真实地位，然后决定是继续经营下去，还是放弃经营。

如果企业决定继续经营，或者打算经营一个阶段后再逐渐放弃，则有两种可供参考的方法。

1. 连续策略

企业继续过去的营销策略，在目标市场、价格、销售渠道、促销活动方面保持原状。在产品衰退期，由于多数企业会自动退出市场，现存的顾客就会集中到少数几家继续保持经营的企业，对这些企业来讲，销售量有时不一定会减少。

2. 缩减策略

企业仍然留在市场继续经营，但是在规模上作出适当收缩。如把所有的营销力量集中到一个或者少数几个细分市场上，以加强这几个细分市场的营销力量，也可以大幅度地降低市场营销费用，以增加当前利润。

如果企业决定放弃经营某种产品而退出市场时，也必须采取积极的措施，慎重地做好善后工作。第一，必须决定放弃经营的方法。比如，可以将老的生产设备和营销力量转让给其他部门或企业，使企业在转移经营的过程中得到一定的现金收入。第二，决定放弃经营的时间。可以采取快速的方法立即退出市场，也可以有计划、有秩序地逐渐退出市场。有时企业在放弃经营整件产品以后，在一段时间内留存一部分零配件，以便对市场过去销售出的产品作维修之用。

第三节 产品组合策略

一、产品组合的定义

(一) 产品组合、产品线和产品项目

企业在营销活动中经常会遇到这样的问题：即向市场提供什么产品？提供多少种产品？什么是企业目前的主要获利产品？什么又是亏损或面临亏损的产品？企业又如何对之进行调整？这些问题都牵涉到企业的产品结构问题，主要包括以下方面：

(1) 产品组合。市场营销学把企业所经营的全部产品的整体构成，称为企业的产品组合。

(2) 产品线。产品线是指产品组合中的某一产品大类，是那些在使用价值、原材料、销售渠道、销售对象等方面比较接近的产品项目组成的一个产品类别。

(3) 产品项目。在产品组合中，每一个具体的产品品种称为产品项目。企业的各类产品线及其包含的全部产品项目，构成了一个企业的产品组合。

(二) 产品组合的广度、长度、深度和关联度

产品组合的广度(width)是指企业具有多少不同的产品线。以联合利华公司为例，其有 5 个生产线：牙膏生产线、洗发水生产线、洗衣粉(液)生产线、食品生产线、冰激凌生产线。产品组合的广度说明了企业的经营范围大小。增加产品组合的广度，可以充分发挥企业的特长，使企业的资源得到充分利用，提高经营效益。

产品组合的长度(length)是指产品组合中产品项目的总数。通常，每一产品线中包括多个产品项目，企业各产品线的产品项目总数就是企业产品组合长度。在表 5－1 中，产品项目总数是 14 个，该公司产品线的平均长度等于总长度除以产品线数，结果为 2.8(14÷5)。

产品组合的深度(depth)是指产品线中每一产品有多少的品种。例如，清扬洗发水有 3 种规格(200 毫升、300 毫升、500 毫升)和 2 种配方(普通味和清凉型)，清扬洗发水的深度就是 6。通过计算每一品牌的产品品种数目，就可以计算出联合利华公司的产品组合的平均深度。

产品组合的关联度(consistency)是指一个企业的各产品线在最终用途、生产条件、分销渠道等方面的相关联程度。较高的产品的关联性能带来企业的规模效益和企业的范围效益，提高企业在某一地区、行业的声誉。

产品组合的长度和广度参见表 5－1。

表 5－1　产品组合的长度和广度

	广　度				
	牙　膏	洗发水	洗衣粉(液)	食　品	冰激凌
长度	中　华 洁　诺	夏士莲 力　士 清　扬	奥　妙 金　纺	家　乐 立　顿	梦　龙 百乐宝 可丽波 可爱多 和路雪

二、产品组合策略的运用

企业对产品组合的深度、广度和关联度的决策，有多种可供选择的方式，每个企业可根据自己的内部条件和外部环境，确定产品组合。根据企业产品线的数量（即产品组合的广度）及其面临的市场大小，有四种可供选择的策略，见图 5－7。

1. 全线全面型策略

这种策略的特点是：面向尽可能多的顾客，并且向他们提供各种各样的产品。因此，采取这种策略，企业营销的市场范围是广阔的，企业的产品线也是多种多样的。这种策略的优点是：企业能够占领更多的市场，满足消费者更多的需求，也有利于加强企业市场地位的稳定性。但是，采取这种策略，要求企业拥有雄厚的技术力量和充足的资金，普通中小型企业一般无力采用这种产品组合的策略。比如，美国宝洁公司就有洗涤剂、牙膏、洗发水、香皂、除臭剂、润肤液、婴儿尿布和饮料等多条产品线，且都是日常生活用品，各条产品线之间的关联度较强。

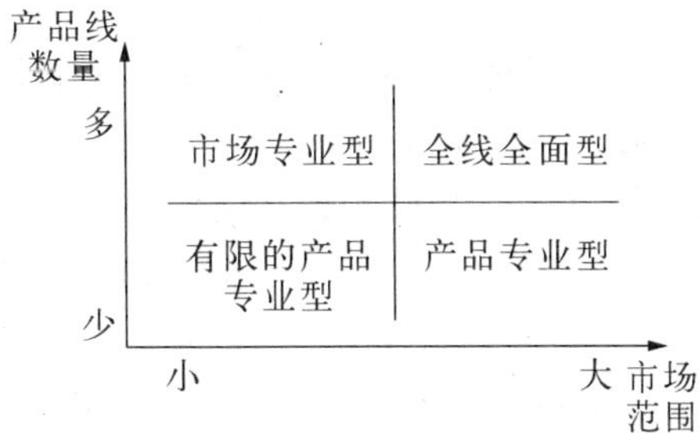

图 5－7 产品组合策略

2. 市场专业型策略

这是企业把自己的营销力量集中于某一特定的市场，并向这一市场的顾客提供尽可能多的产品的策略。这种策略的优点是：各产品线之间的关联度大，使企业能够集中营销力量，同时也有利于各种产品的配套生产和配套供应。比如，金利来专门为成功的男性生产西服、领带、皮具、领带夹、香水等。

3. 产品专业型策略

这种策略的特点是：企业只从事某一条产品线的营销，但尽可能多地增加其线内的产品项目，以加强产品组合的深度，面向更多的市场。例如，综合性的家具工厂往往采取这种策略，它不仅生产居民家庭用家具，同时也为机关、学校、医院、企业等各种类型的顾客生产各种办公用具。这种策略的优点是：能集中企业的技术力量，不断地改进、创新产品，充分发挥专业化的优势，同时又能扩大市场营销的范围，提高企业的声誉。比如，科龙一直集中于制冷产品的生产，只拥有空调、冰箱等少数几条产品线，每一条产品线的产品项目也较为有限。

4. 有限的产品专业型策略

这种策略一般适用于技术力量比较单一、资金力量薄弱的中小型企业。这种策略的特点是：企业只生产或销售某一条产品线中有限的几个或一个产品项目，专业化程度很高，企业营销范围也有很大的局限性。这种策略的优点是：只需投入较少的资金，但是由于市场范围的狭窄，企业营销的风险很大。比如，格兰仕在创业初期和早期只生产微波炉这一大类产品，其花色、品种也较为有限。

三、产品组合的调整策略

企业总是要根据其外部环境和内部条件经常地调整自己的产品组合，使之经常保持最佳状态。在调整产品组合的过程中，有时需要扩大原有的组合，有时又需要缩减原有的组合。

（一）扩大原有的产品组合

扩大原有的产品组合有三种途径：一是增加新的产品线，增加产品组合的广度；二是增加产品线中的产品项目，加强产品组合深度；三是综合性地扩充产品组合，既增加新的产品线，又增加新的产品项目。

扩大原有的产品组合，首先，能综合利用企业的人力和物力，减少季节变动与市场需求变动带来的影响，增加企业营销的稳定性。其次，能适应消费者的多方需求，进一步满足消费者的需要。再次，扩大原有的产品组合，也有利于企业充分利用原有品牌，扩大销售额，降低促销成本，增加盈利。最后，还能帮助企业占领更大的市场，减少投资风险。当然，扩大产品组合，特别是增加关联度小的产品线，会加大企业的营销难度，在技术、资金和各种资源方面都易发生困难。

扩大产品组合的策略很多，大致有以下几种。

1. “高档产品策略”和“低档产品策略”

所谓“高档产品策略”就是在原有的产品线内增加高档产品项目，提高原有产品线的声望的策略。采用这种策略既可增加高档产品的比重，又能推动原有中低档产品的销售。所谓“低档产品策略”就是在高档产品线中，利用相同的品牌增加低档廉价产品项目的策略，目的是借助高档名牌产品的声誉，吸引顾客，使那些购买力低的消费者也能够购买。

2. 产品系列化策略

这是把原有的产品项目扩充成一个系列的策略。系列化的方法很多：在品质方面，可以增设不同的档次，可以有高档产品，也可以有低档产品，以适合不同层次顾客的需要；在用途方面，可以增加互相配合使用的产品品种，例如，化妆品系列，把从洁肤、化妆到保养皮肤的整个美容过程所需的各种产品组成一个整体系列；在功效方面，可以生产适应不同特征的顾客需要的产品，例如，洗发膏中，有的适合于油性头发，有的适合于干性头发，也有的适合于中性头发。

3. 增加产品线的策略

增加产品线有两种方法：一种方法是增加与原有产品关联大的产品线，如生产电视机的企业，开辟录像设备生产线。这种方法能利用原有的技术、设备和厂房设施，见效快、投资省、成功把握大。另一种方法是增加与原有产品关联度小的产品线。这种方法一旦成功，有利于帮助企业开辟新的市场，并提高企业的声誉，不过这种方法的风险较大。

（二）缩减原有的产品组合

缩减原有的产品组合，首先，可以使企业集中精力与技术，加强少数产品的营销力量，改进服务态度和服务质量。其次，能发挥专业化生产的优势，提高劳动生产率。再次，有利于企业集中资金，减少资金的短缺程度。最后，由于资金足、货源多、产品线减少，可以使企业同其他厂商建立比较稳定的产销关系，从而使产品脱销的风险减少。但是，由于缩小了产品营销组合，企业经营所承受的风险将增加。

缩减产品组合的具体方式有以下几种：

（1）取消一些需求疲软，或者企业经营能力不足的产品线与产品项目。

（2）取消一些关联度小的产品线，同时相应增加一些关联度大的产品线。

（3）取消一些产品线，增加保留下来的产品线中的产品品种。

（4）把某些工艺简单，质量要求低的产品放给附属企业或转让给其他小型企业生产，集中企业自身的技术、资金、场地等力量，生产主要的、技术难度大、质量要求高的产品。

第四节　新产品开发策略

一、新产品的概念和特点

在现代市场中，各企业之间的竞争不断加强，这种竞争不仅表现在价格、促销等方面，而且越来越多地从产品本身表现出来，企业要在激烈的市场竞争中站住脚，必须不断地更新产品。同时，由于生活水平的不断提高，消费者的购买需求也在日益迅速地发生变化，消费者也要求企业不断地推出新产品，以满足他们的需求。

（一）新产品的概念

什么叫做新产品？概括地说，只要是产品整体概念中的任何一部分的变革或创新，并且给消费者带来新的利益、新的满足都可被认为是一种新的产品。按照这一原则，新产品大致有以下几类。

1. 全新产品

全新产品是指采用新原理、新结构、新技术、新材料制成的前所未有的新产品。例如，第一次出现的电话、飞机、电子计算机、MP3 等产品，都是全新产品。全新产品的发明是同科学技术的重大突破分不开的。它们的产生,一般需要经过很长时间,花费巨大的人力和物力,绝大多数企业都不易提供这样的新产品。全新产品从进入市场到为广大消费者所接受,一般需要较长的时间,而且风险也比较大。调查表明,全新产品在全部新产品中只占10%左右。

2. 换代产品

换代产品是指在原有产品的基础上,部分采用新技术、新材料制成的性能有显著提高的新产品。例如,一家公司引进3G移动电话生产线开始生产、销售各种型号的3G手机,这些3G手机就属于该类型的换代产品。开发这种新产品不需要太多的资金和尖端技术。换代产品的出现,也是伴随科学技术的进步而来的,但其发展的过程,较之全新产品要短些,市场普及的速度和成功率也相对高些。换代产品在全部新产品中的比重比较大,一般为20%左右。

3. 改进的新产品

改进的新产品是指对原有产品在性能、结构、包装或款式等方面作出改进的新产品。例如,给香烟加上过滤嘴;在普通牙膏中加入某种药物;在服装的尺寸比例方面作出某些调整以适应新的时尚,等等。这类产品与原有产品的差距不大,进入市场后亦比较容易被市场接受。但是,由于这种创新比较容易,企业之间的竞争也就更加激烈。

4. 企业新产品

企业新产品是指对市场已有产品仿制后加上企业自己的品牌后第一次生产的产品。这类产品对市场来说,并不是什么新产品,但是对企业来说却是企业以前从未曾生产和销售过的。因此,对企业来说仍然是新产品。从市场竞争和企业经营上看,在新产品的发展中,部分仿制和全面仿制是不可避免的。仿制产品能缩短产品开发时间,降低设计成本,同时又能保证市场接受。但由于仿制产品需要付出一定的代价购买专利,企业从中得到的收益不一定很大。

(二) 新产品的特点

新产品本身所具备的特点,是它能否被消费者接受的重要条件。一般来说,一个成功的新产品,应具备以下几个特点。

1. 优越性

同老产品相比,新产品一定要为使用者带来新的利益,这种利益越多,产品就越容易被消费者接受。产品只有具备了一系列的优点,才会为使用者带来新的利益。例如,加上过滤嘴的香烟,能消除一定量的尼古丁;彩色电视机能给观看者更多的色彩上的愉悦感。

2. 适应性

新产品如果同消费者的习惯,以及人们的价值观念比较接近,就容易被市场接受;反之,新产品如果与消费者的习惯和观念相抵触,就难以在市场上取得成功。因为要改变人们久已形成的习惯和观念,不是短期内能办到的。例如,目前我国市场上中老年服装的开发就很难,这些服装之所以单调、缺少新的突破,一个很重要的原因就是我国市场的中老年消费者,一般比较保守、持重,不习惯穿着色彩鲜艳的服装。

3. 易用性

新产品的使用方法要力求简便易学,如果与同类老产品相比,新产品的使用过于复杂,产生诸多的不便,就很难被消费者接受。例如,目前我国市场上的一些多保险门锁就存在这个问题。另一方面,作为新产品,在外形和功能方面可以独具特色,但是其零部件却应力求标准化、通用化,以便消费者修理和更换,也有利于产品的普及。

4. 获利性

企业革新产品,一方面是为了满足消费需求;另一方面也是为了增加盈利,获得更大的经济效益。因此,当企业在研究创新产品时,必须注意其成本和价格既能被市场接受,又能使企业获利。当然,很多产品在开发初期,是很少盈利甚至亏损的,但在一段时间之后,这种局面就必须改变,如果长期亏损,说明这是一种失败的产品,是无法在市场推广的。

二、开发新产品的意义

开发新产品,无论对于社会还是对于企业本身,都有重要意义。

(1) 开发新产品,有利于及时地适应和满足消费需求的新变化。首先,随着社会经济的发展,消费者的购买水平不断提高,消费需求的个性也越来越突出。消费倾向从过去的模仿消费发展成攀比消费,近来又趋向于标新立异,新的需求在不断涌现。其次,消费需求的变化周期也越来越短。很多产品原来几年、几十年不发生改变,现在一两年,甚至几个月就发生变化。因此,企业只有不断地创新产品,才能不断地适应这种需求变动的趋势。

(2) 开发新产品,有利于企业在激烈的市场竞争中立于不败之地。不管一个企业的市场地位多么牢固,如果不注意经常改进产品,肯定要被淘汰。在目前的市场上,企业之间的竞争,不仅表现在价格、促销手段方面,而且还大量地表现在产品设计、包装等方面。目前消费者评价产品的标准,也不仅仅从价格方面着手,而是更注重产品本身的质量、功效及其外观。只有可以引起消费者新的兴趣的产品,才会受到他们的欢迎。

(3) 开发新产品,有利于减少企业的风险,稳定企业的利润。一个企业可能经营许许多多的产品,但主要盈利产品却是少数。这些产品数量不多,却为企业争得了大部分利润。在现代市场上,产品生命周期越来越短,一旦企业的主要获利产品进入衰退期后,企业的利润就会大受影响。因此,企业只有不断地开发新产品,使自己拥有更多的拳头产品,才能减少原有产品一旦出现疲软而引起的风险。

三、消费者采用新产品的过程及其类型

(一) 消费者采用新产品的过程

产品从进入市场到销售量迅速增加的整个过程,也是消费者认识并采用新产品的过程。这个过程大致经历五个阶段:知晓→兴趣→评价→试用→采用。

1. 知晓阶段

人们刚刚认识新产品,但还缺乏有关新产品的比较完整的资料。人们认识新产品的信息主要来源于广告、公共关系宣传、新闻报道、商品说明书、技术资料、他人的评论等。在此阶段消费者得到的新产品信息较为肤浅、零散,对新产品缺乏了解。

2. 兴趣阶段

消费者知晓了产品之后,激发起对产品的兴趣,便会积极寻求有关情报,开始积极地搜索新产品的有关信息,并进行对比分析,研究新产品的功效、特点、使用方法等,并产生购买试用的动机。

3. 评价阶段

消费者根据所了解到的知识,开始权衡是否值得去使用这种产品,即判断使用该产品会带来什么利益和可能的风险。

4. 试用阶段

消费者开始少量地试用产品,在试用中不断评价产品的效用,决定是否要正式大量地采用该产品。

5. 采用阶段

消费者试用产品后得到了满意的效果,便会经常重复购买该产品,对该产品正式表示接受。

研究消费者对新产品采用过程模式的意义,在于帮助企业掌握消费者的心理,正确制定新产品的推广策略。它表明,在营销过程中,企业必须尽可能地向消费者提供产品信息,让消费者及时了解新产品的出现,并尽可能在价格、包装以及分销渠道方面便利消费者的试用。一个好的产品,只有在为消费者充分了解和信任的前提下,才会被真正接受和采纳。

(二) 新产品采用者的类型

新产品在市场出现后,有的人接受得快些,有的人接受得慢些。营销学家根据调查资料,把新产品采用者分成五种类型,见表 5-2。

表 5-2 新产品采用者的类型

类型	性格	占总数的百分比
创新采用型	冒险型	2.5%
早期采用型	尊贵型	13.5%
中期多数采用型	慎重型	34%
晚期多数采用型	怀疑型	34%
滞后采用型	保守型	16%

消费者之所以对新产品采用过程有先后，主要是受其经济收入、文化程度，以及个性习惯的影响。一般认为，创新采用型通常是具有较高的社会地位和较多的经济收入者，有的还具备较高的知识素养，他们往往喜欢冒险。这部分人占全部采用者的比重较少，但由于他们的社会地位高或知名度高，具有很好的示范效应。早期采用型是具有较优越的社会地位和经济条件者，喜欢以社会新潮流的领先者自居。他们只要对产品稍有认识后就会加以使用。中期多数采用型一般属于愿意跟上社会潮流的人，但自己却缺少创新的勇气，处事较慎重。他们对新产品的采用经常是在早期采用者购买并且感到满意的行为影响下的结果。晚期多数采用型往往对事物持怀疑态度，他们不主动接受新事物，而是等到新产品进入成熟期、大多数人认可新产品之后才愿意使用。滞后采用型的消费者经常对新事物缺少反应，有的甚至持拒绝态度。他们完全以传统的眼光观察世界，只有当产品完全在市场普及后，他们才会使用。

对于新产品使用者类型的分析表明，在新产品刚刚进入市场时，立即就愿采用的人总是少数。但是，这少数人却有较高的社会号召力，往往是许多人模仿学习的对象，他们对于传播和扩散新产品的影响，有极为重要的作用。从企业营销角度看，在新产品刚刚进入市场时，最关键的就是动员和说服这部分人来购买使用。企业的广告、分销渠道、价格和产品包装，也尽量应该根据这些人的特点来设计。

四、新产品开发的方式

开发新产品，可以从不同的角度来研究和决策，一般有以下几种方式。

（一）根据用户需要开发新产品

根据用户需要开发新产品，即站在消费者的角度，寻找消费者还有什么未满足的需求。例如，根据消费者对手机多功能的要求，手机生产商将照相、摄像、MP3等功能加入手机的功能中，很好地满足了顾客的需求。

（二）从历史中学习开发新产品

我国是一个千年文明古国，在历史上曾出现过十分丰富的产品设计。新产品的开发者可以通过学习历史,找到新的启示和设想。如根据古代宫廷药膳设计新的营养滋补食品。

(三)新技术的开发利用

当今世界是一个科学技术突飞猛进的时代,企业新产品开发者必须经常了解这方面的情况,经常同研究机构和大专院校保持联系,一旦有新技术、新发明可以为开发新产品利用,应抓住时机及时引进。

(四)系列产品开发

系列产品开发,即尽量利用已有的资源,设计更多的相关产品。例如,造纸厂根据系列开发的原则,用纸做原料设计纸巾、纸桌布、纸鞋垫、纸板等一系列产品,扩大原有产品的品种系列。

(五)流行心理开发

流行心理开发,即企业可根据消费者易受流行心理影响的特点,及时抓住可能引起消费者模仿的电影、戏剧、体育明星等生活特征,开发新产品。例如,根据电影明星的服饰设计新时装就是一种好办法。

(六)专用产品开发

专用产品开发,即根据消费者在使用某种产品时的特定要求,开发专用的产品。例如,把手表做成结婚用的对表,并加以华丽的装饰和吉祥的图案;根据不同用途,把笔做成木工笔、玻璃笔、签字笔和画笔,等等。

五、新产品开发的程序

新产品开发是一项艰巨而又复杂的任务,它不仅需要投入大量的资金,而且其最终是否能被消费者接受存在很大的不确定性。因此新产品开发需冒一定的风险。为了把开发新产品失败的风险降到最低限度,新产品开发应按科学的程序进行,这种程序一般由以下几个环节组成。

(一)新产品的构思

新产品的构思是指开发一种新产品的设想。这种设想的结果必须具备较为明确的产品概念。构思的来源可以从以下几个方面获得:① 来自消费者和用户;② 来自中间商;③ 来自科研机构和大专院校;④ 来自国内外的各种情报资料;⑤ 来自本企业的营销人员和管理人员;⑥ 来自国家主管部门;⑦ 来自竞争者。

(二)新产品的筛选和可行性分析

新产品的设想应该是大胆和大量的,当这些设想产生之后,营销人员并不是马上投入试制,而是对每一种构思,根据企业的营销能力及发展目标作一个初步的筛选和可行性分析,否定那些与上述两点差距较大的设想,保留那些符合企业生产经营的能力和目标的设想。然后再作进一步开发。在这一步一般要考虑多种因素,具体包括：① 新产品的潜在市场及与老产品的关系；② 投资数量；③ 原材料及能源供应；④ 所需设备；⑤ 人力资源；⑥ 运输能力；⑦ 利润大小；⑧ 企业声誉；⑨ 营销能力；⑩ 技术水平。

一般可以利用新产品构思等级评定表来综合这些因素的评价结果。一般认为，得分若小于2.00为可否定的构思，得分在2.05～3.50为一般构思，得分在3.55以上为好的构思，见表5-3。

表5-3 新产品构思等级评定表

评定要素	权重(A)	评定等级(B)					得分(A)×(B)
		很好 5	好 4	一般 3	差 2	很差 1	
技术先进程度	0.15	√					0.75
质量好坏	0.15		√				0.60
性　能	0.15			√			0.45
市场需求	0.15			√			0.45
经济效益	0.2		√				0.80
市场竞争能力	0.05				√		0.10
原材料供应	0.05				√		0.10
设备利用	0.05					√	0.05
劳动利用	0.05					√	0.05
总　计	1.00						3.35

（三）新产品的设计试制

当一种新产品构思经过筛选和可行性分析，被认为有开发价值的，就要进入产品形体的设计试制阶段。但是在市场营销观念占主导地位的今天，产品设计已不再仅仅是一个技术问题或生产问题，而是涉及技术、工艺、生产和市场诸方面的综合问题。因此产品的设计包括产品、品名、包装、个性等多方面。

当产品的设计图纸出来之后，接下来就要进行试制，这是把产品概念转化为实体的关键一步。产品的试制首先是样品的试制，这样可以避免因大规模生产失误而带来的损失。样品试制主要的目的是实际评价产品本身是否可行，当有了肯定答案后还要继续进行小批量试制，小批量试制的目的在于探讨一旦市场接受这种产品后大规模生产的工艺流程。样品试制可以在实验室的有利条件下进行，不会发生大规模生产时可能出现的工艺问题，也较少遇到生产过程中诸如质量度的把握、规模款式的变化等技术障碍。因此只有通过小批量试制，这些生产工艺流程中的问题才会较充分地暴露出来，这就能使企业对大规模生产的可行性有充分的认识。所以,小批量试制是把样品转化为大批量成品的中间环节。

(四) 新产品的市场试销

如果说新产品的设计试制是探讨生产的可能性,那么销售的可能性就须进一步通过市场试销来论证。

在试销中,根据试销的信息反馈,可采取相应的行为。见表 5-4。

表 5-4 新产品市场试销信息反馈表

试用率	重购率	营销对策
高	高	将产品正式上市
高	低	重新设计
低	高	增加广告及促销努力
低	低	放弃

第五节 品牌与包装策略

一、品牌策略

(一) 品牌的含义

品牌是企业为自己的产品确定的一种名称、术语、标记、符号或设计,或是它们的组合运用,期望消费者能够在众多的产品中辨认出自己的产品,并把它们与竞争者的产品区分开来。品牌从本质上说,是企业向其产品的购买者长期提供的一组特定的特点、利益和服务。品牌通常与厂牌、品牌标志和名称、商标等概念有密切联系。

厂牌通常是指产品的制造商标志,有的企业,厂牌与品牌是合一的,制造商把自己的厂牌(企业名称的缩略形式)用在自己所生产的产品上,同时当作品牌。但许多企业的产品并不用自己的厂牌,而是重新确定一个产品的专用品牌。厂牌一般只有一个,但品牌可以有多个。

品牌标志和名称是品牌的一个组成部分,但并不是品牌的全部。品牌标志是指品牌中可被识别但不能用语言表达的部分,包括符号、图案或专门设计的颜色、字体等。品牌名称则是指品牌中可用语言表达的部分。

商标则是一个法律概念,是进行依法注册登记后的享有专用权的品牌标志。

品牌依据其归属可以分为三类形式:第一类是制造商品牌,也称全国品牌,即产品使用制造商的品牌,其标记反映制造商的属性;第二类是中间商品牌,也称私有品牌，即产品使用中间商自己的品牌，这种品牌反映的是中间商属性；第三类是联合品牌，即一个产品采用两个相结合的品牌做标志，这种情况大部分发生在制造商与中间商合作的领域里，所以有时也称双品牌。

(二) 品牌的内涵和作用

1. 品牌的内涵

一个品牌通常可以表达六层意思：

(1) 属性，即品牌通常可以通过宣传来表示一个产品的品质、格调、性能等属性。例如，德国奔驰汽车中的"梅塞德斯"牌，经过多年的广告宣传，这一品牌在消费者心目中体现了昂贵、精良、耐用、体面、保值、快捷等属性。当顾客需要具有这些属性的汽车时，就会选择"梅塞德斯"牌奔驰车。

(2) 利益，即通过属性体现出产品能带给消费者的利益。"梅塞德斯"的消费利益是：由于它耐用，消费者"可以使用多年"；由于它高贵，消费者能"享受社会的尊重"。

(3) 价值，即一个品牌体现出产品的价值感。"梅塞德斯"由于昂贵和保值，使它成为购车者的一种经济资产；由于这一品牌的体面，还使购车者得到了象征性价值。

(4) 文化，即通过品牌反映出产品的文化内涵。"梅塞德斯"反映的是一种经典的德国文化：有组织、有效率、高品质。它能获得具有相同文化感的人群的青睐。

(5) 个性，即品牌代表产品的个性。有人认为"梅塞德斯"这一品牌仿佛是一位"不会无聊的老板"，一头"有权势的狮子"，一座"质朴的宫殿"。

(6) 使用者，即品牌代表了它的目标顾客是属于哪一类人群。"梅塞德斯"不会与年轻女性联系在一起，而更多的是与成熟、有威望的长者相关。

品牌所具有或所应该具有的这六层意思告诉我们，企业的营销人员不能把品牌仅仅看成是一种符号、一种促销的标记，品牌是可以把产品及其设计者的全部精神意图传送给消费者的使者，它能在心灵深处打动消费者，拨动他们的购买欲望。

2. 品牌的作用

从营销的角度看，一个好的品牌通常可以有以下作用：

(1) 有利于消费者指认产品。一个产品会有很多属性，但消费者一般都是通过品牌来归纳这些属性的。当顾客需要这些属性时，他就会直接指认要购买××品牌的产品。

(2) 有利于保护企业的利益。品牌经注册变成商标后，产品的独特性和特定性就会受到法律的保护，不受竞争者的仿制侵犯。

(3) 有利于保持老客户。消费者一旦对某种产品的属性产生偏好以后，就会形成"品牌忠诚"现象，即在相当长的时间内保持对这一品牌的购买选择。

(4) 有利于企业实行市场细分化战略。企业可以通过多品牌策略，对不同目标市场的产品实行不同的品牌，从而有利于实行市场细分化的运作。

(5) 有利于树立企业形象。品牌总是与企业形象联系在一起的，良好的品牌有利于使消费者对企业产生好感，当品牌与公司名称一起出现在包装上时，品牌宣传的同时也宣传了企业本身。

(三) 品牌策略的运用

企业在运用品牌策略时，有三种可供选择的决策：是否使用品牌？使用企业自己的品牌，还是使用中间商的品牌？究竟用统一的品牌，还是区别不同产品采用不同品牌？

1. 品牌有无策略

目前，市场上的大部分产品都采用品牌，有的产品，国家法律规定，若未使用品牌就不能上市。但是，也有一些产品由于生产过程的普遍性，在制造加工过程中不可能形成一定的特性，不易同其他企业生产的同类产品相区别，例如，电力，任何方式发出的电总是相同的，这就不需要采用品牌。另外，有的产品在生产过程中，企业无法保证其生产的所有产品都具有相同的质量，如蔬菜、矿石等，因而国内一般也不使用品牌。

但是，大多数企业，只要有可能，总是希望为自己的产品设计品牌。目前在国外，即便是水果、食盐、煤油等产品也普遍地开始使用品牌。使用品牌，可以为企业带来很多利益：第一，使产品容易辨认；第二，经注册的商标可以防止别人仿制，受到法律保护；第三，可以暗示产品质量的优良，使顾客经常重复购买。

2. 采用中间商的品牌

有的企业，往往不使用自己的品牌，而是采用中间商的品牌。这样做不仅可以节省大量的推销费用，对一些中小企业来说，利用中间商的市场声誉，使自己的产品能更加迅速地进入市场。当然，如果企业需要对产品的营销实行严格的控制，往往不采用中间商的品牌。

从中间商方面看，一些大型的批发和零售企业，由于具有较高的声誉，也希望用自己的品牌来影响产品的销售。另外，如果中间商使用自己的品牌，就能以较低的价格向生产企业订货，从而降低订货成本。中间商采用自己的品牌，还能够有效地控制价格，同时控制生产者。

3. 品牌统分策略

(1) 不同产品使用不同的品牌，即同一个企业的不同产品，分别采用不同的品牌。首先，这种方法便于企业扩充不同档次的产品，适应不同层次的消费需求。同时又避免把企业的声誉系于一种品牌上，从而分散了市场的风险；其次，各种产品分别采取不同品牌，可以刺激企业内部的竞争；最后，这种方法还可以扩大企业的产品阵容，提高企业的声誉。

（2）使用统一的品牌，即企业对其所经营的全部产品都采用同一种品牌。这种策略可节省企业的促销费用，同时又有利于集中广告效果。另外，这种策略有利于企业利用原有产品的声誉，扩充本企业的产品系列，为新产品顺利地进入市场创造一种有利的条件。例如，飞利浦公司的所有产品（包括音响、电视、灯管、显示器等）都以“Philips”为品牌，佳能公司生产的照相机、传真机、复印机等所有产品都统一使用“Canon”品牌。

（3）同一产品采用不同品牌，即企业对其所经营的同一种产品，在不同的市场采用不同的品牌。这种策略可以针对不同国家、不同民族、不同宗教信仰的地区，采用不同的色彩、图案、文字的商标，从而适应不同市场的消费习惯，避免由于品牌不当而引起的市场抵触。

二、产品包装策略

（一）产品包装的含义及其作用

1. 产品包装的含义

产品包装是指产品的盛器或外部包扎物。包装的材料有纸、木、金属、草编制品、塑料、玻璃等。近年来，随着包装材料工业的兴起，包装材料的种类越来越多。包装不仅指与产品直接接触的各种销售包装，而且还有外部包装，即运输包装。

2. 产品包装的作用

包装在企业营销过程中，具有重要的作用，具体体现在以下几个方面：

（1）保护产品的使用价值。绝大多数产品，在进入消费过程之前，都有防碰、防湿、防火、防虫蛀霉烂的要求。这就需要对产品进行一定的包装，从而防止它们残损变质。良好的产品包装，不仅有利于向消费者提供优质的产品，同时又能减少企业的经济损失。

（2）便利产品的运输和储存。很多产品的外形呈液态、气态或粉状，没有固定的形状，即使是某些固态产品，由于形态比较特殊，如果不加以包装就无法运输。此外，很多产品易碎、易燃、有毒，如果不严加包装，势必引起意外事故或污染环境。还有，良好的包装也有助于便利运输和加快交货时间，能防盗防窃。

（3）有利于促进销售。良好的包装在产品销售过程中有积极的促销作用。它能改进产品的外观，提高顾客的视觉兴趣，同时又能方便顾客的购买。良好的产品包装，还能起到广告的作用，而且这种包装广告能随购买者一起进入家庭，向更多的人宣传。

（4）增加企业的盈利。良好的包装能增加产品的身价，满足顾客的某种心理要求，使顾客乐于按较高的价格购买产品，从而增加企业的利润。此外，包装材料本身也包含着一部分利润，为企业增加收入。

（二）产品包装策略的运用

1. 类似包装策略

类似包装策略，即企业所有产品的包装在图案、色彩等方面，均采用同一形式。类似包装不仅可以节省包装设计成本，降低传播企业形象的成本，而且可以充分利用企业已建立的良好声誉。但由于类似包装容易对优质产品产生不良影响，所以，对于大多数不同种类、不同档次的产品一般不宜采用这种包装策略。

2. 组合包装策略

组合包装策略，即把若干有关联的产品包装在同一容器中。例如，化妆品的组合包装、节日礼品盒包装等，都属于这种包装方法。组合包装不仅能促进消费者的购买、携带和使用，也有利于企业推销产品，特别是推销新产品时，可将其与老产品组合出售，创造条件使消费者接受、试用。但在实践中，还须注意市场需求的具体特点、消费者的购买能力和产品本身的关联程度大小，切忌任意配套搭配。

3. 附赠品包装策略

附赠品包装策略，即在包装物中附赠一些物品，从而引起消费者的购买兴趣，有时，还能造成顾客重复购买的意愿。例如，在珍珠霜盒里放一颗珍珠，顾客买了一定数量之后就能串成一根项链。这种包装策略对儿童和青少年以及低收入者比较有效。

4. 再使用包装策略

再使用包装策略，即包装物在产品使用完后，还可做别的用处。这样，购买者可以得到一种额外的满足，从而激发其购买产品的欲望。例如，设计精巧的果酱瓶，在果酱吃完后可以做茶杯之用。包装物在继续使用过程中，实际还起了经常性的广告作用，增加了顾客重复购买的可能。

5. 分类包装策略

分类包装策略，即对同一种产品，可以根据顾客的不同需要，采用不同级别的包装。如用作礼品，则可以精致地包装；如自己使用，则只需简单包扎。此外，对不同等级的产品，也可采用不同包装。高档产品，包装精致些，表示产品的身份；中低档产品，包装简略些，以减少产品成本。

6. 更新包装策略

更新包装策略，即当由于某种原因使产品销量下降、市场声誉跌落时，企业可以在改进产品质量的同时，改变包装的形式，从而以新的产品形象出现在市场上，改变产品在消费者心目中的不良地位。这种做法有利于迅速恢复企业声誉，重新扩大市场份额。

(三) 产品包装说明

产品的包装说明是包装的重要组成部分,它在宣传产品功效、争取消费者了解、指导人们正确消费方面有重大作用。特别是当市场广泛采用无人售货的方式后,包装说明更是起到了无声推销员的作用。包装说明一般涉及说明的内容、说明的形式等几个方面。包装说明通常可印于包装物或产品上,也可以专门印制附加的说明书。

1. 包装说明的内容

(1) 产品功效。一个产品,特别是新产品具有什么功效,能满足消费者的哪种需要,消费者不一定十分了解,他们对产品,特别是对不熟悉的产品一般抱着谨慎态度,不轻易接受。如果没有特别的功效说明,就很难为人们接受。功效说明可包括产品的原料、加工方式和产品特征等。

(2) 使用方法。很多产品,只有在正确使用时,它的功效才得以发挥,消费者的需求才得到满足;反之,若使用不当,就会产生很多负效用,这样一方面影响了消费需求的满足;另一方面也影响了产品的市场声誉。所以,产品包装上尽可能充分说明产品使用的要领、步骤、注意事项、安全措施、存放和维护等要求。

(3) 产品服务。很多产品都附加了质量保证、安装维修、退换方法等销售服务,为了让消费者能充分享受到这些服务项目,也是为了强化企业的产品特色,争取更多的顾客,产品包装上也应加以标明。其主要内容可以是消费者所能享用的这类服务的种类、条件、期限和地点等。

2. 包装说明的形式

(1) 文字说明。文字说明是一种最常见的说明形式,它清晰、准确、可繁可简、制作简单。但文字说明也有一定的局限,例如,使用不同文字的市场就有语言障碍。因此很多包装说明使用了两种以上的文字说明。

(2) 图案说明。有些产品若用文字说明可能过于繁琐,消费者也不一定能将文字转化为自己的行为,一些文化素养低的消费者或国外消费者对文字说明也存在语言障碍。因此,很多产品采用了图案说明的形式。与文字相比,图案说明形象生动,无语言障碍。但图案说明一般不适合使用繁琐或使用要求较严格的产品。

(3) 文字加图案说明。由于单独使用文字或图案说明的形式有一定局限性,所以也可以将这两种形式结合在一起;或在一定的文字说明中配插一定的图示,使消费者更易理解文字的真实含义;或在图案中标上简洁的文字,使图示更为完整。这是一种比较理想的包装说明形式。

(四) 包装设计的原则

1. 合理性

包装必须与产品的价值相适应,价值高的高档次产品,应该配以最精美的包装，给人以名贵华丽的感觉；而对价值较低的日常用品，包装则可简略些，以降低成本，减少顾客的支付负担。

2. 形象性

包装的图案、文字必须清晰，如实地反映出产品的特性、功能、规格、尺寸，以及使用方法。有的产品可以通过透明或半透明的包装，加强产品的直观性。有的产品应在包装物中放有说明书。

3. 艺术性

包装设计应符合消费者的审美要求，力求新颖，在图案、造型、色彩上，必须考虑产品特定顾客的年龄、性别、文化等特征，使包装物带给顾客美感享受。

4. 科学性

包装物的形状、尺寸应该有利于运输、储存，有利于商店的陈列。在包装构造方面，既应做到保护好产品，又必须使用、开启方便。在包装材料方面，应体现保护产品、美化产品和降低成本三项原则。

案 例

苹果——创新之魂续写辉煌

“想象力比知识更重要，因为知识是有限的，而想象力却能概括世界的一切，并且是知识进化的源泉！”爱因斯坦的名言随着时代的推移，更富预见性。转眼，乔布斯(Steve Jobs)逝世已近一周年。时光流转，他缔造的苹果帝国仍昂首阔步地向前。他们将想象力变为人们的知识，进而将知识转化成常识，告诉世人，没有做不到，只有想不到。

库克(Tim Cook)作为一位首席执行官，能力已经得到了证明，而且他也是乔布斯亲手挑选的接班人。库克当然也有自己的魅力，问题在于，他没有乔布斯的展示者天赋，也缺乏后者的远见卓识。库克不是一位未来的构筑者，没有那样的洞见力和说服力，就无法清晰地将苹果的未来展示在人们面前。这种欠缺直接影响到了苹果的潜力，并且对“果粉”们的信心形成了挑战。作为全球报酬最高的首席执行官，库克的领导能力未来若干年间注定将要迎接外间的一次又一次考察。

1. 脚步渐缓

乔布斯于 2011 年 10 月谢世，自那之后，苹果的产品发布风格已经逐渐改变，传达出来的已经不再是创新，而是渐进的文化。

其实，在过世之前，乔布斯就清楚地知道苹果将会失去其耀眼的光彩，而且当公司彻底进入因循的，而不是颠覆或者发明的轨道，他们还将失去其统治力。归根结底，乔布斯是富有远见的。许多人都相信，他根本就是个天才，当然，也有很多人最终发现，他身上也有魔鬼的一面。正如艾萨克森(Walter Isaacson)在那部畅销的传记当中所指出的，世上确实同时存在着“好乔布斯”与“坏乔布斯”。

无论艾萨克森更愿意看到哪个乔布斯，乔布斯自己都是一直在为未来奋斗，而不是为了下一份财报发布的时刻。2007 年 1 月的 Macworld 上，乔布斯引用了冰球名将格雷茨基(Wayne Gretzky)的名言：“我是滑向球将要去的地方，而不是它现在的位置。”他说，苹果其实一直以来就是这么做的。

乔布斯去世后不久，媒体圈就开始盛传他已经留下了未来四年新产品规划的消息。此外，他还坚决地加强了公司加州丘珀蒂诺总部的保安措施。

一直以来，关于 iWatch 和其他可佩戴设备，关于苹果电视和相关产品，关于手势控制技术，关于车内平台乃至于 iCar，总有无数传言起起落落。从苹果目前的招募和并购举措看来，这些传言中确实有可能在近期坐实一部分，甚至全部：

2013 年 9 月，耐克著名的 FuelBand 的设计者谢弗(Ben Shaffer)加盟苹果，外间普遍认为这是苹果可佩戴产品计划的一部分；

11 月，苹果收购了 PrimeSense，一家 3D 动作追踪公司，第一代 Kinect 就来自它们那里；

同样在 11 月，曾经的巴宝莉女王阿伦茨(Angela Ahrendts)加盟苹果，执掌零售和线上店面。

2. 创造历史

前述这些举措除了都是苹果所为之外，是否还有某种共同之处，某种彼此间的内在联系呢？苹果的管理层目前正把握着创造历史的机会。

其实乔布斯在去世之前，也已经给我们留下了梳理未来的线索。在传记当中，艾萨克森引用了乔布斯的原话，讲述了他对于未来电视的看法。“我想要创造一种一体化的电视设备，非常容易使用。”他对艾萨克森说，“我们要在你的全部设备之间，还有它们和 iCloud 之间实现完美的同步。”艾萨克森介绍说，这种终极产品会让用户彻底摆脱乱七八糟的电视机遥控器、DVD 遥控器、有线电视遥控器的纠缠。乔布斯解释道：“它将拥有你可以想象到的最简洁的用户界面。我最终找到了方法。"

如果关于苹果未来产品的种种推测是正确的,那么公司的未来其实将是很光明的,股东价值将再度上扬。来自苹果的可佩戴设备当然会改变消费者的行为方式。苹果的电视将改变整个游戏的面貌,它们的电视相关产品会让有线电视行业分崩离析。人们相信,乔布斯留下的帽子里肯定还藏着一只兔子。

可是,这一所谓四年规划结束之后呢?

乔布斯曾经说过:"死亡很可能就是生命最棒的发明。它是生命交替的媒介。它送走老人,给新生代让出道路。"在后乔布斯时代的苹果,也需要自己的交替的媒介,来推动创新。

库克应该得到赞扬,是他在乔布斯去世后充满着混乱和困惑的时代中掌舵,引导苹果进入了利润丰厚的水域。可是,靠着不断进步的财报,靠着良好的预期前景,还不足以获得最终的成功,而为了未来去竞争,更需要货真价实的领导力。

现在正是苹果让思维跳出藩篱的时机。苹果已经不仅仅只是一家伟大的科技公司,或者一种流行的消费电子产品品牌,苹果已经成为一种生活方式,一个志愿和创造力表现的顶点。从这个角度说来,苹果需要的人还不能只是延续乔布斯的轨迹,而且还要顺着乔布斯的视线所及看到更远,一个真正"活着就是为了改变世界"的人。

我们知道,乔布斯不能简单定义为一位伟大的企业领导者。他捕获了整个世界的想象力。他注定是一个会挑战所有现状的人。他敦促着人们改变思考的角度。至少现在,苹果的教堂中已经没有了神父。要改变现状,苹果必须变得更为大胆,更为激进,给这个世界一个重新相信它的理由。

案例思考 苹果公司采用什么样的新产品开发策略?这种新产品开发策略的成功取决于什么?如果把乔布斯看作苹果公司的一个部门,这个部门的功能有哪些?

苹果公司的产品组合策略是什么?这种产品组合策略的市场基础是什么?如果苹果公司不再销售实体的产品,它可能的产品(或服务)组合是什么?

如何评价"消费者并不知道自己需要什么"和"创新并不是唯一"这两句话?

复习与思考

一、名词解释

1. 附加产品
2. 产品组合
3. 产品生命周期
4. 快速撇脂策略
5. 快速渗透策略
6. 新产品
7. 品牌
8. 类似包装
9. 再使用包装

二、思考题

1. 为什么说产品是一个整体？一个产品应包含哪些要素？
2. 产品为什么会出现生命周期？在产品生命周期中的不同阶段，企业应采取怎样的与之相适应的营销策略？
3. 怎样调整产品组合，使之保持最佳状态？
4. 企业为什么要进行新产品开发？新产品开发的程序有哪几个环节？
5. 可供企业选择的品牌策略有哪些？
6. 为什么说产品包装是一种重要的营销手段？企业应怎样利用这个手段？

第六章

价 格 策 略

第一节　价格形成的市场原理

一、价格的含义

价格是商品价值的货币表现。对于生产者来说，商品的价值是在生产这个商品时所耗费的代价。因此，价格就是用一定量货币表示的这些代价的报酬。在通常情况下，企业的生产（包括经营）代价一般由工资、利息、租金和正常利润四个部分构成，因此商品在市场上的价格只有等于这四部分之和时，企业才会满意；但对消费者而言，商品的价值等于他们从商品中获得的满足。如果所付的价格能够使他们觉得预期的要求得到满足，他们便认为商品“值”那么多，否则就是“不值”或不合算。因此，价格是外在的、具体的和确定的量，而价值是内在的、模糊的和不确定的量。

二、价格的形成

价格是商品价值的货币表现，但由于企业和消费者的立场不同，在主观上对价格的确定有不同的表现，而市场的最终价格又必须为双方同时接受。那么这个市场价格又是如何形成的呢？

（一）需求对价格形成的影响

如果商品满足消费者需求的功效固定不变，消费者支付的价格越低，其交换的利益就越大。所以，同一种商品，假如不存在影响需求的其他因素，那么价格越低，需求的量就越大，见图6－1。在表示价格的纵坐标和表示需求量的横坐标上，有一条向下倾斜的曲线，称为需求曲线。它表示价格和需求量之间存在着一种因果关系，即价格越低，需求量越大。也可以反过来说，要扩大需求的数量就必须降低价格。

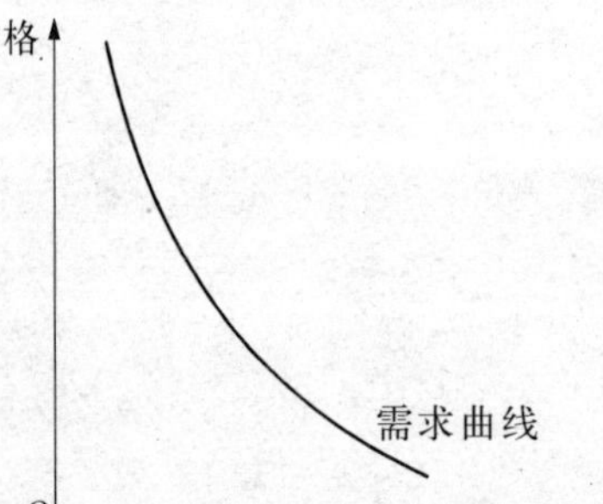

图6－1　需求曲线图

当然，还有其他一些因素也会通过需求的变化来影响价格。这些因素主要有：

（1）收入。当消费者的收入增加以后，购买力得到了提高，他们会增加总的需求数量，特别是高档消费品的数量。当需求量增加后，如果供给量不变，价格就要上涨。

（2）消费心理。如果某种时髦流行起来之后，与这些时髦有关的商品需求会强烈起来。此时如果供给量不变，价格也会趋于上涨；反之，当产品生命周期进入衰退阶段，因时髦心理的消失，需求量也会减少，此时如果供给量不变，价格就要下降。

此外，当消费者心理上预期某种商品可能涨价，在短期内也会增加需求，从而导致价格上升的推力；反之，消费者预期价格会进一步下降，在短期内会减少需求，如果供给量不变，价格则真的会有下降的压力。

（3）企业的营销努力。企业的营销努力，如产品设计、广告促销等，对消费者的需求有巨大影响，如果供给数量不变，企业的营销努力刺激了需求的扩大，价格也会抬高。

（二）供给对价格形成的影响

对于企业来说，商品的市场价格越高，意味着它们所获的报酬越丰厚。因此，愿意向市场提供的商品数量就越多，这种情况正好同需求相反。如果把供给量同价格的关系用一条曲线表示出来，其方向正好与需求曲线相反，见图 6－2。它是一条向上倾斜的曲线，表明某种商品价格越高，市场供给的数量越多，或者反过来说，要增加供给就必须提高价格。

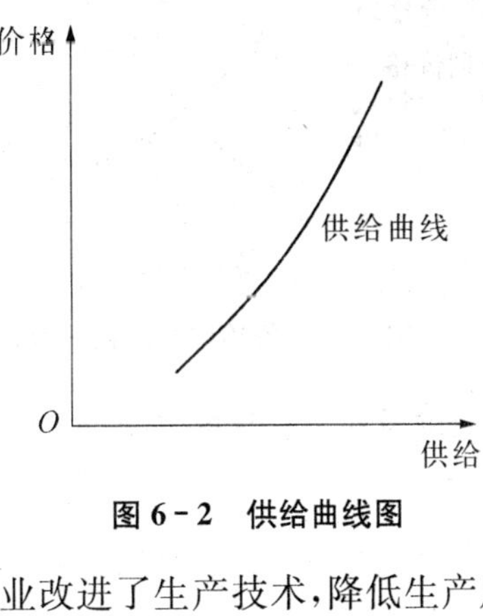

图 6－2　供给曲线图

当然，除了供给本身对价格具有重大影响外，还存在一些其他的因素，它们会通过影响供给而最后影响价格。首先，政府的财政政策，增加税收会提高企业的成本，进而限制了企业的供给量。假如短期内需求量不变，价格就会上扬，从而使企业把一部分税收转移给消费者；如果政府对企业进行补贴，则会引起完全不同的作用，价格会下跌。其次，当企业改进了生产技术，降低生产成本后，供给会扩大，此时为刺激需求同步地扩大，价格也会下降。此外，原材料价格的变动、自然原因等都会通过影响供给而间接地影响价格。

（三）市场价格的确定

1. 短期价格

供给与需求这两种因素与价格之间的因果变化正好相反，那么价格由谁来确定呢？在市场上，短期内的价格是由已有的供给量与待实现的需求量共同决定的。比如，市场上有 5 万吨苹果的可供货源，其价格就是根据能够刚好把这 5

万吨苹果卖完的条件确定的。如果按现有的价格不能把这些苹果全部卖完，供给的一方就会受到损失，因此，它们会降低一些价格来扩大需求；如果确定的价格在供给一方预期的时间之前就已售完，供给方会认为价格过低，从而提高价格。因此，短期内市场的价格是在预定时间内刚好能把已有的商品全部卖完的价格。

2. 长期价格

长期价格又称均衡价格，即根据这种价格，市场各类生产者和经营者愿意继续供给的数量正好等于市场各类消费者愿意继续购买的数量，因此，如果没有其他因素的影响，这个价格是唯一能持久的价格。

在短期内，企业虽然根据市场价格把全部商品销售一空，但并不等于说，这个价格已经为企业所接受。如果企业认为这种价格过低，它下一个周期的供给量就不会那么多，因此，在下一个周期由于供给量的减少，价格就会上升；而企业假如认为现有的价格比期望的还要高，它在下一个周期中就会生产更多的数量，从而使下一个周期的价格下降。

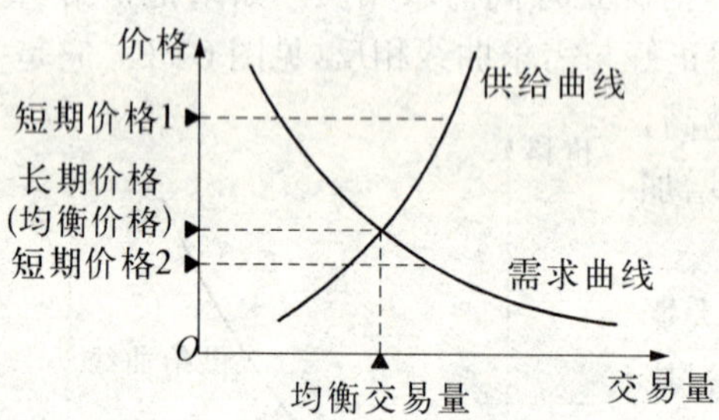

图 6-3　价格形成的市场原理

在图 6-3 中，如果价格处在短期价格 1 时，根据这个价格，消费者愿意购买的数量小于企业愿意供给的数量，市场实际上处于供大于求的状态，所以价格趋于下降。如果价格处在短期价格 2 的位置，根据这个价格消费者愿意购买的数量大于企业愿意供给的数量，市场实际上又处于供不应求的状态，因而价格又存在上升的趋势。只有当价格处于均衡价格的位置时，市场愿意供给的数量与消费者愿意购买的数量正好相等，价格既没有上升的推力，也没有下降的压力，所以这个价格是一种长期的价格。

第二节　定价准备

定价策略是企业营销中不可缺少的重要因素。在市场上各竞争者之间用得最多、最普遍的竞争手段是价格手段。价格的高低在很大程度上影响着企业的销售额和利润。价格策略是否运用得当，关系到企业的存亡。但是随着市场竞争的日益加强，定价难度也相应在增加，企业在定价时，不仅考虑经济因素，同时也要考虑社会因素、心理因素。因此，定价准备是定价策略中的首要问题。

一、定价目标

在市场营销过程中，每个企业都有着自己的营销目标，企业的营销目标是其一切营销活动的方向，企业的各种营销策略，都必须有利于这个目标的实现。定价策略是企业营销组合中十分重要的一部分。因此定价目标也必须服从企业的营销目标。但是，定价目标同企业的营销目标相比，属于一种战术性目标。在不同的市场环境、不同的时间、不同的企业，这些战术目标是不同的，企业常见的定价目标有以下几种。

（一）争取获得最高利润

所谓最高利润是指商品在整个销售期中的全部利润总额最高。很多企业为了达到最高利润，往往不采取最高价格，高价政策虽然可增加单位商品的利润，但却不一定能扩大销售额，也无法长久维持商品的市场地位。高价格虽然在一段时间里可能带来较高的利润，但从整个销售期看，企业所获得的利润总额不一定很高。

（二）争取达到一定的投资收益率

投资收益率是指一定时间里净利润额占投资总额的比重。其简化的计算公式为：

$$投资收益率=\frac{一定时期的净利润额}{投资总额}\times100\%$$

大型投资项目大都采用这种定价目标，如高级旅馆、饭店、大型工程设施。投资者希望在一定的时期内还本付息，并获得收益，因此在定价时就必须考虑使利润达到投资的一定比例。这个比例的最低界限一般略高于当时市场的借款利息率，再加上日常的维护保养及折旧费用等来确定。若利润低于这个比例，企业不仅无法偿还本金，甚至连借款利息和日常维护费用也支付不了，反而会加重债务。

（三）保持价格的稳定

一般企业都希望能保持自己商品的价格稳定，如果价格过多地随供求的升降而波动，跌得太低，企业的投资就无法及时收回；上涨过高，容易受到消费者的抵制和国家政策干预，不利于企业进一步扩大市场份额。稳定的价格通常由大型企业或市场声誉较高的企业先定出一个领袖价格，由于这些企业在同行业中竞争能力较强，因此一般中小型企业都愿意遵照这个领袖价格来制定自己商品的价格，同这个价格保持一定的比例，而不随意自己变动价格。

（四）获得较高的市场占有率

市场占有率的大小反映了企业的竞争能力和市场声誉，企业若准备长期经营，获得一定的市场占有率是十分重要的。市场占有率大,企业的长期利润就多。有时衡量一个企业营销的成败与否,往往以市场占有率的大小为标准。为了达到一定的市场占有率,企业在商品刚刚进入市场时常采用较低的价格,甚至亏本经营。

(五) 应付市场竞争

如果一种商品同时有许多企业生产或销售,相互之间必然会发生竞争,因此企业在定价时就不得不考虑这个因素。如果企业的商品有较强的竞争能力,自然可以维持较高的价格。若竞争能力较弱,则可以把商品价格定得较低。但低价策略是人人都会采用的,若实力较弱的企业无法长期维持低价,则可与竞争者保持相同或相近的价格,以避免激烈的竞争。

(六) 维持营业

有时由于市场供求状况的变化,企业的主要盈利商品销量骤然下降,如果维持原来的价格,就无法销售。企业为维持营业和销售渠道的现状,以便争取时间,寻找新的获利产品,就不得不把价格压得很低,从而使企业生存下去。维持低价,有时可通过国家或企业主管部门的财政补贴作后盾,有时也可以通过贷款来实现。

二、定价时应考虑的客观因素

定价目标表示了企业的主观愿望,但是由于市场环境的制约,企业在定价过程中还必须考虑产品成本、产品的市场供求状况、价格弹性、国家的政策法令、市场竞争特点等客观因素的影响。

(一) 产品成本

产品成本大致包含以下几个内容:一是生产成本,即生产产品的原材料、辅助材料及人工费、管理费用等。对于中间商来说,它的生产成本就是订货成本,是它向生产企业购进产品的费用。二是销售成本,即为了销售产品所支出的各种广告推销费、市场调研开支等。三是储运成本,即产品的仓储运输费用。四是共同成本,即维持日常营业所需的各项费用支出、企业固定资产折旧费等。

在正常情况下,产品成本是企业出售产品价格的最低界限。当然,销售量的大小对成本会带来一定的影响,但在销售量比较确定的情况下,价格若低于成本,企业就会亏损。只有在非常特殊的情况下,才允许把价格定得低于成本。例如,当产品进入衰退期时,企业就不得不进行大幅度削价,以清理库存,减少亏损;当新产品刚刚推出市场时,为了迅速扩大市场份额,有时也可以把价格定得低于成本;也有的企业把同一产品系列中的一个或几个产品的价格定得很低,目的在于带动其他关联产品的销售。

(二) 产品的市场供求状况

产品的市场供求状况对产品价格会产生重要影响。在产品供不应求时,产品价格必然出现上升的趋势；当产品供大于求时，价格又会呈现下降的趋势。市场供求状况有时甚至成为左右市场价格的一种外在的强制力量，企业在定价时必须考虑这个因素。

（三）价格弹性

所谓价格弹性是指一种产品价格的变动对其市场交易量的影响程度。严格地说，价格弹性又可分为价格的供给弹性和价格的需求弹性两种。

价格的供给弹性是指一种商品价格的变动对商品供给量的影响程度。其弹性的大小可以用一个供给弹性系数加以衡量：

$$\text{供给弹性系数}=\frac{\text{供给量变动的百分比}}{\text{价格变动的百分比}}$$

不同的商品，其供给弹性是不一样的，特别是在短期内这种差别就更大。比如，当短期内的价格上涨后，生产周期短、技术要求低、生产条件好的商品供应会快速地、大量地增加；而生产周期长、技术要求高、生产条件不良的商品供给增加缓慢，或供给量不变。因此，对于前一类商品，涨价后可能导致更多的竞争者加入，个别企业的利润不一定会增加；而后一类商品，涨价后竞争者不易进入，个别企业的利润可望增加，而市场份额不一定缩小。企业在定价或调价时应充分考虑这一点。

价格的需求弹性是指一种商品价格的变动对其市场需求量的影响程度。其程度的大小可以用一个需求弹性系数加以衡量：

$$\text{需求弹性系数}=\frac{\text{需求量变动的百分比}}{\text{价格变动的百分比}}$$

一般认为，当需求弹性系数大于 1 时，该商品是富于弹性的。因为需求变动的程度要超过价格变动的程度，因此，对于富于弹性的商品，降低价格可以增加总销售额；当需求弹性系数小于 1 时，该商品缺乏弹性，因为需求量变动的程度小于价格变动的程度，此时如果企业提高价格，反而会减少总的销售收入。价格的需求弹性对企业销售额的影响见表 6－1。

表 6－1　价格的需求弹性对企业销售额的影响

弹性系数 / 总销售额变化 / 价格变化	>1	=1	<1
价格上升	减少	不变	增加
价格下降	增加	不变	减少

企业在定价时不得不考虑这种影响。如果一个追求销售额的企业，不管价格

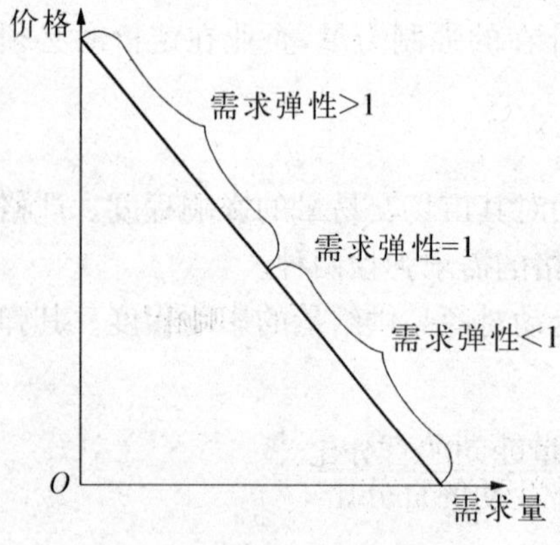

图 6-4　价格的需求弹性

弹性如何，单一地想通过降低价格来影响销售额，在遇到价格弹性不足的商品时便会产生相反的效果。一般认为，价格需求弹性大的商品，价格手段较易奏效，而弹性缺乏的商品，企业的价格手段影响较小。

此外，就同一种商品而言，在不同的阶段，价格的需求弹性也会有差异。当价格较高、需求量较少时，往往富于弹性，此时，价格变化对需求量影响较大。而当价格已降得很低、需求量很大时，价格的影响会变弱，即价格的需求弹性变弱，见图 6-4。因此，企业在商品销售的不同阶段，也必须考虑不同的价格手段和策略。

(四) 国家的政策法令

完全不受限制的自由价格，有时只能代表少数人的利益，在竞争性的市场中，必然会有某些人利用市场价格的涨落谋求私利，损害大部分人的利益。此外，企业在定价时往往从自身的经济利益出发，有时企业的利益会同社会整体利益发生矛盾。因此国家要通过制定一系列的法律、政策控制和调节市场物价，避免由于市场物价波动过多给社会经济带来的破坏，保护大多数人的经济利益不受损害。例如，国家对某些商品规定了价格的浮动幅度，以保持物价的基本稳定；对某些商品实行最高限制价或最低保护价，从而保障消费者或生产者的基本利益。在对外贸易中，外销商品的价格也受到进口国法律的约束。例如，有的国家实行反倾销法，禁止进口的商品定价过低。总之，企业在定价时必须严格遵守国家的政策和法律，并以此作为定价的一项依据。

(五) 市场竞争特点

市场竞争特点对企业的定价有严重影响。市场竞争的模式大致有三种：完全竞争、独占或垄断和不完全竞争。在不同的竞争模式下，企业必须采取不同的定价措施。

1. 完全竞争

完全竞争是指在市场活动中，任何人都无法通过自己的买卖行为或其他行为来影响市场商品的供求状态，改变商品的市场价格。完全竞争的市场有三方面特征：第一，有许许多多的买者和卖者参加同一种商品的交换，各人所购买或销售的数量都只占市场总交易额的一小部分，以至无法对市场发生任何影响。第二，现有的价格和交易量是经过无数次交易而自然形成的，它是一种均衡价格。第三，有关市场供求变动的情况，买卖双方都可以及时获得。各方均不存在优势，交易完全建立在平等自愿的基础上。

在市场上处于完全竞争状况下的商品是很少的，很多商品只是接近于完全竞争的模式，如一些生产简便、供应来源便捷的日用小商品等。对于这种商品，任何企业都不大可能通过加强促销措施来提高价格。如果企业希望增加利润，只有通过努力提高劳动生产率、降低商品成本、节约营销费用等途径来达到其目的。提高价格只会造成销售困难。

2. 独占或垄断

独占或垄断是指某种商品由一家企业集团所控制。从理论上说，独占商品的定价有完全的自由，独占企业可任意提高或者降低商品的价格，没有任何对手与之竞争。但实际上，独占商品的价格也受到限制，独占者虽然不必考虑竞争对手的行动，但定价过高，会遭到消费者的抵制，造成市场需求收缩，使企业失去继续发展的条件。此外，独占企业任意提高价格，必然会受到政府有关部门的干预。因此，对于独占商品的定价，既要考虑企业的盈利，又要使市场消费者需求得到充分的满足，使企业能不断扩大生产或销售规模，继续发展。

3. 不完全竞争

不完全竞争是介于完全竞争与独占之间的一种市场竞争模式。在不完全竞争的市场上，各个生产者或经营者可以通过自己各具特色的营销活动，或多或少地对市场商品供求发生影响，但每个企业又都不能完全控制市场。由于完全竞争的商品几乎没有，独占或垄断的商品又很少，所以市场绝大多数商品都具有不完全竞争的特点。

如果企业的商品所面临的是这种市场模式，则可以通过一系列的营销手段，为自己的商品创造一种独特的市场地位，从而保持较高的价格，如建立商品的特色、加强广告宣传、改进服务手段等。如果商品的特色不多，企业也可以通过降低价格的方式扩大自己的市场份额，以便增加收入和利润。

第三节 经济学的定价方法

一、价格与购买量

经济学者认为，市场的需求同商品价格之间有着必然的内在联系，商品价格的涨落将影响消费者对商品的购买量，并把这一关系称为商品的价格弹性。企业若要获得最大利润，既不能把价格定得过高，也不能定得过低，而是必须考虑价格弹性的作用，使自己的边际成本接近边际收益。在一般情况下，当商品价格很高时，只有较少的人能够购买，顾客的购买数量也较少。但是，当商品的价格下降之后，不仅会增加购买的人数，同时也会增加购买的数量。这种现象说明在商品的价格和顾客的购买量之间存在一种关系，这种关系可以用一条向下倾斜的曲线表示出来。

例如，图 6－5 列示了某产品价格和购买量之间的关系。当该商品的售价从 18 元下降为 14 元时，购买量从 2 个单位增加到 4 个单位，这时的价格弹性系数为：

$$E=\frac{|Q_2-Q_1|}{(Q_1+Q_2)/2}\div\frac{|P_2-P_1|}{(P_1+P_2)/2}=$$

$$\frac{|4-2|}{(2+4)/2}\div\frac{|14-18|}{(18+14)/2}=$$

$$\frac{2}{3}\div\frac{4}{16}=2.67$$

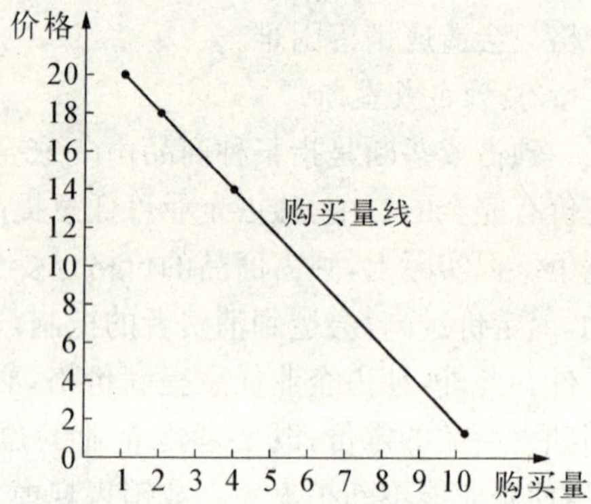

图 6－5　产品价格与购买量的关系

式中　E——价格弹性系数；

Q_1——原来的购买量；

Q_2——变动后的购买量；

P_1——原来的价格；

P_2——变动后的价格。

当弹性系数大于 1 时，说明该商品是富于弹性的；反之，当弹性系数小于 1 时，该商品就是缺少弹性的。对于弹性大的商品，通过降低价格的方法扩大购买量，有利于增加企业的总收益。但是弹性小的商品，由于商品购买量受价格影响程度较小，所以降低价格会减少总收益。那么究竟怎样的价格才能使企业的商品达到如此的购买量，即在这个购买量下，企业将获得最高利润呢？这就需要继续了解企业的收入、成本、利润等同消费者的购买量（或同企业的销售量）之间的关系。

二、企业的收入、成本和利润

（一）收入

由于商品价格弹性的作用，在不同的价格下由于顾客的购买量不同，与此相应，企业的销售量也会不同。商品的销售量同其价格的乘积形成企业的总收入。因此，不同的价格会使企业产生不同的总收入，见图 6－6。

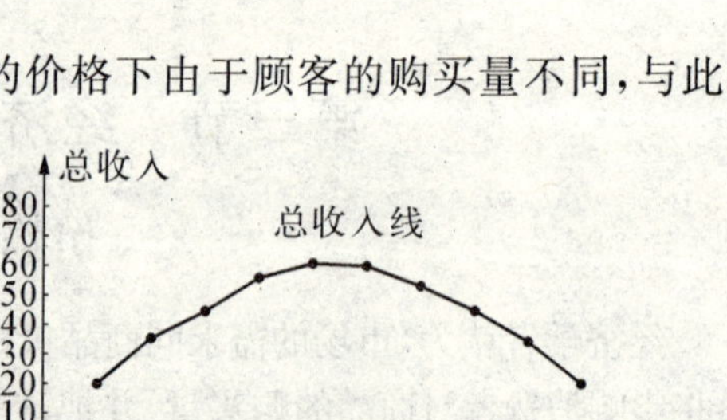

图 6－6　销售量与总收入的关系

从图 6－6 中可以看出，当销售量发生变动时，企业的总收入也会相应地发生变动。经济学者把每增加 1

个单位的销售量所带来的总收入的变动额(增加或减少额)称为边际收入。边际收入在企业的定价过程中是一个非常重要的概念。

每一种销售量下的边际收入,可以通过计算相邻的两个总收入的差额求得。例如,在图 6-6 中,当销售量为 2 时,总收入等于 36,若再增加 1 个单位的销售量,总收入为 48,这时 3 个单位销售量的边际收入为 12(48—36)。边际收入反映了当销售量发生变动时,企业全部收入的增减量。

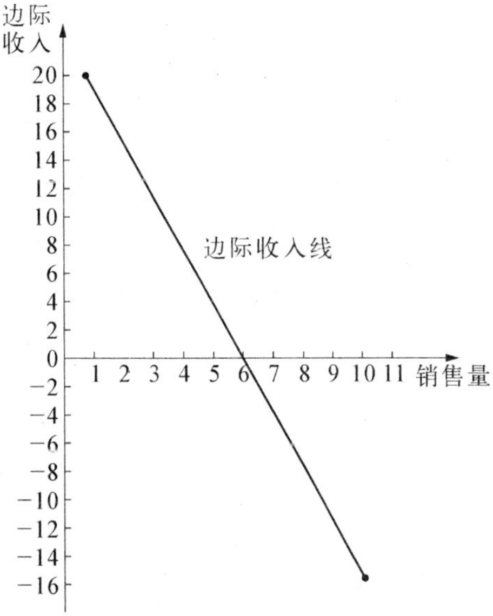

图 6-7 销售量与边际收入的关系

根据图 6-7 可以看出,起初每增加 1 个单位的销售量,边际收入为正值,表明总收入会随着销售量的扩大而增加。但到了一定点后(此例中为 6 个单位销售量),若再增加销售量,边际收入将会出现负值,这说明随着销售量的增加总收入会减少。因此在边际收入接近零值之前,若不增加销售量,企业必然会损失一部分收入;但若超过了零点,每增加 1 个单位的销售量,企业同样会损失一部分总收入。

(二) 成本

成本是价格的重要组成部分,对价格的高低有很大影响。但是成本本身却受到销售量大小的影响,而销售量又受价格的制约。因此,成本同价格之间存在着一种非常微妙的关系,它们互相影响、互相制约。下面我们讨论五种成本的概念。

1. 固定成本

固定成本是指不管生产或销售多少商品,数量的总额基本不变的成本。如企业用于商品研制开发的费用、土地厂房的租金、固定资产的折旧、固定员工的工资等。由于这些成本费用是"固定"的,所以销售量越大,它们分摊到单位商品中的数额就越少;销售量越少,分摊到单位商品中的数额则越大。

2. 变动成本

变动成本是指那些随着商品销售量或生产量的变动而变动的成本费用。如原材料或订货成本、借款利息、仓储费用、促销费用等。商品的销售量或生产量越小,企业的变动成本总额就少;销售量和生产量越大,企业的变动成本总额就多。但是,由于变动成本是随着销售量或生产量而同步变动的,所以它们平均分摊到每一单位商品中的数额，不管销售量或生产量的大小，基本上是相同的。

当然，变动成本总额的增减并不同销售量或生产量的增减完全成等比。例如，当原材料订货量较大时，可以享受价格上的数量折扣；当生产批量很大时，可以通过专业化分工而提高劳动生产率，从而降低生产成本。这些都造成变动成本的递减增长。当然，在一定阶段变动成本也会递增增长，例如，当商品在市场达到饱和时，若再要消费者继续增加购买量，就必须加倍支出促销费用。根据这个特点，我们在表 6－2 中假定（在实际营销中，固定成本和变动成本都可借助一定的会计报表计算出来）：在销售量达到 5 个单位之前，变动成本递减增长；当销售量超过 5 个单位时，变动成本递增增长。

表 6－2　收入、成本和利润的关系

价格	销售量	全部收入	边际收入	固定成本	变动成本	全部成本	边际成本	单位全部成本	利润
20	1	20	20	2	16	18	18	18	2
18	2	36	16	2	28	30	12	15	6
16	3	48	12	2	34	36	6	12	12
14	4	56	8	2	38	40	4	10	16
12	5	60	4	2	38	40	0	8	20
10	6	60	0	2	46	48	8	8	12
8	7	56	−4	2	61	63	15	9	−7
6	8	48	−8	2	78	80	17	10	−32
4	9	36	−12	2	97	99	19	11	−63
2	10	20	−16	2	118	120	21	12	−100

3. 全部成本

商品的全部成本等于固定成本与变动成本的总和。全部成本的变化趋势主要受变动成本的影响，在表 6－2 的例子中，全部成本同变动成本一样，起初是递减增长，在销售量达到一定数量之后，出现递增增长。

4. 单位全部成本

单位全部成本是指按单位商品平均的全部成本，它等于全部成本除以销售总量的商。从表 6－2 中可以看到，在各种不同的价格下，会出现各种可能的销售量，由此又引起不同的全部成本。这样，用全部成本去除以销售量后所得的单位全部成本也就不一样了。企业所寻求的正是那种能达到单位全部成本最低的销售量，只有在成本较低时，企业才可能获得最高利润。

5. 边际成本

边际成本是指每增加 1 个单位的商品销售量所发生的全部成本变动额。它反映了商品销售量的增加对成本的影响程度。在表 6－2 中，当商品的销售量从 2 个单位增加到 3 个单位时，全部成本从 30 增加到 36，其差额为 6，这个 6 就是销售量从 2 个单位增加到 3 个单位时的边际成本。当销售量从 3 个单位增加到 4 个单位时，全部成本是 40，边际成本为 4。若再增加 1 个单位的销售量，边际成本等于零。边际成本变小，说明随着销售量的扩大，全部成本只有少量增加；当边际成本为零时，说明增加 1 个单位的销售量后全部成本没有变。但是，当边际成本越过了零值之后，若再增加销售量，边际成本又会增加。从表 6－2 中也可以看出，当销售量在 5 个单位之前，边际成本递减；在 5 个单位时，边际成本等于零；此后，边际成本又递增增加。观察边际成本的变化在企业定价过程中是十分重要的。

（三）利润

利润是指企业的全部收入与全部销售成本之间的差额。以上分析表明：同一个商品，若定价不同，会在价格弹性的作用下产生不同的销售量，而每一种销售量所带来的收入和成本都不同，从而影响企业的最终利润。在分析中还可以看出：高的价格不一定带来高的利润。只有在某一适当的价格上，企业的全部收入减去全部销售成本后的差额最大，即在此价格上，企业将获取更高利润。

根据以上所述，就很容易确定能够获得最高利润的价格。

三、寻找最高利润点价格

企业首先必须设计一系列的价格，然后运用尽可能拥有的资料计算出商品的价格弹性，从而获得在每种价格下可能出现的销售量。有了这些数据，就可以运用上面的方法计算出不同价格下的收入、成本和利润，从中找到最高利润的定价。

仍然利用表 6－2 所提供的数据，画成图 6－8。根据以上分析，可以得出：边际成本是每增加 1 个单位的销售量所带来的全部成本的增加额，边际收入则是每增加 1 个单位的销售量所带来的全部收入的增加额。因此，虽然增加销售量会同时影响边际成本和边际收入发生变动，但只要边际收入的增加额大于边际成本，企业就能从增加销售量中获得好处；反之，如果增加 1 个单位的销售量后，边际收入的增加额小于边际成本的增加，则说明企业全部收入将减少。根据这个原理，企业在定价时可以预计各种销售量下的边际收入和边际成本，当边际收入大于边际成本时可以继续降低价格，扩大销售量，直到边际收入等于边际成本为止。这时，企业的单位商品全部成本最低，利润最大。因此边际收入等于边际成本时的价格，也是企业的最高利润价格。

从图 6－8 中可以看出，当销售量为 5 个单位时，边际收入基本接近边际成本，

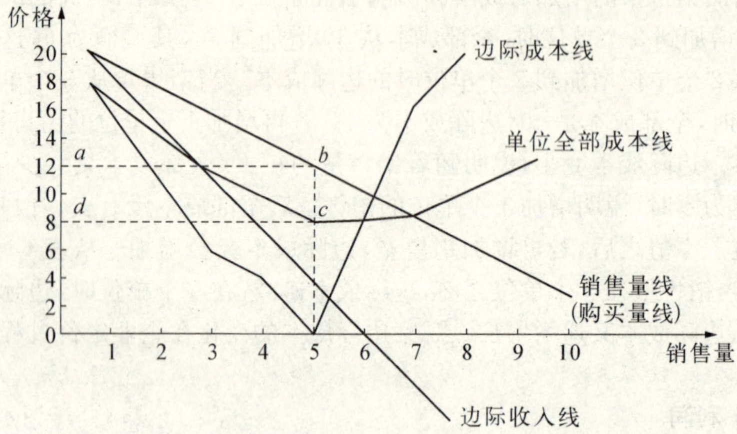

图 6-8 运用边际收入与边际成本寻找最高利润点

价格是 12,单位全部成本是 8,单位商品的利润是 2,企业的全部利润等于 *abcd* 的面积,为 20。在 4 个单位或 6 个单位的销售量下,要么边际收入大于边际成本,要么边际收入小于边际成本,企业的全部利润都小于 20。因此,在例中,价格若定为 12,将使企业获得最高利润。

除了利用边际收入等于边际成本来寻找最高利润价格外,通过计算总收入与总成本的差额,也能寻找到最高利润价格。在图 6-9 中可以观察到,只有在销售量为 5 个单位时,全部收入减去全部成本后,企业所得的利润最大,即总收入曲线高于总成本曲线,并且两者之间的距离达到最大值 20。因此,运用总收入和总成本的概念能帮助我们找到一个最高利润价格,为 12。

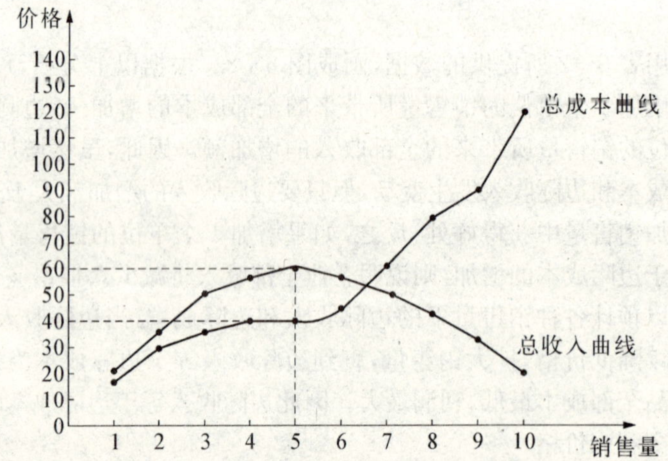

图 6-9 运用总收入和总成本寻找最高利润点

第四节 管理学的定价方法

经济学的定价方法是一种理论上的定价方法，它比较适合于处在理想状态下的市场环境。但是在企业实际营销活动中，存在着错综复杂的经济关系，企业的定价不能仅仅从自身的愿望出发，也不能机械地进行经济学理论定价，而必须考虑很多经济学之外的因素，如行业的定价传统、相关商品的差价和比价、价格管理的简化程度、消费者的购买习惯和购买心理等。因此，经济学的定价方法虽然是一种有效而科学的方法，但它更多地起着理论指导的作用。在实际定价活动中，企业则采用很多管理学的定价方法。

一、成本加成定价法

成本加成定价法是一种较常见的、以成本为中心的定价方法，其特点是按照成本加若干百分比来制定商品的销售价格，其计算公式为：

$$商品单价=\frac{总成本\times(1+加成率)}{销售量}$$

例如，企业购进某种商品 1 100 件，订货总体成本为 10 000 元，加成率是 10%，由于运输损耗和陈列展览，减少了一定件数商品，最后该商品的销售量为 1 000 件，则其单价为：

$$商品单价=\frac{10\,000\times(1+10\%)}{1\,000}=11(元/件)$$

在国外，行业内同类商品的加成率一般是比较固定的，也可以说是形成了某种习惯。例如，在美国，烟草制品加成率是 20%，照相机是 28%，书籍是 34%，服装是 41%。在国内，很多商品的加成率也已形成一种惯例，在行业内也比较固定。

成本加成定价法具有以下一些优点：① 由于计算成本比估计需求有把握，所以企业根据成本定价比较简便。② 同行业的加成率一致，若成本也接近的话，定出的价格相差不会很大，相互间的竞争摩擦就可以减少。③ 这种“将本就利”的定价方法容易使买者接受，因而他们愿意接受这样的价格。

成本加成定价法的不足在于，按照习惯比例加成定价，忽视了价格的弹性作用，因而按加成率制定出来的价格不一定能获得最佳利润。

二、目标利润定价法

目标利润定价法是根据企业预期的总销售量及其总成本，确定一个目标利润率，作为核算价格标准的方法。具体做法是：第一步先确定预期的销售量，然后推算出在这个预期销售量下的总成本，再根据企业的营销目标和市场条件制定企业的目标利润率，最后计算出商品价格。

例如，某企业预期的年销售量为 10 000 件，在此销售量下的变动成本为 6 000 元，固定成本为 4 000 元，若企业将其目标利润率定为 20%，则该商品的价格为：

$$\text{商品单价}=\frac{(6\,000+4\,000)\times(1+20\%)}{10\,000}=1.20(\text{元/件})$$

目标利润定价法也是一种简便易用的方法。它的优点是计算方便，并可预计企业的利润，目标明确。在销售状况比较稳定的市场条件下，可广泛采用。但是这种方法缺少灵活性，若市场竞争激烈，商品销售量不稳定时，就很难采用。

目标利润定价法与成本加成定价法的主要区别在于：第一，前者是根据预计的销售量倒推出成本的；后者却不管销售量如何，先确定成本。第二，前者的利润率是企业按需要和可能自行制定的；后者是按照行业的习惯标准制定的。

三、差别定价法

差别定价就是对同一种商品由于某种原因而实行不同价格的一种定价方法。这种价格差异并不是因为成本不同，而是由于供需方面的原因造成的。因此，有人把这种价格差别称为价格歧视。一般有以下几种价格差别形式：

(1) 对不同的顾客给予不同的价格。例如，对新老顾客实行不同的价格，以便争取长期固定的顾客。在我国，有些商品的价格和服务收费，对外国人高些，对国内顾客低些。当然，这种办法实行起来必须十分谨慎，如果顾客之间没有什么明显的差异，价格的差异就会受到抵制。

(2) 对不同包装、不同式样、不同附件的同一种商品实行不同的价格。例如，同一品牌的手表，铜质表壳与钢质表壳的价格不同，这种价格上的差额同成本之间的差额并不成比例关系，实行价格差别，主要是为了限制紧缺的材料消耗，鼓励替代品的使用。

(3) 对不同的地理位置实行不同的价格。在不同的地理位置，商品的成本没有什么区别，但是需求的满足程度却不一样。最典型的是剧场的座位，前排与后排的视听效果不同，因而实行不同的价格。

(4) 在不同时间对相同的商品或服务实行不同的价格。如长途电话，白天和夜间的收费不同。在国外有些公共展览设施，只有周末和假日收费，平时却免费开放。这种定价方法有利于均衡供求的时间，避免需求有时过于集中，有时又过于松散的现象。

四、通行价格定价法

通行价格定价法也称随行就市定价法，这是最常见的定价方法之一。这种方法是以本行业的平均价格水平作为企业的定价标准的方法，它最适用于那些近似完全竞争型的商品。在完全竞争的条件下，无论哪个企业或个人，都无法通过自己的买卖行为来提高或降低商品的价格，企业的价格如果高于行业平均水平，商品就销不出去；如果低于行业平均水平，企业并不一定能扩大市场份额，反而会受到不必要的损失。此外，有些商品很难估计其价格同需求量之间的因果关系，而价格随行就市，意味着集中了行业现成的经验，在这个价格下，销售量也较容易得到保证。根据市场通行价格标准定价，还可以避免行业内的互相竞争、排挤，这对竞争能力弱的中小企业来说是十分有利的。

第五节 心理学的定价方法

消费者接受一个商品的价格，并不仅仅考虑这个价格是否同价值相适应，而是受到许多心理的、社会的、文化的因素的影响。另外，在竞争越来越激烈的市场，企业在定价时不仅要考虑商品的成本，更要采取各种手段来应付竞争对手的挑战。由于以上这两方面的原因，要求企业在定价时能运用一些定价策略和定价技巧，争取消费者。这种定价策略和技巧与其说是科学，不如说是艺术。

一、新产品的定价策略

新产品上市时，企业要考虑很多问题，如市场可能的销售量、竞争商品的影响、消费者对价格的敏感程度、企业的投资收益目标等。根据这些因素的影响，企业在新产品投放市场时可采取两种完全不同的定价策略。

（一）撇脂定价策略

撇脂定价就是在新产品刚刚投入市场时定以较高的价格，这种价格的先期利润很高，就像牛奶表面的一层油脂，因此被形象地称为撇脂定价。撇脂定价的目的在于在竞争者尚未出现时，就能迅速地获得高额利润，收回投资，等竞争商品出现后，再降低价格，占领市场。同时，价格高昂的商品，容易造成一种商品质量优良的形象，容易引起消费者的注意。但撇脂定价也有很大的局限性：其一，高价格固然能带来高利润，同时也带来大量的竞争者。其二，高价格往往不能维持过久，如果商品价格一旦不断下降，反而会在消费者心中造成商品每况愈下的感觉。其三，高价格不易迅速扩大商品市场，有时为了达到一定的市场占有率，需要支出大量促销费用，反而得不偿失。

(二) 渗透定价策略

渗透定价就是在新产品刚上市时定以较低的价格，使商品迅速渗透市场，扩大市场份额。渗透定价的主要目的在于能够缩短新产品为消费者接受的时间，同时在竞争者尚未出现的时候就以低价占领市场，使别人难以插入。虽然由于价格偏低，在营销初期企业的利润甚少，有时还可能亏损。但市场份额一旦扩大后，企业可通过大规模销售商品而获取利润。同撇脂定价相比，渗透定价的先期利润很低，但其长期利润往往超过前者。渗透定价的缺点是：企业的投资回收慢，对生命周期短的商品不合适，低价格也不利于树立商品的市场形象，等等。

撇脂定价与渗透定价各具所长，又各有弊端。总的来说，撇脂定价是一种短期营销策略；渗透定价是一种长期营销策略，表 6-3 列出了一系列因素，这些因素是企业在选择新产品定价策略时必须加以考虑的。

表 6-3 新产品的定价策略

影响因素	撇脂定价	渗透定价
市场潜在需求量	小	大
产品的特色	显著	不显著
价格的市场敏感度	弱	强
产品仿制的难易程度	难	易
投资回收的时间	短	长

二、心理定价策略

零售企业一般较多地使用心理定价策略。由于零售企业是直接与消费者个人发生联系的商业机构，在定价时必须充分利用顾客的心理特征。心理定价策略运用得当，对争取更多的顾客、扩大商品销售是十分有益的。心理定价策略主要有以下几种形式。

(一) 尾数定价

很多零售企业在售货中发现一种有趣的现象，人们往往喜欢有尾数的价格。同一个商品标价 29.99 元，或者标价 30.17 元，比标价 30.00 元销路要好。在大多数顾客看来，有尾数的价格比较精确地反映了商品的价值，给人以货真价实的感觉。有些零售企业还发现，顾客不仅喜欢有尾数的价格，而且更喜欢尾数是奇数的价格，甚至最末一位数是“9”的价格。所以，有时又把尾数定价称为奇数定价。在美国甚至有专门出售价格为 0.99 元的商品的商店。当然，尾数定价一般适用于价值较低的商品，对于高档商品，尾数价格就无法充分显示出它的高贵，消费者也不会接受。

(二) 招徕定价

招徕定价就是企业故意将某几个知名度高的商品的价格定得很低，或者在一定时间内临时降低少数几个商品的价格，以此招徕顾客，从而促使顾客在购买低价商品的同时，连带购买企业的其他商品。这种定价方法对推动企业商品的销售有显著作用。有些商品本来就必须与别的东西配合使用，如剃须刀架和刀片，顾客必然要一同购买，如降低了刀架的价格，购买使用的人多了，刀片的销售也就上去了。

(三) 声望定价

声望定价一般由那些具有较高声望的企业所采用。当一个企业在顾客心目中已经树立了良好的形象时，它所出售的商品，有的尽管在质量上与普通企业的商品相差无几，但却能带给消费者更多的心理满足，创造更大的象征性价值。因此，市场声望较高的企业，可以为自己的商品制定较高的价格，从而把企业或商品的声望在价格中体现出来。这种声望价格既满足了顾客的心理要求，又为企业增加了利润。

(四) 习惯定价

有些商品由于生命周期较长，价格稳定，消费者习惯于按某种价格购买这种商品。因此，当企业对这种商品作出稍微改良，准备重新定价时，就必须考虑消费者的价格习惯意识。有时某些老产品因为原料价格上涨，不得不考虑更动价格时，也必须考虑消费者的这种价格习惯意识。在一般情况下，企业宁肯考虑对商品作某些改动，而不轻易改变长期形成的习惯价格。

(五) 分档定价

一些花色品种复杂的商品，如果根据不同品种、式样等分别标价，必然会出现一个庞杂的价格系列，这样会使顾客在挑选商品时犹豫不决，很难作出购买决定。因此很多企业把众多的商品分成若干个档次，每档内的商品都是同一种价格，简化价格的庞杂程度，从而促使顾客在购买时不是按价格，而是按档次购买商品。分档定价的方法，对帮助顾客挑选商品、缩短购买过程、推动顾客作出购买决策是十分有效的。

(六) 容量单位定价

同一种商品，如果包装不同，就会有不同的价格。顾客常常要比较哪一种包装价格最便宜。当他们无所适从时，就会放弃购买。因此有的企业，在不同的包装上注明单位容量的价格，如每千克多少元，或每磅多少元，以便向顾客说明各种包装的实际价格。在实践中，这种方法很受顾客欢迎，因而常常有助于增加商品的销售量。

三、折扣定价策略

价格折扣是国内外定价策略中比较常见的方法。价格折扣的方式很多，现介绍几种常用的折扣价格。

（一）数量折扣

数量折扣就是当买方购买某种商品超过了一定的界限后，卖方给予一定的价格折扣。数量折扣的另一种形式是，卖方给予买方数量折扣的条件，并不限制在一种商品上，只要买方向卖方一次购买的各种商品的总金额超过一定的数量就可给予折扣。这样做有利于大批量推销商品，降低存货成本，加快资金周转。

（二）累进折扣

所谓累进折扣就是在一段时间内，如一个月、一个季度、一年中，买方向卖方购买的全部商品的累计金额达到一定数量时，卖方就给予买方一定的折扣。这种方法有利于使顾客长期专一地购买本企业的商品。

（三）季节折扣

季节折扣就是对某些季节性强的商品，在销售淡季，卖方给予买方一定的价格折扣。这种方法有利于减少存货成本，缓和供给和需求在时间上的矛盾。

（四）现金折扣

有些商品采取赊销的方式，卖方在收回货款之前，必然要承担一部分借款利息，如果顾客在赊销期满之前就付清全部货款，卖方的利息负担就会减少。为了鼓励这种做法，对于提前付款的顾客，卖方就给予一定的价格折扣，这种折扣称现金折扣。

案 例

电商三巨头上演价格大决战

2012年的“五一”，在电商营销历史上注定是个不平凡的时间，在行业老大天猫投2亿元对家电商家低价补贴公开叫板后，一直不为所动的京东商城终于出手还击：拿出5亿元对家电商品进行让利。巧合的是，苏宁易购几乎同时宣布，再投20亿元特价货源和4亿元让利额度。“三巨头”互相叫板吹响了电商史上最大规模价格战的号角。

1. 最强价格大战已经袭来

京东商城的后来居上和苏宁易购的追加投入，让已经硝烟弥漫的电商价格战再掀高潮。

专家分析认为，天猫、京东和苏宁此轮价格战其实是三种不同电商模式的PK：天猫是平台企业，美的、TCL、奥克斯等多家厂商都在该平台开出了品牌店、旗舰店，可以说是一种F2C的直营模式，在供应链上的优势保证了其价格上的优势；京东商城则是自营式B2C企业，其优势来源于多年来积累起来的自营物流优势及在3C数码类电商中树立起来的品牌与口碑；苏宁易购则是传统零售巨头转型，线下转线上的典型代表，其在上下游供应链及物流方面的优势要优于京东商城。

艾瑞咨询发布的“2012年第一季度中国B2C购物网站市场份额”统计报告显示，2012年上季度，市场份额排名前六位的天猫、京东商城、亚马逊中国、腾讯B2C、苏宁易购和当当网，目前已有5家跳入此轮价格战中。这5家企业占到全国整体B2C市场份额的82.6%，史上最大规模电商价格战已全面爆发。

2. 服务品质成为能否留住顾客的关键

在接二连三的“战略资金投入”和“全网最低价承诺”背后，是电商大佬对网购市场，特别是3C家电市场份额的寸土必争。3C数码和家电品类由于商品标准统一、售价相对较高，以及消费者对价格更敏感等因素影响，往往被业界看做是最适合进行价格战的品类。因此几乎每一轮“价格战”，3C家电类商品都是首当其冲的主力军。在目前的行业格局下，通过价格战争用户、抢市场无法避免。但价格战只是吸引用户单次购买的手段，要想让消费者成为企业的忠实顾客还要看企业的软实力。

3. 对家电实体店的致命冲击

进入2012年以来，国美和苏宁等家电连锁的实体店销售明显放缓，而以京东为代表的网购却高速增长，网购市场大有抢占家电连锁市场的势头。而在十年前的商业零售业，国美苏宁却是新兴产业的代表，一举颠覆了传统百货在3G市场的强势地位，以今日之情势来看，国美苏宁如果转型不及时，或将面临洗牌者被洗牌的局面。

中怡康公布的数据显示，2012年1～2月份家电连锁卖场销售全面衰退，其中平板电视下降27.9%，洗衣机下降18.4%，冰箱下降21%。

两大家电零售巨头国美和苏宁先后在2012年3月末公布了其2011年财报。财报显示，两大巨头的销售收入和净利润增速均不理想。其中国美电器销售收入同比增长17.5%，毛利润同比增长16.0%。苏宁电器方面这一组数据则分别为24.35%与20.16%。业内人士认为，这样的业绩增幅如果除去高通胀因素，两大家电零售巨头基本处在“原地踏步”的阶段。

案例思考 电商三巨头针对3C产品进行价格战的目的是什么？这种价格战对家电厂商带来什么样的影响？作为家电厂商如何应对越来越强势的电商巨头提出的降价要求？

你要购买一台电视机，首要考虑的因素是什么？为什么你关注这几个因素？你将如何设计电视机厂家和零售终端的服务？如何给这些服务定价？

复习与思考

一、名词解释

1. 价格
2. 均衡价格
3. 比价
4. 差价
5. 价格弹性
6. 完全竞争
7. 不完全竞争
8. 边际成本
9. 边际收入
10. 撇脂定价
11. 渗透定价
12. 折扣价格

二、思考题

1. 在市场上存在哪些影响价格变化的因素？
2. 企业在定价时须考虑哪些定价因素？
3. 为什么说边际成本等于边际收入时的价格是企业的最佳利润价格？
4. 为什么可采用心理学的定价策略？采用这种策略是否违反定价原则？

第七章

渠 道 策 略

第一节 渠 道 概 述

一、渠道的概念

渠道又称商品流通渠道，是指商品从生产领域转向消费领域所经过的路线和通道。美国营销学家斯特恩和艾尔·安塞利认为，渠道是促使商品或服务顺利地被使用或消费的一整套互相依存的组织。渠道有两层含义：一是指把商品从生产者转送到消费者手里的所有经营环节或经营机构，如批发商、代理商、零售商等中间商和生产企业自己的销售机构等，反映的是商品价值形态变化的经济过程。二是指商品实体从生产者到消费者手里的运输储存过程，反映的是商品实体运动的空间路线。企业的渠道策略就是对这两层含义所涉及的内容进行决策。渠道策略是企业市场营销活动中十分重要的策略，运用是否得当，直接影响到企业能否用适当的方式，在适当的时间和地点，把商品送给适当的消费者。

二、渠道的类型及其构成基础

现代营销过程中，渠道的模式很多，通常可以按照渠道的级数来划分。每个中间商，只要在推动商品及其所有权向最终消费者转移的过程中，承担了一定的工作，就形成一个级，由于生产者和消费者也都担负了某些工作，他们也是渠道的组成部分。图 7－1 举例说明了几种不同级数的渠道。

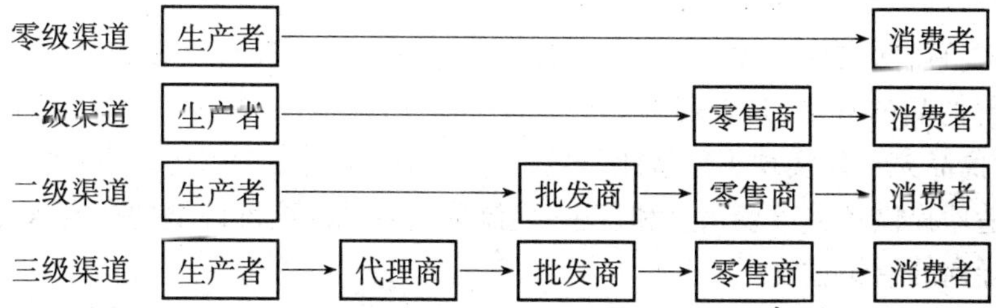

图 7－1 不同级数的渠道

零级渠道也称直接渠道，是指商品不经过任何中间机构，直接由生产者供应给消费者。它是一种最简便、最短的渠道。零级渠道的主要形式有上门推销、开展邮购、电话订货业务、开设经营门市部销售本企业产品等。

一级渠道是指含有一个中间机构的渠道。在消费品市场上，这个中间机构通常是零售企业，即生产者把商品销售给零售企业转售；在生产资料市场上，这个中间机构则常常是销售代理商或经纪人。

二级渠道是指包括两个中间机构的渠道。在消费品市场上，一般是一个批发商和一个零售商。生产者把商品销售给批发商，再转售给零售商，最后销售给消费者。我国日用工业品销售的传统模式就是这样的；在生产资料市场上，这两个中间机构可以是工业分销商和经销商。

三级渠道是指包含三个中间机构的渠道。一些规模较小，而商品又需广泛推销的生产者，常需通过多道批发或通过代理行、经纪人及其他代理中间商，把商品销售给批发商，再通过零售商出售给消费者。我国的贸易中心、贸易货栈、信托公司、工业品批发市场等，都承办这种代理业务。

渠道级数越多，意味着有更多的中间机构参与商品销售活动。所以渠道的级数表示了渠道的长度。级数越高，渠道越长。从生产者观点看，渠道级数越多，控制就越困难。所以要尽量减少不必要的环节，缩短分销渠道。

三、各类中间商的特点和作用

中间商是指介于生产者与消费者之间，专门从事商品流通活动的经济组织，包括零售商、批发商和代理中间商。它们都是构成商品分销渠道的基础。选择分销渠道，实施渠道方案，首先必须了解这些经济组织的特点和作用。

（一）零售商

零售商是指批量购进商品，然后经过组配和服务，把商品销售给最终消费者的商业组织。零售商在整个分销渠道中处于最后一个销售环节，经过零售环节后商品就进入了消费过程。换言之，商品只有进入消费领域后，才算最终实现了它的价值，被顾客真正地接受。零售环节是非常重要的。首先，它把商品送到各个购买点，即最终顾客能够购买的地方，使商品具有了时间价值和地点价值；其次，零售环节在出售商品的同时，还向顾客提供所需的附加利益，如服务、环境、象征性价值等，这使商品充分地实现了整体化；最后，零售商由于最接近顾客，它还可以向批发商和制造商提供各类市场信息和订单，使制造商或批发商准确地把握需求变化，实施顾客导向的营销过程。

零售商的种类主要有按业种和按业态两种区分方法。按业种来区分，即按照零售商所经营商品的种类划分零售商的类型。比如，经营服装的称服装店，经营药品的称药店。过去由于零售商的规模都比较小，一般只经营某一类或有限类别的商品，所以传统上一直是按业种来划分零售商的。按业种划分的零售商主要有百货店和专业店两类。百货店经营的商品类别较多，一般涉及服装、化妆品、家庭日用品、食品、文具等；专业店一般只经营一类商品，如粮店、文具店、绸布店、钟表店、鞋帽店等。近年来，由于大规模零售组织的出现，加上零售方式的不断变化，人们逐渐习惯于按业态来划分零售商的类型了。所谓业态是指按经营方式或销售方式划分的零售业类别。我国目前城市零售业也已逐步开始按业态来设置自己的企业形式了。按业态进行零售形态设置的好处是使零售企业能集中地满足顾客的某一类需求，可以使顾客以更少的成本(时间、精力等)一次性获得更多的商品和价值。比如，在超级市场，顾客可以一次购齐一段时间内日常生活所需的大部分物品，而不必买一样东西跑一家店，这就大大方便了顾客，也有利于销售。按业态区分的零售组织主要有以下几种形式。

1. 百货公司

百货公司一般是一种大型零售商店，它同时经营多条商品线，主要有时装、化妆品、家用电器、家具、文化用品、体育器材等；百货公司的商品档次一般较高，服务比较周全，从而商品的价格水平也相对较高；百货公司的主要目标顾客是中、高收入阶层和年轻消费者，女性顾客占绝大多数。早期百货公司大多设在城市商业中心，由它的投资者独立经营，但近几十年来，百货公司由于其昂贵的商品价位渐渐地失去了市场竞争力，所以国内外很多百货公司也开始进行变革，有的借鉴了超级市场开架销售的方式，有的开设到居民居住区，采取平价销售方针，有的则坚持高品位的路线，但是融合了更多的文化内涵和独特性。

2. 超级市场

超级市场是一种大型零售业态，它一般开设在居民聚集区或城郊结合部，采取开架销售、自我服务、统一结算的售货方式，以降低成本和售价；它所经营的商品主要是食品和周转率较高的生活日用品；超市的目标顾客是普通家庭，向它们提供一次购齐的便利，所以在国外，超级市场都设有大型的停车场。超级市场走的是低价路线，所以一般都采取连锁经营方式，统一订货，规模经营，降低成本。近一二十年来，超市为了扩大市场份额，除了经营食品和日用百货外，还开始销售耐用消费品和大件商品，如家用电器、建筑装潢材料等。

3. 折扣商店

折扣商店是为了同百货公司竞争，迎合消费者追求低价格心理而出现的一种零售商店。其特点是主要经营全国性品牌的商品，提供质量保证；所售商品均明码标价，一律按标明的折扣出售；为了降低成本，折扣商店也实行自助服务，并力求减少装潢和设施，店址一般选择在地价较低的市郊结合部。近年来，折扣店也开始革新经营方式，有的扩大经营品种，增加服务含量，有的则走专业化道路，成为某类商品的专业折扣店。

4. 专卖店

专卖店一般是一种小型零售店，它或者专门销售某一制造商的商品，或者专门销售某一品牌或少数几个品牌的商品；专卖店一般提供专门的服务，商品组合的深度大、广度小；由于专门性强，规模小，经营的成本较高，其商品的价位也较高；专卖店一般设在城市商业聚集中心，向有品牌偏好的目标顾客提供他们偏爱的商品。

5. 仓储商店

仓储商店是一种大型零售设施，其特征是面积大，一般在 1 万平方米以上；采取仓柜合一的经营方式，减少了商店辅助设施；仓储店的经营品种繁多，从日常生活用品到耐用消费品都有；销售方式与超级市场相似，开架销售，自助服务，统一结算，一般是现金交易，不提供送货服务；仓储商店的店址大多选择在郊外，并设有大型免费停车场，方便顾客一次购齐所有商品，其价位往往比超级市场还低，所以竞争力极强，是近十多年来出现的新兴业态，目标市场非常广阔。

6. 便利店

便利店是一种小型零售店，它一般开设在居民区或人流比较多的地区，大多实行日夜营业，经营的品种主要为食品、饮料、流行期刊和一些应急用品；便利店的目标顾客大多为青年人、单身家庭和流动人口；便利店一般营业面积较小，实行连锁经营，价格平稳，但略高于超级市场，是一种适应城市生活的零售业态。

7. 购物中心

购物中心是一种零售店或零售业态的聚合形式，它的总营业面积一般可达到几万到几十万平方米；大多数购物中心呈块状分布结构，有的也呈条状分布；购物中心和经营结构中有各类零售店、餐饮店、娱乐设施、体育中心、美容店，甚至还有诊所、银行、培训学校、旅馆等；购物中心都有巨大的停车场，国外很多购物中心还与火车站、地铁出口、公共汽车站组合在一起，成为一个巨大的人流集散地和生活中心。

8. 其他零售业态

随着零售产业的不断发展，各类新型的零售业态不断出现，如自动售货机、邮购商店、网上商店、无店铺零售、消费合作社等，这些零售业态的存在，满足了不同类型的消费需求，扩大了商品销售市场，同时也使不同零售业态之间的竞争日趋激烈。

(二) 批发商

批发包括将商品或服务售于那些为了转售或生产加工而购买的组织或个人时所发生的一切活动。专门从事购进商品，再转售给其他商业企业或工业用户用作转售或生产加工的中间环节，就是批发商，西方国家称为商人批发商、中间商或分销商。商人批发商拥有商品所有权，进销差额构成批发毛利。

工业企业为了避免中间商分享利润，消费者为了少受中间商的盘剥，都希望减少中间环节，主要指减少批发环节。20 世纪二三十年代，由于生产集中和垄断的发展，市场竞争激烈，许多制造商自己设置销售机构，直接将产品出售给零售商，甚至消费者。美国等西方国家的批发商地位下降。有人认为批发商盈利太多，"又懒又胖"，应该淘汰。然而事实上，批发商没被淘汰。自 20 世纪 50 年代起，人们开始重新认识到，批发商在组织商品流通中所起到的提高效率、降低费用、调节产销矛盾等作用，是谁也难以替代的，于是出现了"批发商业的复活"。通过反复实践和批发商业的自我完善，批发商的地位得到了恢复。批发销售额随国民收入的增长而逐年增长。

1. 按经营商品的范围分类

按经营商品的范围划分，批发商可分为四种基本类型：

(1) 专业批发商，即专门经营某类或有限几类商品的批发商业机构。它主要向某行业的各个生产企业订货，销售给其他批发商、零售商或工业用户。专业批发商经营的商品品种规格很多，品牌齐全，品种之间的消费替代性和连带性较强，同一商品或同一品种的进销批量都较大，为购买者提供了充分的比较和选择余地。专业批发商与本行业的生产企业联系广泛，有较多的专业知识，能为经营同类商品的专业零售商店和工业用户提供更多的技术咨询和服务。我国大中城市传统的专业批发公司和小城市的专业批发商店，都属此种类型。

(2) 综合批发商，即经营多条商品线、多类商品的批发商业机构。综合批发商与许多个生产行业有联系，经销对象主要是综合零售店及小商小贩。综合批发商店经营商品范围广，品种规格也较多，但不及专业批发商有深度。我国的工业品贸易中心、工业品批发市场、农副产品批发市场、小商品批发市场及传统的综合批发商店，都属此种类型。

(3) 工业品批发商，即专门向制造商提供产业用品的批发经营机构，它们通常提供储存、信贷、送货等服务，可以经营范围较广的全线商品(称配售商)，也可以经营专线商品。美国拥有 1 万多家工业分销商。我国传统的物资公司、生产资料批发市场，都属此种类型。

(4) 多功能批发商，也称为全功能批发商或完全服务批发商。这些批发商除了从事产品批发交易业务之外，还从事产品储存运输、广告推广、邮递送货、信贷结算等业务，有些还具有情报处理和通讯联络等功能。在现代的营销活动中，批发商的功能日趋健全，往往集商流、物流和信息流的功能于一体，是批发商发展的重要趋势。

2. 按批发商的职能和提供服务的程度分类

在西方，商人批发商按其职能和提供服务的程度分类，可分为完全服务批发商和有限服务批发商两大类。

(1) 完全服务批发商。它执行批发商业的全部职能，包括预测市场需求，提供市场信息和适销对路的货源，还提供储存商品、运输送货、信贷援助及协助管理等服务。

(2) 有限服务批发商。它只执行批发商业的一部分职能，对其供应者和顾客只提供一部分有限的服务。根据所提供的服务不同，又可进一步细分为以下几种类型：

一是现购自运批发商。它不赊销也不送货，顾客必须当时付清货款，并自备车辆将货物运回。因而其批发价格一般低于完全服务批发商。它主要从事食品杂货的批发。

二是直运批发商。它接到订单就向生产者订货，并通知生产者将货物直运给客户。所以直运批发商不需要仓库，只要一间办公室就行了，因而也叫“写字台批发商”。直运可避免重复运输，减少储运费用。它主要经营煤炭、木材等笨重商品。

三是卡车批发商。它从生产者那里把货物装上卡车后，立即运送给客户，或送到超市、小杂货店、医院、餐厅等现货现卖，主要执行销售和送货职能。它主要适合经营那些易腐商品。

四是货架批发商，也称专柜寄售批发商。它在超级市场或其他食品杂货店设置自己的货架，展销其商品。实现销售后，才向零售商开单收款。它主要经营家用器皿、化妆品、玩具等，提供送货、陈列商品、储存商品和融通资金等服务。

五是邮购批发商。它向零售商、工业用户寄送商品目录，订货配齐后，以邮寄、卡车等有效方式送货。它全部批发业务都采取邮购方式，主要经营化妆品、专门食品、小五金等小商品，主要顾客是边远地区的小零售商。

在现实经济生活中，还存在若干生产企业自愿组合的批发企业、生产企业和商业联合的经营批发企业。批发商的存在，使整个社会营销关系大大简化，使社会规模的营销成本有所降低。

(三) 代理商和经纪行

代理商和经纪行都不从事产品的实际买卖，不拥有产品所有权，主要功能在于促进买卖，从而可获得销售价的2%～6%作为佣金。

1. 代理商

代理商是以代理卖方或买方销售产品或采购商品为主要业务，从中向委托方收取代理费的机构。在发达国家常见的代理形式有四种：

(1) 制造商代理商，即厂家代理。它通常代表几家产品线互相补充的生产企业，在一定地区按厂方规定的销售价格和其他销售条件销售产品，制造商按销售额的一定比例付给佣金，鼓励其以最好的价格积极推销。这种代理商类似厂方的推销员。它往往与厂方有相对固定的长期代理关系。

(2) 销售代理商。它通常也受制造商委托代销商品。与制造商、代理商不同的是，销售代理商具有销售制造商全部产品的权利，厂方不得再委托其他代理商或雇员推销其产品。销售代理商实际是厂方的独家全权销售代理商，对商品的价格、交易条件等有很大的影响力，而且也不受地区限制。销售代理商常见于纺织、木材、食品、服装等竞争激烈的行业。这种委托关系也相对较持久。

(3) 佣金商，或称商行。它是一种临时为委托方销售商品，根据委托条件推销商品并收取佣金的代理机构。在西方国家，佣金商大多从事农产品代销业务。受托于那些不愿自己出售商品的农场主。佣金商用卡车将农产品运送到中心市场，以最好的价格出售，减去佣金和各项开支，将余款汇给生产者。

(4) 采购代理商。它是与买主建有较长期的关系，为买主采购商品，并提供收货、验货、储存、送货等服务的机构，例如，大规模服装市场上有一种常驻买客，专门物色适合于小城镇的一些小零售商经营的服装。他们知识丰富，可向其委托人提供有益的市场情报，并为其采购到适宜的优良商品。

各种代理商的作用主要有两点：一是弥补了生产企业和批发商业销售网点和销售能力的不足，有助于扩大商品销路，对新产品或滞销商品的推销更为适用。二是委托他人代理销售，可以减少许多与经销商在利益分配上的矛盾和争执。现代经营活动中，代理商是一种比较理想的销售渠道。

2. 经纪行

经纪行，俗称掮客。它主要的作用是为买卖双方牵线搭桥，协助谈判，促成买卖。它不存货，不卷入财务，不承担风险，由委托方付给佣金。国外常见的经纪行有食品经纪行、不动产经纪行、保险经纪行和证券经纪行等。在我国，经纪行尚处萌芽阶段，随着经济的发展，经纪行也必将成为我国工商企业营销活动的一条有效的渠道。

第二节 渠道的选择

选择渠道是企业销售工作中最重要的决策之一。企业有了适销对路的商品，必须通过适当的渠道才能及时、有效地把商品送到潜在顾客手中。渠道的选择是否合理，中间环节的多少是否恰当，也直接影响到商品的销售成本，从而影响到商品的价格、商品的竞争力。另外，选择一些熟悉市场状况和产品性能、具有丰富市场营销经验的中间商，将更有利于企业的促销活动。商品分销渠道错综复杂，且随着市场需求的变化而变化，企业一旦选错了渠道，不仅当时要遭受经济上的巨大损失，且要纠正也费时费力。所以一般有营销经验的企业，都十分注重研究渠道策略。

一、渠道的功能

在现代社会中，任何企业的销售都面临着众多可供选择的渠道，对渠道的基本要求是能有效地弥合产品、服务与其使用者之间在时间上和空间上和持有权等方面的缺口，具有最大限度的目标市场覆盖面，能以最快的流通速度、最佳的服务质量、最省的流通费用，把产品连续不断地送到消费者手中。所以，理想的渠道一般应具备以下几个功能。

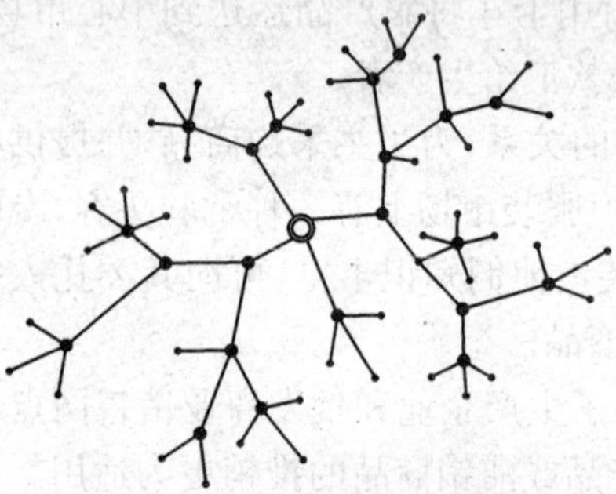

图 7-2 渠道的辐射功能

（一）辐射功能

辐射功能，即产品销售渠道的每一个环节，都具有圆圈状的、向外辐射的功能，见图 7-2。

生产企业作为辐射的中心和起点，与几个头道环节发生联系，而每个头道环节又各自成为新的辐射中心，与一定量的二道环节联系，如此延伸，直至最终消费市场，可形成地域宽广的销售网络。渠道的辐射功能大小，决定了市场覆盖面的大小，从而影响产品销售量的大小，所以企业应尽可能选择辐射功能较好的渠道。

（二）连续功能

连续功能，即能使企业产品连续不断地顺利通过一系列环节，尽快地到达消费者手中的功能。在有中间环节的渠道中，往往会产生商品在中途的各种滞留，造成流通中的脱节，从而使生产企业因产品在途时间的延误而坐失销售良机。所以选择的分销渠道各环节之间能否有效地配合，有否上述连续功能，是企业必须重视的。

（三）配套功能

配套功能，即具备相应的配套条件，能确保产品价值和使用价值顺利转移的功能。理想的渠道，不仅具有以货币为媒介的商品交换功能，而且还具有确保商品实体从产地转移到销地，使消费者需求得到满足的渠道功能。这就要求分销渠道附有运输、储备、养护等条件，零售环节还应配有指导使用和产品维修等技术服务措施，从而消除消费者的后顾之忧，使商品销售渠道畅通，扩大企业市场，扩大销售。

(四) 效益功能

效益功能,即渠道应具有耗费小、收益大的功能。效益功能好的渠道应在各方面具有一定的优势,交易成功率高,能按经济区域合理组织商品运输,依据商品特点选择功效高且经济的运输工具,能为企业加速资金周转、节约流通费用提供有效的服务。

由于每一种渠道具有上述四种功能的程度不同,企业选择渠道时,应从自己的产品、市场及企业内部和外部环境出发,综合考虑,侧重于某 两项功能,从而选择更有利于企业产品销售的渠道。

二、渠道模式的选择

选择渠道模式即决定企业采取少层次的短渠道,还是多层次的长渠道。考虑要不要经过中间商销售,经过几道中间环节最合适。影响渠道决策的因素很多,企业通常应从目标市场的情况、产品的特点、企业自身特点及环境特点等方面来考虑,进行综合研究与判断,作出适当的选择。

(一) 目标市场的情况

首先,当企业的目标市场规模较大,潜在顾客的数量多且分布广泛时,就需要较长的渠道,通过中间商分销到各地,这样比企业自行销售经济有效。其次,目标市场顾客每次购买量小而购买次数多的产品,渠道也应较长,因为要满足少量而频繁的订货,会使销售成本上升。再次,对目标市场潜在顾客相对较少、市场比较集中、一次购买量较大的市场,可采取较短的,甚至是最短的直接渠道。最后,有些产品市场规模虽很大,但在有些地区市场较密集,购买集中,企业也可以采取直接渠道,在密集地区建立销售机构,自行销售。

(二) 产品特点

首先,对那些易腐、易过时的商品,都应采取尽可能短的渠道,周转越快越好,因为拖延和重复搬运都会造成很大的损失。其次,那些体积庞大、笨重的产品,考虑运输和储存的条件及费用,也应选择尽可能短的渠道。再次,技术性较高的工业产品,应尽量采取直接渠道或较短的渠道,便于企业指派人员当面介绍推销产品,搞好售后服务,保持企业信誉。最后,单位价值较高的产品一般也不宜经较多的中间环节转手,应采取较短的渠道销售。就一般而言,商品单位价值较低的商品销售渠道都较长,但有些产品单位价值虽低,一次销售量却很大,订单金额较大,也可以采取短渠道销售。

(三) 企业自身特点

首先,企业的规模决定了它的市场规模及其信誉。一般地说,企业的规模大、声誉好、财力雄厚,容易获得较理想的推销人员,建立自己的销售网点,自己控制销售渠道。而那些财力弱小的小企业，往往就不得不依靠中间商提供销售服务。其次，企业必须考虑自身的管理能力和经验，缺乏销售经验和技巧的企业，有必要选择合适的中间商为其服务。最后，企业控制渠道的愿望，也会影响渠道的选择，许多企业为控制产品销售渠道，宁愿花费较高的费用，直接销售，控制零售价格，并进行有效的宣传推广。

（四）环境特点

环境是影响选择渠道的外部因素，也即企业的营销环境。例如，当经济不景气时，生产者总要求以最快、最经济的方法将其产品推入市场，这就意味着要利用较短的渠道，取消一些不必要的服务，降低商品价格，提高产品竞争力。又如，某些渠道已被竞争者占领，企业为避开竞争，也可采取上门推销等短渠道。另外，法律规定和限制也会影响渠道的选择，如法律的规定禁止会严重减少竞争者倾向于垄断的各种渠道安排。

三、具体渠道的选择决策

当企业确定采取何种渠道模式后，就要接着进行具体渠道的选择决策，即决定选择什么样的中间商、多少中间商来销售本企业的产品。这首先取决于企业需要中间商提供哪些服务，起到什么样的作用。同时也取决于中间商是否愿意经营这种商品。在这种双向选择中，实力较强的一方往往具有较大的抉择权。企业选择具体渠道对象通常分两步进行。

（一）确定可供选择的主要渠道方案

一个可供选择的渠道方案是由三方面的内容组成的，即中间商的类型、中间商的数目、渠道成员的权利和义务。

1. 中间商的类型

企业首先应该弄清楚能够承担其渠道工作的中间商的类型，即有哪些类型的中间商能够销售本企业的产品。通常一种产品都可由多种类型的中间商销售。例如，某家测试设备制造公司，发明了一种可探测机器故障的音波探测器。公司经理们认为，这种产品在所有使用或制造电机、内燃机和汽轮机的行业里都有市场。但公司现有的推销力量很小，如何有效地进入以上各个行业？经管理当局讨论，提出了下列渠道类型以供选择：

（1）公司推销队伍。扩大公司直接推销人员的队伍，指派销售代表到各地区向所有的潜在顾客推销本产品，或以不同行业为目标，分别发展公司的推销队伍。

（2）制造商代理商。在不同地区或使用该产品的行业里，委托制造商代理商向最终用户出售这种产品。

（3）工业分销商。在不同地区或使用该产品的行业里，寻找愿意经营此种新产品的工业分销商,给他们独家经营权和足够的毛利,对他们进行产品知识培训,并给予促销方面的支持。

对该测试设备制造公司来说,以上三种类型的渠道都是可行的,可作为备选渠道类型。

企业在考虑其可供选择的渠道类型时,除了采纳传统渠道,还可以寻找一些更新的渠道。例如,在美国,风琴一向是在乐器商店出售的,但康恩公司一反惯例,通过百货公司和折扣商店出售风琴,吸引了更多好奇的消费者。再如,美国"本月新书俱乐部"也大胆采用新渠道,通过邮寄销售各种新书,取得了极好的效果。其他经营者也纷纷效仿,出现了"本月新唱片俱乐部"、"本月新糖果俱乐部"等几十个诸如此类的销售组织。

有时候,由于种种原因,企业无法利用它中意的渠道,而不得不另辟渠道,结果却收到了出乎意料的成效。例如,美国时间公司原准备通过传统的饰品商店出售价格低廉的天时美牌手表,遭到了多家首饰商店的拒绝,公司不得已,只好通过出售大众化商品的商店销售它的手表。由于大众化商品的兴盛,使大众化的天时美表销售大获成功。

总之,企业应为自己寻找各种可行的渠道类型,以供决策选择。

2. 中间商的数目

企业必须决定每个渠道层次使用多少个中间商,即采取宽渠道还是窄渠道,一般根据企业产品在市场上的地位和目标来决定,通常有三种可供选择的策略:

(1) 密集型分销,也称广泛分销,是一种宽渠道策略,即在同一渠道环节层次上,对经销商的数目不加限制,越多越好,也就是让尽可能多的中间商来销售企业的产品,积极扩大产品的销售网络。日用消费品、方便商品和一般的生产原料销售,都常采用这种策略。因为这些产品适用范围广,消费者和用户都希望方便地购买到商品。这种策略的优点在于营销面广。成千上万个零售网点出售某一种商品,能使其品牌得到充分的显露,同时,便利消费者购买,有助于企业全方位地扩大产品销量,提高总体市场占有率。密集型分销的不足之处在于各种渠道同时经营,加剧了产品的市场竞争,在产品供不应求时,企业货源不足,难以满足各方需求。一旦市场萎缩,又会使订单普遍下降,造成企业经营困难。另外,密集型分销各中间商都不愿分担广告等费用,生产企业必须单独负担全面促销的费用。企业采用密集型分销也难以利用某些中间商的优势树立产品形象。所以这种策略不一定有助于企业营销目标的全面实现。

(2) 独家分销,也称集中分销,是一种窄渠道策略,即企业有意识地限制经营其产品的中间商户数,实行独家经销,也就是让有限的几家经销商,在他们各自的区域范围内,享有独家销售本企业产品的权利。这常常也是一种排他性专营，即规定这些中间商不得再经销其他厂商生产的同类竞争产品。如销售新式汽车、电器用具、高级时装等，常采用独家分销策略，可提高产品形象，保持产品身价，增加利润。采用独家分销，便于企业在价格、促销、信贷和其他服务方面对经销商加以控制，并可采取有效的措施提高经销商的推销效率和积极性。但独家分销在抓住一部分消费者群体的同时，也往往会使企业失去更多的市场。同时，过窄的渠道适应性也较差，一旦市场发生变化，企业会在短期内完全失去市场。所以这种策略只为少数企业在少数产品营销中采用。此外，独家分销所选择的经销商一般社会形象都较好，商业毛利要求也较高，会增加企业的销售成本。

(3) 选择型分销，是在一定的地区内，在同一渠道环节层次上，选择几个中间商经销本企业的产品。对消费品中的选购品，消费者使用中常常偏爱某些厂牌产品，所以一些已建立起信誉的老企业或某些新企业都常利用选择性分销来吸引中间商。被选出来的中间商数目不多，便于企业与中间商之间互相密切配合，建立良好的协作关系，获得较好的销售结果。选择型分销能使企业获得足够的市场覆盖面，达到一定的市场占有率。与密集型分销策略相比，选择型分销既能有效地控制，又能保持较低的销售成本。有不少企业开始先使用密集型分销策略，以后根据需要淘汰那些不理想的中间商，实行选择型分销策略，以提高效率，降低费用，为企业提供更多的利润。

3. 渠道成员的权利和义务

在渠道方案中，企业必须确定渠道成员的权利和义务，主要包括价格政策、销售条件、分销商地区权利和双方应提供的服务。

(1) 价格政策，即要求生产者制定一张价目表和折扣细目单，并使中间商感到这些折扣是公平的、足够的。

(2) 销售条件，即支付条件和企业的担保。大多数企业都给付款较早的分销商一定的现金折扣。企业也可向分销商提供有关商品质量不好或市场价格下跌等方面的担保，有关价格下跌所作的担保，往往能吸引分销商大量地购进本企业的产品。

(3) 分销商的地区权利，是贸易关系组合中的又一要素。分销商需要知道企业打算在哪个地区给予其他分销商特许权。他们喜欢把自己销售地区的所有销售实绩都归功于自己。所以企业要给予渠道成员一定的地区权利。

(4) 双方应提供的服务，即双方必须慎重确定，尤其是在采取特约代营和独家代理等渠道形式时，必须明确规定双方各自应承担的义务和所享有的权利。

总之，企业应从既能有效地吸引企业选中的中间商，又保证企业的实际利益出发，慎重地规定渠道成员的权利和义务，以供双向选择。

(二) 评估决策主要的渠道方案

假如企业已确定了几种备选渠道方案，就要进一步估计哪一个方案最能满足企业的长期目标，从而在几种可行渠道方案中选择最佳方案。通常以渠道的经济性、可控性和适应性三个标准进行评估。

如美国的梅菲斯家具制造商，想在西海岸零售商店出售它的产品，在两种可行方案之间进行抉择：

一种可能是聘用 10 名新的销售代表，在旧金山组成一个销售办事处，除了付给他们基本工资外，还将根据其销售量付给佣金。

另一种可能是在旧金山利用一家与零售商有着广泛联系的制造厂商销售代理行，这家代理行有 30 个销售代表，企业将按他们的销售量付给佣金。

1. 经济性标准

按经济标准衡量，这两种渠道方案将产生不同水平的销售量和成本。第一个问题是使用公司自己的推销队伍销售量大，还是使用代理行销售量大？经研究，大多数经理认为使用自己的推销队伍销售量大。因为自己的销售代表是完全致力于本公司产品销售的；他们在推销本公司产品方面受过较好的训练；他们的未来与企业密切相关，所以在推销方面更富有进取性；另外，一般顾客也都喜欢与企业直接打交道。所以公司自己的推销队伍更可能获得成功。

然而，以上只是一种抽象的分析。同时也存在着另一种可能，即推销代理行能比公司推销队伍销售更大数量的产品。因为首先，推销代理行有 30 个销售代表，而公司只有 10 个；其次，如果推销这些家具的佣金比推销其他商品的佣金多，代理行的推销员可能会与公司推销员一样积极推销；再次，有些顾客喜欢与代表几家厂商的代理商打交道；最后，代理行与市场有广泛的联系，有多年销售经验，而公司推销队伍必须从头做起。所以必须进一步对两种可行性渠道方案的不同销售成本进行评估比较，见图 7－3。

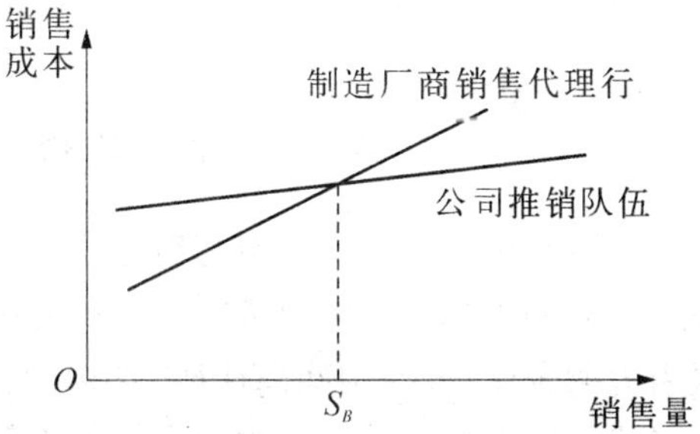

图 7－3 不同渠道方案的比较

从图 7－3 可以看出，利用代理行推销，开始销售成本低于公司推销队伍，但因代理行的佣金比公司推销队伍高，所以利用代理行的费用增长很快；用自己的推销队伍则相反，开始建立办事处，雇佣新代表费用支出较多，成本较高，但以后增长不大。所以当销售达到某一个水平，即图中销售量达到 S_B 时，两种渠道的销售成本相等。因此，当销售量低于 S_B 时，利用销售代理行推销较为有利，而当销售量高于 S_B 时，利用公司推销队伍更为适宜。一般小型公司，或者大公司在某一小区域内销售,销售量都相对较少,采用代理行推销较为经济合理,没有必要使用自己的推销队伍。

2. 可控性标准

按控制标准来衡量,选择渠道还必须考虑渠道的控制问题。使用销售代理行,会产生较多的控制方面的问题,因为销售代理行是一个独立的公司,关心的是它们本公司的利润最优化,主要推销精力可能集中在从它们经营的商品品种组合角度考虑的最主要的顾客身上,而不是在某个特定制造商的产品上。此外,代理行的推销员也往往不愿多研究某公司的产品技术,不掌握有关公司产品技术的细节,也不会有效地利用公司提供的宣传促销材料。公司自用推销员在这些方面就较容易控制。另外,不同的代理行,可控制的程度一般也不同,这就有待于进一步抉择。

3. 适应性标准

按适应性标准来衡量,采用中间商推销的渠道,都将承担一定时期的义务。从经济性和可靠性角度考虑,较长期的渠道关系显得更为优越。精明的公司都努力与它们的经销商结成长期合作关系。但含长期义务的渠道,适应性一般都较差,不够灵活。如一个制造商,使用一个销售代理商,订立了5年合同。在这5年期间,其他销售方式,如邮购等方式,可能变得更有效,但制造商因已与代理商订有长期合约,而不能采取其他更为有效的渠道。

总之,企业要从以上标准出发,进行全面的衡量,并采用有效的决策技术和决策方法,对各种渠道方案进行质的方面和量的方面的综合评估,从而选择出最佳渠道方案。

四、选择个别中间商

企业在确定了渠道方案之后,还必须对每个中间商,即具体的渠道成员进行选择。企业要为其选中的渠道物色合适的中间商,并非都是轻而易举的事,有些较有吸引力的企业,选择中间商往往会招徕大批申请人,而有些企业必须花很大的努力去寻找足够数量的合格的中间商。但不管难也好,易也好,它们都必须明确一个好的中间商应具备的特点。通常从以下几个方面对中间商进行评价。

(一) 经商的年数

一般经商年数长,经验丰富,服务有方,企业信誉较好,容易接近目标市场。

(二) 经营的其他商品

一般应选择经营与本企业产品有连带需要的中间商,例如,木材厂愿将其产品通过建筑材料商经营,以便顾客在购买其建材的同时,购买木材。生产厂商一般不愿将产品交给经营同类竞争产品的中间商经营,除非他确信自己的产品具有更大的竞争力，在产品的质量、价格等方面，对消费者都具有更大的吸引力。

(三) 成长盈利记录

成长盈利记录一定程度上反映了中间商的经营管理水平、服务水平、促销措施等，为能否成功地经营本企业的产品提供了衡量依据。

(四) 偿付能力

偿付能力反映了中间商的财务状况，企业在选择时必须调查了解。毫无疑问，所有的厂商均期待中间商能及时结清货款。有些经营力量薄弱的厂商，还希望预收货款。

(五) 合作态度

具有积极合作态度的渠道成员，在市场覆盖、产品供应、市场开发、账务要求、技术建设和服务以及市场情报等方面，都能提供出色的服务。

(六) 信誉

通过信誉较好的中间商销售，可提高产品的形象，扩大销售。

如果中间商是销售代理商，企业还要评价其所销售的其他产品的数量、特征及其推销力量。如果选择百货商店独家经销，对商店的店址、未来的成长潜量和顾客类型等也要作出必要的评价。企业将在对合适的中间商进行以上各方面全面评价的基础上，选择理想的合作伙伴。

第三节 产品的实体分销

一、实体分销概述

(一) 实体分销的含义

产品的实体分销也就是商品实体的转移，包括商品的运输和储存。一个企业，在确定了使用什么样的分销渠道以后，接下来的工作就是要解决如何把商品迅速运送到顾客(包括中间商、用户和最终消费者)手里去，也就是完成实物(商品)的转移问题。这是一个比较复杂的问题，因为它面对着既要降低运输过程中的费用，又要很好地满足顾客的交货要求这样两个相互联系又相互矛盾的问题，需要适当地进行权衡抉择。

实体分销有广义和狭义两种解释。

1. 广义的解释

广义的实体分销是把从原料的产地选择到最终消费者市场的需求都包括在内的。这是把市场营销作为选择未经过整理的自然原料和满足人类的需求之间的桥梁。通常，企业先选择最终市场，再逆向安排适当的中间商、仓库及选择商品与原料的产地等。

2. 狭义的解释

狭义的实体分销是指完工商品从生产企业运送到购买者所在地的过程。企业面临的问题是如何完成有效率的安排,解决好商品的供应、运输和存储等问题,以满足市场的消费需要。

(二) 实体分销的职能

我们这里主要研究个别企业的实体分销。假定企业已存在于销售市场,其目的主要是把手中的商品如何用经济合理的方式传送出去。从狭义的含义看,商品的实体分销涉及商品移动的整个活动过程,包括运输、仓储、物资搬运、存货控制、订单处理和保护性包装等六个职能环节。

1. 运输

运输是指生产企业向商品购买者发运商品的活动过程。通常包括下面两个决策:第一,选择运输方式,包括公路运输、铁路运输、航空运输、管道运输、水上运输等;第二,决定发货批量、发运时间及最佳的运输路线等。

2. 仓储

仓储是指生产企业直接利用仓库储存产品。对于仓储问题,同样也要进行一系列决策。比如,是决定自建仓库还是租赁仓库?是单层仓库还是多层仓库?同时还要选择适当的仓库地址。

3. 物资搬运

商品必须搬进仓库储存,进行必要的整理,准备待运和发运出库。在此过程中,物资搬运操作通常要使用各种搬运机械设备,如起重机、铲车、传送带、升降机及相应的人力。

4. 存货控制

存货控制包括决定和记录商品的存放地点、各种商品的实际储存量和顾客需要的发货量及发货期等。商品的储存相应地要发生各种费用,如存货管理费、税金、保险费用和搬运费用等。企业一方面要力求节约费用,同时又要保持足够的库存水平,以便在顾客需要时就可以及时组织发货。

5. 订单处理

顾客送给企业的订单,应尽量满足供应。一般企业都要求顾客把已到达交货期的订单直接送到仓库,仓库收单后进行检查,看是否正确,同时按订货单所要求的商品的颜色、式样、尺寸和数量,准确地把商品发运给顾客。

6. 保护性包装

为了保证企业商品的质量,保护消费者的利益,对于易破损和易变质的商品,发运前必须进行妥善的包装。

(三)实体分销的作用

在以上六个职能环节中,商品的储存和运输是实体分销的主体。因此,科学合理地制定实体分销决策,在可能的条件下合理地进行商品的运输和储存,对企业的经营有较大的促进作用。它大致表现在以下几个方面。

1. 降低成本

实体分销决策的目的就是降低各项费用。例如,企业决定商品要仓储,那就必须在各种备选方案中,选择仓库保管费用和搬运费用最低的方案。对于企业来说,低成本不仅有利于节约资金、充分发挥企业资金的效用,而且使得企业商品的价格低于一般市场价格,这是企业在市场竞争中获胜的重要条件。

2. 促进销售

一个企业能否提供较好的服务,是促进顾客购买和连续购买企业商品的一个关键性因素。企业如能做到及时发货,准时交货,甚至能够根据顾客的要求提供紧急送货服务,就能吸引顾客,得到顾客的信任,从而扩大商品的销售量。

3. 增加利润

利润也是实体分销决策的一个标准,在对备选方案进行评价时,通过权衡各种不同方案的成本和利润,采用利润最高的方案,使得企业获得尽量多的收益,从而取得更多扩大经营的资金,增加企业职工福利,充分调动企业职工的积极性。

二、实体分销决策的主要内容

(一)仓库地址的选择

仓库是企业进行商品储存最重要的场所,是组织商品流通的一种必需的物质技术设施。仓库地址的选择是一个较难处理的决策问题,因为有许多变动因素影响仓库的地址选择。选择仓库的主要标准包括:其一,是否有利于增加企业的利润;其二,向顾客发货的运输费用的大小;其三,为顾客所提供的服务水平的高低。其中,对利润的影响决定于运输费用和顾客对服务的要求这两个方面。

1. 运输费用

运输费用是由全部运输量乘以运输里程和单位运价确定的,单位运价一确定,运输量越大,运输路线越长,其运输费用也就越高。因此,在选择仓库位置时,企业应考虑到每个顾客的地址所要求的运输吨位和吨千米数。

从表 7-1 中可以看出,五家顾客 A、B、C、D、E 相邻较近,它们大都是需要量大的顾客。F 和 G 两家需要量小且距离较远。从常识上讲,如果发货人打算减少全部运输费用,那么仓库的位置必须接近运输量最大的购货单位。仓库位置选择在 M_2 地较 M_1 地为好。因为 M_2 地的总运输吨千米数较 M_1 地的总运输吨千米数为少,故其运输费用亦较少。

表 7-1 通过运输费用的比较选择仓库地址

从仓库 M_1 到各顾客				从仓库 M_2 到各顾客			
顾客	距离（千米）	吨 位	吨千米	顾客	距离（千米）	吨 位	吨千米
A	438	10 000	4 380 000	A	150	10 000	1 500 000
B	312	8 000	2 496 000	B	194	8 000	1 552 000
C	406	7 000	2 842 000	C	250	7 000	1 750 000
D	175	6 000	1 050 000	D	206	6 000	1 236 000
E	188	5 000	940 000	E	306	5 000	1 530 000
F	344	1 000	344 000	F	600	1 000	600 000
G	400	2 000	800 000	G	688	2 000	1 376 000
合计			12 852 000	合计			9 544 000

在实际工作中，企业应计算不同地址的吨千米数，从中选定运输吨千米数最小的地点。

2. 顾客对服务的要求

仓库位置的选择，也必须考虑到顾客所需服务的水平，这也影响到销售商品的数量。这里最关键的因素是从发货人接到订单以后到订货人收到商品为止的时间。这个时间的长短，主要取决于运输方式和运输距离。例如，顾客要求两日内收到商品，而卡车每日运行 400 千米，那么商品的运输距离必须在 800 千米以内，才能按指定时间把商品送给购买者。所以，仓库地址应选择在距离顾客服务所在地 800 千米以内，这样就能保证在两日内将货送到指定地点。

（二）物资搬运机具

近年来，随着生产的发展和科学技术的进步，企业广泛地使用了各种先进的物资搬运机具，故对人力的需要明显下降，从而降低了营销成本。机动铲车是使用最广泛的搬运设备之一，它可以有效地将商品托盘码垛。集装箱是一种标准化的大型包装箱，便于储存和运输，能简便地把货物从一种运输工具转到另一种运输工具，能大大降低运输费用和储存费用。许多仓库还广泛使用各种传送装置进行单向搬运，起重机和升降机则用于垂直方向的商品搬运。仓库的全部自动化更有利于降低商品储存成本。

（三）存货水平控制

存货水平的控制，也是实体分销决策的一个内容。存货水平高，能提供最高效率的服务，及时向顾客发运商品，解决紧急发货问题，从而减少顾客用货短缺现象的发生，最终能促使企业增加销售量。但存货过多，则需要较大的仓储面积、较多的仓储设备、支付较多的利息,增加仓储费用,最终也会影响成本、利润。企业存货水平很大程度上关系到企业的订货批量,当订货批量较大时,库存水平肯定高;反之,日常存货少,订货批量基本不会很大。因此控制存货的问题首先必须取决于如何确定最佳订货批量。

在任何情况下,订货企业的订货批量都会遇到两个互相矛盾的成本因素,即订货费用和存货费用。订货批量与订货费用、存货费用有着密切的关系。见图7-4。

订货批量和订货费用是反比例的关系。因为每进一批商品,就要花费一次费用。当一定时间内商品的订货总量不变,则每次订货批量大,订货次数就少,订货费用也就少;反过来,在订货总量不变的前提下,订货批量小,订货次数就多,订货费用也就多。因此,为了节省订货费用也就要求订货批量大一些。

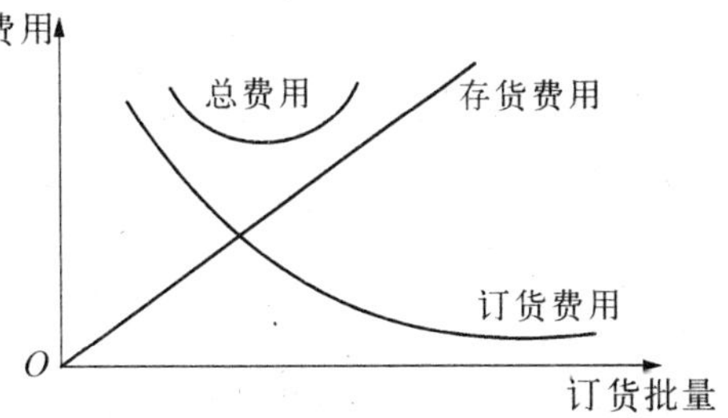

图7-4 最佳订货批量的确定

订货批量和存货费用是正比例的关系。因为当一定时期内商品的订货总量不变时,则每次订货批量大,平均库存量也大,存货费用就多,包括管理费、包装费、存货占用资金的利息、折旧费、商品损耗,以及其他费用等;反过来,订货批量小,平均库存量小,存货费用也少。

从经济效益角度讲,订货费用与存货费用都要节省。这就要求在订货总量一定的条件下,确定一个最佳的订货批量。从而使得订货费用和存货费用最为节省、经济。因此,经济订货批量就是指使订货费用和存货费用之和(即总费用)减少到最低限度的订货批量。假定:

(1) 需求率已知,且稳定不变;仓库库存随时间变化而均匀下降。

(2) 订货间隔期已知,且稳定可靠;当库存用完时,订货及时到达。

(3) 瞬时补充存货。订货一次到达;库存瞬时达到最高点,而后随着销售,库存下降,每次补充的数量就是经济批量。

$$\text{一定时期内的订货费用}=\text{订货次数}\times\text{每次订货费用}=$$

$$\frac{\text{订货总量}}{\text{订货批量}}\times\text{每次订货费用}=$$

$$\frac{D}{Q}\cdot S$$

$$\text{一定时期内的存货费用}=\text{平均库存}\times\text{单位存储费用}\times\text{存储时间}=$$

$$\frac{\text{订货批量}}{2}\times\text{单位存储费用}\times\text{存储时间}=$$

$$\frac{Q}{2}\cdot I\cdot T$$

$$\text{一定时期内的总费用}=\text{订货费用}+\text{存货费用}=$$

$$\frac{D}{Q}\cdot S+\frac{Q}{2}\cdot I\cdot T$$

要求总费用最小的订货批量，可根据微分学的极值原理，对总费用函数求导数，使其导数等于0。

$$\left(\frac{D}{Q}\cdot S+\frac{Q}{2}\cdot I\cdot T\right)'=0$$

通过推导和解方程(推导过程略)，得到总费用最小的订货批量，即经济订货批量计算公式为：

$$\text{经济订货批量}=\sqrt{\frac{2\times\text{订货总量}\times\text{每次订货费用}}{\text{单位存储费用}\times\text{存储时间}}}$$

$$Q=\sqrt{\frac{2\cdot D\cdot S}{I\cdot T}}$$

例如，某零售商店每年销售水果罐头12 000箱，已知每次订货费用$(S)=20$元，每箱每年库存费用为0.48元，求该商店水果罐头的经济订货批量。

$$\text{经济订货批量}=\sqrt{\frac{2\cdot D\cdot S}{I\cdot T}}=\sqrt{\frac{2\times 12\,000\times 20}{0.48}}=1\,000(\text{箱})$$

1 000箱之所以是经济订货批量，是由于每次订货1 000箱时总费用最省，为480元。即：

$$\text{总费用}=\frac{D}{Q}\cdot S+\frac{Q}{2}\cdot I\cdot T=\frac{12\,000}{1\,000}\times 20+\frac{1\,000\times 0.48}{2}=480(\text{元})$$

而其他任何大于1 000箱和小于1 000箱的订货批量都不能使总费用小于480元，都不是经济订货批量。当确定了经济订货批量后，确定库存水平也就有了前提条件。假设，每年工作300天，日平均销售40箱，如果知道订货间隔期是5天，则订货期间必须保持的库存量就是200箱(40×5)，这是企业的最低库存警戒点(订货点)，即库存量下降到200箱时，就要组织订货。利用这个定量计算方式，就能达到控制最佳库存的目的。

(四) 运输方式

可供企业选择的运输方式主要有五种：铁路运输、水路运输、公路运输、航空运输和管道运输。各种运输方式采用不同的运输工具，具有各自的特点。企业要根据各种运输方式的分工和特点，结合产品的特性、运输距离的远近、运输时间的多少、成本费用的高低，以及顾客需要的缓急等，合理地选择使用各种运输方式。

1. 铁路运输

铁路运输的特点是：① 货运量最大，一般一列货车可以送 2 000～3 000 吨货物；② 速度快，火车的运行速度高于轮船和汽车；③ 一般不受气候和季节的影响，连续性强；④ 运输成本较低，比其他运输方式更节约费用。

2. 水路运输

水路运输的特点是：① 载重量大，一般可以达几千吨乃至上万吨、几十万吨；② 耗能少、运费低；③ 可装运特殊规格的特大件商品。

3. 公路运输

公路运输的特点是：① 机动灵活、迅速，便于"门对门"运输，在短途及某些货物的中距离运输中有明显的优势。它往往能把商品运到火车、轮船和飞机所不能到达的小城市或偏僻山区农村；② 装运量小，燃料消耗大，运费高。

4. 航空运输

航空运输的特点是：① 运输速度最快；② 装运量小；③ 运输成本高。因此，航空运输只适宜于远距离运送急需的、贵重的和时间性较强的物品。

5. 管道运输

管道运输的特点是：① 连续性强，损耗小，一般运送石油、天然气和水等液态物品，由于管道是封闭的，可以减少挥发损耗；② 运输成本低；③ 安全可靠，不易发生故障，即便发生事故，也能在短时间内很快排除；④ 限制性强，除了液体、气体物资，大部分物资都无法利用管道运输。

(五) 运输路线

企业在选定运输方式后，还应决定选择怎样的商品运输路线。通常选择运输路线的标准是：

(1) 所选定的运输路线应保证把商品送给顾客的时间最短。这样，就可以做到缩短订货周期，准时向顾客发货，以减少库存短缺的情况，提高服务质量。

(2) 选定的运输路线应能减少总的运输里程。这意味着可以减少发货人的运输费用。

(3) 选定的运输路线应保证最大的购买者得到较好的服务。

(4) 商品调运路线成圆状时，按照图上作业法的基本规则，采用最合理的商品调运方案，即商品调运路线的里圈长（指商品调运顺时针方向流向里程加总）、外圈长（指商品调运逆时针方向流向里程加总）均小于全圈长的一半或者正好相等。

案 例

宝洁——开辟互联网营销新渠道

营销活动始终是和三个要素结合在一起的：信息流、资金流和物流，这三个环节的流畅运行才形成了整个商业系统的良性循环，理想化的网络营销正是借助网络实现了这一点。作为著名的跨国公司，宝洁深知网络营销的重要性。宝洁公司经过仔细调查，将自己的网络营销对象定为以下三个主要方面：(1)以中青年为主，迎合其追随时尚潮流的心态；(2)满足不同年龄段消费者的需要，不断开发新产品；(3)满足不同收入阶层的需要，不断拓展顾客群体的深度和广度。

宝洁公司认为，网络营销要解决的前提是如何解决信誉问题。要使消费者相信公司的产品、相信公司的宣传，都必须依靠良好的商业信誉。公司品牌的公信力在网络上就是无价的资本。在这方面，由于宝洁公司一贯注意品牌形象，在市场上已经有了较高声誉和良好口碑，所以发展网络营销具有很大优势。在此基础上，宝洁公司大力开拓以下市场：(1)中青年消费市场；(2)大中学生市场；(3)中等收入阶层市场；(4)具有较高文化水准的职业层市场。

北京一商宇洁商贸有限公司是宝洁公司的核心分销商之一，年销售额超过10亿元，与宝洁公司合作有20多年历史。2009年，该公司在淘宝商城上开办了宝洁授权的唯一网上专营店，销售宝洁旗下包括玉兰油、SK-II、潘婷、海飞丝在内的二十多个品牌。对于宝洁新推出的只在网上销售的“东方季道”，该公司还上线了独立旗舰店。

宝洁公司新推出的高端草本护养品牌“东方季道”已经正式在天猫（微博）商场上开卖。这是不到一年的时间内，宝洁在中国市场上陆续揭开的第五个新品牌的神秘面纱，这在其历史上十分罕见。

宝洁公司大中华区对外事务部表示，电子商务渠道是一种非常贴近消费者的销售方式，该渠道凭借方便、快捷的特点吸引了越来越多的消费者。而天猫作为宝洁的战略合作伙伴，该公司希望与其共同构建一个平台，通过加入高端奢华的品牌体验，从而进行电子商务领域的创新，并改变现有的电子商务模式。

广告一直是日化巨头宝洁的强项，就在微博微信等“微时代”的大潮来临之际，宝洁中国大中华区副总裁 Hesham 透露：“我们不能再像过去那样单纯地做产品广告。”他表示：“我们发现，中国年轻消费者上网的时间远远多过看电视，所以特别重视电子消费渠道。例如沙宣这个高端品牌已经取消了电视广告转做网络媒体的推广。从历史的发展来看，宝洁是世界第一个电视上做广告的品牌，第一个在杂志上、柜台上做广告的品牌，那么现在在使用网络媒体上，我们也不会缺席。”虽然没有削减在传统广告上的费用，但宝洁已经低调进军互联网营销。

比起欧莱雅等竞争对手，近年来宝洁的发展逊色不少。而中国是宝洁十分看好的市场，在此开拓新渠道，不仅能补充和完善宝洁现有的渠道体系，还能覆盖新消费群体，给其带来新增长点，布局是大势所趋。

开辟化妆品互联网营销的新渠道，让很多人眼前一亮，它的优势主要体现在以下几个方面：

第一，运用互联网与社交网络营销，与消费者的沟通和互动要比传统方式更快、更自然、更轻松。宝洁洗护发品类市场总监唐亮表示，“我们对数字化营销的增长速度有硬性要求。在中国洗护发市场竞争越来越激烈的情况下，综合运用包括数字化在内的一体化营销方案才是稳固品牌地位、赢得消费者的最佳手段。”

第二，互联网广告制作与宣传比电视广告更加快捷。宝洁负责人透露，依照标准流程，一条电视广告需要 6 个月以上时间进行创意、制作、测试成功后方能投放，但其此前的网络“勇敢 · 爱”视频从创意到上线只花了 1 个月的时间。“这种快速的反应在传统电视广告的制作模式下是不可能实现的。”随着数字化营销带来的高效结果，宝洁在 2014 年的年初上线第三条飘柔短视频，到 2 月份活动结束时为止，飘柔的数字化营销活动获得 8 000 万元的线上参与率。“这无疑将是宝洁中国历史上最大数字化营销活动。”

第三，长期以来化妆品营销所一直依靠的 KA 卖场、商超等渠道，现在已经趋于饱和，增长渐显疲态，开辟互联网营销渠道可以有效地避免这些不利因素对商品营销的影响。东方季道、海肌源、帮庭、朗白先生、香必飘，这是宝洁在中国市场上陆续推出的五个新品牌。但是，这些新品牌无一例外地都绕过了对宝洁有着举足轻重意义的商超、KA卖场等渠道，而是选择了电子商务渠道。在北京乐思门咨询有限公司总经理胡珉看来，宝洁这么多年的发展一直靠KA卖场、商超等渠道，然而现在这些渠道已经趋于饱和，面临的压力比较大。这个时候试水日益红火的电子商务渠道，既是无奈也是必然。

值得注意的是，电子商务这个新兴的渠道，目前已经成就了多个淘品牌。其中就有主打化妆品的芳草集和主要销售面膜的御泥坊。据了解，成立不到十年时间的这两个为互联网而生的品牌，去年的销售额已达3亿元和2亿元。

案例思考 你如何看待电子商务营销渠道对线下营销渠道带来的冲击？宝洁公司是如何平衡这一点的？作为单一品牌的企业选择电子商务销售渠道需要考虑哪些因素？

销售渠道线上线下的结合一直都是企业关注的热点，但是成功的案例寥寥无几，选择一个自己熟悉的企业，谈谈该企业如何进行渠道的设计，才使线上线下销售渠道的销售业绩相互促进。

复习与思考

一、名词解释

1. 渠道
2. 实体分销
3. 批发商
4. 零售商
5. 代理商
6. 经纪人
7. 密集型分销
8. 独家分销
9. 选择型分销
10. 连锁经营
11. 特许连锁
12. 自由连锁
13. 公司连锁

二、思考题

1. 试述渠道的级数和基本模式。
2. 有人认为取消中间商，商品价格会大幅度下降，你同意这个观点吗？

3. 什么是零售业态？当前主要的零售业态有几种？
4. 试解释鲜活商品和非鲜活商品的特点是如何影响其渠道的？
5. 在实体分销决策中，顾客服务为什么占有重要的地位？
6. 试述实体分销决策的重要内容。

第八章

促销策略

第一节　促销途径和策略

一、促销概述

(一) 促销的含义

促销也称促进销售，就是以人员的或非人员的方法，协助或促使可能的顾客购买某项商品或服务，也就是说，促销是企业借助宣传、推广的方式，将商品或服务的信息传递给消费者，帮助消费者认识该商品或服务的性能、特征及带来的利益，进而引起注意，激发起购买欲望和购买兴趣，最后实现其购买行为的一种手段。随着现代市场营销观念的建立和日益被社会所接受，促进销售活动的范围已远远超过以往，它已不仅仅是一种单纯的促成商品所有权转移的商业行为，而且还在于通过促销活动，创造需求，进而促使整个社会生产的发展和繁荣，维持一定的生活水平。从这个意义上说，促销不仅仅是一种"推销"，而且还是一种"沟通"，所以促销活动还包括商品售出后为消费者提供真诚而周到的服务，并通过市场调查活动，及时掌握消费者需求和爱好的信息，以便将来更好地满足他们的需要。

(二) 沟通信息的方式及程序

沟通市场信息是促进销售的前提条件。在促销的活动过程中，需要在买卖双方之间互通信息，增进了解。其间，主要又是卖方向买方传递其提供的商品或服务的信息，并通过市场信息反馈，了解和适应消费需求，为促进购买行为创造有利的条件。沟通信息的方式可分为两类：一类是单向沟通，即用非人员促销的方法，一方发出信息，另一方接受信息，如通过报刊、电台、电讯、橱窗陈列等形式向消费者传播信息；另一类是双向沟通，即人员推销的方法，买卖双方都是信息的发出者，同时也是信息的接受者，如上门推销、现场销售等。信息传递的程序见图 8-1。

信息传递程序中有三个基本环节：第一个环节是传达人(企业)为了把信息传达给接受人(消费者)，必须把信息"译出"，即转化为接受人所能懂得的语言或画面图像等形式；第二个环节是接受人要把信息转化为自己所能理解的东西，必须对信息进行"译进"；第三个环节是接受人对"译进"信息的反应，然后把这种反应传递给传达人，这个过程称为"反馈"。其中"译进"即消费者对信息的理解，是最不容易控

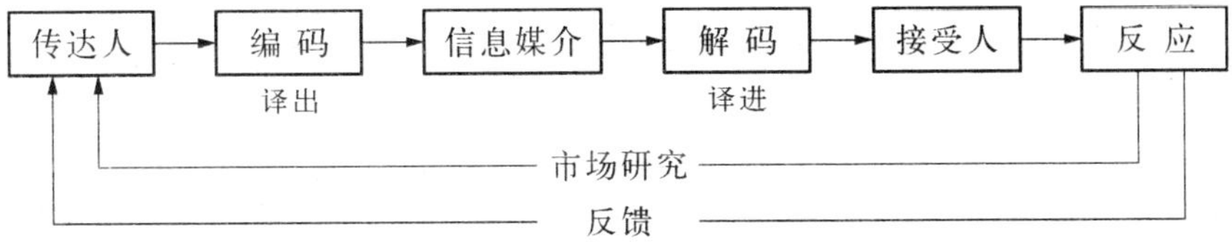

图 8-1 信息传递的程序

制的一个环节，应当引起足够的重视。比如，很多推销咖啡伴侣的广告，由于没能使消费者了解咖啡伴侣的真正作用，便使大多数人认为这只不过是一种类似牛奶之类的东西，因此在喝咖啡时，就以牛奶或奶粉代替，这样便影响了伴侣的销售。

二、选择促销策略

促销方式主要有：人员推销、广告、销售促进和公共关系等多种形式。企业的促销策略，就是对促销方式的选择、组合和运用。

（一）促销的基本策略

促销的基本策略，总的可分为拉引策略和推动策略。

拉引策略就是企业先通过广告等直接面向最终消费者的强大促销攻势，把新的商品或服务介绍给最终市场的消费者，使之产生强烈的购买欲望，形成急切的市场需求，然后“拉引”中间商纷纷要求经销这种产品。拉引策略的促销程序见图 8-2。

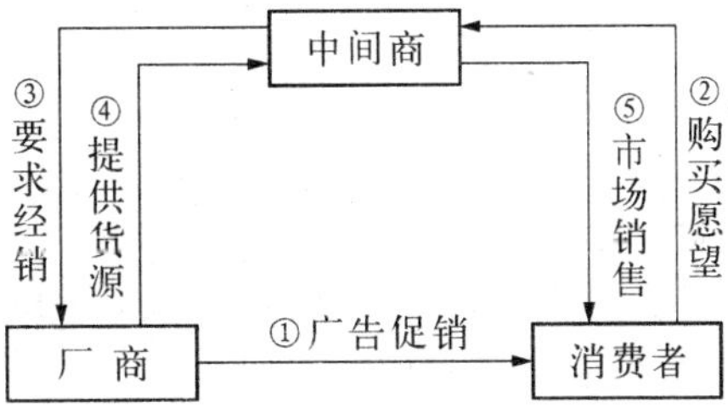

图 8-2 拉引策略的促销程序

在市场营销过程中，由于中间商与生产厂商对某些新的商品或服务的市场前景常有不同的看法，因此，很多新产品上市时，中间商往往因过高估计市场风险而不愿经销。在这种情况下，厂商只能先向消费者直接推销，然后拉引中间商经销。

推动策略是厂商以人员推销为主要手段，首先争取中间商的合作，利用中间商的力量把新的商品或服务推向市场，推向消费者。其运作程序见图 8-3。

推动策略是在厂商与中间商对新的商品或服务的市场前景看法比较一致，双方愿意合作的情况下经常采用的手段。运用这种策略，对厂商来说，较之拉引策略风险小，推销周期短，资金回收快，但其前提条件是须有中间商的共识与配合。

当然，在通常情况下，企业也可以把上述两种策略配合起来运用，在向中间商进行大力促销的同时，通过大量的广告刺激市场需要，其程序见图 8-4。在“推动”的同时进行“拉引”，用双向的促销努力把商品或服务推向市场，这比单独地利用推动策略或拉引策略更为有效。

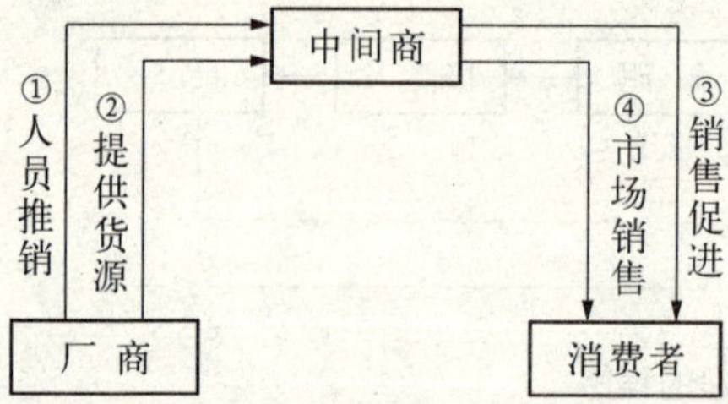

图 8-3 推动策略的运作程序

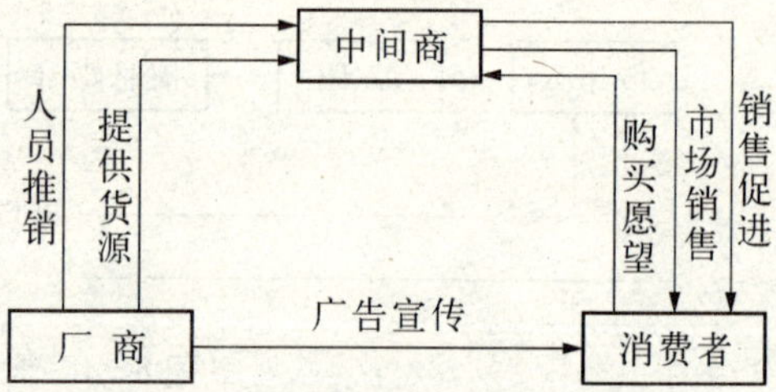

图 8-4 拉引策略和推动策略配合应用的程序

（二）促销策略组合

促销策略组合就是有目的、有计划地将多种促销形式配合起来综合利用，形成一个整体促销策略。促销策略组合又可分为人员推销和非人员推销。其结构见表 8-1。

表 8-1 促销策略组合

促　销	人员推销	推销员
		销售代理机构
	非人员推销	广告
		销售促进及公共关系

人员推销是企业通过自己的推销员或委托销售代理机构直接和顾客联系，进行推销商品的活动。

非人员推销可以采用广告的方式，也可采用多种销售促进活动和公共关系的方式。广告是以广告主的名义，利用传播媒体向顾客传递有关商品或服务信息的推销方式。销售促进是指运用折扣、咨询、展销、示范和代价券等现场促销的方式，促使顾客采取购买行为的推销方式。关于公共关系，将在本章第五节中详细论述。

不同的促销方式有其不同的优缺点，见表 8-2。

表 8-2 不同促销方式的优缺点

促销方式	优　点	缺　点
人员推销	推销方法灵活，利用深谈，容易激发兴趣，促成及时成交	费用较大，人才难觅
广　告	触及面广，易引起注意，多次运用可将信息艺术化，加深印象	说服力较小，难以促成即时购买行为
公共关系	影响范围广泛，容易取得消费者信任	见效不如其他形式快
销售促进	吸引力较大，能改变顾客的购买习惯	可能引起顾客的顾虑和不信任

由于各种促销方式具有不同的优缺点，工业品和消费品在采用促销方式时，就有不同的组合，见图 8－5。

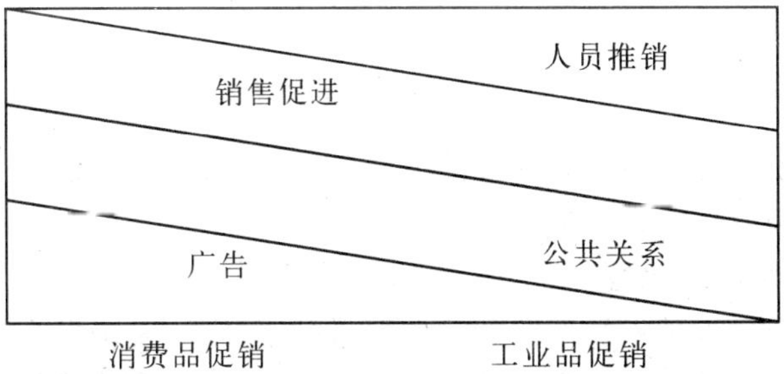

图 8－5　工业品和消费的不同促销方式组合

从图 8－5 可知，工业品主要运用人员推销，其次是公共关系，较少运用广告形式；而消费品所运用的促销方式主要是广告形式，其次是开展销售促进活动。此外，制定促销策略还应考虑产品所处的不同市场生命周期阶段，价格高低及促销费用预算等因素。一般规律见表 8－3 和表 8－4。

表 8－3　产品不同价格的促销策略

商品类别	使用广告	人员推销	商品类别	使用广告	人员推销
低价消费品	多	少	低价工业品	中等	多
高价消费品	多	多	高价工业品	少	多

表 8－4　产品不同生命周期阶段的促销策略

阶　段	促销重点目标	促销主要方式
导入期	建立产品的“知晓度”	广告和人员推销
成长期	建立产品的“知名度”	广告，着重宣传厂牌、商标、配合人员推销
成熟期	建立产品的“创新度”	广告，着重宣传产品的新改进、新特点，配合人员推销
衰退期	建立产品的“偏爱度”	提示性广告，主要是销售促进
全周期内	建立信任感，消除不满意感	改变广告内容，利用公共关系

促销策略组合要从企业的市场营销总体战略出发，有目的、有计划地把各种促销形式配合起来，综合运用，形成促销策略。同时，使促销策略与营销组合的其他策略相互协调配合，从而形成一个整体营销战略。

第二节 人 员 推 销

一、人员推销的特点

人员推销是一种双向沟通的直接推销方法，是自商品交换产生后就出现的一种最古老的推销方法。人员推销具有下列特点。

（一）推销的针对性强

人员推销通过推销人员直接面对消费者推销商品，是消费者和商品生产者之间最直接的桥梁。由于人员推销的针对性强，能够充分利用推销人员对商品的熟悉程度，并根据消费者对商品的不同欲望、要求、动机和行为，采取不同的解说和介绍方法，促成消费者购买。

（二）有利于加强服务

现代科学技术的发展，使商品的结构、性能、使用和保养日益复杂化。采用人员推销，可以让推销员在推销商品的同时做好一系列服务工作，从而既方便了消费者，又加强了销售服务，创造出更多的销售机会。

（三）推销的成功率高

由于人员推销事先拟订了推销方案，研究了商品的市场动态，确定了推销对象，因而可以把精力有选择地集中在那些真正可能成为买者的用户身上，使可能的失败降到最低限度，从而提高推销的成功率。

（四）有利于信息反馈

人员推销的双向沟通方式，使得企业在向顾客介绍商品、提供信息的同时，及时得到消费者的信息反馈，使企业及时掌握市场动态，修正营销计划，并促使商品的更新换代。

当然，人员推销也存在一定的不足：第一，人员推销的费用开支较大，这样会使商品成本增加，定价相应提高，对消费者不利，在一定程度上，会影响企业扩大市场占有率和市场竞争力；第二，由于现代科学技术的发展，商品性能和种类日趋复杂，客观上对推销人员内在素质的要求更高，所以要找一个理想的推销员并不是十分容易的事情；第三，人员推销面向个别用户，推销面窄，推销对象多限于工业品。

尽管如此，企业培养和建立一支有效的人员推销力量，仍然是开展市场营销的重要工作，必须予以高度重视。

二、人员推销的任务和顺序

人员推销的基本任务是通过推销员以口头说服的方式，向顾客介绍商品，说服他们购买，并在推销活动中向顾客提供尽可能多的服务，以提高企业的信誉，扩大企业商品的市场。人员推销大致可分为以下几个步骤进行，见表8－5。

表8－5　人员推销的步骤

查询所需资料	推销计划安排	实施推销活动	推销的后期活动
1. 企业知识 2. 商品知识 3. 竞争知识 4. 市场知识	1. 预计销售量 2. 安排推销访问 3. 拟订推销计划 4. 确定推销路线	1. 引起注意和兴趣 2. 促进购买欲望 3. 正确处理反对意见 4. 达成交易	1. 保持同顾客的联系 2. 保存记录，加强售后服务 3. 关键客户的分析和管理

(一) 查询所需资料

为了完成销售任务，需要各种各样的信息资料，其中包括有关本企业的生产、销售、竞争及市场等方面的信息资料。

1. 企业知识

企业的推销员，首先必须熟知本企业的历史，了解企业在同行业中的地位，并掌握企业销售目标和策略，了解本企业的商品种类和服务项目。了解企业知识的目的在于使推销工作能与企业的经营目标保持一致，并同企业的其他营销策略配合协调。

2. 商品知识

商品知识是推销取得成功的关键。要了解所推销的商品的性能、用途、用法、维修及管理程序等知识，了解企业商品与竞争者同类商品之间的区别，目的是利用自己商品的长处，向顾客作充分介绍，努力取得他们的偏爱。

3. 竞争知识

当推销人员对竞争者有所了解时，就能发挥最大的作用。主要有以下情况须掌握：① 竞争者的商品知识。② 竞争者的商品价格。③ 竞争者的商品项目和本企业商品项目的区别。④ 竞争者的市场策略，尤其是推销策略。⑤ 竞争者的商品所能获得的效益。

获取竞争者的知识，目的在于充分发挥自己的长处，避开自己的短处。

4. 市场知识

推销人员对市场知识掌握得越多，就能把工作做得越好。市场知识主要指客户需求、购买方式、购买能力和潜在用户的所在，消费者对企业的态度。此外，还包括市场环境情况，如国家的经济政策、法令、社会文化的传统和习俗等。掌握市场知识，目的在于更好地满足消费者的要求，进行创造性推销。

(二) 推销计划安排

当推销人员掌握了必备的信息资料后，就必须善于拟订对预计购买者或顾客进行推销的计划。

1. 预计销售量

预计销售量就是根据购买者的潜在购买量和购买的可能程度，把购买者划分为若干等级，以确定推销重点。例如，一个潜在购买量为20 000元、购买概率为70%的顾客，就比另一个潜在购买量为30 000元，而购买可能性只有30%的顾客理想得多。预计工作可以使推销人员有效地利用时间，增加销售量和收益。

2. 安排推销访问

推销员应该在正式推销洽谈前安排推销访问，以减少那些达成交易可能性不大的洽谈，尽量减少一些无兴趣的预计购买者所占用的时间。

3. 拟订推销计划

有了确定的访问对象和做好了预计工作后，便可以开始编制推销计划，确定拟向顾客推销的商品及其能充分满足顾客需求的特征和优点。然后，推销员可编制一个推销大纲，准备好推销洽谈内容或发言提纲。当然，这种方法尤其适用于向大型企业推销批量大的商品。

4. 确定推销路线

有效的推销路线就是与顾客和预计购买者洽谈的先后顺序，推销旅途的长短、方向，以及在每一顾客处的停留洽谈时间，主要是避免无谓旅行，节约推销费用。

(三) 实施推销活动

1. 引起注意和兴趣

在推销过程中，推销人员要尽量引起顾客的注意和兴趣，主要方法是说明企业的商品如何能满足他们最主要的需求。

2. 促进购买欲望

当顾客对企业的商品表现出兴趣和注意时，推销员应通过自己的行动进一步推动顾客作出购买决定。例如，推销员在顾客产生兴趣后，向他们提供商品的具体指标、鉴定书，并可进行示范操作，或请顾客亲自使用等。

3. 正确处理反对意见

一个好的推销人员应该善于处理各种反对意见，其方法是事先对各种可能出现的反对意见作出估计，设计相应的对策。在推销过程中，面对反对意见，必须进行诚恳的、实事求是的解释，从而消除顾客的疑虑。

4. 达成交易

当推销人员在发现顾客被说服、产生一定的购买意向时，必须抓住时机提出售货要求。在这一环节，推销员应尽量减少顾客的选择方案，促成他们迅速作出购买决定。同时还应提供可能做到的销售服务和商品使用保证条件，以减轻顾客的疑虑,增强其购买决心。

(四) 推销的后期活动

1. 保持同顾客的联系

推销工作和企业全部营销过程一样,在商品售出之后,还存在一个售后服务工作。这些售后服务工作是整个推销工作的组成部分。因此,在商品销售之后,推销人员应定期与顾客接触,了解他们对已在使用的商品是否满意,如有意见或退货,应及时妥善处理。

2. 保存记录,加强售后服务

严谨的工作作风,是推销工作能否成功的关键。许多工业品在销售以后,还有一个售后服务的问题。因此,推销人员必须花费相当多的时间来记录和整理他们的推销记录。这种记录不仅要用以分析推销过程的得失经验,为修正推销方法、改进推销服务创造条件,而且可为售后服务提供重要的资料。推销记录大致包括以下几个方面:顾客的姓名、地址、所购商品及数量;顾客对商品的意见及要求;推销的方法及过程;推销员如何处理工作中的问题;推销的成本费用,等等。

3. 关键客户的分析和管理

从推销过程中,可挑选出关键客户。所谓关键客户,即其购买额在企业全部销售额中占相当大的比重,是企业全部客户中的核心,对企业的成功发展甚为重要。所以推销员必须予以充分的注意。

三、人员推销的结构

(一) 按地区组成的推销结构

按地区组成的推销结构,即每一个推销人员负责一定的区域,在该区域内由他独自负责推销企业的各种商品。这种结构首先有利于明确推销人员的责任,鼓励他们努力工作;其次可以鼓励推销人员与当地各部门加强联系,有利于提高推销效率;最后可以减少旅行费用。

(二) 按商品种类组成的推销结构

按商品种类组成的推销结构,即每个推销员分别负责某一类或若干类商品的推销,这种结构的好处是使推销员熟悉其推销的商品,有利于加强推销时的辅助服务。但是,如果商品分工过细,当一家客户同时购买多种商品时,容易出现重复推销的现象。

(三) 按顾客组成的推销结构

按顾客组成的推销结构,即把企业的顾客划分成若干类,一个推销员负责某几家或某一类客户。这种结构的最大好处是推销员与顾客十分熟悉,便于建立与顾客的友谊,得到顾客的信任。但如果同类顾客的地理位置过于分散,采用这种结构就很不利，费用也较大。

（四）复式推销结构

复式推销结构，即把上述几种结构混合起来使用。当一个企业在较广泛的地区向很多不同类型的顾客出售多种商品时，就需要采用复式推销结构。例如，先按地区进行分工，然后在每个地区中再按商品类别或顾客类别进行分工。

四、推销人员的选择和培训

（一）推销人员的选择

明确推销人员的基本任务和推销人员必须具备的才能，是挑选和聘用推销人员的重要依据，也是培训推销人员的目标。国外在挑选、聘用推销人员时，一般在经过本人申请、推荐信介绍、双方面谈、体格检查等外在测验的基础上，还要辅以心理测试。心理测试的基本类型和内容包括以下几个方面。

1. 能力测验

能力就是与活动的要求相符合并保证在活动中取得成就的人的个性特征的综合。它包括一般能力和专门能力。

（1）一般能力测验。一般能力就是通常所说的智力，它能保证被聘用的对象掌握和运用推销知识相对容易和有效，包括语言运用能力、归纳能力、观察能力、理解能力、控制能力、应变能力和解决难题的能力等。

（2）专门能力测验。专门能力是指一个人在所从事的专业方面的特殊能力。它能在专门活动方面取得很好的结果。了解申请人的专门能力，可以帮助鉴别他能否胜任某些专门的推销工作。

2. 个性测验

（1）态度测验。个性的立场即态度，包括对生活物质条件、工作条件、待遇等的要求，对企业、消费者和自己担负的个人责任、社会责任的态度等，这些态度说明了一个人个性的道德面貌和社会目标。

（2）兴趣测验。兴趣是个人对客体的选择性态度。这是由于客体的生活意义和在情绪上的吸引力所致。要测试申请人对推销职业的兴趣。

（3）性格测验。性格是个性特征中的核心部分，它始终支配着人的行为及其方式。推销人员的工作是直接面向消费者的，因此，推销人员的性格往往与推销的成败紧密关联，因此，要了解推销人员是否谦虚而不自卑，大方而不羞怯，诚实而不虚伪，擅交际而不孤僻，细心负责而不粗心大意，勇于创新而不墨守成规，热情而不冷漠，情绪饱满而不低落萎靡，蔑视困难而不遇难而退，果断坚定而不优柔寡断，等等。因此，待人热情、诚恳，性格外向，口才流利，举止适度，风度端正，文明礼貌是一个优秀推销员的良好个性。

(二) 推销人员的培训

按照推销人员必须具备的素质挑选出推销人员后，还应当在其担任实际推销工作前，进行认真的培训。培训的内容主要是企业、产品、用户和市场等各方面的知识和推销技巧，明确推销程序和责任，要求推销人员动态地掌握企业的经营目标、经营方针、财务状况及市场的总趋势。培训的方法主要有专题讲课、示范教学、岗位实践及个别指导等，推销人员的培训十分重要，它有助于做好推销工作，增强责任感，降低销售成本，改善与顾客的关系。企业应当有一个综合的培训计划，以帮助推销人员完成各方面的职责。

第三节 广 告

一、广告的作用

在市场营销活动中，很少有企业忽视广告这一威力巨大的促销手段，因为广告正越来越成为消费者生活中不可缺少的影响因素。广告不仅帮助企业推销了商品或服务，而且也改变着人们的生活方式。虽然在谈到对广告的看法时，很多人认为这不过是企业在推销商品时所用的一种策略，但在现代社会中，很少有人完全不受广告的影响而完全依照自己个人的意志采取购买行为的。

当然，广告虽然已深入到社会生活的大多数细节中，其作用仍然有一定的局限性。首先，广告无法单独完成促销的任务，促销活动是一个整体，市场营销活动更是一个整体，广告只有在市场营销的其他策略共同配合下才能显现出真正的作用。其次，广告在不同的市场环境中其作用的力度不同。如果企业的商品缺少特色时，广告往往对其促销显得无能为力。广告的作用一般在以下情况中功效较强：

(1) 当消费者对企业的商品或服务缺乏认识时。

(2) 当商品的销售量处于不断地增长过程时。

(3) 当商品或服务具有那些还未被消费者察觉的优点时。

(4) 当商品或服务的“产品差异”很强烈时。

(5) 当市场不同层次的消费者收入差距很大时。

另外，广告本身的优劣也会对最终目标的实现产生很大影响，一则好的广告可以家喻户晓，引起消费者很大的好感，而一则制作低劣或创意平庸的广告不仅不能把商品或服务推向市场，反而会使消费者产生反感，影响其市场销售。

二、广告的目的

要做好广告，首先要明确广告的目的，即一个广告在制作之前，先必须确立这一广告最终要达成的效果是什么，这一广告要对消费者产生什么影响，要使企业获得什么收益，等等。当然，任何广告的最终目的在于促销，使企业获得更大的市场份额，但是在具体目标上是有区别的。比如，一则广告的目的可以是“促成消费者对本企业的产品产生偏好”，或者是“使更多的消费者注意本企业的品牌”。宣传商品特色与宣传品牌，其广告的形式、内容会有很大不同。广告的具体目标大致上有以下几种。

（一）显现企业或企业的商品

显现的内容可以是商品或服务，也可以是企业本身。有时当一种新的商品或服务推向市场时，广告的目的在于使消费者“知晓”。因此，在这一时期内，广告的重点在于出现的频率，以便把企业的商品或服务“显现”给市场的消费者，有时“显现”的内容不一定直接是商品或服务本身，而是生产或提供它们的企业，特别是提供服务的企业，其广告所“显现”的就主要是自身，使消费者在作购买地点和品牌决策时，对该企业有更大的倾向性。

（二）影响消费者的意识

很多消费者在内心深处存在着某种强烈的、多样的需求，但往往没有同具体的商品联系在一起，他们对存在于身边的商品或服务漠不关心。随着时间的流逝，这种需求便渐渐淡漠下去，对于企业而言，原有的市场机会便随之消失。因此，如果企业面对的是这样一种市场环境，其广告就要以影响消费者的意识为目的，把消费者的需求同企业的商品或服务联系起来，使他们感到企业向他们提供的商品或服务是有用的。

（三）转变消费者的态度

任何商品或服务，消费者对其态度都可以归纳成三类：喜欢、不喜欢和无所谓喜欢不喜欢的中立状态。如果一个商品或服务是确有功效的，而消费者又对之存在否定需求或无需求状态，广告的目标就应该转变他们的态度，把商品或服务的利益告诉他们，说服消费者转变对商品或服务的态度，从而消除否定情绪，从不喜欢或中立状态转化为喜欢，甚至偏爱。

（四）提醒消费者注意

有些商品或服务是消费者所熟悉的，或者曾经是偏爱的，但是因为某种原因，比如，广告显现得少了，新的替代品出现了，等等，使消费者的注意力转移到其他方面去了，这时企业就应重新调整广告的手段，或者增加广告出现的频度，或者改变广告的形式，使消费者的记忆重新被唤起，把注意力再次投向企业的商品或服务。

（五）肯定消费者的购买行为

市场营销理论认为，消费者对商品或服务的真正不满意感，大多出现在购买之后，而这种造成否定自己购买行为的原因是多方面的，比如，经过使用商品，认为其功效与自己的期望有差距；看到了更吸引人的同类商品的广告；缺少同类商品的消费体验而怀疑所购商品的质量，等等。在这些原因中，有相当一部分并不是来自企业所售的商品或服务，而是来源于消费者自身。因此，企业广告的一个目标就是要使已购买的消费者消除不良的买后感受，肯定自己的购买行为。

三、广告的媒体选择

所谓广告媒体，就是企业与广告宣传对象之间起连接作用的媒介物。如果没有广告媒体的作用，广告所要给予消费者的信息是无法传出的，也就不可能使消费者认识商品、了解商品，从而导致购买商品的行动。因此，选择并决定采用何种广告媒体把商品信息传向市场，是广告决策的一个主要内容。

（一）广告的媒体

1. 新闻媒体

新闻媒体是以报纸、期刊、电视和广播等手段为广告媒体，传播网络遍及国内外，迅速及时，影响面大，在广告媒体种类中占主要地位，也称“四大新闻媒体”。

2. 户外媒体

户外媒体是装置在马路旁或建筑物上的大小广告牌、店铺招牌、霓虹灯、橱窗，以及广告亭、广告廊等。其特点是：可以做到色彩鲜艳，图文醒目，闪烁诱人，传播面广。

3. 店销媒体

店销媒体是以商店营业现场为布置广告的媒体。主要表现为柜台，平面或立体的小型精致的广告牌。此类广告直接影响消费者，能诱导消费者购买，被称为“现场指导员”。

4. 交通媒体

交通媒体是利用汽车、火车和轮船等人们经常搭乘的交通工具作为广告媒体，在车厢内外可设置精巧的广告标志和广告牌等。在火车、轮船的餐具、茶具、时刻表等物品上，也能附带广告。由于各种交通工具常年定期、定点往返运行，客流量大，因此具有影响广、针对性强、媒介作用机遇多的特点。

5. 邮政媒体

邮政媒体是通过邮递网，把印刷品广告有计划、有选择地直接寄到消费者或用户手里，或附在杂志内送给客户。

6. 文娱广告

文娱广告是在电影院、剧场、体育场等场所制作广告，把广告宣传寓于文娱体育之中。

7. 赠品媒体

赠品媒体是以"小商品"加制简单广告图文,赠送给消费者。赠送方式有:随卖带送、奖品、礼品和纪念品等。这类赠品很多,如夏天纸扇、新年的挂历等。赠品媒体,可以引发人们的感情,从而增加广告效果。

8. 样本说明书

习惯上常把样本说明书当作技术资料,实质上它也是广告品种,种类有单页和成册的。

9. 包装媒体

包装不仅有美化商品、保护商品的功能,又有宣传、推广的功能。它起着"自我介绍"的作用。

(二) 广告媒体的选择

广告媒体选择总的要求是,根据企业或商品的特点和促销目标,以最少的费用,获得最佳的促销效益。不同的广告媒体有不同的特点,运用时要考虑以下几个因素。

1. 商品的性质

工业品和消费品,高技术性能商品和一般性商品,应分别选用不同的媒体。例如,服装广告,重要的是显示其式样、颜色,最好在电视、杂志上用彩色画面做广告,可以增加美感和吸引力。高技术性能的机械商品,选用样本较好,以便更富有针对性和说服性。

2. 消费者的媒体习惯

不同的媒体最终可影响广告的接受者是不同的,凡能准确地传达到广告目标者的媒体,是最有效的媒体。例如,妇女用品广告,刊登在各类妇女杂志较好;儿童用品广告最好的媒体则是电视。

3. 媒体的传播范围

不同媒体传播的范围有大小之分,能接近的人口有多少之别。销往全国的商品,宜在全国性的报刊、电台、电视台做广告。地区性销售的商品,可选用地方性报刊,或霓虹灯、路牌等广告媒体。

4. 媒体的表现力

有的广告仅仅起一个"通知"作用,就可选择电台或报刊做广告;有的不仅要求"通知"到,同时还要求消费者充分"认识"商品,则可以利用电视、电影做媒体。有的以提醒为目标的广告,则可利用霓虹灯、车船、广告牌等媒体。

5. 媒体的成本

在选择广告媒体时,也要考虑费用。如销售量较大、费用开支的绝对额也较大的商品,可以选用一些效果好,但费用也较高的媒体作广告,如电视、电影等;如销售量较少,费用开支相对不多的商品,只能选择费用较低的媒体。

四、广告的内容

广告的内容设计并没有一种定式，相反，不过分地标新立异却是现代广告设计的原则之一。广告可以直截了当地把商品及其功效告诉消费者，使人接受这种广告后具有明确的商品概念。明确它的功效、它的购买地点、它的品牌和商标。这种形式的广告浅显、明了，对所有细分市场几乎都是适用的。同内容较为直露的广告相比，目前国内外还流行另一类表现形式较为含蓄的广告，有人称之为情感广告。在这种广告中，表面上看不出表现形式与广告的商品或服务有什么直接联系，但其强调的却是一种品味，一种情感或一种与商品及服务相联系的文化背景。通过对这种情感和情景的表达，使消费者产生美感、好感和多种联想，从而形成购买的愿望。这种广告比较适应情感性商品或服务，细分市场的指向性较强。

尽管广告设计的创意没有定式，但在广告内容的创作上一般应掌握以下一些原则。

(一) 概念明确

广告的最终目的都是推销商品，因此，广告内容中，对于要推销的东西要有明确的概念，要使广告受众一接触广告便清晰地知道他看到的或听到的是什么。很多推销食品的广告，过度地强调了营养价值，以至于使消费者误认为是一种营养品甚至药品，反而减少了食品的销售量。因此，广告内容中应尽可能避免出现与商品无关的东西，甚至一些次要的内容也尽可能去除。此外，对于商品或服务的定义必须准确、严格、突出，避免人们的误解。

(二) 印象深刻

首先，有些广告虽然可以连续播放，通过高频率地反复播放使人们牢固记住。但高频率播放广告成本很高，而且人们被迫记住的东西不一定是喜欢的东西。其次，消费者对广告有一种本能的否定情绪，比如，在电视节目中一旦看到插播广告时，人们大多转换频道，改看其他节目，广告学把这种现象称为“电子过滤”。最后，人们平时接触广告大多为无意注意，即事先并没有接受广告的准备或计划，所以对接触到的转瞬即逝的广告并不会留下深刻印象。因此，一则成功的广告必须在短短数秒钟内给人以深刻的印象，才能使消费者深深地记住所接受的内容。要做到这一点，除了运用一些传播技巧外，独特的内容设计也是非常重要的。

(三) 引起兴趣

好的广告一方面要避免“电子过滤”，使消费者能从头到尾看完、听完，另外，还要使消费者从无意注意转为自觉有意注意，从而使广告对消费者产生巨大影响。那么，消费者对什么事物是有兴趣的呢？虽然每个人的个人兴趣不一，不同时代的时尚也不一致，但在一定时期内总会有各种心理热点，利用好这些热点，就容易引起人们的兴趣。国外有一些广告专家这样认为，目前能引起人们兴趣的事物主要有这样几个方面：新奇（刺激）的东西；自然（天然）的东西；轻捷（减肥）的东西；真实（正宗）的东西；浓烈（情绪）的东西。因此，如果推销的商品或服务有以上这些特点的话，就应尽力在广告内容中加以突出，以吸引消费者的兴趣。

（四）信息充足

广告的目的在于向可能的消费者介绍商品，并说服他们购买，因此广告在内容设计时又须尽可能地向消费者全面而准确地介绍商品。但是，在很小的空间，或很短的时间内，要把所有的信息资料都交代清楚，一方面不可能做到，另一方面各种资料数据因互相干扰，反而会破坏消费者的有效记忆。所以这是一件令广告设计人左右为难的事，如何使人们在较短的时间和空间内获知尽可能多的广告信息，同时又牢牢地记住它们，成为广告成功与否的关键。在一般的情况下，广告总是以突出重点的方式，把所宣传的商品或服务的最引人注目之处，或最与众不同之处重点介绍给消费者。有时也可以采用系列广告的方式，把商品或服务所包含的众多信息，分隔成一定的系列，依次广告。

（五）推动力强大

企业并不能强迫消费者来购买自己的商品或服务。因此只能利用各种营销手段来说服或吸引消费者，所以，一则好的广告，应该对消费者产生强大的推动力，使人在看了或听了广告之后产生强烈的购买欲望。这种推动力从哪里来呢？并不是来自广告的艺术感染力，艺术能增加广告的美感，使人注意，产生观看收听广告的兴趣，但人们的购买却是因为需求的推动，因此，广告必须充分揭示商品的功效，强调商品与消费需求的联系，对商品功效揭示得越透彻，对消费者的推动力越强大。

第四节 销 售 促 进

一、销售促进的定义

销售促进是不同于广告及人员推销的一种促销手段，是在一个比较大的市场中，为了刺激早期需求而采取的能够迅速产生鼓励作用的活动。销售促进很少单独使用，常常是作为广告或人员推销的一种辅助手段。销售促进的主要作用是吸引顾客，为不适时令的商品打开销路，也可以鼓励推销员和中间商的积极性，扩大本企业的影响。特别是在以下几种情况下，销售促进的效果较为显著：① 在推出一种新的品牌或新的商品时；② 为争取中间商合作，鼓励它们大量订货时；③ 当需要强化广告宣传的效果时。

销售促进也有一定局限性。比如，当它单独使用时，常常会有害于企业的形象和降低商品档次。因为人们可能会认为这是在推销过剩物资或滞销商品。销售促进也不宜持续太长的时间，否则也会使人产生误解，怀疑企业的意图。

二、销售促进的策略

（一）针对消费者的策略

1. 样品赠送

样品赠送，即在新产品上市或商品还不为消费者所认知时，把商品分装成小包装或公开广泛分送，或借助于特定的条件赠送，从而让市场广泛接触商品。

2. 销售奖励

销售奖励，即在一段时间内，对购买数量达到一定标准或购买某些企业指定商品的顾客给予一定的货币或商品奖励，以吸引顾客，扩大销量。

3. 现场表演

现场表演，即在销售现场把所推销的商品的使用方法实际操作表演给顾客观看，以介绍商品的功能，刺激购买的欲望。

4. 特殊包装

特殊包装，即利用商品的包装向消费者提供一种附加利益，最终吸引购买的做法。例如，在包装中附加一张代价券，凭券在以后的购买中给予一定的折扣或金额减免；也可以在习惯使用精装的商品中增加简装或小包装品种；还有的可在包装内放置彩票，以吸引顾客，扩大商品销售量。

（二）针对中间商的策略

1. 销售折扣

销售折扣，即对长期合作或销售努力的中间商给予一定的折扣，以报答它们的贡献。

2. 合作广告

合作广告，即出资资助中间商一起进行广告宣传，共同开发市场。

3. 节日公关

节日公关，即在节日来临之际，集中举办各类招待会、免费旅游等活动，邀请中间商参加，以加强彼此的合作。

4. 业务会议

业务会议，即每年在销售旺季来临之前，举行有多方参加的购销业务会议，在短期内集中订货、补货，促成大量交易。

（三）针对推销员的策略

1. 销售红利

销售红利，即事先规定推销员的销售指标，对超指标的推销员提成一定比例的红利，以鼓励推销员多推销商品。

2. 销售竞赛

销售竞赛，即在推销员中发动销售竞赛，对销售额领先的推销员给予奖励，以此调动推销员的积极性。

3. 推销回扣

推销回扣，即从销售额中提取一定比例作为推销员推销商品的奖励或酬劳。利用回扣方式把推销成效与推销报酬结合起来，有利于推销员积极工作，努力推销。

三、销售促进的控制

销售促进是一种有效的促销方法，但倘若使用不当，如促销的方式失当，促销的时间过短或过长，促销的对象选错等，不仅达不到促销的目的，反而会影响商品或服务的销售，损害企业的形象。因此，企业在开展销售促进活动时，必须注意以下一些问题。

（一）选择适当的方式

销售促进的控制，首先是确定选择什么样的方式。可供选择的销售促进的方式是很多的，但是每一种方式都有其适应性。比如，配合新产品上市的广告，可以用赠送样品的方式，也可以用现场表演方式，但用代价券或廉价包装会有些不合适，后两种方式更适用于推销老产品。销售促进还必须确定推广的规模。规模过小，不利于促销效果的实现；规模过大，又可能提高营销的成本。

（二）确定适当的推广时间

销售促进时间的控制，是销售促进能否取得预期效果的关键因素之一。销售促进的时间过短，其推广的影响力可能还不足以波及大多数可能的潜在购买者；而推广的时间过长，也会使人产生一些疑问，如人们可能会问：这是不是在推销过剩商品？是不是企业在把无人问津的商品硬推销给消费者？是不是变相降价？是不是在弄虚作假……所以销售促进的时间必须控制在合适的时间限度内。一般一次推广的周期应与消费者的平均购买周期相近。

（三）限定销售促进的对象

首先，销售促进的对象是企业潜在的顾客，同时又是与企业的利益无关的人员。比如，一种新的家用洗衣粉上市，可以派推销员在当地居民区挨家挨户分送，而推广一种新的纸烟就不能采用这种做法。因为家庭大多数是洗衣粉的购买者，但不一定是纸烟的购买者。销售促进的对象必须是企业潜在的顾客。其次，有时企业还应严格限制本企业的职工或其家属成为其推广的对象。比如，在采用有奖销售时，如果允许上述人员参加，就可能失去公正性，给人一种弄虚作假、营私舞弊的感觉，反而起不到促销的作用。

第五节 公共关系

一、公共关系的定义

公共关系简称公关,其一般定义是:“通过传递关于个人、公司、政府机构或其他组织的信息,以改善公众对它们的态度的政策和活动。”作为一种重要的营销工具的营销公关,是指企业充分运用公共关系的理念与手段,建设性地与它的顾客、供货商、经销商及外部环境建立良好的关系,以有利于营销目标的顺利实现。

公关活动从一般意义上说,应该是企业全体员工共同参与的活动,只要与外界环境发生联系的人,就应积极与合作者建立良好的关系,就应具有公共关系的意识。但是,许多大的企业还是愿意设立专门的营销公关机构,来专门计划它们的公共关系,了解公众对企业的态度,通过各种活动来沟通企业与公众之间的信息等。

公关活动从某种意义上说又是一种促进商品销售的活动,但是它同广告等直接的促销手段相比,又具有自己的特点:第一,公关活动不是一种直接的促销,因此消费者不易产生对立情绪;第二,公关活动面对的受众一般要比广告的受众更加广泛,所以其影响力比较深远;第三,公关活动一般不是直接地宣传企业的商品或服务,而是宣传企业的形象,改善公众对企业的态度,所以它对商品的促销作用是间接的。

二、公共关系的对象

公关的对象就是营销公众,公众的任何一组群体,对企业达到其目标的能力都具有实际的或潜在的兴趣或影响力。企业营销公关的对象主要可以分为外部公众和内部公众。外部公众是指企业外部的消费者、中间商、政府、社团等公众。内部公众则主要指股东、员工及其家属等。以下是几类主要的公众类型。

(一) 消费者

在企业的各类公众对象中,消费者是最为重要的公众之一,因为他们是现代市场营销活动的核心。针对消费者的营销公关活动有:第一,通过大众媒介向消费者提供新产品上市、商品使用、价格变动等企业信息;第二,正确处理消费者的抱怨,消除由于抱怨引起的对企业的不良态度和看法;第三,通过各种使消费者感受得到的存在给予他们购买的信心和保证;第四,向消费者提供教育与咨询服务,培养他们新的消费方式。

(二) 中间商

中间商包括供货商、经销商以及商品销售渠道中的其他中间环节。良好的中间商关系，是增强企业商品流通能力的保证。因此，中间商也成为企业营销公关的一个重要对象。对中间商的营销公关活动主要有：第一，改善本企业对供货商、经销商的了解。比如，一个商品的制造商，应了解中间商对企业的态度，了解它们对企业营销活动的意见和建议，了解它们在运作过程中所遇到的困难，从而彼此沟通配合，协调行动。第二，帮助中间商了解本企业的营销宗旨和营销能力，增强它们对企业的信心，提高它们与本企业合作的积极性。第三，通过中间商改善与最终顾客的交流。由于很多企业是通过中间环节间接地与最终顾客发生联系的，它们对企业的认识是模糊的，所以企业必须通过中间商以及相关的公关手段，增强与最终顾客之间的交流，改善与最终顾客的关系。

（三）企业外部的其他公众

企业的外部公众主要指政府的有关机构、社区及新闻传媒，对企业营销有影响的社会事业团体等。企业开展外部的公关工作，就是希望建立起企业的良好声誉，具体地说有三个方面的目的：第一，提高企业的形象。企业通过运用各种传播手段广泛地宣传自己各方面的工作成就，让公众对本企业有深入的了解。当公众对企业产生某种误解时，还要积极慎重地做各种解释工作，同时根据公众的看法调整改进自己的工作。第二，加强企业的外部联系。企业通过与外部公众的良好沟通，与社会各界、政府部门、社区等建立广泛的横向联系，争取尽可能多的支持和帮助。第三，推动产品销售。企业通过广泛的外部联系，疏通各类分销渠道，扩大产品的销售。

（四）企业内部的公众

企业内部的公众主要指企业的股东、员工及其家属。一个企业要实现自己的营销目标，必须获得企业内部全体员工的理解、支持，并为之努力。团结全体员工为企业的成功而奋斗，这是企业内部公共关系工作的根本宗旨。企业内部公关的重点主要包括以下几点：第一，建立企业共同的价值观念，就是让全体股东和员工了解企业应该追求什么，并为之付出什么。第二，创造良好的人事环境，就是要创造一种使全体员工都能够充分发展，树立自尊和积极参与企业及社会各项活动的环境。第三，培养融洽的工作气氛，就是在企业的工作空间创造良好的人际工作关系，形成一个和谐、合作、富有亲切感的工作气氛。

三、公共关系的任务

公关的任务是为了帮助实现商品的营销目标，具体来说，一个企业的营销公关工作主要承担以下四项任务。

（一）与新闻界联系

与新闻界联系，就是建立和保持与新闻传播媒体的关系，将有价值的信息通过新闻媒体的传播引起人们对企业的商品或服务的关注。

（二）商品公共宣传

商品公共宣传，就是配合第一线的营销部门为某个品牌或型号的商品作宣传。

（三）企业信息沟通

企业信息沟通，就是利用公共关系手段帮助实现企业与外部环境之间的信息沟通，促进各类公众对企业的了解。

（四）咨询

咨询，就是对公众事件、企业地位和企业形象等问题向管理当局提出建议。

四、公共关系的作用

公关的内容包括了公众宣传，即在各种印刷品和广播媒体上获得不付费的报道版面，以促销或赞美某个商品、某项服务或某个企业；营销公关又超越了单纯的公众宣传，这在营销公关的任务中已充分反映了出来，对于一个企业而言，营销公关还起到以下几个作用。

（一）协助开发新产品

企业通过赠送、慈善义捐、赞助公益活动等形式推出新产品，有时其效果往往大于直接的广告宣传。

（二）协助商品的再定位

某项商品往往销售一段时间后需要重新进行定位，这时营销公关的作用就变得至关重要。比如，动物园以“人与动物共生存”为主题的活动推出后，除了观光客，还会增加有环境保护意识人群的前往。

（三）建立消费者对某一商品种类的兴趣

比如，通过各种宣传和活动，建立人们对绿色产品的兴趣，使人们觉得即使要多支付价格或要改变已经习惯了的消费方式，能够进行绿色消费也是值得的。

（四）影响特定的目标群体

如果某一特定的人群或者其消费需求，或者其舆论对企业是至关重要的，营销公关的结果很可能转变他们原先的态度。

（五）保护已经出现公众问题的产品

有时企业的产品可能出现消费者的信任危机，如某批号产品的质检不合格。这时营销公关的作用往往大于广告宣传，它可以通过良好的沟通，消除公众的不信任感。

（六）建立有利于表现商品特点的企业形象

营销公关可以通过演说、公益活动、公众宣传等手段树立企业的良好形象，赢得公众的好感。

五、公共关系的主要手段

公关是一种具体的活动，它通常所采用的手段主要有以下几个方面。

(一) 公开出版物

公开出版物就是企业大量依靠各种沟通材料去接近和影响其目标市场。这些沟通材料包括年度报告、小册子、文章、视听材料以及公司的商业信件和杂志。小册子的重要作用在于向目标市场介绍商品的性能和功效；企业在公共传媒发表的文章可以引起公众对企业及其产品的注意；企业的商业信件和杂志可以树立自己的形象，并向目标市场传递重要的信息；视听材料则可以更加生动地介绍商品和企业，其效果比一般的广告好得多。

(二) 事件

企业的公关人员可以安排一些特殊的事件来吸引公众对其新产品或企业的关注。这些事件包括记者招待会、讨论会、郊游、展览会、竞赛和周年庆祝活动等。通过事件的安排，一方面吸引了社会注意力；另一方面还借此联络包括供货商、经销商、政府部门等更加广泛的社会关系。

(三) 新闻

企业公关人员还应该发展或创造对企业、企业产品、企业人员有利的新闻。新闻的编写要求善于构想出故事梗概，广泛开展调研活动，并撰写新闻稿。新闻界需要的是及时又有趣的漂亮文字。公关人员还应该增加与新闻界的交往，增加新闻报道的可能性。

(四) 演讲

演讲是指企业的各级领导人或新闻发言人在企业外部或内部的会议作富有魅力的谈话、演说，通过这种演说圆满地解决公众存在的各种问题。

(五) 公益服务活动

公益服务活动就是企业通过某些公益事业向社会组织或个人捐赠一定的金钱和时间，提供一定的服务，以提高企业的公众信誉，树立良好的企业形象。消费者对于企业除了在经济方面的评价外，还往往进行社会和道德评价，参与公益事业往往能提高公众对企业的道德评价。

(六) 形象识别媒体

公关人员通常要努力创造一个公众能迅速辨认的视觉形象，并通过企业持久性的媒体传播出去。在一般情况下，公众通过企业的资料而获得的印象是散乱的，这对创造和强化企业形象识别会造成混乱并错失良机。在一个高度交往的社会中，只有创造一种统一的视觉形象，才能迅速有效地赢得社会的注意。

六、公共关系决策的主要内容

(一) 确定公共关系目标

公关活动应该是有针对性的，所以，在开展一项公关活动时，首先应该确定它的目标，就是说，应确定通过此项活动的开展最后应取得什么效果。比如，法国葡萄酒商通过在美国著名杂志《时代周刊》、《好家庭》以及其他报刊刊登有关葡萄酒的故事，撰写有关文章，创造了一种喝葡萄酒就是快快乐乐过日子的形象，使美国公众广泛地接受了法国葡萄酒，最终使其能大量销售。如果没有营销公关的具体目标，营销公关就变得盲目，常常花费了时间、金钱和人力，最后达不到任何效果。营销公关常常在下述目标上可以发挥重要的作用：

(1) 建立新产品的知晓度。

(2) 建立某个商品或某项保证的可信性。

(3) 刺激销售队伍和经销商的销售热情。

(4) 降低企业的促销成本。

(二) 选择公共关系信息和载体

公关活动要获得广泛的社会关注，还必须有公众感兴趣的信息，并通过他们熟悉的载体把这些信息传递给他们。营销公关人员必须寻找和发掘某个企业、某项产品是否具有有趣的经历可作报道，通过寻找往往会发现许多可以供新闻传媒发表的故事。营销公关人员有时与其说是寻找新闻，不如说是在创造新闻。

(三) 实施公共关系计划

公关计划一旦付诸实施，也会遇到许多有待进一步解决的问题。比如，事先准备的新闻稿或公关信息，怎样顺利地通过传媒及时地传播出去，这就需要营销公关人员协调好同传媒编播人员的关系，这对保证上述活动的顺利进行十分有利。在公关计划实施过程中，社会公众必然会产生不同的反响，有些是公关人员预期的，有些则是意料之外的。当出现意外的反响，甚至是完全相反的结果时，营销公关人员就应及时作出反应，以掌握局势，保证营销公关目标的最终完成。为了避免不知所措的情况发生，一套营销计划常常备有应付意外的预案，这比仅靠公关人员个人的应变能力更加重要。

(四) 评估公共关系的效果

企业开展的每一项活动事后都应该有一个评价，以了解此项活动的效果，从而为以后的活动总结经验。营销公关活动同样需要事后的评估。但是，营销公关活动由于常常与其他营销活动同时开展，加上公关的间接性特点，其结果往往难以用具体的数量指标来衡量，所以营销公关部门可以根据活动的实际情况事先设定评价的标准。当然，通常也有一些评价方法和标准可供参考。

1. 展露度

所谓展露度就是企业营销公关宣传在各种媒体上的展露次数。它可以帮助营销人员大致了解一项营销公关活动的影响广度和深度。

2. 知名度、理解和态度方面的变化

知名度、理解和看法上的差异是指了解营销公关宣传前后社会公众对某一商品或企业在知晓、理解和看法上的差异，这种差异通常可以问卷调查的方法获得。

3. 销售额和利润贡献

营销公关前后企业的销售额和利润的变化量是最能说明公关效果的指标，当然，这种指标不太易获得，它们的变化也往往是综合因素作用的结果。但只要其他因素没有大的变动，这些指标就比较实用。

案例

终端促销——企业销售的"临门一脚"

企业为取得销售的成功，不仅要以适当的价格、合适的渠道向市场提供适当的产品，而且需要采取适当的方式促进产品的销售，因此，促销就成为营销组合的要素之一。

在"同质化的产品、同质化的模式"竞争环境中，终端作为与消费者直接接触的环节，在终端进行的促销活动是应对竞争对手、促进终端销售、提升品牌形象的重要手段。终端销售的重要性已经被越来越多的营销人员认同和接受，也被列为营销环节中非常重要的一环，终端销售在营销过程中的影响力之大可见一斑。终端销售是一项综合性的工作，促销方法也品类繁多，各厂家为此各出奇招，搭赠、捆绑、陈列、品尝等让人眼花缭乱。为规范促销活动，使之更加规范，各厂家也各有如促销时机管理、促销物品管理、促销对象管理等指导性的文件或规定。成功的终端促销经验，总结如下。

经验一　拟订详细可行的促销实施计划

许多企业之所以促销低效就是因为促销缺乏计划性，对促销的目的、方式、时限、区域、人财物保障都不明确，想搞就搞，想停就停，或者刚刚开始就因为资源无法保障或外界竞争环境变化导致促销停止，劳而无功。

高效的促销往往是战略行为，而不仅是一个战术行为，高效的促销往往是由多形式、多阶段的多个促销活动组成的，而不是靠单一的促销活动实现的。形式和阶段性的促销活动，终端促销是品牌整体促销活动的重要一环，大量的企业终端促销实践表明，企业在开展终端促销时必须要对其进行仔细规划：在作出促销决策前对产品、竞争者行为、目标消费者行为必须进行全方位的分析，如分析准备促销产品的特性、竞争者有哪些竞争措施、目标消费者有哪些行为和认知习惯等，并根据分析结果为企业在全面范围内的促销活动作出了科学的策略和预算，以便达到最强的针对性。确立规范的促销流程可以使企业有清晰的思路和策略，在销售终端与竞争者短兵相接之前就先胜一筹。

经验二 终端促销应当体现"让利性、娱乐性、参与性"原则

"用有吸引力的方式让消费者享受到实实在在的实惠"是对上述原则的诠释，所谓"让利性"，就是促销必须让消费者感到实惠，如获得价格上的优惠，获得赠品，使消费者获得更多的利益。而娱乐性和互动地参与，让消费者感受到精神上的愉悦，对品牌产生良好的印象。

经验三 吸引终端眼球，营造促销气氛

通过终端密集、反复的宣传，通过视觉、听觉、感官不断刺激消费者注意，最大限度营造促销气氛，进行短暂注意力"拦截式"促销。

(1) 宣传主题直白、鲜明。每个店铺促销活动旗帜鲜明，"SALE"这个词也变成促销活动中商家使用率和顾客认知度最高的一个单词。橱窗中的海报和店铺中的价格指引牌上文字和图像简洁，使顾客一目了然，不像国内某些品牌，既想打折，又怕损伤品牌形象，对促销的视觉引导遮遮掩掩，或在门口海报中发布很多信息，使顾客不知所云。

(2) 海报注意色彩错位。色彩最能打动顾客，也最容易和其他专卖店区别开来。各个品牌都非常重视对色彩的选择，如服装品牌MORGAN的促销为红色、MANGO为绿蓝黄三色组合、Oasis为粉红色。

(3) 通过异型造型进行冲击。普通形式的展示已不能更好地引起消费者的注意，或受商场整体布局和营业面积的限制，因此除了色彩，形状也是最能使人产生记忆的点。各个品牌在整个卖场的设计上采用了不同的造型或异型陈列。

经验四 各种市场资源的协调配合

(1) 促销与公司宣传广告相配合。研究表明，单纯的价格促销仅使销售增加15%，当它与广告结合的时候销售量增加19%，当它与广告和特殊展示相结合时销售量就会增加24%以上。销售促进是对产品的推动销售，而公司的广告是拉动产品销售，如果销售促进提供了购买的刺激，那么广告就为消费者提供了购买的理由，推拉策略相互配合就会使产品销售变得更为顺畅。

(2) 培训委派专业促销员。在经过所有的促销环节以后，完成销售还需要促销员的临门一脚。需要1名以上驻场有经验的促销人员支持。促销员良好的促销服务可以为公司培养大批忠诚的顾客和提高品牌知名度，并且可以培育潜在的市场，良好的促销服务可以使顾客做到持续购买、同类品牌相关购买、顾客口碑推荐购买等。总之，促销员的工作是完成整个促销组合的最末环节，也是最重要的环节。

(3) 寻求终端零售商的支持。在促销中，我们能获得的终端支持多是场地支持、终端商场的宣传支持、配送支持等。场地支持：现在做促销活动，场地越来越重要了，一个好的位置决定着该产品能否脱颖而出；终端商场的宣传支持：每个商场都有自身的宣传工具，如DM、POP、店内电视、店内广播等，这也是企业获得“局部”绝对宣传优势的最主要的阵地；配送支持：终端促销期间如果发生断货现象，损失是很大的，而有的商场有特殊的送货周期和库存指标，这些都需要在促销前同商场达成固定协议。

(4) 寻求合作，联合促销。在当前终端促销成本很高的情况下，选择正确的联合促销伙伴也是节约成本、成功促销的一条捷径。例如，苏泊尔与金龙鱼联合开展的“好油好锅，引领健康食尚”活动的成功开展就为联合促销作出很好的诠释。其实苏泊尔公司在品牌塑造上一直走在行业的前列，但在终端上由于其行业的低关心度，这些品牌信息并没有有效地传递给消费者，如何在促销活动中诠释品牌、提升消费者关注度，成为苏泊尔营销破局的关键。针对以上诉求，苏泊尔公司创造了一个全新的创意：邀请一家快速消费品公司一起来进行联合促销，利用快速消费品高关心度的特点来共同传递促销信息，达到共赢局面。“好油好锅，引领健康食尚”活动在全国36个城市同步开展，活动正值春节前后举行，人们买油买锅的欲望高涨，通过此次活动，不仅给消费者更多让利，让购物更开心，更重要的是，教给了消费者健康知识，帮助消费者明确选择标准。通过优质的产品和健康的理念，提升了国人的健康生活素质，所以此活动一经推出，立刻获得了广大消费者的欢迎，不仅苏泊尔锅、金龙鱼油的销售大幅上涨，而且其健康品牌的形象也深入人心。

案例思考 终端促销有哪些特征？分析身边的实例如何利用终端促销的特征，获得宣传促销优势，完成销售的临门一脚。

复习与思考

一、名词解释

1. 促销
2. 促销组合
3. 人员推销
4. 广告
5. 销售促进
6. “电子过滤”
7. 广告媒体
8. 营销公关
9. 企业内部公众
10. 公关事件

二、思考题

1. 什么是“拉引”促销策略和“推动”促销策略？在什么情况下可使用这些策略？

2. 在产品生命周期的不同阶段，促销策略各有什么特点？

3. 人员推销有什么特点？进行人员推销时有哪些基本环节？

4. 在选择广告媒体时必须注意哪些原则？

5. 在销售促进活动中，针对消费者、中间商和推销员的策略有哪些？如何控制好销售促进活动？

6. 企业营销公关决策的主要内容有哪些？

第九章

营销策划与营销决策

第一节 营 销 策 划

一、营销策划的意义

所谓策划就是制定计谋与办法的过程，是对某一项活动中的方向、目标、内容、程序等进行全面和详细的预先安排和设定。在现代社会中，人们为了使一项活动能获得预期的效果，十分注重事前的策划。一部电影的策划是它的剧本和导演构思；一门课程的策划是它的教学大纲和教案；一项商业活动的策划就是营销策划。

营销策划就是策划人员在对企业内外部环境予以准确地分析并有效地运用各种资源的基础上，对一定时间内企业某项营销活动的行为、方针、目标、战略以及实施方案与具体措施进行的设计和计划。

20 世纪 70 年代末，日本电视机能成功地进入中国市场，就是其营销策划的结果。当时日本几大家电制造企业详细分析了中国市场的状况，认为虽然当时中国城市家庭收入水平较低，但居民有储蓄习惯，从而有可能买得起低档家电产品。因此在产品方面，日本企业选择了 9～12 英寸黑白电视机为突破口；价格确定为 400 元人民币左右，为当时家庭月平均收入的 3～4 倍；在中国刚刚开放城市的高大建筑物上做霓虹灯广告，扩大厂牌影响；产品首先通过港澳同胞带入中国内地。这样的营销策划帮助日本企业成功地进入了中国的家电市场，70 年代末，人们纷纷以拥有一台黑白小屏幕电视机为生活水平提高的标志，日本的“索尼”、“日立”、“三洋”、“夏普”等厂牌几乎在中国家喻户晓，直到 80 年代，中国家用电器市场的主流产品仍然是日本货。

可见，企业要保证其营销活动的成功，事先的营销策划是非常重要的。

(1) 营销策划可以使营销活动有明确的行动方案。任何营销活动都会涉及两个以上的参与者、两个以上的参与部门，甚至涉及与企业外部各方的协调，如政府、传媒、社会团体等。所以必须事先有一整套经过策划的营销方案作为活动各方的行为准则，使营销过程中每一环节的参与者都知道在什么时候、什么地点、什么条件下、做什么事，从而使一项系统化的营销活动能有条不紊地按计划进行。

(2) 营销策划可使企业的营销活动科学地开展起来。企业的市场营销活动是一项凝聚了营销人员智慧的活动。在市场上，竞争各方之间的胜负，除了各自的经济实力之外，更重要的是看谁的智慧更胜出一筹。以少胜多、以小搏大的成功范例并不少见。一位长期从事企业营销活动研究的外国学者甚至认为，处于最前沿的企业经营，实际上就是策划竞争，他对营销策划的定义是：营销策划"是通过实践活动获取更佳成果的智慧，或智慧创造行为"。因此一项好的营销策划可以帮助企业的营销活动减少随意性、主观性，可以把营销人员经过深思熟虑激发出来的科学智慧贯彻到营销活动的全过程去。

(3) 有了事先的营销策划，便于营销人员对整个营销过程进行有效控制。任何营销活动不管事先的策划多么有深度，在实施过程中都可能遇到一些不可控因素，因此很多营销活动都需要进行随时调整，调整的依据是什么呢？就是原先的营销策划。如果没有策划，做到哪里算哪里，就谈不上什么调整。营销活动在实施过程中是否能达到预期的目标，也需要有一份策划加以对照，如果发现营销活动偏离了目标，就可及时加以控制。

二、营销策划应考虑的因素

(一) 营销策划的前提

营销策划的两个基本前提是营销现状和营销目标。营销现状是指企业所处的营销环境，它是企业进行营销策划的依据和基础；营销目标是指企业希望达到的经营目标，它是营销策划的目的和结果。企业的营销策划从某种意义上说就是寻找一种方法，使企业完成由营销现状到营销目标之间的过渡，或者说是消除营销现状与营销目标之间的一切差距。在一般情况下，营销现状与营销目标的距离越大，达到营销目标的难度也越大，从而使营销策划所花费的时间、费用、精力也越大。

(二) 营销策划的结构

一项营销策划一般涉及两个组成部分：营销环境分析和营销策略的设计。营销环境分析是为设定企业营销策略所作的基础分析，只有对营销环境进行准确而深入的分析后，企业才有可能了解其营销现状及其所面临的机遇和挑战，了解为什么要采取某项营销策略来实现营销的目标。营销策略是一项营销策划中的主体，也是一项营销策划所应提供的营销方案中的主要部分，它包括商品或服务从创意、制造、分销到售后服务的各个环节，也涉及营销活动的产品策略、价格策略、渠道策略和促销策略。营销策划中的这两部分是相辅相成、缺一不可的。

(三) 营销策划的时间

每项营销策划除了要投入人力和财力之外，还要耗用一定的时间。营销策划所用的时间没有一定的标准，应视策划本身的需要、条件以及复杂程度而定。一方面，一项策划的时间耗用过长，企业的营销环境有可能发生大的变化，策划的前提就可能随之变动，同时，策划时间过长，也使营销活动无法按期实施。另一方面，如果营销策划的时间过短，就不能保证策划的质量，特别是策划人员对企业营销现状的掌握和营销环境数据收集肯定需要时间，没有对这些基础材料的充分理解，是不会有好的营销策划的。当然，有些策划可以在基本框架确定后边策划边实施。根据美国霍普金斯公司在 20 世纪 80 年代对美国不同类型企业进行的营销策划调查表明，营销策划的时间以 1 年左右最为普遍，见表 9 - 1。

表 9 - 1　不同类型企业营销策划的时间

企业类型 / 花费时间	生产资料(%)	消费品(%)	服务(%)
1 年以内	1	6	0
1 年	80	79	72
1 年以上	19	15	28
合　计	100	100	100

(四) 营销策划的类型

营销策划根据企业的实际需要可以分成整体营销策划和局部营销策划两种，两者的区别在于营销策划的内容和范围不同。企业的营销活动大致可以分为两大块，即确定目标市场与占领目标市场，因此营销策划大致也会围绕这两个方面开展。企业营销活动的范围可见图 9 - 1，根据营销活动涉及的范围可以确定是进行整体营销策划还是局部营销策划。

1. 整体营销策划

凡是策划内容涉及企业营销活动全过程的，也就是说既包括确定目标市场活动，又包括占领目标市场活动的，就是整体营销策划。

2. 局部营销策划

凡是策划内容不同时涉及确定目标市场和占领目标市场的策划就是局部策划。局部营销策划既可以是确定目标市场的策划，也可以是占领目标市场的策划，甚至可以在更小的范围内进行策划，如促销策划、价格策划、品牌策划、渠道策划等。

(五) 营销策划的资料

一项营销策划取得成功，其前提条件是策划人员是否能取得充分而正确的资料，这些资料一般包括市场供求状况、市场竞争状况、相关政策法规、顾客需求特征、企业产品特征，等等。

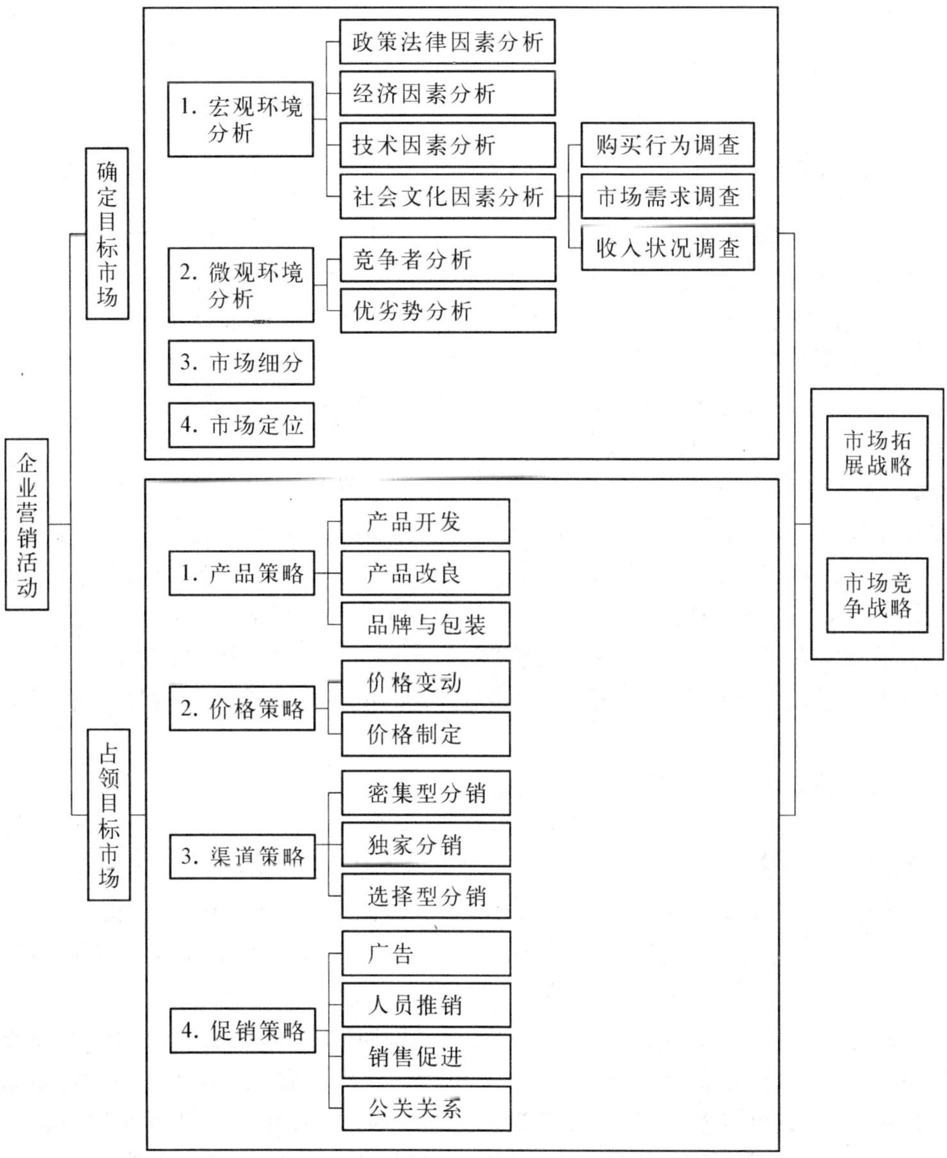

图 9－1　企业营销活动的范围

这些数据资料可以通过查找现有的统计报告及公开的传媒物来获取，也可以组织专门的调查直接收集。在一般情况下，历史资料和较宏观的市场信息以间接资料为主，而市场现状和顾客需求资料需通过直接调查获得。

营销策划的数据资料也不是越多越好，而是要根据策划的需要加以确定。数据太多，一是造成高额收集成本；二是产生信息的互相干扰，反而影响策划人员进行正确判断。

（六）营销策划的承担者

一项营销策划由谁来担任是一个重要问题，在一般情况下有三种选择：一是由企业自己的营销人员进行策划；二是委托专业的营销策划公司担任策划；三是聘请营销顾问与企业的营销部门一起进行策划。具体采取哪一种方法应视策划任务的性质、大小以及企业自身的策划能力而定。一般而言，属于程序性的策划、局部的策划和企业自身营销部门完全有能力担任的策划可以由企业营销人员自己担任。而综合性策划项目、大型策划项目和企业自己缺少策划能力的营销项目可以委托专业策划公司或聘请营销专家进行策划。

专业营销策划公司的选择也是很重要的，如果选择不当就有可能使策划发生失误。选择适合的策划公司，首先，要看其专业特点，不同公司有不同的策划专长，如果是策划公司擅长的项目，它的营销人员在这方面的经验比较丰富，资料积累比较多，对市场的敏感性也较大，因此，作出的策划就比较理想。其次，要看其营销策划人员的素质，如果是有经验、有创意的策划人员，策划的效果就比较好，如果该公司的策划人员大多是非专业的，又很少有策划经验，作出的营销策划肯定有问题。最后，选择营销策划公司还要考虑费用问题，费用太高，企业负担不了；费用太低也不可取，因为策划公司很可能通过降低质量来完成策划。

（七）营销策划的方案

一项营销策划有时仅提供一套方案，有时须提供两至三套方案。到底应提供几套方案，没有明确的规定。一套方案的优点是比较确定，不需要再进行选择，策划成本也低。但如果在实施时环境发生变化，营销的应变性和修正性就比较差。多项方案则正好相反，它们可供企业在环境条件不确定时进行选择，但策划成本较高，对不同方案的采纳决策同样又成为新的问题。

总之，一项营销策划应提供单一方案还是多项方案，首先要看决策的前提条件是否确定，看市场变化趋势的方向是否明确；其次要看策划项目的大小，如综合性策划，方案可以多一些，局部性策划方案可少一些；此外可供策划的经费也是一个重要的选择因素，经费较多，可以多提供一些方案，经费不足则只能提供单一方案。

（八）营销策划报告

营销策划的表现形式一般为一份营销策划书或策划报告。大的营销策划可以分成总报告、分报告和附件。总报告主要对该项策划的总体环境和总体目标进行设定，有时在报告中还包括设定营销活动的总体原则及步骤。在分报告中，主要就一些重要的分类营销策略作具体设计。附件是指与营销策划有关的调研记录、规章及其他必须的资料。小型策划项目则可以把总报告和分报告合在一起。由于现代文字储存技术的发展,营销策划报告可以使用书面形式,也可以采取电脑光盘的形式。当然,越来越多的策划报告既提供书面报告,又制作成光盘。

1. 营销策划报告的功能

营销策划报告是一项营销策划的表现形式,它对于策划成果的享用者和策划者都是十分重要的。对委托方而言,营销策划的全部结论性成果都将通过营销策划报告表达出来,他们所要获得的营销创意和营销方案都集中在策划报告中。对策划者而言,他们提供给委托者或营销实施者的思想、计划、程序也都体现在报告中。所以营销策划报告必须具备两个基本功能:

(1) 准确完整地表现营销策划的内容。营销策划通过营销策划报告表现出来,因此,策划报告应采取适当的形式和准确的文字来传达策划者的真实意图,这也可以说是实现营销策划目标的第一步。

(2) 充分有效地说服营销决策者。作为一份合格的营销策划报告,首先要获得阅读者的信赖和认可,这才有可能使策划意图被付诸实施,因此,营销策划报告应该以良好的方案表述及视觉效果去打动和说服阅读报告的营销决策者,这也是一份策划报告应追求的目标。

2. 营销策划报告的形式

(1) 文字式,即主要以文字说明为主,把营销的创意、计划等表达出来。这种方法可以使营销的实施者充分理解营销策划者的每一个细节和意图,但缺点是阅读比较费力,容易产生文字疏忽,从而在执行时发生遗漏。

(2) 图表式,即通过程序图、数字表格等形象表示手段来表示策划意图和营销实施程序。这种方法直观、生动、一目了然,但执行者对策划意图往往不易深入理解,所以也可能发生理解偏差。

(3) 文字与图表结合式。比较理想的方式是把文字和图表相结合的策划报告。这种形式较好地运用了文字式和图表式报告的优点,又弥补了两种报告的不足之处,是目前我国企业较为欢迎的一种报告形式。

营销策划报告的长短主要由策划的目的和性质而定,并不是说越长越好,简洁、明了是每一份营销策划报告的基本要求。营销策划报告的语言应通顺平实,不宜采用华丽的辞藻,特别应避免使用生僻的外来语和不符合我国文字使用习惯的境外术语。同时,一份营销策划的文字校对也是非常重要的,要避免细小的文字差错,对每一个使用的数据也要认真核实,报告中使用的同一个数据前后也必须一致。否则小的文字细节差错也会影响整个策划报告的质量。

营销策划报告中常用的图形见图 9-2。

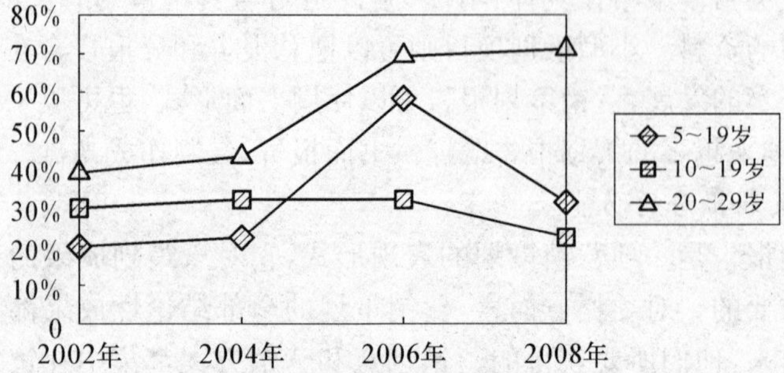

(a) 线条图

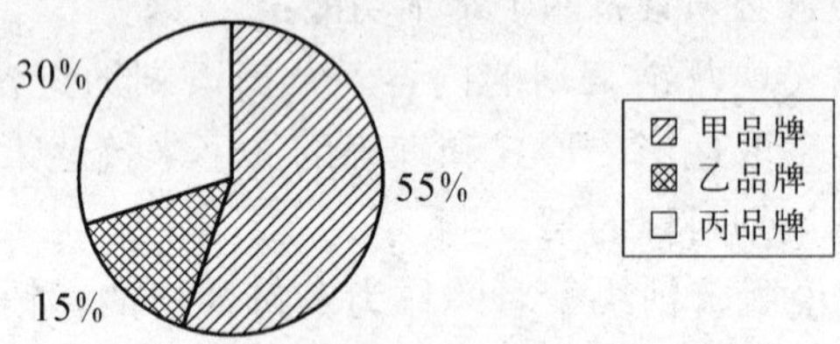

(b) 平面拼图

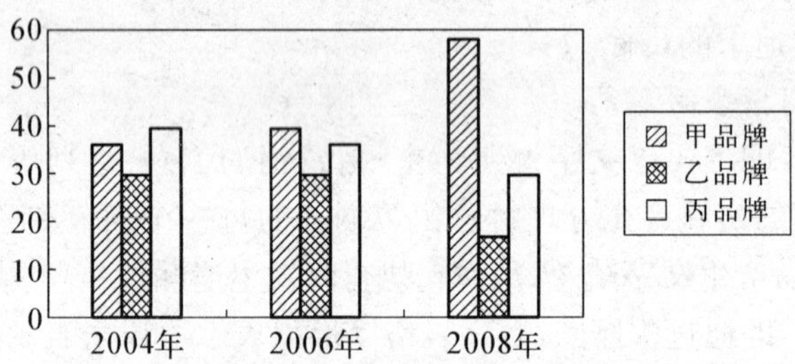

(c) 柱形图

图 9-2　营销策划报告中常用的图形

3. 营销策划报告的结构

营销策划报告的结构也没有十分固定的形式，但在一般情况下包括以下几个部分：

(1) 封面。策划书的题目、日期与策划人。

(2) 前言。策划的背景交代。

(3) 目录。策划方案的编目，各报告的题目和页码。

(4) 概要。策划结论性意见的要点提示。

(5) 环境分析。企业营销的主客观条件。

(6) 机会分析。企业营销的机会和切入口。

(7) 战略及行动方案。营销活动的具体实施计划和安排。

(8) 行动方案的控制。营销方案实施中的组织及其他保证措施。

(9) 营销成本。营销行动所需的资金投入方案。

(10) 附录。必要的说明和附件。

4. 营销策划报告的撰写技巧

营销策划报告是一种直接的操作方案，因此十分强调可信性和可操作性。营销策划报告的撰写不同于一般的研究报告或研究论文，研究论文的读者几乎都是专业的行家，而营销策划报告的读者可能是非专业人士，因此，运用适当的撰写技巧是十分重要的。

(1) 充分利用现成的策划模型。很多专业性的营销策划机构由于对本行业的营销策划积累了较多的经验，因而会形成一些专门的策划模型。一般的同类型策划，如果能运用此类模型则做起来既简便迅捷，又富于专业化。很多营销策划的教科书和论文集也提供了一些经典范例，这也是策划人员值得借鉴的。

(2) 寻找一定的理论依据。任何策划方案都必须寻找到依据，才会有可信度。因此，寻找一定的理论依据来支持一套策划方案是十分必要的。当然，任何理论的运用必须考虑它的适应条件，如果为寻找理论依据而生搬硬套反而会适得其反。

(3) 适当举证。在策划报告中，适当举证或适当举例，也可以增强其可信度。举证或举例既可以是正面的，也可以是反面的经验教训。当前，由于我国内资企业市场营销经验的不足，所以在举证、举例中，国际比较是十分有意义的，可选择一些国外企业营销的成功范例来支持自己的方案。

(4) 注意利用数字说明问题。任何经济活动都应考虑经济数量关系，如销售额、利润率、市场份额、价格等。所以，在营销策划中应注意利用数字来说明问题，在营销策划中，也应有数量的计划安排。注意用数字说话是任何营销策划不可忽视的特点。

(5) 注意合理排版。营销策划报告的排版形式是非常重要的。一份排版合理、形式优美的报告，会使它的读者首先产生敬意，然后会认真阅读，这对领会其中的意图十分有利。一份好的营销策划报告在形式上应装帧考究，图文并茂，排版有层次，没有或很少笔误、印误，用纸质量高。

第二节　营销策划的程序和内容

一、营销策划的程序

为了保证营销策划工作的顺利进行，营销策划的实施应该按照一定的程序进行。一个切实有效的营销策划过程又必须包含一系列基本内容。在一般情况下，营销策划的程序见图 9-3。

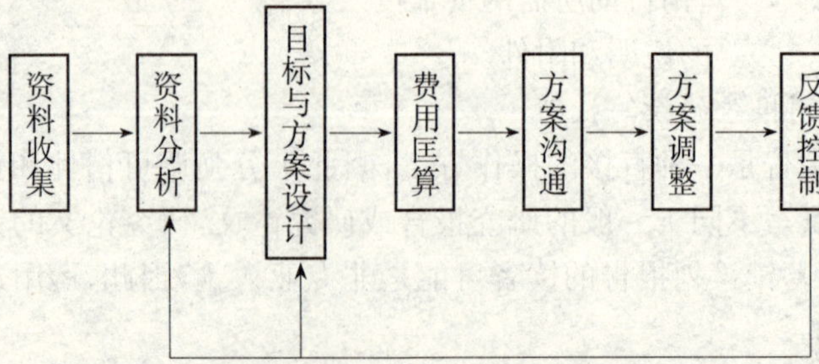

图 9-3 营销策划的程序

二、营销环境的分析与评价

营销策划必须建立在对营销环境的分析与评价基础上，没有对环境的充分了解，任何营销策划不管形式上多么完美，都将是一种空想。对企业营销环境的分析，一般可从以下三个方面入手：企业营销环境、企业产品与市场历史轨迹、企业现状。

（一）企业营销环境的分析与评价

营销环境是指直接或间接影响企业营销活动的各种内外在的社会与经济因素，这些因素可以区分为宏观、中观及微观三个层面。

1. 宏观因素

宏观因素是指影响企业营销活动的国内、国际经济形势、政治态势、法律环境、科技进步、文化传统等外在影响力。比如，就经济形势而言，在国民经济的高涨期，市场需求比较旺盛，企业营销的成功可能性就比较大；反之，如果经济萧条、市场疲软，营销活动成功的障碍就大。同样，一项营销活动的开展，是否有良好的法律环境也是非常重要的，相关法律比较齐全，企业营销的保障因素就大；反之，法律不全，营销中的不确定性就增加。

2. 中观因素

中观因素一般是指影响企业营销的行业状况。如行业的供给能力、行业的发展阶段、行业的竞争状况等。此外，中观因素还包含影响企业开展营销活动的产品供应商、中间商，银行的贷款态度，行业协会的支持等因素。在中观因素中，更为重要的是企业现实市场和潜在市场中消费群体的生活方式、购买态度、人文状况等，对这些因素的分析是诸多因素分析中不可缺少的，因为它们对企业营销活动的影响是至关重要的。

3. 微观因素

微观因素主要是指企业的内部状况，如财务状况、新产品开发能力、企业领导人及员工的素质，以及企业的产品所处的市场生命周期特征等。

（二）企业产品与市场历史轨迹的分析与评价

1. 产品的历史轨迹

任何一个产品都有一个市场生命周期，尽管不同产品的生命周期在销售、利润、价格等变量上表现出不同特点，但总会经历导入期、成长期、成熟期和衰退期。追寻产品的历史沿革轨迹，实际上就是描述产品的生命周期曲线，从而对各个周期的市场特征、销售特性等进行准确把握，并在此基础上做出优秀的营销战略和策略方案。具体分析方法可参见本书第五章产品策略的相关内容。

2. 市场的演进过程

市场的演进过程是从整个市场的角度来观察一个产品从进入市场到退出市场整个过程中所发生的市场竞争格局的演进，以及在这个演进过程中产品市场环境的变化。市场演进的过程包括：市场具体化阶段、市场扩张阶段、市场分裂阶段、市场再结合阶段和市场终止阶段。

整个市场的演进过程其实就是竞争者们在市场的争夺过程。从市场具体化阶段开始，首先进入的厂家就宛如首先发现新大陆的先驱者，有最大的市场选择范围。随着后来者的不断增多，市场选择余地越来越少，竞争愈演愈烈，整个市场被瓜分，即市场分裂阶段。以后，有实力者脱颖而出，占有绝大部分领地，进入市场再结合阶段。最后整个市场不再有宝藏可挖，大家又纷纷转向别的未开发或未完全开发的市场，于是市场进入了终止阶段。由此可见，确定企业的产品正处于哪个市场阶段，对于企业营销战略和策略的制定具有重要意义。

（三）企业现状的分析与评价

企业现状分析就是对企业或其产品在当前所处的市场环境中的横向比较。它包括企业产品的市场规模与潜量分析、市场竞争格局分析，以及相关的环境分析。

1. 市场规模与潜量分析

(1) 市场规模。它是指企业生产的产品类别在整个市场上的顾客量。这是整个市场的需求容量，也是一个企业的销售极限。其实，除非企业能完全垄断这一市场，否则任何企业只能同其竞争者一起分享这一市场。

(2) 市场潜量。它是指在一定的营销努力和一定的环境条件下所能获得的最大销售量。市场潜量与市场规模有着密切的联系，有时甚至是同一个范畴。但是，某一个市场规模有时通过企业的努力或营销环境的变化也会有一定程度的伸缩，这时市场潜量就可能大于或小于市场规模。

2. 市场竞争格局分析

市场竞争格局分析主要从两个方面入手：一是从产品的市场竞争特征入手分析；二是从企业在市场竞争中所处的地位进行分析。

(1) 产品的市场竞争特征。任何产品由于受生产规模、技术难易以及消费特点的影响，会产生四种不同的市场竞争状态，即：完全竞争型产品、垄断竞争型产品、寡头垄断型产品和完全垄断型产品。每一种竞争类型都会有特殊的市场归宿，企业所应采取的营销策略也应有所不同。

(2) 企业的市场竞争地位。由于各个企业在规模、技术和营销能力等方面的不同，使不同企业在市场上所处的竞争地位也不同，有的企业成为市场的主导者，有的成为市场挑战者，有的则处于市场追随者或补缺者的地位。不同的市场竞争地位决定了一个企业的营销战略或策略。

3. 相关环境因素分析

相关环境主要指影响企业营销活动的内外部环境。

(1) 企业内部环境。它是指企业的营销能力、管理能力、生产能力和技术开发能力。此外，员工的素质和工作态度也是一个非常重要的因素。

(2) 企业外部环境。它主要指影响企业营销行为的国民经济、社会文化、法律政策、人口家庭等因素。

三、机会与优势分析

一项优秀的营销策划，其实就是通过对市场环境的认真分析后找到企业营销的机会。在瞬息万变的市场中，谁能及时地把握住机会，谁就有机会取得营销的成功。对企业营销机会的分析主要从评价企业的竞争状态及优劣势入手，然后再确定企业存在的问题，并从这一过程中发现企业的机会。

(一) 竞争企业分析

这里所说的竞争是指企业所处的行业内的竞争行为的强度，即企业之间要通过降低价格、产品创新、广告等促销手段，追求优于行业竞争者的经营绩效。通过评价行业内竞争企业发挥作用的相对强度，以及对竞争企业产生新的进一步的认识，有助于形成自身的优势。

1. 竞争企业目前的战略评价

竞争企业目前的战略是指在同一市场上，不同企业的目标市场定位、产品定位的方针以及营销战略，战略评价就是对互相竞争的企业在这些方面的比较分析。

2. 竞争企业的潜力评价

企业潜力是指可以形成和可以开发，但目前尚未被挖掘出来的那一部分能力，评价的过程其实也是这种潜力挖掘和引导的过程。竞争企业的潜力蕴藏在该企业

的经营管理和战略目标等多方面。潜力越充足雄厚,企业的竞争力越强。一般可以从四个方面来分析和评价竞争企业潜力的状况:

(1) 产品与科研开发的潜力。

(2) 市场营销组合的潜力。

(3) 企业组织结构优化的潜力。

(4) 财务运作的潜力。

(二) 企业优劣势的比较

在制定具体的营销策略之前,必须分析和认定摆在企业面前的营销机会和所面临的威胁,即对企业进行相对的优劣势分析,从而制定出切合实际的营销策划方案,使企业在激烈的市场竞争中立于不败之地。

1. 分析企业的比较优势

企业的相对优势是指企业在营销过程中相对于竞争者更加有利的条件,如与竞争者比更加接近市场;或比竞争者有更低的成本;或者在技术或人才上更具有优势,等等。如果企业能充分运用这些优势,就说明它获得了取得营销成功的机会。迈克尔·波特在阐述竞争优势的理论时认为,一个企业与竞争者相比,可能有很多长处和弱点,但归结起来有两种基本形式:低成本优势和差别化优势,见图 9-4。

		竞争优势	
		低成本	差别化
竞争范围	广泛目标	成本领先	差别化
	狭窄目标	成本集中	差别集中

图 9-4 分析企业的竞争优势

在产品、价格基本相同的情况下,企业若有比竞争者有更低的成本,就有可能实现更高的利润,取得更好的市场绩效,这就是低成本的优势。而差别化优势企业能向消费者提供一种独特的、有较高附加价值的商品,这就使企业在缺少成本优势的条件下争取更多的顾客。

2. 分析企业的相对劣势

企业的相对劣势是指其与竞争者相比而存在的一系列不利条件。这些条件经常表现在以下几方面:

(1) 产品劣势,即企业的产品在质量、性能、服务或其他方面存在着缺陷或弱势。

(2) 价格劣势,即产品的价格体系或成本不如竞争者合理。

(3) 促销劣势,即在广告等促销宣传的广度或频度上不如竞争者。

(4) 渠道劣势，即产品的分销渠道或网络在效率和接近市场方面不如竞争者。

(5) 成本和管理劣势，即企业的成本比较高，管理相对比较落后，人员素质达不到应有的水平等。

(三) 确定企业现存的主要问题

经过对企业内外环境和优劣势的分析，会发现许多存在的问题，但是，营销策划人员应该从纷繁的问题中整理出一些重要的、必须先行解决的问题，然后设计出具有针对性的营销策略。要确定企业存在的主要问题，应先从一大堆问题中整理出一些基本问题，然后再在基本中确定主要问题。

1. 存在的基本问题

那些带有普遍性的，而且相对稳定的问题就是企业存在的基本问题。这些问题一般存在于以下几个方面：

(1) 消费者方面的问题，即企业的目标顾客是否准确？目前的营销方案对消费者是否有效？

(2) 产品方面的问题，即表现为产品质量、产品性能、产品开发、产品外观、产品服务等方面的问题。

(3) 销售方面的问题，即表现为营销中介机构是否合作？产品在各分市场的分配比例是否合理？产品的物流过程是否有效率？

(4) 促销方面的问题，即表现为企业的促销手段是否有效？消费者对广告的反应如何？企业的形象宣传是否处于下风？

2. 存在的主要问题

在所有的基本问题中，必然存在一些实质性的、起主导作用的问题，这就是企业存在的主要问题。主要问题可以只是一个，也可以有若干个，策划者要通过市场研究和分析去发现众多的基本问题，并且寻根究源，从基本问题当中寻找出主要问题之所在，才能为企业发展、为制定新的营销策划方案提供依据。

四、制定营销战略及行动方案

制定企业的营销战略和策略，设计合理的行动方案是一项营销策划的主体部分，这个部分大致可以分为两大块：一是确定营销的目标；二是制定实现这个目标的营销战略。

(一) 确定企业的营销目标

企业的营销目标是指在一定时期内，企业市场营销活动预期要达到的成绩。任何一项营销策划都应该提出明确的营销目标，这是统领所有市场营销策略的纲领，是营销行动方案的最终目标。

在营销策划中，营销目标应确定在科学的基础上，具体指标的设定应先进合理。所谓先进是指完成这一目标必须经过企业全体人员的营销努力，能使企业在现有的基础上发生一次飞跃；所谓合理是指这一目标是通过努力能够完成的，而不是不顾企业的现有状况一味追求脱离实际的高目标。营销目标的确定还要与企业的总目标以及其他目标相协调。营销目标应该是企业发展目标中的一个有机组成部分。营销目标一般又包括以下四个目标。

1. 销售目标

销售目标是营销目标中的直接目标，它一般可用实物和金额两种指标表示。实物指标用销售量或其销售量增长率表示；金额指标用销售额或其销售额增长率表示。

2. 市场目标

市场目标又称为市场占有目标，它体现了企业占有市场的广度和深度，是企业营销活动在市场方面达到的成果，这个目标一般可用市场占有率来表示。在新产品上市、新市场拓展、产品的市场竞争力等方面常常需要使用这一指标。

3. 竞争目标

竞争目标是指企业在市场竞争中所处的位置、份额、领先（或落后）度等方面的指标，有时它也通过市场占有率、产品价格等指标来反映。通过这些指标制定企业争取竞争优势的策略。

4. 形象目标

形象目标主要是追求企业在公众心目中树立的高尚地位，它们一般包括品牌声誉、企业知名度、美誉度等指标。企业良好的社会形象属于它的无形资产，有助于提高消费者对企业产品的品牌忠诚度，有利于扩大企业的市场占有率和竞争力。

在营销策划中对于营销目标的确定应依据明确性、统一性、层次性和可赢性为准则。所谓明确性是指每个目标应该有一个既明确又能测量的形式，并且有一个应该完成的期限，各项目标应尽可能运用明确的数量指标来加以表示；所谓统一性是指各个目标应具有内部的统一性，企业的目标体系是由各个分目标组成的，各目标之间应协调一致；所谓层次性是指营销目标应该从高到低清楚地排列，既要有终极目标，又有阶段性目标；所谓可赢性是指营销策划的目标必须是可以达到的，营销策划不是根据策划者的主观愿望来规定目标水平的，而应当根据对市场机会和资源条件的调查研究和分析来规定适当的目标水平。

（二）制定企业的营销战略

营销策划在确定了目标之后，就必须制定与环境变化相适应的营销战略，它们是一个企业用以达到它的目标的基本方法。从营销战略角度讲，它包括目标市场选择、产品定位、营销组合以及营销预算等主要内容，见图 9－5。

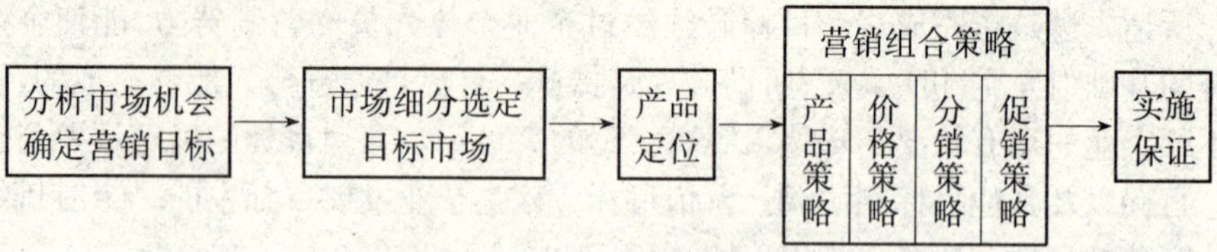

图 9－5　企业营销战略的内容

关于市场营销策划涉及的具体内容和技巧，前面各章均已有详细分述，这里不再赘述。只是营销策划人员在进行具体策划方案设计时，要将实际的营销策划同教科书严格区分开来，教科书中对营销策略的描述并没有一个具体的对象和外在状态，只是根据营销理论作一般地、系统化地阐述，而营销策划方案是在具体的外在环境下，针对一个具体的营销目标而进行的设计。因此它强调的是具体可操作的，但不要求完全对应教科书中的理论体系。另外，营销学的教科书由于受编写时间、出版程序和出版后的相对稳定而表现出它的静态性，读者常常会感到其缺少一些最新的信息，但营销策划是一种时效性极强的东西，因此策划人员在进行方案设计时要注意博采众长，吸收最新的知识信息，以保证方案的先进性。

五、确定营销成本及实施控制

企业营销战略的确定，为营销活动的开展提供了具体方案。如何有效地去执行营销方案、如何在战略过程中进行财务及其他方面的控制也是一项营销策划所必须包含的内容。

(一) 确定营销成本

企业开展营销活动必然要耗用相应的费用，这个费用也就是营销成本。市场营销成本主要包括：直接推销费用，即直接销售人员的工资、奖金、差旅费、培训费、交际费及其他相关费用；促销费用，即广告媒体费用、产品说明书的印刷费用、销售促进活动费用等；仓储费用，即仓库租金、设备维护费、折旧、保险金、包装费、存货成本等；运输费用，即运输工具折旧、租赁费、燃料费、保险费、搬运费等；其他营销费用，即营销管理人员薪金、各项办公费用等。

确定营销成本的过程一般包括四个方面。

1. 确定营销总成本

营销总成本的确定方法很多，但最主要的有两种常用方法：

(1) 目标利润法，就是企业依据自身规划的目标利润去合理确定分配营销费用的方法，即：

$$营销费用=预计毛利-目标利润$$

(2) 最大利润法，就是利用销售反函数来描述销售量和营销费用的关系，从中找出能获得最大利润的营销费用支出点的方法。

2. 营销组合中的费用分配

营销总费用确定以后就要将其合理地分配至营销组合的各项因素中。由于就每一单个因素而言，存在边际效用递减规律，故不能把费用过多地投入在某个单一因素中，而是要进行合理分配，以求得各项因素所得费用的均衡，即在这种分配结构下，营销活动的预期收益最大。

3. 目标市场费用分配

当一个企业面临两个以上的不同目标市场时，它就必须确定如何在各个目标市场上分配其营销费用。不同的目标市场可以是不同的销售区域，或不同的顾客群体，也可以是其他细分市场。在一定的营销预算下，企业可以通过不同市场之间的费用转移来增加销售和利润。常用的分配公式为：

某目标市场营销费用＝该目标市场销售量×单位销售量营销费用

4. 编制预计损益表

预计损益表是用来集中说明营销方案所需开支的预算说明书，通过损益表，将以货币计量的、为达到企业目的所涉及的各种经济资源配置和预算期内企业的经营成果，用计划的形式具体地、系统地反映出来，并以此作为企业高层主管人员是否批准此营销方案的决策依据，见表 9－2。

表 9－2 预计损益表 单位：万元

项目 \ 目标市场	目标市场Ⅰ	目标市场Ⅱ	目标市场Ⅲ
销售额	4 000	2 500	1 500
销售成本	2 667	1 000	333
销售毛利	1 333	1 500	1 167
费用			
推销费	200	300	400
广告费	80	80	40
包装、运送费	200	100	100
净利	853	1 020	627

（二）营销行动方案的控制

对营销行动方案在实施过程中进行有效的控制，是整个营销管理中的重要环节，它能确保企业按照策划的意图和预期目标顺利运行。

1. 营销控制的内容

(1) 设置营销控制的标准。营销控制的标准包括定性指标和定量指标，通过这些指标的设定来考核营销计划实施的进程与绩效。

(2) 设计衡量实际绩效的检查制度。营销策划中，还要设计出衡量实际营销绩效的检查制度，这一制度涉及检查的组织结构、检查的程序、检查的手段，以及检查后的评价等内容。

(3) 编制权变计划。企业的营销环境每时每刻都在发生变化，因而营销方案的控制要求制定方案时能对未来环境的发展进行预测，并结合企业自身的条件制定出权变计划，当营销实绩与控制标准发生偏差时，企业能及时地根据情况采用权变计划，以保证营销行为能朝着营销目标顺利迈进。

2. 营销控制的方法

营销控制是一个复杂的过程，策划者在设计这一过程时，可以采取多种多样的方法。一般来说，年度计划控制、盈利能力控制、效率控制和战略控制是四种常用的方法，见表 9－3。

表 9－3　营销方案的控制

控制方法	主要负责人	控制目的	方法
年度计划控制	中高层主管人员	检查计划目标是否达成	销售额分析、市场占有率分析、销售—费用比分析、财务分析、细分市场分析
盈利能力控制	营销主管人员	检查企业的盈利点和亏损点	各地区、产品、细分市场、分销渠道的获利能力分析
效率控制	职能管理部门营销主管人员	评价和提高营销费用支出的效率	销售人员、广告、促销等的效率分析
战略控制	最高层主管人员营销审计人员	检查企业是否最大限度地利用了市场机会	市场营销审计

(1) 年度计划控制。这就是企业在本年度内采取控制步骤，检查实际绩效与计划的偏差，并采取必要的改正措施。

(2) 盈利能力控制。这就是检查各种产品在不同地区、不同细分市场和通过不同分销渠道出售的实际获利能力，从而决定哪些产品或营销活动应扩大，哪些应收缩或放弃。

(3) 效率控制。这就是通过对销售人员、广告、促销和分销活动的效率进行分析控制，寻找更加有效的办法进行管理。

(4) 战略控制。这就是通过市场营销审计等方法对营销实施过程的最新情况进行评价,从总体上、全局上对营销战略进行必要的修正。

第三节 营 销 决 策

一、营销决策概述

(一) 营销决策的概念

企业在市场营销过程中,常面临各种复杂的事态,而对于各种事态的解决方案,又往往不可能是单一的。在这种情况下,企业就必须作出抉择,在可供选择的方案中选择一个相对有利的方案以供实施。这项工作是每个企业在营销过程中必不可少的。我们把用科学的方法对远期的、中期的和近期的市场目标,以及为实现这一市场目标所应采取的市场营销策略组合作出的选择和决定,称作市场营销决策。在整个市场营销过程中,对各项营销活动进行决策是非常关键的工作。

(二) 营销决策的原则

一个科学的决策,必须遵循五项原则。

1. 信息原则

信息是决策的基础和依据,决策是信息积累的结果。对决策问题的有关问题掌握得越具体越充分,越有助于作出正确、明智的决策。

2. 系统原则

所谓系统就是具有共同的生存条件和运动规律,为了同一目的组织在一起的若干元素形成的一个有机整体。因此,系统论告诉人们,在决策过程中,应该把重点放在整体效益上。

3. 可行性原则

决策的可行性原则就是对已经形成的各种方案进行可行性论证,对其利弊得失进行定性、分析,并作出正确的评估。

4. 择优原则

决策就是在众多的方案中选择一个合理的、满意的方案。因此,决策的过程往往就是一个择优的过程。

5. 反馈原则

反馈就是控制系统把信息输送出去,又把其作用结果返送回来,对信息的再输出发生影响,起到控制作用,以达到预定的目的。

(三) 营销决策的分类

在市场营销活动中,企业决策工作的内容是广泛的和多种多样的,一般可以区分为下列几种类型：

(1) 按决策的作用范围分类。按决策的作用范围划分，决策可分为经营性决策、管理性决策和业务性决策。

(2) 按决策的性质分类。按决策的性质划分，决策可分为程序化决策和非程序化决策。

(3) 按决策的可靠程度分类。按决策的可靠程度划分，决策可分为确定型决策、风险型决策和非确定型决策。

二、营销决策的程序

决策程序是一个系统的逻辑分析和综合判断过程。传统的管理理论只注重决策方法的合理性，而忽视了决策过程的科学性。现代决策理论认为：决策不仅包括选定合理的方案，而且包括决策程序是否合理。一般来说，一个决策程序要经过四个步骤：确定决策目标→拟订可行性方案→方案的评价和选择→方案的实施和反馈。

(一) 确定决策目标

确定决策目标是一个反复酝酿的讨论过程。先由决策管理层将各种营销方案提供出来，听取各方面的意见，并把各方面的设想和改进意见综合集中起来，作为拟订决策目标的参考；决策层根据各方面的意见反馈选定基本目标方案，决策目标一经确定，在企业内就具有"法"的严肃性，不得随意变更。

确定决策目标是决策程序的第一个步骤，它是分三个阶段来完成的，即：收集信息资料、明确决策目标和确定决策目标。事实上，确定决策目标的过程，其本身也是一个很慎重的决策过程。

(二) 拟订可行性方案

在决策目标确定以后，必须根据信息资料的分析研究，拟订出一定数量的可行性方案，供决策者优选采用。

拟订方案的过程，是发现、探索的过程，是淘汰、补充、修改和选取方案的反复进行的过程。每个决策目标的实施都可以制定两个以上的行动方案，每个行动方案都必须根据确实的定量数据来计算。

(三) 方案的评价和选择

在拟订方案的工作完成后，就要对这些方案加以比较和评价，希望能够从这些方案中选出一个"满意"的方案。一般说，做好这一步需要满足两个条件：一是合理的选择标准；二是合理的选择方法。合理选择方案的标准，传统的理论要求达到"完全合理"，也就是要求最优决策，但事实上这是做不到的。因此，人们在决策时，常常只能满足于"足够好的"或"过得去的"，因为任何人没有获得"最优化"的才智和条件。现代决策理论一般用足够好的准则来代替最优准则。

评价和选择方案通常有三种方法：经验判断法、数学分析法和试验法。

（四）方案的实施和反馈

作出决策后，决策过程并未结束，还需把决策的内容具体化，编制出计划，通过有效的组织才能去实施；根据实施的结果，才能判断决策的正确与否。营销决策的反馈是指在决策的执行过程中，建立信息反馈渠道，将每一局部过程的实施结果与预期目标进行比较，发现差异，分析原因，采取纠正偏差的措施，以保证决策目标的实现。

三、营销决策的方法

随着营销决策理论与实践的发展，人们创建了许多决策方法，但总的可以分成计量决策法和主观决策法两大类。

（一）计量决策法

计量决策法是建立在数学基础上的决策方法，在国外也称为决策的硬方法。它的核心是把决策的变量以及变量与目标之间的关系，用数学形式表示出来，即建立数学模型，然后根据决策条件，通过计算求得答案。

1. 确定型决策

前面已经论及，确定型决策的主要特点就是供决策者选择的各种可行性方案中的自然状况是已知的，或者是能够计算出确定值的。因此，这类决策的方法比较简单。

（1）直观判断法，就是可以直接择优决策的方法。例如，某企业有三种运输方式，按其损失大小构成三个可行性方案，见表9－4。

表9－4 某企业三个可行性运输方案

第一方案	第二方案	第三方案
损失100元	损失70元	损失50元

如果其他条件不变的话，显然第三方案比较理想。

（2）模型决策法，就是在自然状态完全肯定的前提下，按照一定的数学模型计算后加以择优的方法。

2. 风险型决策

风险型决策问题可以借助于“决策树”这一工具来进行。所谓决策树法就是用不同符号组成的树形图来表明各种方案的优劣，供决策者取舍，并且反映决策过程的一种决策方法。

例如，某企业要确定下半年自行车的采购量。根据预测得知，某种品牌的自行车畅销的概率为 0.3，中等销路的概率为 0.5，滞销的概率为 0.2，拟订了大批量、中批量和小批量三种采购方案，它们可能取得的效益值也可以计算出来，见表 9-5，试用决策树法进行决策，以确定获得最大效益值的采购量。

表 9-5　某企业三个采购方案　单位：万元

自然状态	概　率	大量采购效益值	中量采购效益值	小量采购效益值
畅销(θ_1)	0.3	30	24	18
中等(θ_2)	0.5	18	24	18
滞销(θ_3)	0.2	12	15	18

决策步骤如下：

第一步，绘制决策树图形，见图 9-6。

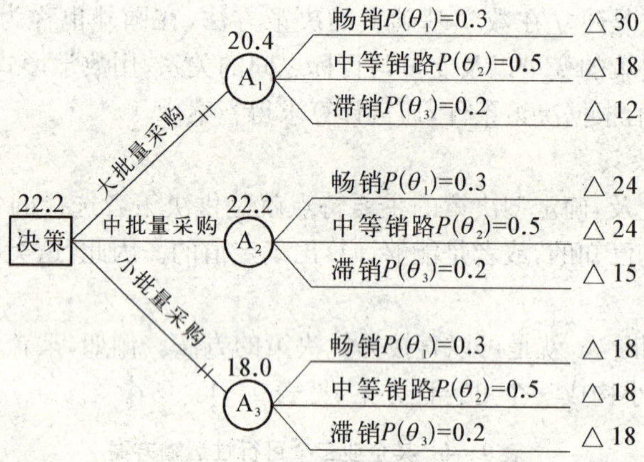

符号说明：

□ 决策点，从它引出的分枝为方案分枝，代表可取的行动。

○ 状态点，从它引出的分枝为概率分枝，表示一种事件。

△ 结果点，或称末梢，它旁边的数字是每一方案在相应状态下的效益值。

// 表示剪枝，即淘汰。

图 9-6　决策树图形

第二步，计算损益期望值。在决策树中由结果点开始，按照由右向左的顺序来考虑，根据损益值和它们相应的概率值，计算出每个方案的损益期望值。例如，计算大批量采购方案 A_1 的损益期望值为：

$$E(A_1)=30\times0.3+18\times0.5+12\times0.2=20.4$$

然后把计算结果填在状态点上方，其他的方案以此类推。

第三步，把各状态点上的期望值加以比较，选择效益好的方案。本例中，方案 A_2 的效益期望值最大，并把 22.2 写在决策点的上方，表明了选定方案 A_2。

3. 非确定型决策

非确定型决策的最大特点就是不确定，不仅无法确定未来事件的结果，而且也无法确定发生结果的概率。在这种情况下，无法采用确定型或风险型的决策方法。因此只有采用非确定型决策方法。

根据非确定型决策的特点，通常采用下列几种方法：

(1) 乐观法，也称好中求好法。乐观法是采取最大收益准则进行决策的方法。这种方法的思想基础是对客观情况总是抱乐观态度，从最好的自然状态出发，从中找出预期效果最好的方案。

例如，某商店的服装加工车间准备生产一系列新型童装。由于缺乏历史资料，因此对市场销售前景只能大致作一番估计，并考虑了三种可行方案供选择。各个方案在估计出现的市场需求情况下，其利润也可以估计出来。见表 9-6。

表 9-6　某商店三个服装销售方案　　单位：万元

利润矩阵 / 方案	市场销售前景			
	畅　销 (θ_1)	较　好 (θ_2)	较　差 (θ_3)	滞　销 (θ_4)
A_1 新建童装车间大批量	80	40	−30	−70
B_2 改建原加工车间批量生产	55	37	−15	−40
C_3 利用原设备小批量试生产	31	31	9	−1

乐观法的步骤如下：

第一步，把每个方案在各种销路状态下的最大效益值计算出来。

$$\max A_1\{80, 40, 30, -70\}=80(\text{万元})$$

$$\max A_2\{55, 37, -15, -40\}=55(\text{万元})$$

$$\max A_3\{31, 31, 9, -1\}=31(\text{万元})$$

第二步，求出各最大效益值的最大值。

$$\max\{80, 55, 31\}=80(\text{万元})$$

最大值 80 万元对应的行动方案是 A_1，结果选中方案 A_1。

如果决策矩阵是损失矩阵或费用矩阵，则应采取最小最小原则。

这种决策方法把选择方案建立在最乐观的估计上。但是，自然状态的出现是不以人们的主观愿望为转移的。所以，这是一种比较冒险的方法，一般决策者不敢轻易采用，只有富有冒险精神、对利益十分敏感的决策者才采用它。

(2) 悲观法，也称坏中求好法。这种决策方法的思路是对客观情况总是抱悲观态度，万事总觉得不会如意。所以，为了保险起见，总是把事情结果估计得很不顺利，在各种最坏的情况下又想从中找出一个好一点的方案，因而也叫保守方法。

仍以前面一例来说明，悲观法的决策步骤如下：

第一步，把每个方案在各自然状态下的最小效益值求出来。

$$\min A_1\{80, 40, -30, -70\} = -70(\text{万元})$$
$$\min A_2\{55, 37, -15, -40\} = -40(\text{万元})$$
$$\min A_3\{31, 31, 9, -1\} = -1(\text{万元})$$

第二步，求出各最小效益值的最大值。

$$\max\{-70, -40, -1\} = -1(\text{万元})$$

最大值－1万元对应的方案是 A_3，结果选中方案 A_3。

同前，如果决策矩阵是损失矩阵或费用矩阵，则应采取最大最小原则。

按照悲观法选择方案，虽然在最坏状态下也不至于有很大的损失，但在较好状态下收益也不会太大，所以是一种偏于保守的决策方法。应当指出的是，按这种准则很容易选中无所作为的方案，假如本例再增加“不生产”方案，则必然会被选中，因为“不生产”没有任何亏损。

(3) 后悔值法。决策者往往都有因情况变化而产生后悔的经验，因此，如何使选定决策后可能出现的后悔达到最小，就可以作为一个决策准则。这个方法的出发点是将每种自然状态的最高值(若为损失或费用，则应取最低值)定为该状态的理想目标，并将该状态中的其他值与最高值之差称为后悔值。

仍以上例来说明，后悔值法的决策步骤如下：

第一步，计算后悔值。

在 θ_1 状态下，理想值(最大收益值)为80万元。

$$A_1\text{ 的后悔值为 }80-80=0$$
$$A_2\text{ 的后悔值为 }80-55=25(\text{万元})$$
$$A_3\text{ 的后悔值为 }80-31=49(\text{万元})$$

在 θ_2 状态下，理想值为40万元。

$$A_1\text{ 的后悔值为 }40-40=0$$
$$A_2\text{ 的后悔值为 }40-37=3(\text{万元})$$
$$A_3\text{ 的后悔值为 }40-31=9(\text{万元})$$

在 θ_3 状态下，理想值为 9 万元。

A_1 的后悔值为 $9-(-30)=39$(万元)

A_2 的后悔值为 $9-(-15)=24$(万元)

A_3 的后悔值为 $9-9=0$

在 θ_4 状态下，理想值为 −1 万元。

A_1 的后悔值为 $-1-(-70)=69$(万元)

A_2 的后悔值为 $-1-(-40)=39$(万元)

A_3 的后悔值为 $-1-(-1)=0$

第二步，求出可行方案 A_1、A_2、A_3 的最大后悔值。

A_1 的最大后悔值 $\max A_1\{0, 0, 39, 69\}=69$(万元)

A_2 的最大后悔值 $\max A_2\{25, 3, 24, 39\}=39$(万元)

A_3 的最大后悔值 $\max A_3\{49, 9, 0, 0\}=49$(万元)

第三步，求出最大的后悔值的最小值。

$$\min\{69, 39, 49\}=39(万元)$$

所以最后选定方案 A_2。

这种决策方法在对未来把握较小的长期项目进行决策时，比较乐于为人们所接受。它实际上是从损失最小的角度出发的，因此比较稳定，但又没有悲观法那么保守。不过，对富有冒险精神的人来说，总感到它会束缚手脚。

对于非确定型决策问题，采用不同的决策方法所得到的结果并不完全一致。从上例中可以看出，用乐观法选中的方案是 A_1，用悲观法选中的方案是 A_3，而后悔值法选中的方案则是 A_2。采用的决策方法不同，选中的可行方案也就不同。显然，也很难判别哪个方法好，哪个方法差，因为它们之间没有统一的评价标准。每一种方法都有它存在的理由，也都缺乏客观标准作依据，因而都有片面性，客观存在是依据决策者对各种自然状态的看法而定的。

(二) 主观决策法

在决策中除了运用数学方法进行决策外，近年来还运用社会学、心理学以及行为科学等成果，通过采用有效的组织行为，充分发挥专家集体的智慧与力量来搞好决策。国外把运用数学方法进行的决策，称为决策的硬方法，把运用组织行为发挥专家的集体智慧、调动积极性的方法称为决策的软方法。这两种方法互相配合运用，充分考虑政治因素和社会因素等对决策的影响，可使决策方法更完整。

决策人员应当针对决策问题的性质和决策过程中各个阶段的特点，灵活地应用各种方法，扬长避短，配合应用，才能真正发挥最大的效果，作出合理有效的决策。

案 例

云南白药牙膏品牌营销"三部曲"

2008年1月,央视播出了云南白药牙膏最新的广告宣传片。整个片子以淡蓝色水幕为背景,纯粹而舒缓,在诸多纷繁的广告片中显得格外出跳。片中,云南白药牙膏全新代言人濮存昕,带着中年人特有的坚定与智慧,从容落定地谈到:"人到中年,名利看淡了,健康看重了,口腔健康,关乎全身健康,选一支好牙膏,给自己加一份健康保障,云南白药牙膏,让健康的口腔享受生活的快乐,别忘了,给父母、爱人、亲友带去口腔健康的关怀。"这句来自云南白药健康产品事业部黄卫东总经理的衷心期许,更寓示着云南白药牙膏,征战中国口腔市场,为13亿国人带去口腔健康的野心、使命与梦想……

回首4年历程,此时的云南白药牙膏以单支22元的高价,冲破10亿元销量大关,俨然成为中国高端牙膏的领军品牌。

"快马加鞭未下鞍,惊回首,离天三尺三。"回望和客户共同战斗的4年风雨,云南白药人和凯纳人感慨万千。在过去的1 000多个日夜里,他们用激情与智慧,打造了云南白药牙膏从3 000万元到10.8亿元的营销奇迹!

一、一支牙膏的迷局

2005年,对于云南白药而言,注定是不平凡的一年。

这一年,云南白药集团王明辉总裁对外宣告,集团目标是"稳中央,突两翼"。云南白药牙膏便是其中"一翼"。为此,集团特成立了"健康产品事业部",由总裁助理秦皖民兼任事业部总经理,集团市场部总经理黄卫东全权协助,负责云南白药牙膏的营销推广。作为进军快速消费品行业的头阵,集团对于云南白药牙膏寄予了非常大的希望。但在2005年上半年,云南白药牙膏的发展陷入了破冰期的迷局。

2005年6月,云南白药集团决策层亲赴一线寻找策划公司。白药人惊喜地发现,凯纳策划机构除成功运作21金维他外,还拥有多项一线医药保健品和快速消费品的成功案例,有丰富的跨行业实战经验,是云南白药牙膏产品的理想合作伙伴。

二、营销三部曲

当时摆在云南白药人面前的关键问题是,如何迅速明确云南白药牙膏的定位，制订正确的传播和营销策略，最快地拉动销售，同时给营销队伍以信心，给经销商以信心。经过长时间的市场调研和深思熟虑，云南白药牙膏最终确定了自己的营销三部曲。

三部曲之一：以小搏大，非常突破

在与客户多次商讨后，凯纳确立了“报媒阵地，深度说服”的八字方针，因为，云南白药牙膏不是一支普通的牙膏，而它要解决的也不是普通的牙齿问题，而是口腔综合保健的问题，要达成这个目的，需要对消费者进行一些有战术的深度说服和科普教育，而报纸无疑是最佳载体。在市场启动期，平面广告比电视广告的效率更高，信息传达量更大、说服力更强、成本更低。

这些观点迅速得到云南白药决策层的认可，事实证明，在云南白药牙膏的市场推进过程中，平面广告起到的作用不可小视。

三部曲之二：整合出击，完美风暴

经过2005年一系列的平面拉动后，2006年年初，在经过爆发式上量后，销量出现了一定的回落和停滞，如何打破增长瓶颈，赢得新一轮的销量飞跃？2006年，云南白药牙膏组合多种战术，以多角度、多层面的广告攻势，形成一轮接一轮的市场冲击波。并以3轮战役为主导，再赢市场。

第一轮：制造心理障碍，强力驱动。毕竟，云南白药牙膏是一支售价高达20多元的牙膏，必须最大化地驱动目标消费者选择云南白药牙膏，才能让销量不断地攀升。

第二轮：营造品牌区隔，巩固市场。经过前面几轮广告之后，市场热度已经接近顶点，接下来需要做的是，让销售进入轨道，维持稳步增长。这时，云南白药牙膏开始推出品牌系列广告。展现云南白药牙膏的高端品质，使之与其20多元的售价相匹配。同时配合两篇新闻式广告，强化品牌的不可复制与不可超越。

第三轮：挖掘团购和送礼市场，制造新需求。进一步挖掘市场需求，开发团购市场和节庆送礼市场，进一步推进市场销售。

三部曲之三：拓展巩固，飓风行动

2007年，全国攻势展开后，云南白药人发现，各区域市场平均开发使战线过长，资源不足，由此，进取的白药人强化终端队伍，提高地面执行力；而凯纳人也积极调整策略，传播上，强化了针对性，营销上，增强了终端活动的力度，将终端从卖场延伸至社区，和队伍密切配合，确保出量。

案例思考 云南白药牙膏品牌濮存昕代言的电视广告宣传语，体现了什么样的营销策划观念和模式？如何从理论上阐释这种营销策划模式？这种营销策略模式的优点是什么？

比较冷酸灵牙膏的电视广告语“冷热酸甜，想吃就吃”和云南白药牙膏的电视广告宣传语，这两种各代表什么样的营销策划模式？其特点是什么？这种营销策划模式的差异对产品的销售可能产生什么样的影响？

复习与思考

一、名词解释

1. 营销策划
2. 市场潜量
3. 程序化决策
4. 非程序化决策
5. 确定型决策
6. 风险型决策

二、思考题

1. 营销策划主要包含哪些类型？它们的主要内容是什么？
2. 营销策划的基本程序是什么？
3. 怎样进行营销环境的分析？
4. 怎样寻找企业的营销机会与优势？
5. 怎样实施营销控制？
6. 什么是市场营销决策？营销决策的方法主要有哪些？

3 第三部分

市场营销学新理念

第十章

信息化背景下的营销新理念

第一节　网 络 营 销

网络营销是指借助于互联网络、通信技术和数字交互式媒体，实现营销目标的一种直复营销方式。

随着互联网作为信息沟通渠道在商业上的使用，互联网的商业潜力已逐渐被人们挖掘出来，并显示出其巨大的威力和发展前景。北美、西欧和日本，自1995年以来，加入互联网的企业，以每月翻一番的速度增加；美国《财富》杂志统计的全球排名前500家公司，几乎全都在网上开展营销业务。在世界经济一体化和国际贸易自由化的今天，企业若想在竞争异常激烈的市场中求得生存并获得更大发展，都不得不加入互联网。以大容量、高速化、交互式信息交换的巨型公共网络为基础的网络营销，将是未来网络经济中最具潜力、最具有广泛适用性的营销方式，它必将成为21世纪企业营销的重要领域。

一、网络营销产生的基础

现代科学技术的发展、信息时代人们消费观念的变革和商业领域日益激烈的竞争是网络营销产生的基础。

(一) 网络营销产生的技术基础

现代电子与通信技术的发展与运用奠定了网络营销最重要的技术基础。网络营销最重要的特征之一就是企业与顾客之间的实时互动，实现充分的信息交流与沟通，形成企业与顾客之间一对一的关系。这在传统的通信技术条件下是难以想象的。互联网所具备的交互性、跨越时空等诸方面的特性不仅使企业可将顾客整合到企业的营销过程中去，而且也为营销提供了许多有力的手段。例如，网上广告、公关、市场调研、顾客服务等，使企业的营销工作更理性、更精确、更具个性化。

(二) 网络营销产生的消费观念基础

当代消费者观念已发生明显的变化：一是个性化需求的回归。随着产品买方市场的形成，消费者不再满足于规模化生产所提供的千篇一律的产品，不再忍受以牺牲个性为代价换取规模化生产所带来的价格优惠。二是市场权力的对比已发生变化，原来属于企业的权力现逐步向消费者转移。三是消费者对购买便捷性的需求与购物乐趣的追求并存。网络营销在满足消费者新的需求方面具有不可替代的优势，网络的互动性可方便地与消费者形成一对一的关系，满足消费者个性化的要求，也可使企业实行全方位营销，将消费者整合到企业的营销过程中去，充分发挥消费者的主动性。另外，网络营销可同时满足消费者购物的便捷性及体验购物乐趣的需求。坐在电脑前，敲几下键盘即可完成购物过程，如果愿意的话，还可以在网上浏览世界任一角落的企业、商场及产品。

（三）网络营销产生的现实基础

随着现代商业竞争的日趋激烈，赢得竞争优势是企业经营追求的重要目标，企业必须从深层次的营销组织形式上着手培植企业的核心竞争力。网络营销蕴藏着巨大的潜力，针对企业与顾客一对一的关系，重组业务流程，对减少资金占用、节约运营成本、缩短产品交付周期、实时地把握市场动向及消费需求、提高企业竞争力将发挥重要作用。

二、网络营销的特点

市场营销中最重要也最本质的是组织和个人之间进行信息传播和交换，而互联网正是具有营销所要求的某些特性，使网络营销呈现出以下一些特点。

（一）跨时空

由于互联网的全球性和即时互动性，为企业、供应商和顾客提供了一条相互沟通的新渠道，使脱离时空限制达成交易成为可能，企业能有效地利用更多的时间和更广阔的空间，而对全球的顾客在24小时内随时随地提供全球性营销服务。

（二）交互式

网络营销是一种自下而上的营销方式。企业可以随时了解顾客的需求并有针对性地发送个性化信息，从而实现一对一的个人传播。顾客也可以直接将信息和要求传递给企业营销人员。在整个营销过程中，企业与顾客始终保持信息的双向沟通和交流，让顾客全面参与整个营销过程，从产品设计、制作、定价到售后服务，充分实现顾客与企业之间的互动。

（三）拟人化

互联网上的促销不仅是一对一的、理性的、消费者主导的、非强迫性的、循序渐进式的，而且是一种低成本与人性化的促销，避免了推销员强势推销的干扰，并能通过信息提供与交互式交谈，与消费者建立长期、良好的关系。

（四）成长性

互联网使用者数量快速成长并遍及全球，使用者多属于年轻、中产阶级、高等教育水准一族，由于这部分群体购买力强而且具有很强市场影响力，因此是一个极具开发潜力的目标市场。

（五）整合性

互联网上的营销可从发布产品信息、收款到售后服务等一气呵成，因此也是一种全程的营销渠道。另外，企业可以借助互联网将不同的传播营销活动进行统一设计规划和协调实施。

（六）超前性

互联网是一种功能最强大的营销工具，它同时兼具渠道、促销、电子交易、互动顾客服务，以及市场信息分析与提供的多种功能。它所具备的一对一的营销能力，正是符合定制营销与直复营销的发展趋势。

（七）高效性

电脑可储存大量信息，帮助消费者进行查询，可传送信息的数量与精确度远超过其他媒体，并能适应市场需求，及时更新产品或调整价格，因此也就能及时有效地了解并满足顾客的需求。

（八）经济性

通过互联网进行信息交换，代替以前的实物交换，一方面可以节省打印、包装、存储、运输等费用，可以无店面销售，免交租金，节约水电与人工成本；另一方面可以减少由于迂回多次交换带来的损耗。

三、网络营销策略

（一）网络营销调查策略

1. 网络营销调查的手段

无论是传统营销还是网络营销，营销方案的制定与实施都依赖市场调查所提供的信息。网络营销调查的常用手段包括：利用自己的网站、借用别人的网站、利用电子邮件调查目标市场；在其他大众媒介上发出问卷，通过电子邮件收集答案；在新闻组中查询有关信息；访问竞争者网站，了解竞争者的有关信息，等等。

2. 网络营销调查与传统营销调查的比较

网络营销调查与传统的市场调查在调研目的、调研对象等方面并没有太大区别。但是由于网络自身所固有的特点，又使得网络营销调查与传统营销调查有所区别：

(1) 网络营销调查成本大为降低，调查周期大为缩短。

(2) 网络营销调查结果可信度高，且调查可经常进行。

(3) 网络营销调查没有地域限制，可以在更大范围内展开。

3. 网络营销调查的技巧与策略

(1) 利用数据库吸引目标顾客访问企业主页。企业通常可通过提供迎合大众趣味或有关本行业的数据库来吸引目标顾客访问企业主页，同时可与其他策略配合达成调查目的。

(2) 有效地识别企业站点的访问者及其相关信息。当有人访问企业的网页，对企业的产品表现出兴趣或成为企业的顾客后，弄清其身份、特征等对营销工作是非常有意义的。识别访问者的策略有：通过电子邮件或来客登记簿询问访问者；通过询问邮编确定其所在地区；给予访问者奖品或者免费产品，让访问者告知企业寄送奖品或者免费产品的地点，可很容易得知访问者的姓名、地址和电子邮件，且真实性较高；承诺物质奖励，通过提供物质奖励，如产品折扣或抽奖等，鼓励访问者填写一份包括个人信息的调查问卷；要求访问者注册等。

(二) 网络营销产品策略

1. 适合网络营销的产品特性

受消费者传统购物心理和习惯的影响，以及当前技术和经济条件的制约，并不是所有产品都可以进行网络营销的。根据西方营销学家建立的预测网络营销特定产品或服务成功概率的“布尔塞”模型，以下几方面因素对决定产品是否适合网络营销有着重要影响：

(1) 产品是否容易无形化，是否容易通过网络传送。

(2) 产品质量是否容易标准化，是否易于稳定质量。

(3) 产品式样是否确定，是否满足所选目标市场的需要。

(4) 产品品牌是否醒目，是否有高知名度，是否为消费者熟悉。

(5) 通过网络进行营销的产品所面临的市场是以网络用户为主要目标的市场，也就是说，需要覆盖广大地理范围的产品更适合于利用网络进行营销。

(6) 企业是否有能力及时配送或有效利用社会物流系统。

(7) 通过网络进行销售的成本是否低于其他销售渠道。

2. 网络营销产品的分类

适合于网络营销的产品，按照产品形态的不同可以分成两类：

(1) 实体产品。实体产品是指具有具体物理形状的物质形态产品。我们使用的大多数产品属于这个形态。实体产品包括消费品与工业品。其网络营销方式为，消费者通过卖方的主页浏览和了解其产品，通过在网上填写表格表达自己对产品品种、质量、价格和数量的选择，然后卖方邮寄产品或送货上门。目前，已经涌现出许多网络营销成功的实例，如世界上最大的网络虚拟书店亚马逊书店，美国著名的电脑商戴尔公司。

(2) 虚拟产品。虚拟产品一般是无形的，即使表现出一定的形态也是通过其载体体现出来的。如计算机软件是一些数字编码，这些有规则的编码存储在磁盘或光盘上，磁盘是软件的载体，用户购买磁盘或光盘是为了购买磁盘或光盘上保存的软件。虚拟产品大致可分为软件和服务两大类。

软件包括系统软件和应用软件。计算机软件作为信息产业的重要产品天生地适合于网络营销。假如计算机软件通过传统的渠道销售，则首先需要把软件程序存储到磁盘或光盘中，然后加以包装，通过批发商、零售商到达顾客手中，这个过程使得软件成本大大增加。而网络销售则是直接通过网络传送软件的，不仅可以省去一切包装，而且方便、快捷。

服务作为一种无形化、信息化的产品非常适合网络营销，在网络上销售的服务可以分为三类：第一类是情报服务，如法律咨询、医药咨询、金融咨询、股市行情、资料库检索、电子新闻、电子报刊等；第二类是互动式服务，如网络交友、远程医疗、远程教育等；第三类是网络预约服务，如预订机票、车票，提供旅游服务等。随着社会的进步和生活水平的提高，人们对社会服务提出了越来越高的要求，互联网可以使大部分的服务业成为出口行业，尤其在那些以知识和信息为基础的"软性"服务方面。高等教育的出口就是一个明显的例子。

3. 网络产品的组合及组合调整策略

网络产品组合是指企业所经营的全部网络产品的整体构成。网络产品组合策略主要包括全线全面型策略、市场专业型策略、产品专业型策略以及有限的产品专业型策略。随着内外部环境的变化，企业总是要不断地调整自己的网络产品组合。网络产品组合调整策略主要有高档产品策略、低档产品策略、产品系列化策略、增加产品线策略、缩减产品线或产品项目策略等。在网络营销中，传统的产品组合及组合调整策略同样适用，这里不再赘述。

（三）网络营销价格策略

价格策略是企业营销策略中最富有灵活性和艺术性的策略，是企业的一种非常重要的竞争手段。网络营销与传统营销相比，其定价方法与策略基本相同，这里，我们只介绍网络营销中常用而传统营销很少使用的两种价格策略。

1. 免费价格策略

免费价格策略就是将企业的商品或服务以零价格形式提供给顾客使用，满足顾客的需求。这是一种短期和临时性的策略，主要用于促销和推广商品。在网络营销中，免费价格不仅仅是一种促销策略，它还是一种有效的商品或服务定价策略。

免费价格的形式有以下几类：一是商品或服务完全免费，即产品（服务）从购买、使用到售后服务所有环节都实行免费服务；二是对商品或服务实行限制免费，即商品或服务可以被有限次使用，超过一定期限或者次数后，取消这种免费服务，若需继续使用则需付费；三是对商品或服务实行部分免费，如一些著名研究机构的网站公布部分研究成果，如要获取全部成果必须付款成为顾客；四是对商品或服务实行捆绑式免费，即购买某商品或服务时赠送其他产品或服务。

目前,企业在网络营销中采用免费策略,一个目的是让用户免费使用习惯后,再开始收费。如金山公司允许消费者从互联网上下载限次使用的 WPS2000 软件,其目的就是让消费者使用习惯后,再掏钱购买正式软件,同时,还可发掘后续商业价值。免费策略是从战略发展需要来制定定价策略的,主要目的是先占领市场,然后再在市场获取收益。如雅虎网站。

2. 个性化定价策略

个性化定价策略是在企业能实行定制生产的基础上,利用网络技术和辅助设计软件,帮助消费者选择配置或者自行设计能满足自己需求的个性化产品,同时承担自己愿意付出的价格成本。如戴尔公司有专门针对中国市场设计的可进行定制的主页。在主页中用户可以根据自己的实际需要和能够承担的价格,选择配置出自己最满意的产品。

(四) 网络营销分销渠道策略

与传统营销渠道一样,以互联网作为支撑的网络营销渠道也应具备传统营销渠道的功能。营销渠道是指与提供商品或服务以供使用或消费这一过程有关的一整套相互依存的机构,它涉及信息沟通、资金转移和物体转移等。网络分销渠道是指借助互联网将产品从生产者转移到消费者手中的过程。

1. 网络分销渠道的作用

传统的分销渠道是指某种商品或服务从生产领域向消费领域转移时所经过的路线和通道。可见,传统分销渠道的作用是单一的,它只是商品或服务所有权的转移,以及产品实体或服务的转移的一条路线或通道。而对于网络分销渠道而言,其作用则是多方面的:

(1) 网络分销渠道是销售商品、提供服务的快捷途径。顾客可以从网上直接挑选和购买自己所需的商品,并通过网络方便地支付货款,完成交易过程。

(2) 网络分销渠道是信息发布的渠道。企业的概况与商品的种类、规格、型号、质量、价格、使用条件等,都可以通过这一渠道告知顾客。

(3) 网络分销渠道既是企业间洽谈业务、开展商务公务活动的场所,也是对顾客进行技术培训和售后服务的理想方式。

2. 网络分销渠道的构成要素

(1) 订货系统。它为消费者提供产品信息,同时方便厂家获取消费者的需求信息,以求达到供求平衡。一个完善的订货系统,可以最大限度降低库存,减少销售费用。

(2) 结算系统。消费者在购买产品后,可以有多种方式方便地进行付款,因此厂家(商家)应有多种结算方式。目前国外流行的几种方式有信用卡、电子货币、网上划款等。而国内付款结算方式主要有邮局汇款、货到付款、信用卡等。

(3) 配送系统。一般来说，虚拟产品可以直接通过网络进行配送，对于实体产品的配送，则要涉及运输和仓储问题。国外已经形成了专业的配送公司，如著名的美国联邦快递公司，它的业务覆盖全球，从事网上直销的戴尔公司都将美国货物的配送业务交给它完成。

3. 网络分销渠道建设应注意的问题

(1) 渠道的设计。只有采用消费者放心且易于接受的购物方式，才有可能吸引消费者使用网络进行购物。如货到付款方式就比较让人认可。

(2) 订货系统的设计。设计订货系统时，要简单明了，不要让消费者填写太多信息，目前比较流行的是网上模拟超市，即消费者推着购物车，一边比较商品，一边进行选购。在购物结束后，一次性进行结算。另外，订货系统还应该提供产品搜索和分类查找功能，以便消费者在最短时间内找到需要的产品。

(3) 结算方式的选择。在选择结算方式时，应考虑到目前实际发展的状况，应尽量提供多种方式方便消费者选择，同时还要考虑网上结算的安全性，如8848网站将其信用卡号和账号公开，消费者可以自己通过信用卡终端自行转账，避免了网上输入账号和密码被丢失的风险。

(4) 配送系统的建立。建立完善的配送系统是建设网络分销渠道的关键。消费者只有看到购买的产品到家后，才真正感到踏实，因此建设快速有效的配送服务系统是非常重要的。在现阶段我国配送体系还不成熟的时候，进行网络营销要考虑该产品是否适合目前的配送体系。

(五) 网络营销促销策略

1. 网络营销促销的特点

网络促销是指利用现代化的网络技术向虚拟市场传递有关产品或服务的信息，以激发消费者的购买欲望和购买行为的各种活动。网络促销具有三个显著的特征：

(1) 网络促销通过网络技术传递产品或服务的存在、性能、功效及特征等信息。它是建立在现代计算机与通讯技术基础之上的，并且随着计算机和网络技术的不断改进而改进。

(2) 网络促销在虚拟市场上进行。这个虚拟市场就是互联网。互联网是一个媒体，是一个连接世界各国的大网络，它在虚拟的网络社会中聚集了广泛的人口，融合了多种文化。

(3) 互联网虚拟市场的出现，将所有的企业，不论是大企业还是中小企业，都推向了一个世界统一的市场。传统的区域性市场的小圈子正在被一步步打破。

2. 网络营销促销形式

传统营销的促销形式主要有四种：广告、销售促进、公共关系和人员推销。网络营销是在网上市场开展的促销活动，相应形式也有四种，分别是网络广告、站点推广、销售促进和关系营销。其中网络广告和站点推广是网络营销促销的主要形式。

(1) 网络广告类型很多，根据形式不同可以分为旗帜广告、电子邮件广告、电子杂志广告、新闻组广告、公告栏广告等。

(2) 站点推广就是利用网络营销策略扩大站点的知名度，吸引网上流量访问网站，起到宣传和推广企业以及企业产品效果的促销形式。站点推广主要有两类方法：一类是通过改进网站内容和服务，吸引用户访问，起到推广效果；另一类是通过网络广告宣传推广站点。

(3) 销售促进就是企业利用可以直接销售的网络营销站点，采用一些销售促进方法如价格折扣、有奖销售、拍卖销售等方式，宣传和推广产品的促销方式。

(4) 关系营销就是借助互联网的交互功能吸引用户与企业保持密切关系，培养顾客忠诚度，提高顾客收益率的促销形式。

3. 网络营销促销作用

(1) 告知功能。网络促销能够把企业的产品、服务、价格等信息传递给目标公众，引起他们的注意。

(2) 说服功能。网络促销的目的在于通过各种有效的方式，解除目标公众对产品或服务的疑虑，说服目标公众坚定购买决心。

(3) 反馈功能。网络促销能够通过电子邮件及时地收集和汇总顾客的需求和意见，迅速反馈给企业管理层。

(4) 创造需求。运作良好的网络促销活动，不仅可以诱导需求，而且可以创造需求，发掘潜在的顾客，扩大销售量。

(5) 稳定销售。企业通过适当的网络促销活动，树立良好的产品形象和企业形象，往往有可能改变用户对本企业产品的认识，使更多的用户形成对本企业产品的偏爱，达到稳定销售的目的。

4. 网络营销促销实施

根据国内外网络促销的大量实践，网络促销的实施程序由以下六个步骤组成：

(1) 确定网络促销对象。网络促销对象是针对可能在网络虚拟市场上产生购买行为的消费者群体提出来的。随着网络的迅速普及，这一群体也在不断膨胀，主要包括三部分人员：产品的使用者、产品购买的决策者和产品购买的影响者。

(2) 制定网络促销目标。产品或服务提供企业的营销策略是基于促销活动带动产品或服务销售的扩大而完成的。依据不同的促销目标，企业可以运用以下促销手段：为抢占竞争对手的市场份额和增加短期销售，可以利用消费者促销手段；为了能使网络市场给予新产品更多的关注，可以使用贸易促销手段，等等。促销的目标直接关系企业整体产品营销计划的成功与否。

(3) 设计网络促销内容。网络促销的最终目标是希望引起购买。这个最终目标是要通过设计具体的信息内容来实现的。消费者的购买过程是一个复杂的、多阶段的过程,促销内容应当根据购买者目前所处的购买决策过程的不同阶段和产品所处的生命周期的不同阶段来决定。

(4) 决定网络促销组合方式。网络促销活动主要通过网络广告促销和网络站点推广两种促销方法展开。但由于企业的产品种类不同,销售对象不同,促销方法与产品种类和销售对象之间将会产生多种网络促销的组合方式。企业应当根据网络广告促销和网络站点推广两种方法各自的特点和优势,根据自己产品的市场情况和顾客情况,扬长避短,合理组合,以达到最佳的促销效果。

(5) 制定网络促销预算方案。在网络促销实施过程中,企业感到最困难的是预算方案的制定。制定网络促销预算方案,必须明确网上促销的方法及组合的办法;需要确定网络促销的目标;需要明确希望影响的是哪个群体,哪个阶层,是国外的还是国内的。

(6) 衡量网络促销效果。网络促销的实施过程到了这一阶段,必须对已经执行的促销内容进行评价,衡量一下促销的实际效果是否达到了预期的促销目标。

四、限制网络营销发展的因素

网络营销是新生事物,目前,仍然有许多因素制约网络营销的发展,我们应找出症结所在,以利于企业更好地开展网络营销活动。

(一) 诚信问题

目前市场上的假冒伪劣商品屡禁不止,消费者对产品质量持有怀疑态度。如果仅凭网上信息,很难使消费者作出购买决策。消费者在网上只能通过视觉来了解产品信息,之后进行的网上购物活动就只能凭对企业的信任来完成。而在场所购物状态下,顾客是通过看、听、问、摸等多种手段来判断与选择商品的。可见,在诚信有待加强的商业环境下,网络营销所暗含的诚信假设就不能成立,从而阻碍了网络营销的发展。

(二) 配送业问题

欧美等国的网络营销以其发达的配送业做后盾,在经历了电话、电视直销之后,它们已经建立起一套完整的速递快运业务体系,为网络营销的产生与发展奠定了基础。而我国的配送业近年来虽有一定发展,但与网络营销的要求仍有较大差距,如我国的仓库周转率仅为发达国家的30%左右,而配送差错率几乎是发达国家的3倍。适应市场发展起来的配送中心也存在不少问题,如规模小、技术手段落后、运行功能不全等,加大了运行成本。

（三）法律建设滞后问题

目前我国的合同法不承认网上交易合同，当发生网上欺诈行为、货不对版、产品的质量问题以及企业被无理拒付时，交易双方的合法权益得不到有效保护。网上交易是交易方式的电子化，企业与消费者不直接见面，消费者与产品没有直接的接触，这将会引发一系列相应的法律问题，如消费者投诉无门等。所以，在立法方面，应吸取和借鉴国际上比较成熟的经验，立法先行，防患于未然。

（四）网络安全问题

由于互联网是一个开放和自由的系统，发展速度十分迅速，但与其配套相关的法律和其他管理手段跟不上，使网上交易面临了种种危险。消费者害怕自己的信用卡号码被盗，而企业害怕拿到的信用卡号码是盗用的，从而带来收款问题。同时，随时都可能发作的各种计算机病毒也令人望而生畏。因此如果没有妥善的安全体系，网上营销的发展会受到限制。

（五）税收难题

税收方面的难题主要表现在以下几个方面：

(1) 税收管辖权难以确定。由于互联网没有一个固定地址，当一项交易发生时，应由哪个地区的税务机关对它行使税收管辖权，难以确定。

(2) 课税操作难。对通过网络交易的产品征收交易税，还不具备操作性。寄希望于公司特别是小公司如实呈报交易额是不现实的。

(3) 稽核难度大。第一，税务机构不能用边际投入产出的内在联系来稽核公司的纳税基数。第二，通过互联网交易，降低了中间人的作用，也使得税务机构失去了检查稽核路径。第三，电子货币匿名特征，加大了税务机构对收支的稽核难度。第四，网络交易产品多为贵重物品或奢侈品，价值较高，税收漏损使得整个税收体制因此而呈现出较大的累退性，有违公平。

（六）情感问题

目前，我国消费者仍然保留着相当浓厚的传统购物心态，许多人将上街闲逛购物看作是一种乐趣。面对冰冷的机器和缺乏人情味的机器语言，网络销售无法满足消费者的情感需求。

（七）企业自身问题

(1) 急功近利的思想严重。网络营销是一种高效率、高利润的经营模式，但毕竟需要企业先期在资金、技术和人才等方面的较大投入，其短期利益预期难以乐观，这与我国部分以短期利益为重的企业经营目标相背离，这会令一部分企业望而却步。

(2) 管理水平落后，网络意识淡薄。许多企业的管理处于主观、随意的经验阶段。对于计算机的使用多数还停留在处理文字和计算上，资源管理也未实现电子化，对于电子商务、网络的需求非常淡薄，意识不到其能带来的生产管理变革和巨大的经济效益。因而，企业的信息化、网络化只是在理论界、IT 行业热度很高，但在一般企业中的影响并不大，形成了网络营销被动的局面。

第二节 数据库营销

一、数据库营销的功能

数据库营销(database marketing service，DMS)是在 IT、Internet 与 Database 技术发展基础上逐渐兴起和成熟起来的一种市场营销推广手段，在企业市场营销行为中具备广阔的发展前景。它不仅仅是一种营销方法、工具、技术和平台，更重要的是一种企业经营理念，也改变了企业的市场营销模式与服务模式，从本质上讲是改变了企业营销的基本价值观。通过收集和积累消费者大量的信息，经过处理后预测消费者有多大可能去购买某种产品，以及利用这些信息给产品以精确定位，有针对性地制作营销信息达到说服消费者去购买产品的目的。通过数据库的建立和分析，各个部门都对顾客的资料有详细全面的了解，可以给予顾客更加个性化的服务支持和营销设计，使一对一的顾客关系管理成为可能。

数据库营销在西方发达国家的企业里已相当普及。根据美国 Donnelley Marketing 公司的调查显示，56％ 的零售商和制造商有营销数据库，10％的零售商和制造商正在计划建设营销数据库，85％的零售商和制造商认为它们将需要一个强大的营销数据库来支持它们的竞争实力。从全球来看，数据库营销作为市场营销的一种形式，正越来越受到企业管理者的青睐，在维系顾客、提高销售额中扮演着越来越重要的作用。

(一) 宏观功能

数据库营销的宏观功能体现在市场预测和实时反应。客户数据库的各种原始数据，可以利用数据挖掘技术和智能分析在潜在的数据中发现盈利机会。基于顾客年龄、性别、人口统计数据和其他类似因素，对顾客购买某一具体产品可能性作出预测；能够根据数据库中顾客信息特征有针对性地判定营销策略和促销手段，以提高营销效率，帮助公司制造适销的产品以及制定合适的产品价格；可以所有可能的方式研究数据，按地区、国家、顾客、产品、销售人员，甚至按邮编，从而比较出不同市场销售业绩，找出数字背后的原因，挖掘市场潜力。

(二) 微观功能

数据库营销的微观功能体现在分析每位顾客的盈利率上。事实上，对于一个企业来说，真正给企业带来丰厚利润的顾客只占所有顾客的 20％，他们是企业的最佳顾客,盈利率是最高的,对这些顾客企业应该提供特别的服务、折扣或奖励,并要保持足够的警惕,因为竞争者也是瞄准这些顾客发动竞争攻击的。然而绝大多数企业的顾客战略只是获取顾客,很少花精力去辨别和保护它们的最佳顾客,同时去除不良顾客;它们也很少花精力考虑到竞争者手中去"策反"顾客,增加产品和服务,来提高盈利率。利用企业数据库中的详细资料,能够深入到信息的微观程度,加强顾客区分的统计技术,计算每位顾客的盈利率,然后去抢夺竞争者的最佳顾客,保护好自己的最佳顾客,培养自己极具潜力的顾客,驱逐自己最差的顾客。

随着经济的日益发展和信息技术对传统产业的改造,满足消费者的个性化需求成为可能。中国加入 WTO 以后,企业将面临更加严峻的形势,如何在这场强敌如林的角力中胜出,需要全方位地提升企业的竞争力,特别是企业的客户信息能力。作为企业经营战略中非常重要的营销体制也必须吸收西方先进的营销理念和手段,革除传统营销模式的弊端。数据库营销是先进的营销理念和现代信息技术的结晶,必然是企业未来的选择。

二、数据库营销的基本作用

数据库营销的基本作用主要体现在以下几个方面:

(1) 更加充分地了解顾客的需要。

(2) 为顾客提供更好的服务。顾客数据库中的资料是个性化营销和顾客关系管理的重要基础。

(3) 对顾客的价值进行评估。通过区分高价值顾客和一般顾客,对各类顾客采取相应的营销策略。

(4) 了解顾客的价值。利用数据库的资料,可以计算顾客生命周期的价值,以及顾客的价值周期。

(5) 分析顾客需求行为。根据顾客的历史资料不仅可以预测需求趋势,还可以评估需求倾向的改变。

(6) 市场调查和预测。数据库为市场调查提供了丰富的资料,根据顾客的资料可以分析潜在的目标市场。

三、数据库营销的运作程序

一般来讲,数据库营销主要经历以下程序:

(1) 数据系统。数据库的数据一方面可以通过市场调查中的消费者行为记录与促销活动来记录;另一方面可以利用公共记录的数据,如人口统计、婴儿出生记录、银行担保卡数据、信用卡数据等有选择地录入数据库。

(2) 数据存储。以消费者为基本单位,逐一输入电脑,建立消费者数据库。

(3) 数据处理。通过软件支持,产生各部门所需的详细的数据库。

(4) 寻找理想消费者。通过勾画出某品牌产品的消费者模型,将消费者归类编组,进而找到目标消费者群体。

(5) 使用数据。数据库数据可以应用于多方面,如鉴定购物优惠券价值目标,决定优惠对象;开发新产品;制作有效的广告;制定消费档次和消费者品牌忠诚度,等等。

(6) 完善数据库。通过各种营销活动,使数据库不断得到更新,从而及时反映消费者的变化趋势,使数据库提供的信息更适应于企业的经营需要。

四、数据库营销的管理

数据库营销的管理重点在于对营销数据库的管理。营销数据库管理是指在建立数据库前的准备到数据的统计、建立模型等一系列有关营销数据库的活动安排。

(一) 建立数据库前的准备工作

建立数据库之前,首先,需要组织人员进行分工协作,共同完成数据库的建立和处理。这些人员包括数据库的使用者(即营销管理人员)、操作人员、设计人员。其次,确定营销目标,如开发客户、竞争分析、消费者分析、消费者满意度调查、促进和顾客的关系、公司业务分析等。最后,作出与营销目标有关的数据库决策。它们包括营销数据库内部或外部处理的选择、营销数据库类型的选择和营销数据库资源集中化或分散化的选择。

(二) 营销数据的搜集与数据库的建立和维护

营销数据的搜集是建立数据库的前提,包括分析数据的来源和搜集数据的方法。在完成了这一步骤后,应对数据进行甄别、选录、巩固和更新,并对数据库进行初步设计。

(三) 数据库的统计分析和建模

数据库的统计分析包括相关分析、回归分析、灵敏度分析、细分分析等。预测模型包括灵敏模型、回归模型、财务模型等。通过统计分析,可以更好地了解公司的顾客和潜在顾客;建立预测模型则可以估计公司未来的营销效果,为营销决策提供主要和重要依据。

五、数据库营销策略

数据库营销非常灵活,要制定一个好的数据库营销策略更加不易,数据库营销策略包括以下几个重要方面。

(一) 从商业数据模型入手

数据库管理系统有自己的特点,如独特的存储、优化、接口等。就我国来说,从技术上，国内还没有公司有实力自己来做这种系统。现在多见的是商业数据模型，就是把某个行业研究透，作出行业方面的商业数据模型，进而推广。做数据库解决方案应注意的主要问题有：第一，要取出各种数据源的数据，这就涉及数据库读取能力、整合和清理数据能力。第二，元数据管理非常重要，数据库工具若不含有该功能的话，会给以后的发展带来很大的麻烦。第三，就是大数据量的数据库存储和管理问题，因为数据库不但要存储现在的数据，还要存储历史的数据，数据库的性能也很重要。第四，数据库的实践性和可扩展性，数据库不可能一开始就做的大而全，首先要找好主题，然后再进一步完善。否则若主题出现偏差的话，要更新需要很长的时间。

（二）制定数据库营销策略

要回答制定营销策略所需了解的关于目标市场和目标消费者的诸多问题，往往要花大量的时间、精力和金钱，而获得的结果不尽如人意。因为调查的方式即使是科学的，也不可能保证百分之百的客观性，易出现各种偏差，调查的目的性本身就是产生这些偏差的最主要的原因。然而，数据库尤其是与消费者消费行为有关的数据库，具有传统调查所没有的客观性。只要对这些数据库的形成过程和管理中加以改进，就可以使这些数据变得价值连城，成为营销决策最有价值的信息来源。例如，一个商场通过发行用户优惠卡，就可以建立一个非常有用的数据库。发卡时，可以要求用户填上他们的基本情况，如住址、电话、邮政编码、身份证号码、性别、年龄、家庭人数等。当用户采购时，只要在收款时刷一下用户卡，就可以将用户的采购信息记录在相应的用户数据库中，在一年内，可以对用户的购买信息加以整理分析，通过用户的基本信息，就可以了解该商场用户的分布情况。通过用户采购商品的档次、品牌、数量、消费金额、采购时间、采购次数等可以大致判断出用户的消费模式、生活方式、消费水平以及对价格和促销的敏感程度等。通过对所有这些数据进行聚类分析，就可以将用户划分成5～6个不同的消费者群。这些信息不仅对商场的管理和促销具有重要作用，而且可以据此来确定商场订货的种类和档次、促销的时机、方式和效率，同时对生产厂家也具有非常重要的价值，因为生产厂家可据此来制定相应的营销策略。

（三）数据库营销系统

成功实现数据库营销系统的关键在于三方面组件的集成：一是存储在数据库或数据处理机中的事实数据大都来自账目系统；二是统计技术或使用预测模型的工具；三是功能强大的展示工具。

建立数据库营销系统的目标是实现一个能产生精确描述客户群的程序。一旦数据采掘引擎从数据库中挑出一组客户，下一步就是进一步推测分析精确的客户特征，这些特征反映哪些用户最有可能转向一项竞争产品或服务，对每一轮新产生的客户数据，都产生一组新的统计模型来分析客户群。

（四）数据库的安全性

IBM从1997年就开始做商业智能方面的业务，也就是数据库的应用。总的来说，提高竞争力是数据库的出发点。数据库要有一定的数据基础，同时数据库的安全非常重要。如果联机事务处理不安全，就会弄丢一部分数据，失去这个客户或是使数据不完整，影响整个企业。因为数据库要访问多个数据源，包括财务、人事、业务等，所以需要各种安全机制来保障数据库。

第三节　直复营销

一、直复营销概述

在西方发达国家，直复营销已成为一种趋势。1995年，直复营销就为美国创下10 000亿美元的销售额，其中消费品直复营销额几乎占全美国零售额的9%，并且越来越多的产品和服务都可以通过直复营销来购买，将直复营销作为一种促销方式与传统营销相结合销售产品的公司，已遍布整个美国经济的各个行业。

（一）直复营销的定义

随着现代经济的发展，传统的店铺零售方式所呈现的不足越来越多，其中最重要的就是分销渠道的不足。直复营销的出现和发展就在于它创新了分销渠道，加深了分销渠道与顾客的接触，成为一种新颖而有效的营销手段及分销渠道策略，并创造了新的销售奇迹。

按照美国直复营销协会的定义，直复营销是一个与市场营销相互作用的系统，它利用一种或多种广告媒介对各个地区的交易及可衡量的反应施加影响。因此，直复营销是一种以盈利为目标，通过个性化和大众化沟通媒介向目标市场成员发布信息，以寻求对方直接回应的社会和管理过程。

（二）直复营销的特点

直复营销的特点主要包括以下几个方面。

1. 直复营销的指导思想是一种新型的市场营销观念

直复营销的产生与发展的市场背景是买方市场。其指导思想是坚持以消费者需要为导向，强调以比竞争者更有效的方式传递目标市场所期待的产品和服务，以满足消费者的各种需要。

2. 直复营销的个性化

直复营销活动具有很强的目标指向性，即针对顾客个人的需要提出特殊的产品营销方案。顾客的回应也是个性化的，以一对一为基础的互动，使企业能够针对不同的顾客个性特征的差异，采取不同的策略，增强营销活动的人情味，有利于彼此间保持良好的关系。

3. 营销对象是明确的

直复营销的营销对象就是具体的个人、家庭或企业，因此可以衡量、掌握、预测其规模和可能获得的利润。利用仔细挑选出来的顾客名单及数据库中的一些信息，直复营销人员就能将其中有可能成为自己顾客的人作为目标顾客，然后与单个目标顾客或特定商业用户进行直接的信息交流。这种做法可以大大减少传统营销由于目标顾客不精确而造成的浪费。

4. 没有中间环节

由于直复营销是一种顾客与企业互动式营销方式，目标顾客对企业的回应是直接的，其订购产品一般也是通过直接渠道传递的。所以，直复营销没有中间环节。对于有些直复营销者，出于效率或资源限制等方面因素考虑，可能会将直复营销活动中的某些商业履行功能外部化，例如，商品配送通过专门的配送公司进行，或者与其他直复营销公司间建立联合性的配送体制，这时出现了有限的中间环节，但是，其特征和功能都与传统分销渠道有所不同。

5. 营销效果是具体可测的

直复营销要求顾客对企业信息发布作出立即回应，企业根据回应信息进行营销，因此，可以对营销成本、收入、利润进行比较精确的衡量。

6. 媒体选择具有弹性

直复营销在媒体选择上，特别是直接邮件的广告设计是非常具有弹性的，不管是广告的大小、颜色、格式，还是邮寄时间都可以根据直复营销人员的需要加以弹性处理。

7. 付费媒体是促销信息的传递手段但媒体选择更具有针对性

直复营销是通过付费媒体传递产品或服务信息的，但媒体选择是针对该媒体受众的特点，所选择的媒体往往是具有某个特定共同特征的高度细分的市场，甚至直接根据目标顾客的特征，如姓名、地址、电话号码、电子邮件密码等，采取相宜的媒体进行有针对性的信息传递。

8. 广泛的适用性

直复营销对于各种规模的企业都适用。对于实力雄厚的大企业，直复营销是其增加竞争优势的利器；对于资源有限的小企业，则是其达到目标市场、实现销售的良好渠道。

9. 信息收集、促销与销售合二为一

直复营销不管采取何种促销工具，这些工具都具有针对性地传递服务信息，具有实施销售促进及实现销售的功能，并且通过信息反馈而掌握大量的市场营销资料。这里，市场调查与广告、销售促进、人员推销三大促销手段紧密地结合起来，使得虽然相关但却是相互分离的功能，在直复营销上得到了完全的统一，形成真正意义上的整体营销。

10. 营销手段的隐蔽性

直复营销以一对一为基础，通过互联网、直邮、电话、目录等手段，在竞争者不知晓的情况下进行，具有一定的隐蔽性。当竞争者可能获知本企业直复营销战略时，本企业可能已经占领了市场，获得了销售。正是这种隐蔽性，对于试验某种新的营销策略十分有效，免得营销策略在试验阶段就被竞争者察觉。

二、直复营销的方式

（一）直邮营销

直邮营销是直接邮件营销的简称，包括直接邮购和目录营销。采用直邮营销方式的营销者用邮寄的方式，直接向消费者投寄直接邮件广告和产品目录，以此宣传产品和企业，并达到刺激消费者立即用信件、电话或传真方式订购产品或服务，或立即向直邮公司咨询的目的。

（二）电话营销

电话营销是指直复营销人员用电话直接向消费者销售产品的营销形式。电话营销随着现代通讯技术的突飞猛进而以惊人的速度发展。

（三）电视营销

电视营销是指直复营销人员利用电视这一媒体直接向顾客销售其产品或服务。在直复营销中，电视正在成为一个日益重要的媒体。它既可以通过电视网，也可以通过闭路电视。电视营销是通过直接向回应广告或通过设置专门的家庭购物频道来推销产品或服务。

（四）网络营销

网络营销是以电脑为载体，以互联网为媒介，向用户介绍商品并达到其销售目的的一种新型现代化的营销方式，它是直复营销中电子购物的一种典型形式。第一节已作详细阐述。

（五）数据库营销

数据库营销是一种交互式营销方式，它运用个性化营销媒体和渠道，建立个体顾客订购和询问方面的记录和数据库，来分析产品或服务，以更有效地满足顾客的需要。第二节已作详细阐述。

三、直复营销策略

在准备采取直复营销活动时，直复营销人员必须确定他们的目标、目标顾客、产品策略、各种测试要素及如何进行效果衡量。

(一) 确定目标

直复营销的主要目标在于刺激潜在消费者立即采取购买行动。它的成功与否,可以用顾客的反应率来衡量。通常,如果有2%的反应率,就可以认为直复营销的销售活动获得了成功。当然,这并不是说98%的努力都已经浪费,因为直复营销对产品知名度和日后的购买意图都会产生影响。而且,并非所有的直复营销人员都要求顾客产生立即购买的反应,因为直复营销的日的之一是为企业的销售队伍提供寻找潜在顾客的线索。

(二) 确定目标顾客

直复营销人员必须了解现实顾客和潜在顾客的特征。通常,最好的目标顾客是那些近来曾大量购买产品,购买频率高且支出额大的消费者。直复营销人员在选择潜在顾客时,可使用各种细分标准,如年龄、性别、收入、受教育程度等,也可根据消费者生活方式进行细分。

(三) 制定产品策略

直复营销人员必须寻求一套有效的产品策略,以迎合目标市场的需要。产品策略一般包含五个要素:产品、报价、媒体、营销渠道和创新策略。这些要素都是可测试的,因此,产品策略是否可行可以通过测试来验证。

(四) 测试直复营销诸要素

直复营销的重要优势之一是可以在真实的市场条件下测试各个要素的效果。尽管直复营销的反应率通常很低,但对各要素都加以测试,往往可以大大提高总反应率和获利能力。但值得注意的是,仅仅依据直复营销活动的反应率常常会使决策者低估该活动的长期效果,因为无法统计因该活动而了解产品的潜在消费者人数。因此,现在有一些企业开始以认知率多少来衡量一次直复营销活动的效果,而不是仅仅依靠反应率。

(五) 活动绩效衡量

若直复营销活动费用已经事先确定,那么直复营销人员可以根据估计的总成本事先计算出达到保本所需要的反应率。这个反应率必须扣除退货和呆账损失因素。退货将使原先的直复营销活动前功尽弃,因此,直复营销人员必须认真分析退货的原因,及时对不足之处予以改进。

四、直复营销在我国的现状和发展前景

作为无店铺零售的一种形式,直复营销在美国、欧洲等一些发达国家得到了迅速发展。以美国为例,1991年,美国直复营销的销售额为1 400亿美元,占无店铺零售总额的80%。近年来,美国直复营销销售额年平均增长率为10%~15%,其

发展速度为传统零售业的 2 倍。在我国，直复营销经过近 20 年的缓慢发展，已经初具规模，但是普及面一直很低。目前，其主要形式为直接邮寄营销、杂志报纸营销、电视营销和网络营销等。现在很多企业把直复营销进行了变化，如天年公司的顾客营销、保健品和医疗器械的社区活动。直复营销在我国的发展将经历从大城市向中小城市和农村发展的阶段。尽管直复营销在我国的发展困难重重，但作为一种充满吸引力的无店铺零售方式，不久的将来，它会受到企业和消费者的青睐。下列趋势表明直复营销在我国的发展已具备了一定的条件：

(1) 随着我国消费者收入水平的不断提高，生活节奏的加快，工作压力的加重，需求层次向上转移，消费者对闲暇时间更加珍惜，消费观念和生活方式正在悄悄发生变化。尤其是近两年来，备受年轻人欢迎的时装、图书邮购的兴起都表明了这一变化。

(2) 国内外著名的直复营销企业，像戴尔计算机公司、中国书店的加盟将会提高直复营销的声誉，有助于消费者改变对直复营销"先入为主"的偏见。

(3) 全国范围的金融结算系统和信用系统已初步形成，这对长期困扰的购物支付问题提供了探索性的答案。

(4) 电话的普及，尤其是 800 免费电话的开通，以及电视媒体的丰富，都为中国消费者对直复营销方式作出反应提供了极大的方便。

(5) 高昂的广告费用和庞大的库存所占用的资金，都为企业探索节省资金的零售方式提供了契机。

直复营销在我国正处于生命周期的导入期，其蓬勃发展尚需要一定的时间。只要企业努力培养这一市场，它将会引起一场零售革命，而这一革命的直接受益者为企业和众多消费者。

案 例

本土淘宝 PK 洋 eBay

京正望咨询新近发布的 2006 年度中国网上购物调查结果显示，淘宝网在包括 B2C 和 C2C 在内的中国网上购物市场中占了高达 2/3 的市场份额，在 C2C 网上购物市场中占了高达 80%以上的市场份额。eBay 易趣网则在 C2C 网上购物的市场份额大幅下滑，并将进一步衰落下去。拍拍网的市场份额则不足 3%。调查认为，淘宝网在 C2C 领域已把竞争对手远远甩在了后面。时至 2006 年底，eBay 已为中国业务投资了 3 亿美元，但却收效甚微，市场份额每年不断下滑。2006 年 12 月 20 日，eBay 宣布与 Tom 在线组建合资企业。与此同时，淘宝网则发布了《2007 年第一季度淘宝网购物报告》。显示淘宝网 2007 年第一季度的总成交额突破 70 亿元人民币，相对于 2006 年同期，增长超过 100%。尽管 eBay 在报道中极力表现对这桩交易的信心，但是多数评论人士都将 eBay 淡出视为外国互联网公司进军中国市场的又一次失败，败给了中国本土的竞争对手——阿里巴巴旗下的淘宝网。

2003 年 6 月，eBay 先后斥资共 1.8 亿美元收购了中国电子商务网站易趣网，曾获无数成功的 eBay 就这样气宇轩昂地走入了中国市场。而在 2003 年 7 月破茧而出的淘宝，几乎不被人看好。当时，中国的 C2C 市场已是易趣一家独大，淘宝更被易趣的收购者惠特曼预言“会在 18 个月内夭折”。但是 eBay 易趣并未考虑到中国的市场特殊性，同时也没有很好地处理用户对平台变动造成的不适应与不满。尽管 eBay 在美国已经形成成熟的商业模式并盈利，但其模式搬至中国能否成功还要打一个问号。而后起之辈淘宝，虽然诞生得比 eBay 易趣晚，却在以惊人的速度反超对手。面对本土越来越多、越来越强劲的竞争对手，eBay 易趣的市场空间受到了很大挤压。

淘宝坚守的免费策略，毫无疑问可以成为淘宝取胜的“杀手锏”。对此 eBay 却是非常不屑的，其回应是：“免费不是一种商业模式，淘宝网宣布在未来 3 年内不能对其产品收费，充分说明了 eBay 在中国业务发展的强劲态势。”但是由于坚持免费策略，在成立之初，淘宝不但吸引了大批新用户更使得大量原 eBay 易趣用户改旗易帜转投淘宝的怀抱。尽管近两年来 eBay 易趣一再下调登录费、交易费等费用，甚至不惜推出“返现金”之类的推广活动，但仍然挽救不了流失的客户群。“免费”俨然已经成了马云手中的王牌。2005 年 10 月 20 日，阿里巴巴宣布向淘宝追加 10 亿元人民币投资，同时将实行了 2 年多的免费政策再延续 3 年。此前 eBay 将中国平台跟全球平台对接，将中国网站“全球化”，但由于没有考虑到中国的市场特殊性，在对中国市场的判断上，eBay 失误不断。这给竞争对手淘宝网提供了过多的机会。对于中国消费者来说，上网购物的优势首先体现在价廉，其次才是方便。因此作为给网上交易提供平台的网站降低用户成本，尽量减小 B2C 和 C2C 的障碍才是正道。

淘宝构建的诚信体系也是吸引消费者的重要原因之一。中国消费者在无法确知产品的情况下，总是喜欢选择免费或者低价的服务。但是有统计数字表明，中国消费者是愿意为他们认为值得的网络服务买单的。因此高价并不是eBay易趣遭遇失败的主要原因。中国社会科学院下属的中国互联网开发研究中心(CIDRC)提供的数据表明，电子商务的销售在过去两年中增长了58%，达到近700亿美元，其中C2C业务约占30亿美元。2004年以来中国的网民数量从9 000万人增加至1.3亿人，电子商务正在稳步增长。尤其是年青一代的中国人，已经显示出愿意在网上购物和为网络服务买单的趋势。哈佛大学经济学教授、哈佛亚洲研究中心前主任德怀特·珀金斯指出："信任在中国以及其他任何地方都非常重要，但在中国却尤其重要，这是因为中国的法律制度和其他解决争端的正式途径还存在着漏洞。构建信任的方式就是让时间来证明你是值得信任的。"因此构建一个安全可以信赖的支付体系对于电子商务在中国的发展是非常重要的。很多消费者不喜欢eBay的原因之一就是它不注重建立消费者与商家之间的信任。eBay易趣的Paypal支付方式没能实现委托交易代收货款服务与销售流程的无缝衔接。而淘宝普遍采用的Alipay支付方式却将代收货款服务视为在线购物体验的重要组成部分，因为消费者认为先将货款支付给Alipay，等商品到手之后再把货款发放给卖家的方式让人非常放心。而且中国消费者还喜欢私下交易，因为私下交易可以在买家与卖家之间建立信任。eBay最初不允许买家与卖家直接联系，而淘宝却允许双方进行直接的即时联络。

除了利用免费作为切入市场的利器、积极地建立客户与买家的诚信外，淘宝还开始了"娱乐营销"提高网站知名度。为淘宝的网上支付工具"支付宝"度身定制的"傻根"系列广告，借《天下无贼》的贺岁片效应达到了非常好的宣传效果，使"支付宝"借助"傻根"这一角色在用户心目中建立了简单、方便、可靠的形象。而在与周杰伦首次的电影作品《头文字D》的合作中，"'淘宝网杯'飘移大赛"活动的过程也通过媒体极高的曝光率树立了淘宝时尚疾速适合新新人类使用的形象。这些时尚制胜、结合巧妙的营销手段对淘宝成功的网络营销奠定了基础。除此之外，清新亮丽的网页、方便实用的淘宝旺旺以及聊天工具中使用的可爱表情都使人们在淘宝交易中感受到了购物的乐趣。

为了开拓中国市场，惠特曼仅在2005年就砸下了1亿美元。因为在其看来，中国的上网人数即将超过1亿人，必将成为继美国之后的全球第二大互联网市场。惠特曼曾对华尔街的分析师们说，eBay在中国市场

"必须赢",因为中国是网络市场取得成功的决定性因素。但时至今日,eBay的市场份额并未见多大起色。eBay易趣在中国本土化的失败使它败给了竞争对手淘宝。马云常常把eBay比作海里的鲨鱼,而他和他的阿里巴巴则是长江里的扬子鳄。他说"如果我们在大海里对抗,我肯定斗不过它。但如果我们在江河里较量,我们能赢!"

案例思考　击败了强硬有力的竞争对手eBay易趣,你觉得淘宝下一步将如何完善在中国还仅处于起步阶段的电子商务呢?

复习与思考

一、名词解释

1. 网络营销
2. 免费价格策略
3. 个性化定价策略
4. 网络促销
5. 站点推广
6. 数据库营销
7. 直复营销

二、思考题

1. 网络营销有哪些特点?
2. 试述网络营销调查的技巧与策略。
3. 适合网络营销的产品有哪些特性?
4. 网络营销分销渠道建设时应注意哪几方面的问题?
5. 数据库营销有哪些主要策略?

第十一章

全球化背景下的营销新理念

第一节　国际营销

世界经济全球化的浪潮正日益壮大，实现全球化分工是现代化大生产本身的客观规律和必然要求。在这种趋势下，各国企业和产品纷纷走出国门，在全球范围内寻找新的发展机会，特别是实力雄厚的跨国公司，早已把营销范围扩大到世界范围，并以全球营销观念来指导公司的营销行为，一方面通过特许经营等方式在全球拓展；另一方面从公司整体角度出发，整合配置全球资源，并使企业中各层次、各部门、各岗位以及总公司、分公司，产品供应商、经销商及相关合作伙伴协调行动，采取整合营销的手段确立竞争优势。

从本质上说，国际营销与国内营销并无区别，但由于国际营销是一种跨越国界的市场营销活动，所以企业面临的外部环境（包括国际政治法律环境以及东道国的政治、法律、经济、文化等环境）将更加复杂，营销活动也将受到更多不确定因素的影响，这就决定了企业的国际营销活动也将遇到更多困难，承受更大的风险。

一、国际营销概述

（一）国际营销的定义

国际营销是指企业在开展营销活动时，将世界市场视为 个整体，统一规划与协调，以便获得全球竞争优势的一种营销方式，其核心在于全球协调与营销一体化。国际营销必须在全世界范围内考虑市场选择机会、制定营销计划和分配营销资源，并通过全球营销战略对企业的长期目标形成一个完整的支持系统。从这个意义上说，营销活动不再为各国的国界所割裂，也不再与各国国内的营销活动相分离。开展国际营销的企业在评估营销优势与劣势、机会与威胁，以及制定营销策略时，应立足全球，不以国界为限。

进入 21 世纪，全球市场化最真实的写照是全球行业的发展，越来越多的跨国企业认识到，开发国外市场机会的竞争变得日益激烈和全球化。国际营销企业把世界市场看成是由少数几个标准化的市场群组成的，而不是由许多风格各异的国别市场组成的，积极寻求全球标准化的方向，并朝这一方向努力发展。他们的营销目标是使其产品具有现代特征，更加注重在产品的成本结构中加进高质量和可靠性因素，他们希望自己企业的产品在全球范围内是可识别的，在设计、功能或款式上享有盛誉。

总之，国际营销就其本质而言是将企业的资源集中于选择并开发那些能够支持其长期发展目标的国内与国外营销机会的过程。基于这样一种共识，企业在开展国际营销时注重的不是局部的、特殊市场机会的单独开发，而是全球运作、全球协调和全球竞争，并使这些活动对企业整体战略目标形成支持。

(二) 国际营销的基本特征

虽然企业在国际市场的营销与其在国内市场或在特定市场的营销在本质上没有区别，但因其特定的理论基础和全球化的营销理念，使其在营销行为上与一般营销还是存在明显区别的。企业参与国际营销有其基本的行为特征，具体表现在以下几个方面。

1. 参与重要市场

一般认为，国际营销企业必须参与包括美国、欧洲和日本市场在内的世界三强市场的经营活动。

2. 寻找需求共性

产品标准化是国际营销的重要手段之一，但国际营销并不等于标准化。企业只能对核心产品及其生产技术实行标准化，而不是全部。产品标准化和差异化竞争是全球管理的首要问题。一方面，市场全球化与顾客需求的趋同性使企业能在全球市场上进行标准化产品营销；另一方面，产品标准化是一项复杂的系统工程，几乎没有几家公司具备足够的资源来实现大规模的全球化标准，传统的市场细分方法是以国别为依据的，而国际营销则以顾客需求的共性作为市场细分的标准。

3. 因地制宜战略

尽管国际营销面向全球，但当地适应性问题依然存在。尤其是在营销方案实施过程中，如果不能与当地实际情况相结合，势必产生事倍功半，甚至事与愿违的结果。所以，国际营销只能在企业战略性问题上(如市场定位)保持全球一致，而在战术性问题上(如分销渠道等)应因地制宜。

4. 开展全球运作

国际营销的基本特征之一是全球运作，也就是说，企业应在全球范围内开展经营布局，开发要素成本及其潜能，以便降低生产费用，夺取竞争优势。在此基础上，企业还应尽可能将经营活动集中安排，避免重复。

5. 实施有效竞争行动

由于采取国际营销的企业属于全球布局，所以，这些企业不必总在受到攻击的市场上采取竞争行动，也可以通过其他途径来消耗竞争者的资源，甚至到竞争者的母国市场上直接发起挑战。

二、进入国际市场决策

（一）影响企业进入国际市场的因素

如果国内市场能够让企业获得足够的利润，企业就不会花费更多的成本、冒更大的风险去开拓国际市场，而宁愿只从事国内业务。但事实上，促使企业进入国际市场的因素是很多的，比如，因为国内市场受到提供更好产品或更低价格的跨国公司的冲击，或者因为国外有更廉价的原材料和劳动力、更完善的基础设施而使企业在国外市场更加有利可图，又或者因为企业国内市场过剩需要一个更广泛的顾客基础来实现规模效益，等等，这些因素都可能使企业的营销活动走向国际市场。

显然，企业是否采取进入国际市场策略主要取决于国际市场是否能实现比国内市场更多、更稳定的利润；而决定企业在国际市场是否能实现更多的利润，主要受以下因素的影响。

1. 企业产品在国际市场的价格

由于产品在国际市场销售需要支付更多的成本（关税、运费、进口国中间商的利润等），所以，只有产品在国际市场的价格比在国内市场高，才能保证企业在支付各种成本费用后仍能获得一定的利润。

2. 产品在国际市场的需求量

如果产品在国际市场的需求量很小，除非产品在国际市场上的利润极高，一般来说是不能保证企业获利的。因为产品销售的利润是产品的销售额扣除销售成本后的余额，而销售成本中有很大一部分是属于与销售成本无直接关系的间接成本。在价格一定的情况下，只有产品的市场规模庞大，才能保证产品的销路，使企业有利可图。

3. 企业在国际市场可能占有的市场份额

产品在国际市场有较大的需求量，只是企业进入国际市场、获取更多利润的前提，但企业究竟能否成功进入国际市场，还需进一步分析本企业产品在国际市场上可能取得的市场份额。因为在国际市场上可能有很多企业在提供类似产品，争夺同样的消费市场，在本企业与其他相似企业争夺同一市场的时候，只有占有较大的市场份额，才能在国际市场上拥有足够的、能保证获取预期利润的销售量。

4. 企业进入国际市场后内部生产成本的变动情况

企业进入国际市场必然带来销售量和产量的变化，而产量的变化必然引起生产成本的变动。在企业生产技术条件一定的情况下，企业必须准确分析因产量变动所导致的企业产品单位成本的上升或下降以及变动的幅度，才能作出较为准确的营销决策。

5. 企业的资源条件

进入国际市场，除了要求企业的产品有一定的市场竞争能力以外，企业还需要有进入国际市场的人力资源储备、启动费用、扩大生产规模所需的条件以及国际市场营销经验和管理能力等。如果在条件不具备时就匆忙进入国际市场，很可能造成有限资源的更大浪费。

综上，企业只有在对上述要素进行评估分析以后，才能作出是否进入国际市场决策。

(二) 国际营销的目标与政策

1. 确定在国外市场的销售额在总销售额中的比例

大部分企业在开始向国外市场发展时规模都不大，有些企业准备维持原来的小型规模，把在国外的经营视为其业务的一小部分；有些企业则认为国外业务规模最终应与国内业务相当，甚至比国内业务更重要。究竟作怎样的目标和策略选择，取决于企业产品的特性和企业自身的经营状况以及企业经营者的营销理念，是众多因素综合作用的结果。

2. 确定是在少数国家还是在很多国家进行市场营销

经验证明，把经营范围限制在少数几个国家，但在每个国家全力向纵深发展，风险相对较小。阿依尔和兹夫认为如果有下列情况，公司应进入少数国家：一是进入市场和控制市场的成本高；二是调整产品和沟通联系的成本高；三是最初选定的国家人口多，收入高，并且这两者都发展较快；四是主要外国公司能建立阻止进入市场的森严壁垒。

3. 决定进入什么类型的国家

一个国家的吸引力受到产品、地理因素、收入和人口、政治环境和其他因素的影响。不同的企业、不同的企业发展阶段对于目标市场国的选择标准是不一样的。事实上，这个问题并没有标准的答案。比如，有些经营者认为公司应集中力量在"三强市场"(美国、欧洲和日本)发展，因为这三强市场不仅是大多数产品主要的、发展最快的市场，同时也代表了一个日益统一的大市场。但另一些经营者却不这么认为，相反他们觉得，三强市场虽然富有，但已经发展得相当成熟，而发展中国家未被满足的需求代表着大量的市场机会，这些国家是食品、服装、住房、家用电器以及其他商品的重要潜在市场，而三强市场已经饱和。因此投资的热点应更多地转移到亚洲的新兴市场，如中国、印度、越南等。

三、国际营销组合决策

在一个或几个国外市场从事经营的公司为适应当地的条件，必须决定如何调整其营销组合。一个极端是公司在世界各地使用一个标准的营销组合，产品、广告、分销渠道和营销组合的标准化有助于公司把成本压到最低限度。另一个极端是适应性营销组合，这时公司需要承担更高的成本，但同样可以获得更大的市场份额和利润率。在这两个极端之间还存在着许多其他的情况。

（一）产品

产品因素在国际营销组合中居于首要地位。如果公司选择进入国际市场的产品与市场需求存在偏差，一切营销努力都将是徒劳的。奇根根据国际目标市场的环境差异把国际营销的产品与促销策略分为五种，见图 11－1。

		产品		
		不改变产品	调整产品	开发新产品
促销	促销不改变	1. 产品直接延伸	3. 产品调整	5. 产品创新
	促销调整	2. 沟通调整	4. 双重调整	

图 11－1 国际产品与促销的五种策略

1. 产品直接延伸

产品直接延伸是对产品不做改动，而将其直接引入国际市场。如果现有产品的国际市场需求与国内市场需求相同或相似，或现有产品早已被国外消费者所熟悉，或现有产品极易被国外市场消费者所接受，则可以采取这样的产品策略。

2. 产品调整

产品调整是指公司根据国际市场需求与国内市场需求的差异对现有产品组合进行部分更改，使产品更加符合国外消费者的消费习惯与偏好，力争实现产品“特性化”，以提高其在国际市场的竞争力。产品调整策略是一种十分常用的策略，具体来说，产品的调整包括功能改变，外观改变，包装改变，厂牌、标签及商标的改变，服务改进等。

产品调整策略的使用要注意两个问题：一是改变以后应使产品既符合国际市场的特殊要求，又保持和突出产品的原有特色；二是产品改变的成本应该能够得到补偿。

3. 产品创新

产品创新是一种致力于开发新产品、力求在国际市场竞争中占据主动地位的策略，它有两种形式：一是后向创新，是指重新推销非常适合某国需求的旧式产品；二是向前创新，是指创造全新的产品以满足其他国家的需求。

显然，对于一个跨国公司而言，其产品应采用标准化决策还是差异化决策，并没有一个客观统一的标准，最现实的选择是根据企业自身的资源条件、产品特点以及目标市场的经济文化环境差异来灵活决定。事实上，当今世界著名的跨国公司在全球市场的经营中，已经将标准化的产品决策与差异化的产品决策进行有效的兼容，使企业可以在与标准化产品同样的低价格和高效率下，让每一个细小市场的消费者的特殊需求都得到满足。

（二）价格

开展国际营销的企业在决定国际市场价格时会面临许多问题，公司在全球市场制定价格时有三种主要的选择。

1. 在各地统一定价

这种定价方式需要注意的是，由于成本和各地消费水平的不同，各国消费者实际的购买价格是富裕国家显得过低而贫穷国家显得过高。

2. 根据各国市场情况定价

这种定价方式可以使公司按照各国可以接受的价格销售产品，但是会忽略各国间实际成本的差异，而且中间商很可能将同样的产品从低价格地区运往高价格地区而赚取差价。

3. 以成本为基础定价

这种定价方式可以使公司使用统一的成本定价法，但在某些成本高的市场上，产品可能会被挤出市场。

不管如何定价，公司在外国市场的产品价格可能会高于国内市场价格（除非他们对价格予以补贴）。原因在于价格升级现象，在国外市场销售的价格必须在出厂价的基础上加上运费、关税以及进口商、批发商、零售商的利润；再加上币值波动的风险，产品在国外的售价应是本国售价的 2～5 倍，这样生产商才能够获得同样多的利润。

（三）渠道

参与国际营销的公司应使用整体渠道的观点来处理向最终用户销售产品的问题。图 11 - 2 显示了生产厂家和最终用户间的三个主要的销售渠道。第一个环节是销售商的国际市场营销总部，它是决定国际分销渠道和其他市场营销组合要素的出口部或国际营销部。第二个环节是各国间的渠道。产品通过该渠道到达国外，其中包括各种类型的中间商（代理商、贸易公司等）、运输方式（海运、空运等）和财务管理与风险管理等方面的决策。第三个环节是外国国内的渠道，这是进入外国市场后，将产品送达最终用户的过程。生产商不能认为产品离开了工厂整个营销过程就宣告结束，而是应该了解产品在国外的流动环节和实际状况。

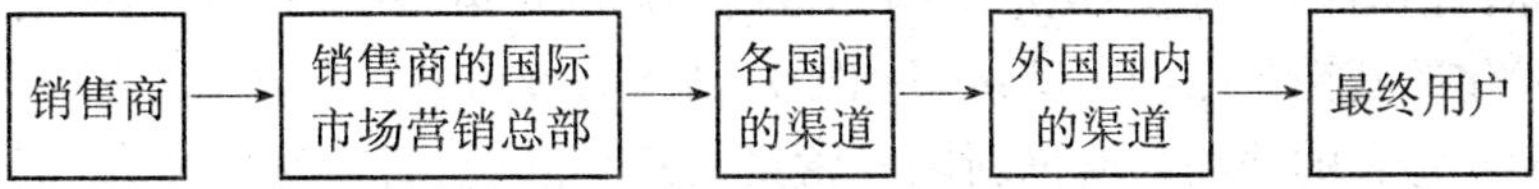

图 11 - 2　国际市场营销的整体渠道概念

(四) 促销

公司在国际市场可以采用与国内市场同样的广告与促销策略,也可以对国内的广告促销策略作出调整后再运用到国际市场。促销和产品的组合可以参照图 11-1。

四、国际营销的新发展

经济全球化趋势使国际营销环境发生了深刻的变化,生产要素实现了跨国界流动,各国之间的分工越来越深入,各国市场之间的联系也越来越紧密,各国经济相互交融,相互渗透,连成一体。与此同时,国家之间、企业之间的竞争也越来越激烈,一国市场的营销竞争态势直接影响他国市场乃至全球市场的营销竞争格局,企业竞争已开始从规模竞争、价格竞争、质量竞争、服务竞争、品牌竞争向战略竞争转变。与此相适应,国际营销战略也有一些新发展。

(一) 大市场营销战略

大市场营销理论最早是由菲利普·科特勒在 20 世纪 80 年代提出的,其主要内容是为了成功地进入某些特定市场,并在那里从事营销活动,企业须在策略上协调地运用经济的、心理的、政治的和公共关系等手段,以获得外国各有关方面,如经销商、供应商、消费者、市场营销研究机构、有关政府人员、各利益集团及宣传媒介等的合作和支持。多年的国际营销实践已经证明这一理论对国际营销企业进入封闭型市场具有特别重要的指导意义。

近些年来,在高新技术迅猛发展的强劲推动下,一方面经济全球化浪潮势不可挡,各国市场的开放度不断提高,开放的领域日益扩大,市场的国界越来越模糊;另一方面,许多国家贸易保护主义的思潮愈演愈烈,贸易保护的措施有增无减,而且不断花样翻新,形成了许多壁垒森严的市场。

在封闭型的市场上,除了股东、经销商、供应商、消费者、市场营销研究机构以外,还涉及更多利益攸关的团体,如立法机构、政党、政府部门、公共利益团体、工会、宗教组织等,这些利益攸关团体都代表着一定的团体利益,国际营销企业要进入这些市场并开展营销活动,必须争取各方面的支持,至少使他们不至于阻拦。因此,利用各种传播媒介与社会各界公众搞好关系,树立企业良好形象的公共关系策略的运用就十分必要。

(二) 全球当地化营销战略

国际营销企业,特别是跨国公司在经济全球化的大背景下推动全球营销战略,开展国际营销活动,不能单纯地从国际营销的标准化策略或当地化策略的角度,或仅从差异化的营销策略的角度认识国际营销策略或方式的选择,而应从全球化和当地化相互结合的战略高度创新国际营销的指导思想,将全球化和当地化密切结合为全球当地化营销战略。

全球当地化战略是全球标准化战略和当地适应化战略的综合。全球化强调的是标准化、统一性和规模经济，当地化强调的是差异化、适应性和范围经济，全球当地化战略是两者的升华。国际营销企业开展国际营销应同时统筹考虑这一个问题的两个方面，做到“思考全球化，行动当地化；战略全球化，战术当地化”。全球化营销以当地化营销为基础，当地化营销以全球化营销为目标。

思考全球化是指从国际化、全球化的角度思考企业的发展战略，制定营销策略，全球化是价值观念的全球化，资源配置的全球化。行动当地化是指将企业成功运用的国际营销战略与策略，与各国各地区的文化及各种营销环境变量进行适应性创新和改进，使之具有适应性；对企业的竞争优势和经营方式进行重新定位和组合，使之具有持久性和合理性。当地化是资源的当地化，产品生产和制造的当地化，分销渠道的当地化与促销方式的当地化。

战略全球化是指国际营销企业的发展战略，如产结构的安排和调整，价值链、供应链的建立等，以全球市场为一体综合考虑。大量事实已经表明，在不同的东道国市场，虽然跨国公司都会有不同程度的当地化，但整个跨国公司体系是超然于任何一个国别市场之外的。战术当地化是指在具体的营销活动中，根据国别差异、消费者品位和偏好的差别、分销渠道的差别、东道国政府的要求，针对东道国市场的独特性在产品定位、销售模式、广告宣传等方面作出调整。

（三）归核化营销战略

归核化战略兴起于20世纪80年代末90年代初西方发达国家大企业发展的战略转型和战略竞争时期，是跨国公司整合竞争优势成功经验的提炼和总结。其主要内容是企业集中资源培育核心能力，发展核心主业，建立核心价值模式，把主业做精、做强、做大，在最有竞争力的领域强化自己的竞争力，走集约化增长道路。企业战略重点是培育强大的核心能力，有了核心能力才有核心主业。

归核化战略本质上是一种选择战略，是建立在企业资源有效整合基础上的一种选择战略，强调根据国际营销环境变化，趋利避害，扬长避短，主动放弃非核心主业，集聚核心主业，开发核心技术，提高企业核心价值。现代国际营销竞争是理性竞争，面临更广阔的市场，更复杂多变的营销环境以及更强大的竞争对手，企业要赢得竞争，不仅要选择发展途径，更要善于放弃。只有善于放弃，才能牢牢把握核心主业，真正做大、做强，赢得长久持续的竞争优势。

第二节 整合营销

整合营销思想是20世纪90年代以消费者为导向的营销思想在传播宣传领域

的具体表现。在信息时代，各种媒介高速发展，使企业本身产品差异化变得困难；即使研发出新产品，由于技术的发达，仿制品也会很快上市，产品的先占效果并不明显。整合营销正是在这样的环境下应运而生的，它的核心内容在于整合了企业内部价值链中研发、生产、营销、服务等各环节的企业资源，实现前、后台协同响应市场竞争需求的一体化运作，不断巩固和加强主导地位。

一、整合营销的内涵

（一）整合营销的定义

整合营销又译为整合营销传播（integrated marketing communication，IMC）。这一概念是为适应信息多元化与企业竞争品牌中心时代的要求，以1993年美国学者舒尔茨等所著的《整合营销传播》一书的出版为标志，“整合营销”成为全球范围内营销与广告学界讨论的热点。

整合营销是一种系统化的营销方法，具有自身的指导理念、分析方法、思维模式和运作方式。整合营销的内涵是“以消费者为核心重组企业行为和市场行为，综合协调地使用各种形式的传播方式，以统一的目标和统一的形象，传递一致的产品信息，实现与消费者的双向沟通，迅速树立产品品牌在消费者心中的地位，建立产品品牌与消费者长期密切的关系”。

（二）整合营销的特征及要点

1. 体现战略导向

在整合营销中，战略的导向性可以理解成一种战略性的公司目标，贯穿于营销过程始终。战略的导向性强调在一个营销战术中所有包括物理和心理的要素都应保持一贯性。物理的连续性是指在所有营销传播中的创意要素要有一贯性。譬如，在一个营销传播战术中，可以使用相同的口号、标签说明以及在所有广告和其他形式的营销传播中表现相同行业特性等。心理的连续性是指对该机构和品牌的一贯态度，它是消费者对公司的“声音”与“性格”的知觉，这可通过贯穿所有广告和其他形式的营销传播的一贯主题、形象或语调等来达成。

2. 以顾客为中心

整合营销的最终目的是通过营销资源的整合形成合力，发展与消费者之间相互信赖、相互满足的关系，并且促使消费者对企业品牌产生信任，使其品牌形象长久存在于消费者心中。这种关系的建立，不能单单依靠产品本身，而需要企业与消费者建立和谐、共鸣、对话、沟通的关系。要达到传播目标，必须站在消费者的立场考虑和分析问题，并通过对消费者消费行为、特征、职业、年龄、生活习惯等数据的收集、整理和分析，预测他们的消费需求，制定传播目标和执行计划。所以，进行整合营销传播的出发点是分析、评估和预测消费者的需求。

3. 用一个声音说话

科学技术的进步使消费者所接触的媒体大量增加，报纸、杂志、广播、电视、互联网，让消费者目不暇接。为了让自己的传播信息抓住消费者的眼球，要求企业向消费者传播的信息，一是要一致和连贯，二是要清晰明了，利于消费者收集和辨认。所以，企业在营销信息传播过程中要善于利用各种形式的整合：

（1）媒体传播信息的整合。不论信息来自何种传播途径，如广播、电视或互联网，还是语言、文字、图片、声音、光电信号等不同的传播形式，其实质都是向消费者传达一种“符号意义”。这种整合就在于对传播符号形式的“意义”管理。

（2）营销传播工具整合。企业借助广告、促销活动、公共关系等渠道向消费者传达信息，不管信息是什么，都代表了公司、品牌，消费者都会以同样的方式进行处理。所以，营销传播工具的整合，实质上是对信息形式的“意义”的管理。

（3）接触管理。“接触”包含了商家通过媒体、营销传播工具与其他可能与消费者接触的形式。接触管理就是要强化有利于企业营销的正面传播，减少不利的负面传播，以影响消费者的态度和行为。

（4）对各种目标受众的信息传达整合。对企业的目标市场而言，有主要目标群体，有次要目标群体。在购买活动中，有的人扮演倡议者、影响者，有的扮演决定者、购买者、使用者。在营销分销渠道中有批发商、中间商、零售商。不同的群体接触不同的媒体，同时也有不同的利益点，所以公司要对它们使用不同的策略，传达不同的利益点，最终达成整合的目标。

（5）体现连续性的纵向整合。成功的营销过程，应该是从选择原材料，到为顾客提供最后服务的一个商业运作体系。从消费者角度看，他们购买的也不仅仅是货架上的商品，而是一个为解决自己的问题而出现的完整的服务体系。为此，在整个传播过程中都需要保持传播的概念与外表的协调一致。从营销策略的制定到产品、价格、促销等具体计划的实施，从品牌识别系统到品牌传播，都应该注意“品牌意义管理”这一核心，还应包括企业与消费者发生关系的各个阶段的整合。从认识品牌到购买决策，再到使用产品，最终变为忠诚顾客，是一个阶梯状的过程。纵向整合就是要在顾客购买过程的不同阶段，确定与其所需信息相一致的传播目标，最终使其成为忠诚顾客。

4. 传播要与时俱进

整合营销理论的推动力最主要的变化是信息技术的发展和推广。信息技术不仅包括计算机、软件和数字化等内容，也包括新的媒体传播形式，如电子邮件、网站及内部和外部的数据库等，它甚至还包括组织将其顾客包含在其信息技术方案中的能力，如航空电子售票系统和联邦快递的隔夜包裹跟踪系统等。尤其是在进入21世纪后，信息技术已经成为包括个人和组织在内用来加快和简化各种传播、讨论、交易甚至是沟通的必要工具。信息技术已经是并将继续是推动所有商业、传播活动发展和实践的一个主要因素，而且将继续在整合传播如何发展和如何实践方面发挥重要影响。在这些情况下，整合传播需要包含所有参与者和利益相关者。在整合和协调公司与传播体系的过程中，整合营销不仅仅是整合传播的信息和信息传送的系统，整合传播已从过去营销人员所从事的战术性活动转变到当前市场上更具战略性的、管理驱动的活动。

二、整合营销的4C理念

（一）4C理念的基本内容

20世纪90年代理论界开始把营销和传播紧密结合在一起进行研究，4C理论成为整合营销的支撑点和核心理念，其基本内容包括顾客（customer）、成本（cost）、沟通（communication）和方便（convenience）。

1. 顾客

顾客是产品的最后消费者和使用者，顾客的消费选择最终决定了产品营销的方向。企业如果不能够创造合理的顾客价值，无法使顾客作出倾向性选择，其竞争优势不可能得以实现，营销最终就不可能取得满意的效果。所以理解顾客、满足顾客合理需要是现代市场营销的基础。

2. 成本

成本是个宽泛的概念。降低产品的总成本是顾客导向和竞争导向的需要；成本也与顾客价值紧密相连，是营销成功的重要条件。

3. 沟通

随着自我意识的不断增强，顾客渴望更多的个性化需要，渴望被理解，与他们的沟通就越来越重要。企业与顾客沟通是为了能够更好地赢得信赖，也是为了理解顾客、知晓他们的需要。与顾客沟通中获得优势将有助于企业营销策略的成功实施。

4. 方便

企业必须为顾客提供方便及时的产品和服务，使顾客能够通过多种途径获得所需功能。方便是顾客成本的内容之一，也是创造更大的顾客价值的重要途径。在现代市场营销里，方便从消费心理上占据着越来越大的比重，方便如果被顾客感知，消费选择的倾向性会得到强有力的支撑。

（二）4C理念对企业实践的指导意义

4C理念强调以顾客需求为中心开展市场营销活动，注重在企业与顾客进行的双向沟通的基础上建立长期互惠的关系。4C理论是市场竞争的产物，是消费者需求差异化、个性化发展的必然需求，对于企业转变经营观念、调整战略具有非常重要的指导意义。

1. 更加注重市场细分和对差异化需求的分析

随着消费者日趋成熟，追求个性化的价值观念将主导其消费选择，大众化的消费行为逐渐被个性化的需求取代。消费者需求多样化、差异化、个性化的发展，将宣告大规模、标准化、模式化营销时代的终结。菲利普·科特勒在其《想象未来的市场》一文中指出，未来"市场经营者将把注意力由集中于大的群体转移到寻找特殊的、合适的目标，在这些目标所在处有财富存在"。在新的市场环境下，企业必须改变传统的经营观念和生产方式，对市场更进一步细分，注重对不同细分市场甚至单个消费者差异性需求的研究，采用柔性生产技术和现代化的营销方式满足消费者需求。

2. 注重顾客关系管理

4C 理念强调以顾客为导向，通过与顾客的双向沟通和一对一营销，与顾客建立长期稳定的互惠互利的关系，注重对顾客关系的保持。进行顾客关系管理成为新时期企业新的营销方式。在设计企业的经营战略时，他们将会更多地考虑抢占更大的顾客份额而不是抢占更大的市场份额；衡量一个企业是否成功的标准也将不再仅仅是投资收益率和市场份额，而将是顾客保持率、顾客份额及数据资产的收益等指标。企业尝试着去衡量每一顾客可能带来的盈利能力，并委派专门的顾客经理负责管理顾客。

3. 服务的全方位性

随着企业竞争的全方位展开，服务作为企业整体产品的组成部分，其所具有的竞争作用越来越被企业所重视，服务的内涵不断扩大。服务的全方位表现为服务的应用范围从服务业扩展到制造业；从服务领域扩展到产品领域；从为消费者提供服务到为经销商提供服务；从产品的售后服务扩展到产品的售前和售中的全过程服务；提供服务的部门从企业专门的顾客服务部门扩展到企业的各个职能部门；企业的服务意识普遍增强，开始把服务作为提升品牌形象的一种手段，而且在服务方式、产品的设计、营销方式等方面为顾客提供个性化服务。

4. 企业更加重视顾客满意度

顾客满意是顾客忠诚的前提，使顾客满意、培养忠诚顾客是许多企业的目标。顾客满意度指标成为美国质量控制协会衡量不同行业中企业质量水平的标准。"使顾客满意"这一经营思想要求企业的全部经营活动都要从满足顾客的需要出发，通过改进产品、服务、人员和形象，提高产品的总价值。

三、整合营销的实施

（一）整合营销实施的理念

从整合营销含义的演变过程可以看出，其创始者已经赋予了整合营销以新的内涵，结合整合营销理论的最新进展，可以将整合营销在企业中的实施与应用分为以下几个层面。

1. 整合营销是一种管理思想和管理理念

整合营销既是一种新的营销思想和理念，更是一种管理思想和管理理念，是企业发展战略和经营战略的重要部分。通过整合企业内外部的各种资源和要素，实现企业真正从生产为核心向以营销为核心的方向转变。

2. 整合营销是一种管理体制和管理手段

作为一种管理体制，就是将整合从市场营销部门的行为提高到整个公司的行为，使其成为企业经营战略的基础。确定企业经营战略的核心就是通过合理有效的机制，统辖企业的内外部资源，使企业的对内、对外的沟通与传播机制完全建立在整合营销的思想之上，实现企业内部管理信息的整合和企业对外传播信息渠道的整合。作为一种管理手段，就是要通过建立相应的组织机构和管理渠道，从而使企业与所有利害关系者都能够进行有效沟通，即与消费者、员工、投资者、竞争者等直接利害关系者和社区、大众媒体、政府及各种社会团体等间接利害关系者进行密切有机的传播活动，了解他们的需求，并通过合理的渠道和恰当的方式，将其快速反映到企业的经营战略中，持续一贯地提出对策。

3. 整合营销是一种新的营销理念和营销模式

整合营销是在产品同质化和市场营销手段相互模仿，市场趋于饱和，消费者难以分辨优劣的背景下，企业实现差异化和赢得更多顾客的营销理念和营销模式。这种营销理念和模式的中心思想就是企业通过与消费者进行有效的沟通，以满足消费者需要的价值为取向，确定企业统一的促销策略，同时协调使用不同的传播手段，发挥不同传播工具的优势，以较低的成本形成强大的宣传攻势和促销高潮。

（二）整合营销实施过程的四个层次

要使以上内容都得到贯彻，在实施整合营销的过程中也有四个关键层次需要把握。

1. 注重营销传播的协调性

协调营销传播中所有可管理的部分，如广告、公共关系、人员推销、销售促进等，将之调整为一个连贯的、统一的整体。重点是放在提高及加强运作效力和外向型传播的传送上。因此，对所有产品、所有市场的对外传播的各种手段和渠道的整合是整合营销的核心。

2. 注重企业内部管理的连贯性

企业内部管理的连贯性是营销传播一致性的保证。因此需要对企业的内部资源进行整合，使企业从以公司、以运作为导向转向以客户、消费者和终端用户为导向。为此，企业必须建立相应的组织机构，从组织上保证整合营销的实施。同时，应确立使客户认知品牌的“关键点”之所在。除品牌的传播效力外，产品、价格、渠道、促销的主要措施以及雇员制服、方便实用的用户手册、产品包装、投诉解决程序、询问回应时间、忠诚认可度、信誉调整、清楚明白的接触通道等，都会影响企业的增长机会。

3. 注重内部信息传递通道和客户信息管理系统的合理性

企业应利用已确立的组织机构和技术能力，建立合理的内部信息传递通道和客户信息管理系统。主要包括两种形式：一是企业内部信息以最优方式被传递给客户、潜在客户和其他目标人群；二是通过数据库的使用，将有关的客户和潜在客户信息通过数据库实现有效的管理。

4. 注重企业的战略决策与财务管理的一致性

推动企业的战略决策与财务管理的一致性主要是解决企业的资源分配和企业合作问题。任何一个企业的经营活动都是由企业从原材料采购，产品设计、开发、生产，到最终产品传送到消费者手中的一系列相互影响的活动所构成的，整合营销要求企业在各个环节计划的执行中，始终与企业的战略决策保持高度的一致性，合理调用和分配企业的资金和资源，达到效用的最大化。

第三节 特许营销

一、特许营销概述

（一）特许营销的概念

所谓特许营销是指特许人将所拥有的商标、商号、产品、专利、专有技术、经营模式等以特许营销合同的形式授予受许人使用，受许人按照合同约定，在特许人统一的业务模式下从事产品或服务的营销活动。其中，赋予他人权利的个人或企业称为特许人，被赋予权利并根据选择的方法生产与销售产品或服务的个人、企业称为受许人。

特许营销是一种销售产品或服务的方法，作为一种现代营销模式，在其运作过程和方法中有以下四个共同点：

（1）特许人对商标、服务标志、独特概念、专利、商业秘密、经营诀窍等拥有所有权。

（2）特许人授权受许人使用上述权利。

（3）在授权合同中包含一些调整和控制条款，以指导受许人的经营活动。

（4）受许人需要支付权利使用费和其他费用。

(二) 特许营销的基本类型

1. 按特许人与受许人的身份分类

特许营销的实质就是将包括专利、商标等各种知识产权在内的无形资产，由特许人有偿转让给受许人使用的一种方式。因此特许营销按特许人与受许人本身所处行业的不同及身份的不同划分，可以分为以下四种类型：

(1) 制造商和批发商。如可口可乐、百事可乐这两个制造商建立在瓶装厂的特许体系，就属于这种类型。简而言之，制造商授权受许人在指定的地区使用它提供的糖浆装瓶并出售，装瓶人的工作就是用制造商的糖浆生产并装瓶，再按照制造商的要求分销最终产品。

(2) 制造商和零售商。这种类型经常被称为第一代特许营销。它包括特许安排的一些最古老形式。美国汽车行业首先开发了这种形式，当时为了解决它们所面临的销售问题，建立了所谓的特许经销网。此外，在石油公司和加油站之间也有同样的特许安排。但这种特许类型的许多特征同业务模式的特许营销一致，并且似乎已经变成了后者的形式。事实上，汽车制造商指定"总分销人"的方式已经成了业务模式的特许营销。

(3) 批发商与零售商。这种类型的业务主要包括计算机商店、药店、超级市场和汽车维修业务。此类型本身与上一个类型没有太大的区别，只不过把制造商换成了批发商。

(4) 零售商之间。这种类型就是人们所熟知的业务模式特许营销。它可能在形式上与其他商业经营协定相混淆，如代理、特约分销、许可等。

2. 按特许权授予方式分类

特许营销按特许权授予方式的不同划分，可以分为以下四种类型：

(1) 一般特许营销。这是最常见的形式，即特许人向受许人授予产品、商标、店名、经营模式等特许权，由该受许人使用这些特许权进行经营，并支付一定费用作代价。

(2) 委托特许营销。特许人把自己的产品、商标、店名等特许权出售给一个代理人，授予该代理人特许权，允许该代理人负责某个地区的特许权授予，代理人可以代表特许人向他所负责地区内的加盟申请者授予特许权。可以说，这个代理人是中间人，他既是特许人的特许权使用者，又是该地区的特许权授予者，但他自己并不直接经营，而是采取转嫁他人的方式开发和经营。

(3) 发展特许营销。这是指受许人在向特许人购买了特许权，同时也购买了在这一个区域内再建若干家分部的特许权。受许人有了这个权力，一旦事业发展顺利，就可以在该地区内，根据本部经营发展的需要，再建若干家分部，而不必向特许人重新申请了。

(4) 复合特许营销。这是指总部将一定区域内的独占特许权授予受许人，受许人在该地区内可以独自经营，也可以再次授权给下一个受许人经营特许业务。也就是说，该受许人既是受许人身份，同时又是这一区域内的特许人身份。受许人支付给特许人的特许费一般根据区域内的常住人口数量确定，若他再将特许权转让他人，那么，原先这位受许人从他人手中收取的特许费以及年金费需按一定比例上交给特许人。

3. 按特许内容分类

特许营销按照特许内容的不同划分，可以分为以下两种类型：

(1) 产品商标特许营销。产品商标特许营销通常是由一个大制造商，为其名牌化的产品寻找销路，与受许人签订合约，授权受许人对特许产品或商标进行商业开发的权利，作为回报，受许人定期向特许人支付费用。

(2) 经营模式特许营销。经营模式特许营销被称为第二代特许营销，目前人们通常说的特许营销就是这种类型。经营模式特许营销不仅要求受许人经营总部的产品和服务，而且加盟店的店标、店名、商标、经营标准、产品和服务的质量标准、经营方针等，都要按照总部的全套方式进行，即受许人购买的不仅仅是产品的销售权，而是整个模式的经营权。

几种基本特许营销类型见表 11－3 所示。

表 11－3 基本特许营销的类型

分类方式	类　型	特　点
按特许人与受许人的身份分类	制造商和批发商	制造商指定受许人按要求分销最终产品
	制造商和零售商	制造商为解决销售问题而建立了特许经销网
	批发商和零售商	与上一类型相似，制造商换成了批发商
	零售商之间	即业务模式特许营销
按特许权授予方式分类	一般特许营销	常见类型，总部授予特许权，受许人交费使用
	委托特许营销	总部授予代理人特许权，由代理人负责某地区的特许权授予
按特许权授予方式分类	发展特许营销	受许人在购买特许权时也购买了在一定区域内再建分部的特许权
	复合特许营销	受许人取得一定区域内的独占特许权授予权

（续表）

分类方式	类　型	特　点
按特许内容分类	产品商标特许营销	大制造商为名牌化产品寻找销路，授权加盟者进行商业开发的权利
	经营模式特许营销	受许人要按照总部的全套经营模式进行经营

（三）中国特许营销的发展趋势

近年来，特许营销这一低成本快速扩张的经营模式在我国迅速兴起，特许营销体系涉及餐饮、零售、服装、教育等多个领域。除传统的餐饮、零售、个人服务业特许体系快速发展外，新兴行业如教育文化、商业服务、家庭服务、汽车服务等的特许体系也在快速推进。特许营销在中国发展的必然性主要来自几个方面：一是现代化的生产方式呼唤流通服务方式的更新。特许营销的组织化、标准化、规模经营和低成本扩张的优势适应了这种需要。二是收入水平提高后，消费需求的多样化和个性化需要高品质的流通服务，多元化的消费需求为其提供了发展的市场空间。三是经济改革和流通体制改革。

综合上述因素，中国特许营销发展的趋势主要有以下方面：

(1) 从特许形式和行业领域看，特许营销在商品流通和各类服务行业中有着很现实的发展空间，分销特许与服务特许将同步发展。目前我国城镇已开始进入以住房、轿车、电脑、电信新产品消费为主的新的消费周期，农村也已进入家电普及期。从消费需求的变化上把握，我国特许营销发展的重点将集中在汽车、电信、家政、培训、餐饮及娱乐等领域的销售和服务中。除大部分竞争性行业外，还有一些垄断性行业，如石油、医药、烟草、金融、保险、电信等也要积极探索特许营销的新方式，以提升行业的组织化，参与国际市场的竞争。另外一些关系人民生命安全和健康的行业也要通过加盟网络实行必要的市场控制。

(2) 从竞争内容、手段和管理形式看，系统建设、管理技术，尤其是物流管理、信息管理技术的应用将成为市场竞争的重要手段。系统建设是特许营销企业基础性的工作。如何围绕管理技术的成形，强化标准和规范，形成成熟的技术和品牌仍是摆在企业面前的首要任务。专业化和社会化分工的趋势增强，特别是专门的物流管理、信息管理机构的出现会形成社会化的配套服务体系。单纯的产品销售特许要有附加价值与服务特许兼容，特许营销系统中品牌和技术的知识含量会进一步提升。信息管理技术的应用将成为市场竞争的重要手段。此外，由于对外开放和国际特许组织的进入，中国的特许营销发展会在比较高的起点上切入，经营管理的技术更新很快，业态形式上也会出现一些跳跃。

(3) 从经济形式看,特许营销行业将形成国有、私营、个体等不同经济成分结合的混合经济形式。除一批龙头企业外,中小企业、私营个体经济是特许营销队伍的主体。特许营销普遍适用的商业流通行业、服务行业及整个第三产业的大部分行业多属于竞争性行业,今后主要依靠中小企业和民营经济的发展。特许营销中加盟店投资少、风险小,多属于劳动密集型的行业,适合个人投资。我国企业中,中小企业占绝大多数,政府鼓励个人投资,发展前景广阔。

(4) 从市场结构看,城乡市场一体,国际国内市场结合是我国特许营销的发展方向。在推进特许营销中,除重点发展城市市场外,还需要很好地发挥它在开拓我国农村市场中的作用,特别是在消费品流通行业作为一种低成本的网络形式有独特的作用。

(5) 从对外开放角度看,特许营销的市场开放是大势所趋。中国加入 WTO 以后,市场开放的步伐越来越快,这一方面会缩短我们与国际上的差距;另一方面也会增加对国内企业的压力。

二、特许人营销策略

(一) 特许营销对特许人的优势

1. 特许人不受资金的限制,可以迅速扩张规模

每一家特许加盟分店都由受许人自己出资,受许人对分店拥有所有权,总部只需提供已经成熟的经营方式。当然,受许人无需总部出资并不等于总部在经营中不需要资金,总部在初创品牌时往往需要大量投入,先在自己直属的分店摸索成功后才能进行特许权的授予,但在其后的经营中所需投入比自己开设分店要少。

由于特许营销风险较小,各金融机构更乐意贷款给总部加盟店,因而开设分店的资金来源较容易解决,这使得加速发展成为可能。另外,总部通过出售自己公司的名望、商标、经营模式等无形资产,不仅开分店无需自己出资,并且还能从受许人手中获得开办费、使用费,这是一种低成本投入、长期获利回报的模式。

2. 受许人更加积极肯干,有利于特许人事业发展

受许人是加盟店的真正主人,加盟店的经营好坏与自己的切身利益密切相关。他们中间许多人拿出自己大半辈子心血投入到该项特许营销事业中,一旦破产则会“血本无归”。即使有些人是从银行贷款投资的,如无法归还,贷款时的抵押物也不得不赔进去,这是受许人所不愿看到的结果。因此,特许营销受许人工作起来非常勤奋、努力、有责任心、有干劲,他们在将自己的加盟店经营得有声有色的同时,也使得总部的事业、信誉与声望蒸蒸日上。

3. 特许人可以降低经营费用,集中精力提高企业管理水平

特许营销方式可以使特许营销企业总部得到更多的经营优势。例如,随着受

许人的不断增多，集中采购商品的数量也越多，可以从供应商那里获得较多的折扣和优惠条件，付款期限也可以延长，从而降低了订货成本，进而可以降低商品售价，增加了企业的竞争能力。另外，作为特许营销，企业总部负责广告策划和实施，广告费用由各加盟店分担，降低了总部的广告宣传成本。而总部给予受许人的各项援助，都可以从各加盟店的营业额中抽取一定比例获得补偿，这实际上也将一些管理费用分散到各加盟店分担，相应降低了总部的经营成本。

由于特许营销企业总部无需处理各分店在日常经营中可能出现的各种问题，因而可以集中精力改善经营管理，开发新产品，挖掘新货源，做好后勤工作。总部可以从各分店获得市场需要的信息，及时对新产品的外观、质量、性能等方面作出改进，反过来再推向市场，加快畅销产品的培养；总部可以发现更加物美价廉的订货渠道，进一步降低订货成本；总部可以研究改进商店设计、广告策划、商品陈列、操作规程、技术管理等一系列问题，使各分店保持统一形象，形成新特色，更好地吸引消费者。

4. 特许营销可以获得政府支持，加快国际化发展战略

随着世界各国连锁业的不断发展，商业集中和垄断趋势逐渐加强，这种集中的结果，被各国政府视作有破坏自由竞争之嫌。例如，美国小企业管理局的一份报告就指出：就零售业而言，其集中程度的提高，正是由于零售业的不少行业如饮食业、食品业、百货业等大力发展连锁商店所致，造成这种集中的基础是规模经济的提高，这又使零售业中1～4人的最小企业在竞争中大量倒闭、歇业或被兼并。

在这种情况下，许多政府已意识到保护中小企业的重要性，并制定一系列措施，支持鼓励自由连锁和特许加盟连锁组织的发展。

特许营销还较正规连锁更容易打开他国国门，实施国际化战略。因为许多国家，尤其是发展中国家，其市场是逐渐向外开放的，往往对零售业、服务业等第三产业更为谨慎，外国资金要进入这些行业非常困难。而特许营销因为是一种无形资产的许可，并不涉及外资的进入，因而可以绕过壁垒，大张旗鼓地将事业发展到世界各地。

（二）特许营销对特许人的挑战

1. 受许人有时闹独立性，难以控制

受许人踏入特许营销一段时间后，往往会产生两种情绪：一种是营业额较高，利润达到或超过原来的设想，使受许人完全认为是自己的功劳而产生一种独立感，认为没有总部也能搞好，企图摆脱总部的指导和督导；另一种是受许人感到利润增长不如原来期望的那么高，因失望而产生不满情绪，不想继续经营下去。对这两种情绪，总部都要小心处理，尽可能地保持对受许人有效的控制和帮助。在这种情况下，良好的沟通是解决问题的重要途径。

2. 公司声誉和形象会受个别经营不好的加盟店的影响

特许营销企业总部与加盟店之间是相互依赖、相互影响的关系，其中任何一方面出了差错，都会带来极其严重的后果。总部的决策错误，会使加盟店的利润和前途受到损害；同样地，加盟店经营失败，也会降低整个特许营销体系的声誉。

3. 当发现加盟店店主不能胜任时，无法更换

特许营销企业总部在挑选受许人时一般是十分谨慎的，国外的特许营销企业总部往往愿意找产权明确、资金力量不雄厚、学历不太高、需要通过努力才能维持生意的中小生意人。但这样理想的受许人并不好找，尤其是总部发展较快时，若经营一段时间发现受许人不能胜任工作时，总部不能像直营店那样可以辞退重新换人，将影响事业的顺利发展。

（三）特许人应采取的营销策略

1. 特许人营销策略的六个步骤

这六个步骤分别是：制定目标、辨别和评估市场中的机遇与风险、决定目标市场、决定产品组合、制定营销计划、开展市场调研。

（1）制定目标。特许人应该根据企业规模和确定发展方向的基础上制定一系列目标。特许企业的目标应该是具体而可衡量的，能够被清晰地传达和理解的。

（2）辨别和评估市场中的机遇与风险。特许人应该辨别、评估和规避风险或为特许组织提供机遇。辨别和评估的目的在于避免个人对日常活动过于专注而忽视了市场开发。特许人应该定期考察外部环境，分析风险与机遇，从而与市场趋势保持一致。

（3）决定目标市场。了解了企业目标和环境因素及市场威胁与机会，特许人要制定营销策略来达到这些目标。总的策略要清晰描述特许人选中的目标市场或子市场。每一特定市场或子市场都有自己的特色，特许人应决定每个子市场的属性，从竞争的角度制定最有利于特许企业的策略。

（4）决定产品组合。市场策略应该考虑产品线和目标市场上竞争的所有同系列产品。例如，在快餐业中，大的特许企业对其产品线十分关注，总是提出这样一些问题：是否要突出某一特殊食品？是否要通过增加类似产品来延长产品线？产品线是否需要更精细地全面检查，替换一种或多种产品或改良其他品种？在考虑与产品组合有关的广告类型、促销、包装及分销方式时，应该同时综合考虑营销策略。当企业壮大、店铺广泛分散在某一区域中时，应该针对生活方式的不同、其他地理或社会文化特征的不同而对产品做一些必要的改变。

（5）制定营销计划。在制定特许企业营销计划时，特许人应将营销策略转变为具体的营销计划或战术项目，要处理好以下问题：在每个子市场上要做什么？何时开始和结束这些活动？由谁负责这些活动和结果？执行这些营销计划的成本

是多少?

(6) 开展市场调研。为正确引导特许体系,特许人需要大量的信息。许多信息特许人难以获得或根本就无法获得,或总是在合适的行动机会过后才能获得。因此,需要从内部和外部来搜集市场信息。内部市场信息是指特许体系中可以控制的活动。它包括:每个特许分店按类型和年代分类的设备;每个地点的供应和存货水平;按服务类型或所售产品划分的销售业绩;按地点和产品类型划分的相关利润与损失数据;按推广类型划分的每个销售单位的推广成本;每日收入与支出账户数据。外部市场信息存在于特许体系活动之外。通常这些信息与市场观点、问题、威胁与机会有关。

2. 决定营销组合

正确的营销策略对特许人的成功十分重要,要想成功,特许人必须了解营销组合。构成营销组合的四个要素即营销的4P包括产品、促销、价格和渠道。

(1) 特许产品。产品不仅是物体或服务本身,而且是结合了用来满足一群人需要的一组外形或心理特征。例如,"巨无霸"并不只是麦当劳的一个汉堡包,它还蕴含了公司名字所暗示的特性:清洁的环境、迅速的服务和具有竞争力的价格。

特许人必须保证自己特许体系内产品或服务质量的一致性,如果某一个或几个受许人的产品或服务出现质量不一致,可能会给同一分销体系的其他受许人的业务造成无法衡量的损害。比如,一家多纳圈店的一杯咖啡会影响其他受许人从而对整个特许体系产生不利影响。一个根本性原则是要建立维持产品一致性的指南,然后确保这些指南在特许体系中得以贯彻。

(2) 特许促销。特许人一般是不允许受许人单独开展促销活动的,整体促销是特许组织保持统一性的重要手段。特许人一般有统一的促销计划,结合各个时点的市场特点统一组织促销活动,单个受许人也不必独立发布广告,特许人的统一广告将使每一个受许人的销售受益。特许人还将为受许人规定统一的现场促销模式,提供统一的促销招贴或模具。受许人只能在特许人规定的模式下决定设计陈列方式和现场气氛等具有一定个性的东西。

(3) 特许价格。特许人要考虑如何以有效的方式与合理的价格将产品推销给最终消费者。此时特许人要建立适合企业和产品特色的特许组织,并为企业的产品或服务制定一个合理的价格。在最终制定价格之前,应了解在各种不同产量下的成本水平、每单位产品的促销费用及每单位产品的利润,并把此价格与提供同样产品或服务的直接竞争者的价格作比较。同时,有必要制定多种价格,以便受许人在面临竞争形势和消费者偏好变化时能及时变价。

(4) 特许渠道。特许的渠道一般是在特许人考察受许人受许条件时决定的。

它主要由特许产品或服务的目标市场、经营模式、成本控制等因素决定。比如，咖啡馆的特许渠道一般选择往商业中心、人流较集中的街区、旅游景点等开设，而便利店则更多是选择在生活区、商务区等地区开设。

三、受许人营销策略

（一）特许营销对受许人的优势

1. 提高小规模投资的成功率

一个资金有限、缺乏经验的投资者要在高度饱和的市场环境中独立开创一份自己的事业是困难的，但投资者若选择一家实力雄厚、信誉高的特许营销企业，加盟其中，其成功的机会将大大提高。小投资者加盟特许营销网络，又可以从总部那里获得专业技术等方面的援助，这对于缺乏经验的创业者来说，是一条通往成功的捷径。据美国中小企业管理部门统计，在开业第一年就失败的自营店铺比例高达30%～35%，而采用特许营销方式的店铺在开业第一年失败比例仅为3%～5%。

2. 受许人可以得到系统的管理培训和指导

如果一家新企业要独自摸索出一套可行的管理方法，往往需要较长的时间。但如果投资者加入特许营销企业，他就可以立即得到总部的管理技巧、经营诀窍和业务知识方面的培训，这些经验是总部经过多年实践，已被证明是行之有效的，并形成了一套规范化的管理系统，受许人照搬这些标准化的经营管理方式，极易获得成功。

更值得一提的是，受许人还可以直接从总部那里获得许多帮助，有些总部甚至还会派专门工作人员帮助受许人解决企业在开业之初和经营过程中出现的任何问题。另外，好的总部为了提高整个特许企业的名誉，会随时开发独创性、高附加值的产品，以产品差别化来领先竞争者，受许人可以坐享其成，这些对于一个初涉商界的投资者来说是十分有吸引力的。

3. 受许人可以集中订货，降低成本，保证货源

特许营销最大的优势主要体现在集中订货与配送上。特许营销企业总部在集中订货时，由于订货批量大，对供应商谈判的周旋余地也大，可以获得较低的订货价格，从而降低订货成本，取得价格竞争优势。同时，由于各受许人是有组织的，在订货上克服了独立商店那种盲目性，加上总部配送快捷，受许人能将商品库存压到最低限度，从而使得库存成本相应降低。

由总部集中统一订货后，另一大优点是可以充分保证货源，防止商品断档，不必担心补给不足导致商品缺货，由于总部有快捷方便的产品配送服务，随叫随到，从而为受许人节省了大量的时间和精力。

4. 受许人可以使用总部著名的商标或服务

绝大多数情况下，特许营销企业总部已经建立起良好的公众形象和高品质的产品和服务，个体经营者若加盟了这些特许组织，就可以分享这些无形资产，使自己的知名度和信誉随之提高。从消费者的角度来说，一般也会把受许人的加盟店看成是某大集团属下的企业，从而增加信赖感。利用这种优势，受许人可以迅速稳固市场地位。

5. 受许人可以节省广告宣传费用，达到良好的宣传效果

加盟特许营销企业的个体经营者在营销活动中由总部统一来做广告宣传，每个受许人按一定比例向总部交纳一定费用，总部经过策划后，采取联合行动，发布全国性广告，影响力颇大，对广告商也有一定吸引力，有利于降低广告成本。其实，特许营销网络的分店少则几十，多则成百上千，这些散落在全国各地或世界各地的分店就是最好的"活广告"，它们每天都在提醒着消费者其招牌的存在，各受许人在无形中已经享受了这种宣传优势。

6. 受许人较易获得总部或银行的财政帮助

对于一个独立经营者或初创业者，最关心和最棘手的莫过于资金的筹集。如果他们选择加盟特许营销企业，资金的筹集相对来说容易得多，因为有些特许营销总部会给受许人预拨一部分资金作为财政援助。另外，特许营销总部也会帮助受许人与银行建立关系，有些甚至采取连带担保的方式，使受许人获得贷款。而现在许多银行也已经认识到特许连锁店是建立新企业的一种更安全的途径，愿意贷款给受许人。此外，目前世界各国政府为鼓励特许营销，纷纷制定了许多优惠政策，包括资金方面，这就使得受许人较易获得低息长期的贷款，以解决资金来源问题。

7. 受许人可以获得特许营销总部的经销区保护和更广泛的信息来源

一般来说，一方面，特许营销总部常实行经销区保护的方针，即在一个区域内只接受唯一的受许人，不再建立其他特许连锁店，以避免同商号的恶性竞争，共同对付其他竞争者，保证双方的收益。另一方面，由于加盟总部会将从各加盟店收集上来的信息数据加工后及时反馈给受许人，并随时对周围的各种环境做市场调查和分析，使得各受许人能及早采取应对措施。

(二) 特许营销对受许人的挑战

1. 经营受到严格约束，缺乏自主权

受许人加入特许营销企业后，其付出的代价便是自由度受到限制。从加盟店的布置、商品的陈列、经营的商品品种、经营器材、经营方式，甚至营业员的行为、语言、着装都必须符合总部的规定，加盟店只有服从总部安排的义务。

缺乏自由度就可能使投资者失去应变能力。比如，当受许人发现附近出现新

的竞争者，对方某些产品售价比自己低，因而抢去不少生意的情况下，却没有降价应变的权利，因为所有特许加盟店的产品售价都由总部统一制定，任何商店均不能擅自改动，否则将违反协议。因此，受许人遇到这种情况，只能向总部反映，如果总部不愿为了个别加盟店而改动全线产品价格，受许人便无计可施，只好眼睁睁看着竞争者抢去自己的生意。

2. 特许人出现决策错误时，受许人会受到牵连

投资者若加入了特许营销企业，就等于将自己的投资得失全部与该企业挂上了钩，是成是败在很大程度上受总部的影响。尽管加入特许营销企业可以降低经营风险，但这并不意味着就没有风险，特许营销失败的例子也有很多，其共同的教训就是总部决策失误。由于加盟店的一切事情均由总部安排，一旦总部出现问题，或者支援上突然出现阻滞，加盟店便会大受牵连，无法应变。如果总部在制定有关企业革新的决定上出现失误，就会使整个特许营销体系遭受损失，甚至全盘失败。

3. 受许人过分依赖总部，会失去个人动力

由于受许人处处服从特许人领导，听从指挥，又会使自己变得过分依赖总部，从而失去个人动力，而个人动力对于建立一个成功的企业和充分利用体系所提供的支持是十分必要的。有些受许人会因依赖而失去洞察力，他们错误地以为总部有责任事事关心加盟店，担保他们拥有大批顾客，提供日常的服务，这些想法都是不切实际的，有碍于特许事业的发展。

4. 过分标准化的产品和服务，既呆板欠新意又不一定适合当地情况

很多投资者加盟特许营销企业，除了风险极少之外，还有许多方便，包括采购、货运及补给方面完全不用操心，全部由总部安排，这确实是一个好处。但从另外一个角度看，这种高度统一的标准化产品和服务，使加盟店显得呆板和缺乏新意。

5. 当发展速度过快时，总部的后续服务可能跟不上

在加盟店迅速增长的情况下，如总部的物流系统、后勤服务等跟不上去，对加盟店不能进行有效的帮助和指导，就会削弱总部的控制力，使特许营销系统名存实亡，成为一盘散沙。在这种情况下，受许人便成了直接的受害者。

6. 受许人要退出或转让将受到合同限制，困难重重

受许人与特许人签订合同后，在合同期限内，必须照章办事，不能再有其他选择。如果在这一期间经营不太理想，或因其他原因想中途终止合同，一般总部出于自身利益考虑不会轻易同意，若他执意坚持，就只能通过法律程序解决。如果受许人想将生意转卖给第三者，或者迁移他地，也必须经过总部的批准。即使在契约终止后，如果受许人仍然从事类似的商业活动，还将会有若干的限制。因此，受许人一定要经过慎重考虑后才能签订合同，避免后患。

(三) 受许人应采取的营销策略

受许人要想在激烈的市场竞争中取得竞争优势，合理的营销策略是至关重要的。受许人应采取的营销策略包括以下几个部分。

1. 营销分析

受许人首先要对特许营销企业进行分析，要分析它目前的市场情况，审核所有与市场、产品、竞争及分销系统有关的背景数据。此外，还要进行优势与劣势、机会与威胁分析(即 SWOT 分析)，把企业的主要优势与劣势都作详细分析，同时重点关注机会与威胁，以及时采取应对措施。这是受许人正确选择特许人、制定合理营销策略的基础。为了将风险降到最低限度，受许人必须对加盟总部即特许人作认真的评价，以确定是否与之合作。表 11－4 列出了加盟者对特许人考察的主要内容。

表 11－4　加盟者对特许人考察的主要内容

特许人行业所在	该行业前景 该行业在本地区发展密度 该行业是否适合自己	特许人可提供的支援	培训支援 业务指导和协助 开业后的各种后续服务
特许人竞争力状况	发展及所处阶段 财政状况 市场竞争力	特许人收费的合理性	加盟费 保证金 其他费用
特许人的企业管理水平	企业是否具备明确的发展目标 企业组织结构图能否显示企业运作方式 管理层素质 员工流失率 其他加盟店经营状况	合约条件及合约内容	特许人概况 加盟者义务 加盟者权利 各种合作条件 其他条件

2. 进行市场细分

市场细分是将对一系列营销推广有类似反应的顾客群进行的分组。即使受许人经营的产品或服务品质一流，具有巨大的市场需求，他也有必要决定本地市场中哪些顾客群体或子市场是特许产品或服务的最优购买人，这样才能采取最适应本地市场的营销策略。受许人可按以下几种方式将顾客进行市场细分：

(1) 地理因素：省份、地区、城市、乡镇。

(2) 人口因素：年龄、性别、教育、收入。

(3) 心理因素：社会阶层、生活方式、个性。

(4) 行为因素：购买频率、购买时机、使用情况与追求利益。

3. 目标市场选择

目标市场选择是通过评价每个细分市场以确定进入一个或更多子市场的活

动。如麦当劳选择了3～11岁的儿童作为主要的目标市场,其推广预算的大部分用于吸引儿童在餐厅就餐。当父母们问孩子们他们想上哪儿吃晚饭时,他们就会知道麦当劳广告与促销的成功。

4. 营销计划

营销计划就是受许人要决定企业做些什么。它包括执行概要、产品与服务、地点、定价策略、推销、预算、控制。

(1) 执行概要。执行概要是对主要目标的简单总结和对该计划的介绍,这有助于受许人了解要点和目标,并将管理重点放在企业发展方向上。

(2) 产品与服务。产品与服务主要包括质量、外形、包装、尺寸,以及服务、利润和保证。

(3) 地点。地点之所以重要,是因为它关系到当地顾客、附近交通、分销渠道、保持存货水平以及目标市场选择的覆盖面。受许人加入特许营销企业后,在选址问题上不同的总部有不同的做法:一是总部确定加盟店店址;二是总部提出参考,由受许人自己拿主意;三是完全由受许人自己确定店址。无论哪种方式,受许人都必须亲自决定最后的店址,并承担选址的全部责任。受许人在选址时主要应考虑的因素包括人口密度、商业区经营状况、交通方便程度、竞争情况、市场饱和度、营业面积、营业环境、土地或房屋的购买或租赁成本以及其他隐性成本。

(4) 定价策略。现在有些特许营销企业给予受许人在本地区一定的价格变动权利。受许人在特许体系制定的标准价格下,可根据本地区的情况作一定适应性变动,并且受许人要了解折扣、信用条款、付款期限或补贴,同时他还要知道产品与服务的精确成本。受许人在制定价格时必须对现实的和潜在的竞争者有一番认真的比较和考虑,同时还要通盘考虑整个市场营销的策略,如产品策略、分销策略、促销策略等。

(5) 推销。受许人所需了解的推销主要有广告、个人销售、促销和宣传,其作用可以促进销售、招揽顾客。受许人还要根据特许组织的要求与本店的具体情况设计合适的商品陈列方案,主要有:货场布局设计、商品分类摆放方案、每一商品具体陈列方案、商店内部通道及流动路线设计、海报及宣传画册的位置。

(6) 预算。受许人要制定预算以决定企业的现金流需求和预计的利润与亏损,受许人还要了解营销策略中产品促销、广告支出及恰当的定价与调价决策等有关活动对财务预算的影响效果。

(7) 控制。控制部分要阐明控制功能即如何引导计划的进程,一般包括衡量销售效果、销售产品成本及劳动力成本。控制系统应该辨明受许人目前经营中的变化。

案例

吉利收购沃尔沃——书写中国汽车企业发展的新篇章

北京时间2010年3月28日21时，浙江吉利控股集团有限公司与美国福特汽车公司在瑞典哥德堡正式签署最终股权收购协议。经过一年多的艰苦谈判，中国民营企业吉利终于以18亿美元的代价，获得了拥有80多年历史的豪华汽车品牌沃尔沃轿车公司（简称沃尔沃轿车）100%的股权以及相关资产（包括知识产权）。第三季度完成交割后，吉利集团将保留沃尔沃轿车在瑞典和比利时现有的工厂，同时也将适时在中国建设新的工厂。

一、收购沃尔沃的意义

（1）一笔划算的买卖。已有82年历史的沃尔沃，是欧洲著名的豪华汽车品牌，被誉为“世界上最安全的汽车”。在汽车安全和节能环保方面，有许多独家研发的先进技术和专利。尽管近年来沃尔沃经营陷入困境，销量一路下滑，但仍是一家净资产超过15亿美元、具备造血和持续发展能力的跨国汽车公司。

首先，从收购标的看，吉利将100%拥有沃尔沃轿车品牌，同时拥有沃尔沃轿车的9个系列产品、3个最新平台的知识产权，接近60万辆产能、自动化程度较高的生产线，以及2 000多个全球网络及相关的人才和重要的供应商体系。这包含了沃尔沃轿车的所有资产及知识产权。而据中介机构评估，沃尔沃轿车目前的净资产超过15亿美元。

其次，从财务数据上看，2009年，吉利总营业收入为42.89亿元，而沃尔沃轿车的总收入约合人民币1 000亿元。把总收入超过自己20倍的豪华车巨头沃尔沃轿车收入囊中，吉利的“蛇吞象”之举，有利于迅速做大自身的产销规模。

第三，从品牌价值上看，根据美国《福布斯》杂志公布的国际品牌榜显示，拥有百年历史、被誉为“最安全豪华轿车”的沃尔沃轿车，品牌价值高达20亿美元。将沃尔沃轿车收入囊中，利用其高端品牌形象提升自身的品牌形象，对于吉利而言是条捷径。

第四，从技术上看，虽然“嫁入”福特之后，沃尔沃轿车的部分产品平台和动力总成与福特共用，但是，沃尔沃轿车仍是一家具备造血和持续发展能力的公司，拥有4 000名高素质研发人才队伍与体系能力，拥有可满足欧6和欧7排放法规的车型和发动机等低碳发展能力。

(2) 选择吉利其实是选择中国。正如李书福"农村小伙儿追求国际巨星"的比喻那样,在一些人眼中,沃尔沃轿车和吉利并非门当户对。那么,福特为什么会选择吉利呢?

首先,沃尔沃轿车销售额在过去数年来一直下滑,随着2008年国际金融危机的蔓延,沃尔沃轿车出现巨额亏损,成为福特汽车的巨大包袱。2009年,沃尔沃轿车在全球销售约33.5万辆,同比下降10.6%。出售沃尔沃这个亏损大户,并获得一笔宝贵的流动资金,对于正执行拯救计划的福特汽车公司而言,是一个必须完成,而且要尽快完成的任务。

其次,选择吉利其实是选择了中国。受国际金融危机的冲击,2009年,全球豪华车市场大幅萎缩。奔驰、宝马、奥迪等一线豪华品牌年销量均出现了较大幅度的下滑,与此同时,中国豪华车市场却以超过40%的增速高速增长,其中,沃尔沃轿车2009年在中国的销量增长了80%以上。因此,对于沃尔沃轿车来说,若想尽快扭亏为盈,选择吉利这一中国买家,显然是个明智的抉择。

当然,吉利近年来的快速发展、对知识产权的尊重、善于学习的企业文化、海外收购的成功经验、为沃尔沃制定的雄心勃勃的发展规划,以及掌舵人李书福的个人魅力,也是福特选择吉利的重要原因。

二、收购沃尔沃的前景

(1) 吉利有信心两年内让沃尔沃盈利。吉利作为中国自主品牌汽车的一匹黑马,近年来发展神速,成为中国汽车工业的一支生力军。两年间,项目团队与福特进行了大量的信息交换,建立了完整的财务预测模型,对各类潜在风险进行了定性和定量分析,并在此基础上确定了收购后的运营管理计划。实现并购后,吉利将充分调动发挥瑞典现有管理团队的积极性、主动性和创造性,制定新的奖励考核机制。在巩固稳定现有欧美成熟市场的同时,积极开拓以中国为代表的新兴市场,降低成本、拓宽产品线。李书福预计,上述措施到位后,可以在两年内让沃尔沃扭亏为盈。

(2) 沃尔沃品牌和质量不会降低。沃尔沃(中国)公司CEO柯力世博士认为,沃尔沃始终把豪华品质放在第一位,无论在世界各地都会按照统一的标准生产高品质汽车。吉利和沃尔沃是两个完全不同的细分市场品牌,吉利不会为短期内降低成本而牺牲沃尔沃的质量。

柯力世对被吉利收购后的沃尔沃在中国的发展充满信心。他认为,被收购之后,沃尔沃的总体战略发展方向不会受到影响,反而有利于沃尔沃在中国市场的发展计划更好、更便利地实施。其一,从民族感情上看,中国消费者很希望看到本土品牌对国际品牌的收购，这有助于消费者对沃尔沃的认可，也可以扩大沃尔沃在中国豪华车市场的份额。其二，吉利完成收购后，沃尔沃成为中国唯一的豪华车生产商，中国政府会给予沃尔沃更多支持。其三，有助于沃尔沃加快在中国的国产化进展，一些车型还会出口到其他国家。

黄永和认为，吉利之所以收购沃尔沃，正是看上了沃尔沃的品牌价值和核心技术。正在努力摆脱低端车制造商的吉利汽车，会格外珍惜即将到手的沃尔沃品牌的价值，也会不惜一切代价保持沃尔沃世界级品牌的传统地位。

也有专家认为，收购成功只是走出了第一步。吉利汽车虽然在国际化经营方面有过一些成功，但毕竟没有运营一家跨国汽车企业的经验。如何保证收购后尽快让沃尔沃扭亏为盈，并保持品牌的良好口碑，更大的挑战还在后头。

案例思考 吉利收购沃尔沃的原因是什么？吉利应该采用何种营销战略才能保证两个企业的成功整合？应该如何保持沃尔沃的高端品牌形象？

中国企业采用海外收购的方式走向国际化应该具备什么样的营销理念？如何进行销售资源的整合？

复习与思考

一、名词解释

1. 国际营销
2. 整合营销
3. 特许营销
4. 特许人
5. 受许人

二、思考题

1. 企业国际营销组合策略有哪些？
2. 国际营销的发展趋势是什么？
3. 整合营销的4C理念是什么？
4. 特许营销的类型有哪些？
5. 特许营销的特点是什么？

第十二章

社会责任与市场营销的新理念

第一节　营销道德

道德是社会调整人与人之间以及个人与社会之间关系的行为规范的总和。营销道德是与市场经济相伴而生的，在高速发展的市场经济条件下，企业的营销活动必须遵循市场营销道德及相关法律。营销道德即是调整企业与所有利益相关者之间关系的行为规范的总和。其实质是解决企业如何承担好社会责任，妥善解决企业利益同顾客利益以及社会利益的关系，强调盈利与道德的双重标准，杜绝损害社会和公众利益的营销行为，在谋取利益的同时，也要满足消费、引导消费，引导社会道德风尚，推动整个社会的文明进步。

一、营销道德概述

(一) 营销道德的含义

道德是在一定社会条件下用以调整人与人之间、个人与社会之间关系的行为规范的总和。从伦理学意义上说，"道"是指处世做人的根本原则，即人之为人所应当遵循的行为准则和规范，"德"则是对这些准则和规范的认识、情感、意志、信仰以及在此基础上形成的稳定和一贯的行为。

营销道德是指调整企业与所有利益相关者之间的关系的行为规范的总和，它包括两层含义：一方面，它可以是指营销活动中应该遵循的伦理规范和准则，我们可以借助这些规范和准则来评价营销行为是否合乎道德；另一方面，它也可以是指在实际的营销行为中企业或个人遵循这些规范和准则的情况。在营销背景下，企业行为的规范以及其在此环境中期望表现的价值就是营销道德，而道德行为是个人和企业体现道德价值的具体行动。营销道德的具体内容涉及企业社会责任的承担、企业利益同客户利益以及社会利益的关系的妥善解决等。

(二) 非道德营销行为产生的根源

企业营销道德问题的存在，究其原因，既有企业自身的主观因素，也与我国经济转型时期市场营销环境特点有关。

就企业自身角度来说，一些企业片面追求利润最大化，盲目追求眼前利益，不重视道德建设，未树立符合市场经济要求的诚信观是产生非道德营销的直接动因。就市场和社会转型的角度来说，我国转型期法制建设相对滞后，是非道德营销行为产生的客观原因。

二、评价营销道德的标准

什么样的营销行为是合乎道德的，什么样的行为又是违背道德的，在很多情况下并不是一目了然的，需要判断市场营销道德的标准。对道德和理性的评价，西方学界主要有功利论和道义论两大理论流派。

（一）功利论

所谓功利论是指判断一个行为是否合乎道德主要是看其行为所引起的后果如何。当某种行为能够为最大多数人带来最大幸福时便是道德的；反之，便是不道德的。因此，功利论是一种讲究结果的理论。

对于功利的界定，一般认为，功利是指事物的内在价值或内在的善，而非外在的价值或道德上的善。内在的善是指健康、快乐等非道德意义上的内在价值。外在的善则是一种手段的善。如果说财富可以使人更加幸福快乐的话，那么获得更多的财富就是善的，就是正当的。

功利论的道德评价准则在现实生活中运用得极为普遍，但其局限性在于过分强调结果而忽视了手段的正当性，结果好并不代表获取结果的手段也是正当和合乎道德的；反之，结果不好也并不意味着手段是非正当的，功利论没法把这两者统一起来进行考量。

（二）道义论

道义论认为，某一行为的善恶性质或对该行为正当与否的判断，不取决于该行为可能或实质的结果或效果，而在于该行为本身是否符合或遵循了一定的普遍的道德规则，是否体现了一种绝对的义务性质，或者说是否出自于行为实施者纯真善良的行为动机。某些行为之所以内在地正当是因为它们与该方面公认的道德原则相符。

当代道义论的著名代表人物罗斯在他的显要义务理论中阐述了六项基本内容，即诚实、守诺与偿还，感恩的回报，公正，行善助人，发展自己以及不伤害他人。解释为在一定的时间和环境中人们自认为合适的行为，即在大多数场合不需要仔细推敲，人们便明白自己应当做什么和怎样做；但发生冲突时，人们凭借正确的直觉，会作出优先履行的选择。在这些义务中，最后一种最优先并最具强制力，除此之外还有一些内容因其对他人和社会的影响程度较大而被纳入到法律的范畴，一旦违反则将受到制裁或惩罚。例如，企业之间签订的经济合同，就必须具有履行合同的义务，而这种义务也已经可以依照法律来。

此外，道义论还强调行为的动机或行为善恶意愿的道德价值。比如，三个企业都对“希望工程”进行捐助，甲企业的目的是为了树立企业的良好的社会形象，从而为打开经营之路做铺垫；乙企业的目的是为了捞取政治资本；而丙企业则纯粹从履行企业的社会责任的角度出发。在功利论的观点看来，这三个企业行为所带来的后果是一致的，因此其道德判断结果也是一致的；而从道义论的角度来看，则显然丙企业的行为因为发自义务动机而更具道德性。

道义论从人们在生活中所应承担的责任与义务的角度出发，根据一些普遍接受的道德义务规则判断行为的正当性，是具有一定的现实意义的。事实上，诚实守信、公平公正、知恩图报、不作恶等早已被绝大多数人视为一种基本的道德义务并付诸行为。

道义论的道德观应用到营销领域，其优点是鼓励营销人员如实履行出于基本社会道德所应承担的责任和义务，并强调这些责任和义务贯穿营销活动的全过程，避免只问结果不问过程的片面性。其局限性则在于将营销中的道德责任和义务完全归结为正常人的直觉和意识的反映，难免带有主观色彩。

三、营销活动中非道德行为的表现及我国现状

（一）营销活动中非道德行为的表现

企业营销活动起始于市场营销调研，通过市场营销调研了解现实和潜在客户的需要，发现市场营销机会，然后选择目标市场，针对目标市场需求特点，制定市场营销组合策略；而市场营销道德则贯穿于市场营销的全过程。

1. 市场调研中的非道德行为

市场调研中的道德问题涉及调研人员与委托人和受访者之间的关系，只有各方均承担一定的权利和义务，履行彼此间的道德责任，方能保证营销调研任务的顺利完成，并保证调研资料的真实性和可靠性。

(1) 委托人与调研人员之间的关系。由于调研人员与委托人之间存在一定程度的信息不对称，委托人往往处于信息的相对劣势，调研人员可能借此采取一些有悖于委托者利益的非营销道德行为。调研人员与委托人之间的非道德行为主要包括不诚实、不公平对待委托人和不保守调研秘密。例如，调研人员对调研委托业务进行隐性加价，减少某些调研内容以降低成本，在调研统计时篡改数据，滥用统计结果等。

(2) 受访者与调研人员之间的关系。调研人员的调研技巧在调研过程中是至关重要的，包括与受访者建立和谐的信任关系、保密原则、专业地解释受访者的疑问、客观中立地提出问题、不诱导受访者等。而调研过程中私自泄漏受访者信息、利用调研作为促销手段、诱导或施压给受访者以获得期望的结果等均不同程度地

属于营销调研中的非道德行为。

2. 产品策略中的非道德行为

为消费者提供货真价实的优质产品是企业应承担的最基本的社会责任，任何违反这一原则的行为均构成了企业的非道德行为。企业产品策略中的非道德问题主要涉及三个方面：

(1) 安全。使消费者在使用产品的过程中生命和财产免受威胁、危害和损失，即是产品安全问题。对于某一产品而言，各种危险不仅表现在设计方面，还表现在是否有标示或避免这种危险的产品说明或警告。产品策略中的安全问题是企业道德的首要考量原则，任何违反或有意忽视这一原则的行为均认为是非道德的。

(2) 品质。产品的品质问题虽然也许并不至于威胁到消费者人身或财产安全，但是由于没有达到应有的质或量的要求，产品实际提供的利益比消费者购买时所预期的要少，使得产品实际的性价比变低。例如，由于竞争，企业采用劣质材料或配件冒充优质材料或配件，或是企业改用廉价代用品而未告知消费者产品质量的变化等。

(3) 包装。虚假包装表现为某些产品的包装不能提供真实信息，包装所注明的内容与包装内物品不相符以及包装过多造成社会资源的浪费等。如“松弛”包装、标有误导作用的标签、采用省略的方式、运用宽泛的术语等。

3. 定价策略中的非道德行为

为广大消费者提供真实而合理的价格信息，是企业社会责任的重要组成部分。所谓真实合理的价格是指企业必须依据产品成本、消费者的承受能力和竞争者的状况来制定价格，并把能反映产品实质的真实的价格提供给消费者。非道德的定价策略主要表现为以下几种形式：

(1) 欺骗性定价。欺骗性定价是指企业以欺骗及诱惑消费者购买其产品为目的，利用消费者对价格信息的缺乏而不披露真实价格。

(2) 掠夺性定价。掠夺性定价是指企业为将竞争者挤出或吓退意欲进入该市场的潜在竞争者，将价格降至成本以下，待竞争者退出市场后再提价，再以垄断价格攫取高额利润。由于这种定价是以获得或增强市场控制力从而掠夺消费者利益为目的，因此其非道德性主要表现在妨碍市场竞争秩序。

(3) 操纵价格。操纵价格是指市场上某一行业的生产者之间达成协议，制定统一价格，不实行价格竞争，操纵价格行为实际就是一种串通行为。这种定价策略将会限制顾客选择的自由，妨碍每家企业以最佳价格提供优质服务的权利，造成价格信号扭曲，破坏价值规律的正常作用。

4. 分销策略中的非道德行为

分销是指产品从生产者向消费者转移所经过的渠道，各渠道成员根据各自的利益和条件互相选择，并以合约形式规定双方的权利和义务，如果违背合约的有关规定，损害任一方的利益，均被视为非道德行为。非道德的分销行为主要涉及生产者、零售商和中间商：

(1) 零售商的非道德分销行为。当权利从生产商转向零售商以后，零售商向生产商所要津贴用于摆放商品的行为称为“货位津贴”，这是零售商滥用权利的表现之一。此外，某些零售商避开合法的生产者和批发商，另外，从非法渠道订货，从而损害生产商和批发商利益的行为也属于分销中的非道德行为。

(2) 生产者的非道德分销行为。其主要表现为生产者凭借其自身的产品优势或经营性垄断地位，采用减少或停止供货的手段来迫使中间商屈服于自己的指挥，对中间商的销售活动施加种种干预等。

5. 促销策略中的非道德行为

促销活动的社会责任是将产品或服务的真实信息传递给用户，任何违背这一原则的行为均被认为是非道德的。非道德的促销行为主要涉及两个方面：

(1) 广告中的非道德行为。广告的主要功能是向消费者传播企业或产品的信息，广告中的非道德行为主要表现在夸大其词或者隐瞒事实从而误导消费行为。比如，在文字广告宣传中使用含糊其辞、模棱两可的词句诱导消费者等。此外，制作和传播针对竞争者的攻击性广告，并通过这种方式诋毁同行业竞争者来提高本企业和产品的地位，也是非道德的。

(2) 人员推销中的非道德行为。人员推销中的道德问题主要发生在营销人员与顾客的关系中，常见的表现有：推销员使用诱惑方式促使消费者购买那些他们既不需要也不想购买的产品；销售人员通过操纵或强迫手段向顾客推销伪劣产品或积压滞销产品；推销员通过向对方送礼，甚至行贿的手段来获取销售订单，或者为获得个人回扣而向其他企业购买假冒伪劣产品等。

(二) 我国营销道德问题现状

随着社会主义市场经济在我国的发展和完善，尤其是市场营销理念和实践在我国的不断深入和拓展，营销道德也越来越为业内所重视，其相关领域的管理和规范也一直处于发展阶段，目前我国市场营销行业总体运行态势良好，业内在遵守营销道德方面亦比较规范，但仍存在一部分不容忽视的问题，主要表现在以下几个方面。

1. 存在不正当竞争行为

企业在营销中采用寻租行为或不正当的竞争手法，如请客、送礼、回扣、贿赂、蓄意贬低竞争者的广告宣传、假冒他人注册商标等，造成恶意竞争。

2. 存在非公正和虚假现象

由于信息不对称问题的存在，一些企业利用单边掌握的信息，以侵犯消费者权益，甚至以侵害消费者的身体健康或安全等为代价，牟取暴利，如含过量防腐剂的食品、劣质化妆品等。统计资料显示，50%以上的消费者是依据包装的好坏、标签及说明来获取对产品的了解的，消费者的购买决策往往是依靠企业与营销人员提供的信息为依据的。而一些企业正是利用消费者的这一弱点，通过捏造信息或者虚假宣传产品效果等手段，来诱导消费者消费。

3. *存在污染环境和浪费现象*

我国近几年加大了环境污染的治理力度，环境状况有所改观，但仍有企业只考虑自己的眼前利益，环保意识淡薄，将内部成本转嫁给社会，造成外部不经济状况，从而导致整个社会致力于环境污染治理所花的成本大于所得的收益。此外，部分企业在促销中也存在盲目投入现象，华丽的包装和广告宣传刺激了消费欲望，潜移默化地改变了人们的价值观和生活态度，可能会导致过度消费和资源浪费问题等。

四、营销道德的建设

营销道德建设涉及的内容很广，可以从多方面采取积极措施。

（一）树立社会营销观念

由于企业不仅是经济实体，还是社会实体，所以企业在不断追求自我生存发展的同时，也要承担一定的社会责任。企业的营销导向不仅要满足消费者需要和企业获利，而且还要考虑到符合社会的长远利益，树立社会营销观念。这就要求企业在进行营销活动时，要把消费者的需求、企业的利益和整个社会的长远利益结合起来考虑。企业必须认识到，非道德行为所能带来的利益只是暂时的，只有自觉遵守道德规范，树立自己在消费者和社会公众心目中的良好形象，才是企业发展的长远之计。

（二）开展营销道德教育

营销道德首先是一种观念，这种观念只有被包括企业和公众在内的全社会广泛接受时，才能成为企业的自觉行为。为此，必须在全社会范围内广泛开展营销道德规范的宣传和教育，使企业和公众深刻认识到营销道德是社会进步与文明发展的要求，是社会伦理在企业营销活动中的延伸，同时也是企业行为的约束机制，是对法律规范的补充。在企业文化的塑造上，应以树立营销道德为核心，形成“重道德，讲诚信，负责任，尽义务”的企业文化氛围，把营销道德规范渗透到全体职工的意识中去，把执行营销道德规范作为自己的责任。

（三）加强行业自律

由于个别企业的非道德营销行为很可能会损害全行业的信誉和利益，因此同行业企业可以设立行业协会，针对本行业的特点，制定相应的营销道德准则以及对非道德行为的处罚规定，规范全行业的营销行为，加强行业自律，维护全行业的利益。西方发达国家的行业协会制度是比较成熟的，对整个行业运行状况具有很好的掌控作用，影响力较大。而我国各行业长期以来受政府调控的影响较大，并没有发展出一套较完备的行业协会制度，而事实上，身处行业内部的人才最了解也最关心整个业态的良性发展，对业内企业的风吹草动也最为敏感，这就使得行业协会对整个行业进行监管有着先天的优势。因此，在各行业建立行业自律机构对于营销道德的建设将有着积极的意义。

（四）强化社会监控

根据团体压力原则，组建压力集团。团体压力原则是指人在团体中时常带有顺从团体压力的倾向，是人在团体中的心理和行为表现规律之一。团体压力可以迫使其成员接受某些共有的道德原则，放弃某些非道德原则，从而弘扬优良作用，监督抑制某些不良的行为和作风。利用一些社会团体或组建一些社会团体来形成压力集团，一方面可以敦促政府制定和颁布各种有关规范企业经营活动的立法；另一方面可以迫使企业转变经营思想，要求企业的经营活动不仅实现长期利润最大化，还要考虑消费者的长远利益及社会利益，遵循社会公认的道德标准。美国等西方国家在 20 世纪 60 年代就爆发了保护消费者权益的运动，涌现了许多消费者组织。这些组织揭露出企业种种非道德的营销行为及其带来的诸多社会问题，采取各种有效方式保护消费者合法权益。

（五）加强社会舆论的监督

对于企业的非道德营销行为应借助新闻媒体的作用予以监督和约束，从而引起国家执法部门的注意，增加这类企业的经营风险和投机成本，通过舆论的力量使其回到道德营销的规范中来。比如，近几年我国新闻界配合“质量万里行”、“百城万店无假货”等活动对假冒伪劣产品大量曝光就取得了很好的效果。

（六）加大监管执法力度

道德是法律的前提基础，法律是道德的保证，两者相辅相成。市场经济是法制经济，完善的法律体系对规范市场营销主体行为具有重要意义。法律法规不仅为治理企业的非道德营销行为提供依据，而且使企业有了参照的底线。加强法制建设的首要任务是立法，做到有法可依，有法必依，违法必究。我国自 20 世纪 80 年代中期开始颁布了一系列法律法规来规范企业的营销行为，如《环境保护法》、《广告法》、《消费者权益保护法》、《反不正当竞争法》、《商标法》、《产品质量法》等，涉及经济合同、商标、价格管理、广告、产品质量、不正当竞争、消费者权益的方方面面。这些法律法规为约束企业的非道德营销行为提供了法律依据，在一定程度上抑制了非道德营销行为的发生。但我国的法制仍然不够完备和健全，因此在法律上仍然存在一些空白或模糊之处，给了不法企业钻漏洞、打擦边球的机会；而违法成本偏低使得对一些企业的非道德行为打击不力。因此，政府监管部门如工商行政、物价、计量、技术监督部门必须加大执法力度,严厉处罚违法行为。

第二节 绿色营销

随着科技的不断进步,人民生活水平的不断提高,消费者对自己消费的标准也在发生着转变,除了要求所购的商品价廉物美,还开始注重所购商品对于身体健康、生态环境等方面的影响。于是,世界各国经济的发展开始向着环保健康、绿色消费、绿色营销的时代迈进。

一、绿色营销概述

(一) 绿色营销的起源

绿色营销是近 30 年来营销领域中提出的一个新概念,它的提出并逐步实行,是整个人类社会绿色革命的一个组成部分。

近一个世纪来,人类社会从总体上进入工业化之后,经济发展速度日益加快,经济的发展在创造富裕生活的同时,也带来了资源浪费、环境污染等问题。例如,由于工业生产无节制地开采资源,使很多重要的矿产、能源面临枯竭的危险;过度砍伐森林,使森林面积不断减少,1950~1985 年,全世界的森林面积减少了一半;由于工业和生活用水量急剧增加,水源遭受污染,全球有一百多个国家缺水;交通、城市、工矿大量占用土地及垦殖不当,造成耕地面积大量减少;由于工业和交通等领域排放大量废气、废热,已使大气中的二氧化碳大量增加,臭氧层遭到破坏,给地球环境和人类健康带来极大危害……

面对上述巨大的环境问题和社会问题,人类社会逐渐认识到,不注意环境保护和生态平衡的经济发展实际上是一条自我毁灭的道路。目前,为了治理环境,减少污染,寻找新的节约资源的生产方式,人们花费了巨大的经济和社会代价,在经济发展、国民收入增加的同时,又产生了高额的环境保护费用,这两种费用互相抵消之后,人们发现自己的经济净收入其实并没有那么多,所以以"绿色"为标志的、旨在保护生态环境的运动逐渐出现了。

1971 年,加拿大工程师戴维·麦克塔格特发起成立了"绿色和平组织",后人简称为"绿党",它的宗旨是反对核试验,反对捕杀鲸鱼等海生动物,反对环境污染,其行动深得各国人民的拥护。1972 年,联合国在瑞典的斯德哥尔摩第一次召开了人类环境会议,向世界发出了"只有一个地球"的强烈呼吁,同时发表了《斯德哥尔摩人类环境宣言》。1987 年,联合国环境与发展委员会公布了《我们共同的未来》的报告,正式提出了"经济的可持续发展"这一概念。

我国在1994年制定了《中国21世纪议程》，为在中国实现生态与经济协调发展提出了目标，制定了政策措施。2003年，我国提出了“科学发展观”，旨在促进人与自然的和谐，实现经济发展和人口、资源、环境相协调，统筹人与自然和谐发展。

在这样一个历史发展的背景下，绿色营销开始出现了，它是整个绿色运动的一部分，是市场中的企业顺应经济发展和社会发展潮流的结果。在绿色理念普遍盛行的今天，消费者在评价一个产品时，越来越多地注重绿色因素，即产品的环保功能。从另一方面看，在今天的市场，哪种产品的坏保功能强，哪个企业具有绿色意识，那么那种产品，那个企业就受消费者的欢迎。因此绿色营销与营销的宗旨是完全一致的，它是营销内涵的进一步丰富化和现代化。

(二) 绿色营销的定义

绿色营销是指企业在整个营销过程中充分体现环保意识和社会意识，向消费者提供科学的、无污染的、有利于节约资源使用和符合良好社会道德准则的商品或服务，并采用无污染或少污染的生产和销售方式，引导并满足消费者的有利于环境保护及身心健康的需求。

绿色营销的主要目标是通过营销实现生态环境和社会环境的保护及改善。其宗旨是节约原材料耗费，保护地球资源，实行养护式经营，确保消费者使用产品的安全、卫生、方便，以提高人们的生活质量，并引导绿色消费，培养环保意识，优化人类的生存空间。

(三) 绿色营销的内涵

1. 绿色生产过程

生产的绿色化过程是整个绿色营销的起点和基础。绿色化生产包括产品的设计、原材料的使用、生产加工包装等各个环节的绿色化。营销人员在绿色营销观念的指导下，在设计产品时充分考虑环境保护及社会改良的要求，尽可能设计出无污染或少污染的、节约原料耗用或使用替代原料的、有利于消费者长远利益和社会整体利益的产品；在包装材料和形式的设计中，不仅考虑产品的装饰性，更注重环境保护功能；在整个生产过程中，采用无污染、低能耗的生产方式，并不断加大环保方面的投入。生产过程的绿色化是绿色营销过程中最为重要的内容，只有在绿色生产方式下生产出绿色产品，绿色营销才有了基本内容，才会有绿色流通和绿色消费。

2. 绿色流通过程

绿色营销的第二个环节是绿色流通过程。所谓绿色流通是指商品流通过程中所体现的绿色意识和行为。如采用绿色产品储运系统、实行绿色的产品定价、运用绿色的产品标识、进行绿色促销宣传、建立绿色专营商店等。绿色流通过程是保证从生产过程开始的绿色化得以最终实现的必要保证，只有流通过程绿色化，在生产过程中制造的绿色产品才有可能传递给最终消费者，使绿色产品最终实现其使用价值和价值。同时，通过流通过程中的绿色化宣传及引导，也能够在市场中树立绿色观念，引导绿色消费，从而进一步促进环境保护和社会进步。

3. 绿色消费过程

绿色消费过程是人类注重环境保护的结果，是整个绿色化运动的重要组成部分，也是绿色营销的目标和基础。绿色过程涉及绿色消费观念、绿色消费行为及绿色消费环境。崇尚自然、返璞归真、消除污染的绿色消费已在现代社会中蔚然成风。消费者在购买商品时，也已普遍考虑产品的安全性、保质期、是否使用天然无毒副作用的原料等因素。净水器、纯天然织物、洁净蔬菜等产品正受到前所未有的欢迎。

绿色营销，就是要充分注意消费者的绿色需求，通过绿色产品的生产和销售，满足消费者的绿色需求。

二、绿色营销的环境

(一) 绿色消费环境

由于地球环境的恶化，自然资源的短缺，迫使人类更多地重视环境问题，对绿色产品的需求也随之产生。据 1990 年的统计：有 40%的欧洲人喜欢绿色产品；67%的荷兰人和 80%的德国人在购买商品时考虑环境因素；77%的美国人表示企业的环保形象影响了人们的购买力。消费观念日益绿色化对企业的传统营销方式提出了严峻的挑战。早在 20 世纪 70 年代，人们对诸如麦当劳的汉堡包、杜邦的化工制品等社会大量消费的产品提出了质疑；80 年代又对玩乐电子游戏机及滥用抗生素的问题提出了批评；很多传统的产品如敌敌畏杀虫剂、链霉素、聚氯乙烯包装材料等被许多国家的政府禁止使用。广大的消费者宁愿以较高的价格购买绿色产品。面对这种绿色潮流，企业家们不得不适应消费需求的变化，开展以保护环境为中心的绿色营销活动。

(二) 绿色政法环境

绿色营销的发展与许多国家正在形成的政法环境关系密切。首先，从政府的角度看，推动绿色营销发展的作用主要表现在三个方面：第一，追加投入以促进环保事业的发展；第二，组织力量监督环境保护工作的开展；第三，制定专门的政策与法令来引导企业的环保行为。其次，世界各国的环境立法日益齐全，日益严厉。这些法规有地方性的、国家性的，也有国际性的，如国际标准化组织制定的最新国际环境标志制度 ISD1800 也已经颁布执行，我国的环保法律、法令、规定等已有数百种之多。再次，绿色和平运动已成为世界性的政治力量，很多国家诞生了“绿党”、“生态党”、“环境保护党”、“价值党”等，有些国家的绿党已进入了议会，甚至成为较有影响的大党，这些组织的行动推动了各国环保事业和绿色营销的发展。

（三）绿色经济环境

绿色营销无疑增加了企业必要的环保投入，但同时也给企业带来了可观的收益。例如，日本由于长期致力于废旧物品的回收利用，生产单位 GNP 所耗费的能源和原材料自 1975 年以来，已经减少了 40%，这使日本产品在国际上具备了较强的竞争能力；瑞典纸业公司因生产不用氯气漂白的纸尿片，其产品市场占有率上升了 3%；法国一家电池制造厂因生产不含毒废物汞和镉的电池，得到政府颁发的“绿色标志”后，短短数月，市场占有率从 5%跃至 15%。此外，一个关心环保的企业能与政府和消费者保持良好关系，树立良好形象，也会进一步增加企业的经济效益。从另一角度看，由于绿色产品售价比普通商品高，这在补偿企业的绿色化高投入和增加利润上均有积极作用。而消费者也会因产品的安全、卫生而减少受损害的可能，从而也获得实际上的利益。总之，企业、社会和消费者，均可以从绿色营销中获得长期的直接或间接利益，这一切正对企业产生着越来越大的经济吸引力。

（四）绿色技术环境

随着绿色意识的增强，绿色技术也日益进步，从而为绿色营销创造了绿色技术环境。首先，绿色技术是绿色产品的研制开发技术，除了绿色食品生产技术外，绿色技术已扩展到无害无毒原材料、无铅汽油、可回收再生产品等。其次，绿色技术表现在对于真假优劣产品的监测和鉴别手段上这对于采用被禁止的非绿色原料制成的产品是一种沉重打击。最后，很多国际性或国家性的环保技术标准，也为企业从事绿色营销提供了可靠的依据和规范。

（五）绿色国际环境

目前，环境保护早已成为一股国际性的潮流，国际社会为此作出了极大的努力，并取得了显著的成效。1992 年，第 27 届联合国大会决议，把每年的 6 月 5 日定为世界环境日。联合国环境署自 1978 年开始评选环保全球 500 佳活动，有力地推动了各国环保工作。关贸总协定的环境小组也开展了一系列有益的工作，世界贸易组织成立后，环境小组上升为环境委员会。近年来召开的许多环境保护方面的国际会议，签订的许多环保方面的国际公约与协定，也在一定程度上为环保运动的发展铺平了道路。世界各国的商品进出口，正受到日益严格的环保检验，对此已很难用“技术壁垒”这一词汇来指责检验实施国。所以企业的行为不仅受到国内力量的制约，同时也受到国际力量的制约。

三、绿色营销策略的实施

（一）绿色产品策略

在绿色营销策略中，绿色产品策略是最为关键的。所谓绿色产品就是有利于环境保护和消费者身心健康的产品。制定绿色产品策略除了遵循市场营销的产品策略外，还应着眼于以下几个方面的要求：

(1) 产品应该是安全、卫生、有利于人体健康的。

(2) 使用该产品不会造成环境污染，最好还有利于环境的改善。

(3) 尽可能使用可再生的替代原材料，以便降低消耗，节省资源。

(4) 采取产品的回收措施，以便减少废弃物的污染，节约原材料消耗。

(5) 生产的产品尽可能结构简单，零件易于拆卸、更换，或进行重新组合，从而确保产品使用的效率。

(6) 在产品包装材料的选择上，应使用可分解、无毒性或可回收后重复使用的包装形式。

(7) 对产品的生产过程，也应把好每一道工序关。工业用水要作无毒处理；对工业排出的气体应有必要的回收过滤装置；对于噪音也应采取有力措施；对人体有害的工种则必须加强保护措施，等等。

(8) 对企业现有产品，也应建立一套鉴定、改进制度，不断加强老产品的绿色含量。

(二) 绿色价格策略

所谓绿色价格就是在定价时，把环保费用计算在内。在一般情况下，绿色产品的价格要略高于非绿色产品的价格，这是由两个基本原因决定的：一是绿色产品的品质高于非绿色产品，消费者认为绿色产品有更高的价值，愿意为此支付较高的价格；二是企业为生产、经营绿色产品，对环境进行了治理，对绿色材料和绿色技术的研制，支付了更多的代价。国外的研究表明，绿色产品价格可比非绿色产品价格高出 50%～200%。

当然，在确定绿色产品价格时也应注意以下几方面问题：

(1) 注意在产品绿色化过程中尽可能降低成本，以便使绿色价格更具市场竞争力。

(2) 注意做好绿色价格的宣传解释工作。

(3) 绿色价格的上升幅度，还要考虑不同地区消费者对绿色价值的理解程度。

(三) 绿色渠道策略

选用专门的绿色渠道策略，是防止绿色产品被污染、维护其绿色品质的必然要求。由于目前环境污染普遍比较严重，因此严把绿色产品的渠道关是不容忽视的，而制定绿色渠道策略要依具体条件而定。

(1) 在绿色市场发育比较成熟的地方，应尽量选择绿色声誉比较高，可提供多项专门服务的中间商来经销企业的绿色产品。

(2) 在绿色市场发育尚不成熟的地方，也应与中间商充分协商，争取开设绿色专柜或某些特殊措施，以保证绿色产品的安全。

(3) 绿色渠道策略的重点主要放在绿色产品的实体流通过程上，所以企业除了开辟绿色分销点外还应选用专用的运输工具和储存仓库。

(4) 绿色渠道需进行严格的绿色管理，包括对渠道绿色质量的监督、更新和维护，以保证绿色产品的整个流通过程都处于绿色环境之中。

(四) 绿色促销策略

绿色促销策略就是企业围绕绿色产品而开展的各项促销活动的总称。企业绿色促销策略的核心就是通过充分的信息传递，来树立企业和企业产品的绿色形象，使之与消费者的绿色需求相协调，巩固企业的市场地位。同时，绿色促销也是企业向消费者宣传环境保护和健康消费的手段，以此引导消费者树立绿色消费观念，使企业的绿色促销活动成为整个社会绿色宣传运动的重要组成部分。企业的绿色促销活动主要从以下几个方面考虑：

(1) 实施绿色广告。实施绿色营销的企业，可以通过其广告，把绿色产品的信息传递给消费者，并说服消费者购买绿色产品。

(2) 实行绿色标志。绿色标志也叫"蓝天使"标志，就是对生产和使用过程都符合环保要求，并对环境和人体无害的产品授予的标志。国际上很多发达国家都普遍使用绿色标志，它是产品进入绿色市场的前提条件之一。

(3) 从事绿色公关活动。企业应积极参与环保工作，遵守有关环保的政策法令与协定，主动与政府及环保机构进行合作，确立企业的绿色形象。

(五) 实施绿色营销策略应注意的问题

绿色营销是市场营销的一场革命，不是轻而易举就能实现的。为将企业的绿色营销策略付诸实施，以下工作非常重要。

1. 确立企业的绿色观念

企业应明确树立并全面贯彻绿色营销观念，教育全体员工认识到环保事业是利在当代、功在千秋的崇高事业，视保护环境为己任，使环保目标与企业的经营管理目标融为一体。这样，绿色营销就成了企业的自觉行动，而不会被当作权宜之计或不得已而为之的工作。企业的绿色营销才能健康、顺利地发展下去。

2. 努力开发并利用环保技术

绿色营销的发展取决于观念的更新、管理机制的转变和各项环保技术的应用。我国是一个发展中国家，科技水平相对落后，人们环境意识较弱。在这种情况下实施企业的绿色营销，必须特别注意加强科技投入，引进或开发环保新技术，逐步增加产品设计、制造、分配、使用、报废各环节的绿色因素。

3. 善于发现并抓住绿色营销机会

企业应根据内外环境的具体要求，制定出企业绿色营销的长远规划。在实施计划过程中,注意进行广泛的调查研究,及时发现并抓住可行的营销机会,积极、主动而又有计划地推进企业绿色营销的发展。

4. 注意搞好绿色消费教育

绿色消费运动呼吁企业的绿色营销实践。而消费者的绿色意识是有很大区别的,尤其是在我们这样的发展中国家,还有相当人口对环境问题缺乏认识。这种状况显然不利于绿色营销活动的开展。为此,企业也应肩负起对消费者进行教育的责任,注意传播环境保护与绿色消费知识,以自身的努力呼唤各阶层消费者的绿色意识,推动绿色消费运动的发展。

5. 及早研究并吃透有关环保法规

环保法规对企业行为的影响是相当重要的,必须全面了解。我国的环保法律、法令、规定等有数百种之多,国外的环保法规种类也很多,有些规定还相当具体、严厉,国际标准化组织制定的最新国际环境标志制度也已颁布执行。这些法规或标准,既可以成为企业的压力,又可以为企业提供发展的机会,最好能组织专门人员进行分析研究,以明确方向,克服障碍,推动企业绿色营销的顺利发展。

第三节 关系营销

在商品供不应求的年代,顾客没有多少能选择的企业,企业并不在乎失去老顾客,因为市场需求的存在,总是不断地会有新顾客到来,从而使企业保持销售额不变或有所增长。而在商品供过于求的年代,顾客可任意选择企业,而企业失去的顾客则很可能再也不会回来,至此,企业开始感受到强烈的危机感,如果不采取有效的措施保留顾客,降低顾客流失率,则企业将无法立足。关系营销正是面对这样一种情势,针对企业保留客户的需要应运而生的一种新的营销方式。

一、关系营销的定义及其本质特征

(一) 关系营销的定义

美国学者贝瑞最早对关系营销定义为:"关系营销就是保持客户。"芭芭拉·邦德和杰克逊提出:"关系营销就是锁住顾客,由两种纽带将顾客锁住……一种是结构纽带,另一种是社会纽带。"卡普斯基等人提出:"关系营销就是利用数据库去瞄准消费者,去保持消费者,与消费者建立连续关系。"亨特认为:"关系营销是指建立、发展和维护同顾客成功的交换关系。"Gronroon 对关系营销下的定义为:"关系营销是为了满足企业和相关利益者的目标而进行的识别、建立、维持、促进同消费者的关系,并在必要时中止关系的过程,这只有通过交换和承诺才能实现。"菲利普·科特勒对关系营销的定义是:"关系营销是指为了保持长期的优先权和业务经营而与关系顾客(如顾客、供应商、分销商)建立长期的令人满意的关系活动。"

由此可见,关系营销是一种崭新的营销观念和营销策略,它从传统的以获取短期交易为核心的营销转为以保留顾客关系为核心的营销,其与传统交易营销的区别主要体现在以下三个方面。

1. 目标不同

交易营销的目标是实现单次交易,重视每笔交易与利润之间的关系,往往只考虑如何吸引和获取顾客,而很少考虑保留顾客。关系营销的目标则是造就忠诚顾客,与顾客之间维持长期的业务发展和合作关系,在与竞争者就关键顾客的竞争时享有优先权。

2. 观念不同

交易营销在交易中追求自身利益最大化而不考虑对方的利益,将双方利益视为冲突的对立。关系营销将交易双方利益视为互利、互补的,双方是合作伙伴关系(双赢),认为交易中获得的利益是双方共同创造的,企业在为顾客创造价值最大化的同时提高了自己的效益,从而将追求利润的最大化转为追求与其他各方利益关系的最大化。

3. 手段不同

交易营销以获取顾客为目的,重视售前营销,依据每笔交易与利润之间的关系选择营销策略,对顾客实行有限承诺以实现短期利益,产品售出后则不重视维持客户关系。关系营销则是以保持顾客为目的,注重分析关系水平与利润之间的联系,以维持合理的关系水平、获得长期利润为依据确定营销策略,除开展有效的售前营销吸引顾客以外,在产品售出后仍然对顾客履行承诺以维持长久的关系收益。

关系营销与交易营销的比较见表 12-1。

表 12-1　关系营销与交易营销的比较

关系营销	交易营销
① 集中于顾客保持	① 集中于单独营销
② 以顾客价值为导向	② 以产品特点为导向
③ 长时期同客户保持联系	③ 客户关系时间短
④ 为顾客提供最大化价值	④ 有限的顾客承诺和服务
⑤ 频繁的顾客接触	⑤ 较少的顾客联系
⑥ 质量被所有部门关注	⑥ 质量只在生产过程中被考虑

关系营销理论是指企业与其顾客、分销商、经销商、供应商等相关组织或个人

建立、保持并加强关系，通过互利交换及共同履行诺言，使有关各方各自达到自身的目的和实现各自的利益。它是在交易营销的基础上发展起来的，企业与顾客之间的长期关系是关系营销理论的核心。建立关系是指企业向顾客作出各种许诺，并认真履行诺言，这是关系营销成功的前提；发展或加强关系是指企业向顾客作出一系列新的许诺，即在关系营销情况下企业与顾客长期保持着广泛、密切的联系，此时，价格已经不再是最主要的竞争手段，而竞争者也很难利用价格或其他手段来破坏企业与顾客之间的关系。

关系营销告诉人们，维持老顾客的成本比开发新顾客的成本要低得多，企业的利润率比较高，特别是在市场不景气时期，那些具有稳定顾客关系的企业抗波动能力较强，员工因为企业业务的稳定，也会比较安心工作，而员工的稳定性又有利于服务质量的改善和提高。关系营销使服务企业处于一种良性的循环中。其基本逻辑图见图 12－1。

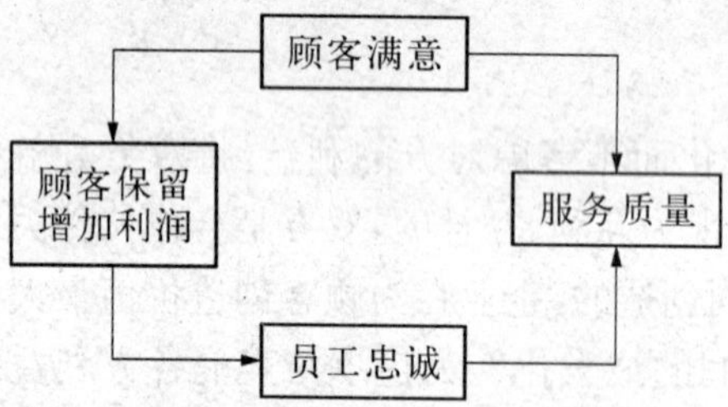

图 12－1　关系营销基本逻辑图

关系营销还增加了顾客的利益和社会利益。当企业努力保持与顾客的良好关系时，会更多地考虑顾客的需要和特点，为老顾客提供更多的个性服务，从而提高顾客的满意度。企业若注重保持与顾客之间的稳定关系就可以减少双方因转换关系而付出的金钱成本、心理成本与时间成本，可以说这是一种信任利益。企业与顾客之间的长期来往，使企业的员工与顾客之间，顾客与顾客之间结成一种良好的人际关系，彼此之间可成为朋友，这些关系对提高人们的生活质量十分有益，可以说这又形成了社会利益。

(二) 关系营销的本质特征

关系营销是以系统论为基本思想，将企业置身于社会经济大环境中来考察企业的市场营销活动，认为企业营销乃是一个与顾客、供销商、竞争者、内部员工、政府机构和社会组织发生相互作用的过程，正确处理与这些个人及组织的关系是企业营销的核心，是企业成败的关键。关系营销的本质特征体现在以下几个方面。

1. 信息沟通的双向性

社会学认为关系是信息和情感交流的有机渠道，交流应该是双向的，即可以由企业开始，也可以由营销对象开始。广泛的信息交流和信息共享，可以使企业赢得支持和合作。

2. 战略过程的协同性

在竞争性的市场上，明智的营销管理者应强调与利益相关者建立长期的、彼此信任的、互利的关系。各具优势的关系双方，互相取长补短，联合行动，协同动作去实现对双方都有益的共同目标，可以说是协调关系的最高形态。

3. 营销活动的互利性

关系营销的基础在于交易双方之间有利益上的互补。关系建立在互利的基础上，要求互相了解对方的利益要求，寻求双方利益的共同点，并努力使双方的共同利益得到实现。

4. 信息反馈的及时性

关系营销要求建立专门的部门，用以追踪利益相关者的态度。关系营销应具备一个反馈的循环，连接关系双方，企业由此了解到环境的动态变化。信息的及时反馈，使关系营销具有动态的应变性，有利于挖掘新的市场机会。

二、关系营销的六大关系市场

亨特等人认为，企业要面对和处理四个方面、十种关系。这四个方面、十种关系分别是：第一，供应者方面，包括与产品供应者和服务供应者两种关系；第二，横向关系方面，包括与竞争者、非营利组织和政府机构三种关系；第三，购买者方面，包括中间购买者和最终消费者两种关系；第四，内部关系方面，包括与下属单位、雇员和职能部门三种关系。

1991 年，由克里斯多弗等人将对企业营销有影响的因素划为六大市场，认为协调好企业同六大市场的关系是关系营销的任务。到目前为止，这是对关系市场最全面的表述。

(一) 顾客市场

顾客市场(customer markets)包括最终使用者、顾客或中介购买者，在六大市场中处于中心位置，企业在其他市场上的关系营销活动都是为了更好地满足顾客的需求。顾客市场是传统营销理论中唯一认可的市场，但顾客市场在关系营销中和在传统营销中也是有区别的，交易营销偏重于一次性买卖的活动，注重产品特色和短期效果，很少强调顾客服务，属于有限的顾客服务和接触；而关系营销则偏重于保持顾客活动，注重顾客价值和长期效果，强调高质量的顾客服务。

(二) 供应者市场

供应者市场(supplier markets)为企业提供原材料、产品和服务，企业与供应商在营销渠道上建立广泛的合作伙伴关系，才能保证企业顺利地推出产品和服务。传统理论更注重供应者与购买者之间讨价还价的对立关系，关系营销则注重两者的合作关系。

(三) 相关市场

相关市场(referral markets)是指那些中介组织，如批发商、零售商和其他各种类型的分销商、代理商，以及广告商、银行、市场调研机构等。企业同这些人建立长期的良好关系，使他们从不同角度推荐企业，有利于企业在顾客心中树立良好的形象，从而促进企业与客户的长期关系。

（四）影响市场

影响市场（influence markets）主要包括政府部门、法律部门、社会团体和一些投资基金等，他们直接影响企业的营销活动。影响市场中的影响者会对企业或组织的发展起到支持或限制的作用。对影响市场的关系营销主要是处理好与那些对企业或组织影响较大的影响者之间的关系，以获取最大限度的支持，而避免可能发生的各种各样的限制。

（五）内部市场

内部市场（internal markets）主要指企业内部个人与团体关系、上下级关系、职能部门之间的关系等，通过这些关系和行为，进而通过企业文化，尤其是共同价值影响企业的精神和气质，从而影响企业同顾客的关系。内部市场营销的主要目的有两个：一是保证每一个人和部门都既是高质量服务的提供者，又是高质量服务的接收者；二是保证所有的人员都联合起来，为实现企业或组织目标，执行企业或组织战略而服务。

（六）雇员市场

雇员市场（recruitment markets）主要是指那些有能力的待聘人员，企业要吸收这些有能力的待聘人员成为其雇员，因为企业是通过一线雇员同顾客建立直接关系，因此雇员质量直接关系到关系营销的效果。

三、关系营销的主要目标

关系营销的基本目标是建立和维持一个对企业有益的、有承诺的顾客基础，为实现该目标，企业必须重视开发、维持和增强顾客关系。关系营销的关键在于企业不仅要争取顾客和创造交易，而且更重要的是和顾客及其他利益相关者建立长期的、彼此信任的、互利合作的伙伴关系，以较低交易的风险和成本，促进产品持续销售。

（一）培养忠诚顾客

顾客是企业的资产，企业应以提高顾客满意度和忠诚度为中心目标。顾客忠诚通常认为是重复购买同一品牌或产品的行为，而这种行为是有目的性的、经过思考而决定的购买行为。也就是说忠诚顾客是那些重复购买同一品牌产品、只考虑这种品牌并且很少甚至不再进行相关品牌信息搜索的顾客。顾客忠诚会为公司创造卓越的价值，其为企业利润所作的贡献是通过一系列商业环节逐步实现的，较高的顾客忠诚度带来的利益是相当可观的。

（二）降低经营风险

关系营销的重点是保留顾客，维持相对稳定的顾客群体，在激烈的市场竞争中形成可靠的市场基础，以保证产品销路和利润水平，减少经营中的不确定因素。

（三）增强竞争实力

关系营销的最终结果是建立起公司最好的财产，即由公司和其他企业的牢固可靠的业务关系所构成的营销网。公司不是单枪匹马地投入竞争，而是运用整个营销网络展开更有效的竞争。

（四）及时反馈信息

交易营销面向广大的市场，与顾客缺少交流，也难以了解顾客是否满意。当顾客的满意度下降时，由于时滞的影响，企业的市场份额在一定程度上仍可维持一段时间，依赖于市场份额统计就会误导企业的行为。而实施关系营销的企业与顾客有密切的交流，能够直接地、及时地获得顾客需求、希望、满意度和未来目标等信息，改进营销规划。

（五）塑造良好形象

消费者普遍认为口碑传播比其他信息来源更具有信誉，关系营销依靠优质产品、优良服务、公平价格和多方面的联系造就忠诚顾客，他们的口碑效用可以在社会公众和潜在顾客中塑造良好的企业形象，这一信息传播的方式会为企业带来新的顾客。

四、关系营销的具体实施

关系营销的实施过程可分为明确营销目标、市场结构分析、选择目标市场、确定关系层次、提供所需利益、策划营销策略、执行营销策略、测试营销效果和改善营销规划九个步骤。

（一）明确营销目标

营销目标决定着企业的营销规划。关系营销的最终目标是增加企业的销售和利润，具体目标有多种，比如，是促使顾客增加购买量还是增加购买频率，是防止老顾客转向其他品牌还是吸引新顾客等，而最主要的目标是提高顾客的忠诚度。

（二）市场结构分析

市场分析包括顾客分析、竞争者分析、分销商分析和产品分析。

(1) 顾客分析。关系营销对不同类型的顾客会有不同的效果，因此在市场调研的基础上分析现实顾客和潜在顾客的关系价值及其对购买行为产生影响的因素级别，是顾客分析十分重要的一环，也构成了企业目标市场选择的主要依据。

(2) 竞争者分析。市场竞争激烈、商品供过于求的情况是比较适合开展关系营销的；反之，如果市场竞争微弱，产品供不应求，则比较适合开展交易营销。

(3) 分销商分析。产品的分销商少，则适合开展关系营销，可以通过关系营销来加强与分销商之间的关系纽带，保持销售渠道的畅通；分销商多则较适合开展交易营销，因为企业可以很容易地找到其他的分销商来销售自己的产品。

(4) 产品分析。实践证明，日用品、工业生产原材料等伴随服务少的产品，因其顾客转换成本低，使用关系营销的效果并不明显；而耐用消费品、大型机械设备等伴随服务多的产品，因其顾客转换成本高，进行关系营销效果更明显。

(三) 选择目标市场

在顾客分析的基础上，按照顾客关系价值、追求利益、转化成本和个性等因素将顾客市场细分，然后结合自身条件、市场竞争状况等因素选定企业关系营销的目标市场。

关系营销所要求的市场细分和目标市场比一般的营销更加精细，它运用更为详细的资料把所有现实顾客和潜在顾客分割成许多细小的需求不同的群体，有时甚至把一个顾客作为一个细分市场或目标市场，并分别制定不同的关系营销策略。

(四) 确定关系层次

企业对不同类型的顾客群体保持不同层次的关系，在关系成本投入、关系管理方式、关系营销策略等方面都有显著差别。企业与顾客的关系可以分为五个不同的层次：

(1) 基本型。推销员售出产品后不再与顾客接触。

(2) 反应型。推销员售出产品，并鼓励顾客，如有问题或不满意就与公司联系。

(3) 可靠型。推销员售出产品后就给顾客打电话，了解对产品的看法和有关改进的建议，帮助解决使用中可能出现的问题。

(4) 主动型。推销员售出产品后经常与顾客联系，讨论改进产品用途和开发新产品的建议，帮助解决使用中出现的问题。

(5) 伙伴型。公司在产品售出后一直与顾客在一起，以找到影响顾客花钱的方式或帮助顾客更好行动的途径。

不同层次的关系营销见表 12－2。

表 12－2　不同层次的关系营销

利润 / 顾客与分销商数量	高	中	低
顾客/分销商很多	可靠型	反应型	基本型/反应型
顾客/分销商一般	主动型	可靠型	反应型
顾客/分销商较少	伙伴型	主动型	可靠性

（五）提供所需利益

关系营销必须以利益为纽带，坚持向顾客提供较多的利益才能保持长期稳定的关系，企业向顾客提供的利益主要有三种：

（1）财务利益，指给顾客提供一定的物质利益或资金利益，如赠送奖品、礼品、优惠券等。这些措施能够赢得顾客的好感，但也很容易被竞争者模仿，难以保持公司的差别优势。

（2）社交利益，指了解顾客的个人需求和爱好，将公司的服务个人化、私人化，增加情感交流，加深友谊和顾客归属感。

（3）结构性利益，指为顾客提供某些从别处无法获得或付出高昂代价才能获得的附加利益，如及时对产品进行维修等。由于结构性利益是通过整个企业体系提供给顾客的，离开了这个体系就难以得到，顾客和企业就会形成一种牢固的结构性联系，在前期的交易结束之后，顾客无法结束也不愿结束与企业的关系。比较而言，在关系营销中运用结构性利益比运用财务利益和社交利益都更为有效。

（六）策划营销策略

明确了向顾客提供的利益之后，要制定相应的规划，具体做法有：

（1）人员联系。它是指通过营销人员与顾客的密切交流增进友情，强化关系。如共同进行娱乐活动、共同进餐、在重要纪念日向顾客发出祝贺等。

（2）频繁营销。这是一种向经常购买或大量购买的顾客提供奖励的规划。奖励的形式有折扣、赠品、奖品等。

（3）俱乐部营销。它是指建立顾客俱乐部，吸收购买一定数量的产品或支付会费的顾客成为会员，享受俱乐部成员享有的特殊优惠。

（4）顾客化营销。它是指企业及时洞悉顾客的需求，通过提供特色产品、超值服务等满足顾客的需要，提高顾客忠诚度。这种方式主要用于提供结构性利益。

（5）数据库营销。顾客数据库是指与顾客有关的各种数据资料。数据库营销是通过建立、维持和使用数据库中的信息进行交流和交易活动的过程。由于具有较强的针对性，数据库营销可看作是顾客化营销的特殊形式。

（6）退出管理。退出是指顾客不再购买企业的产品或服务，中止与企业的业务关系。退出管理是指企业分析顾客退出的原因，相应改进产品和服务质量以减少顾客的退出。

（七）执行营销策略

执行营销策略包括建立机构、委派人员、沟通策略等。

（1）建立关系管理机构，是使关系营销方案落到实处的组织保障。

（2）为每个主要客户派选关系经理。关系经理是顾客所有信息的集中点，是协调公司各部门做好顾客沟通服务的沟通者，直接对顾客和企业负责。

(3) 制定沟通策略。通过报纸、杂志、广播等形式广泛宣传,使目标顾客了解公司的各项措施以及提供的利益,建立和维系与公司的关系。

(八) 测试营销效果

测试的目的是为了解目标顾客的满意度、保留率、关系营销方案的成功与不足、方案执行过程中的成绩与问题等。

(九) 改善营销规划

只有及时纠正规划中的缺陷和执行过程中的问题,持续不断地改善规划,才能保证规划在合理的水平内达到目标,在高度竞争的市场中建立和加强顾客忠诚度。

案 例

环保邂逅时尚——I'm not a plastic bag

近年来,一些时尚品牌开始以环保来"标榜"自己的新设计理念。然而,秀场上的皮草、华贵奢侈的时尚排场让人们不得不质疑,"环保"究竟是一种态度还是一个时髦词汇。时尚界在经历了奢华的张扬、叛逆的个性之后将目光锁定在了环保的身上,皮草、羊绒不再是流行界的至尊元素。品尝野味更是为众人所不能接受,至于高碳排放量的旅游方式也逐渐淡出人们的休闲计划,时尚与环保的关系正在重新洗牌。日前,一款印有"我不是塑料袋"("I'm not plastic bag")的名牌手袋的风靡更说明了这一切。

英国新锐设计师品牌 Anya Hindmarch(安尼亚・辛德马克)2007 年 5 月推出了"I'm not a plastic bag"拎包,环保概念+限量版+5 英镑的售价使得各大销售点均排起长龙。"I'm not a plastic bag"拎包不仅可当作购物袋,还可兼做健身房、海滩用的包款,超厚实的帆布材质以及编织的麻绳提把,环保的设计理念与超低价的名牌包款,所以在 2007 年 3 月 20 日正式上市的当天,此种环保包在伦敦的街头就被抢购一空。紧接着,6 月 20 日,这只"不是塑料袋"的拎包魅力又席卷纽约。发售第一日,尽管商店上午 10 点才开门,但有些人凌晨 5 点多就去排队,开门后不过 3 小时,几千只拎包又全部售空。现在,这只拎包在 eBay 上,售价已经被爆炒至 200 英镑。设计师当初设计"I'm not a plastic bag"拎包时本是出于呼吁大家少用塑料袋的环保考虑。但神奇的结果是,这一举动变成了引发时尚潮流的一股强大力量。人们忍不住要觉得迷惑，如此疯狂地购买它，是为了表明自己对于环保事业的支持，还是因为它时髦？难道Shopping可以拯救地球？

时尚，尤其是奢侈品，和环保之间似乎存在着本质的冲撞——昂贵奢华品的美，在于其材质的稀缺和费心费时的制作工艺，它消耗自然界罕有的资源，把享受推向极致。在环保主义者的眼中，奢侈品向来是他们唇枪舌剑的对象，他们控诉道："对于超越正常价值之上的奢华的追逐，直接造成了对于自然和人类整体的罪恶。"不过时尚界里除了皮草，还有其他很多内容。时尚人士最擅长的，就是制造潮流，前几年，慈善事业与时尚的结合是一波潮流，如今，这股风潮已转移至"关注地球"。他们可以绕过那些鳄鱼皮和水貂，把顾客的注意力吸引到其他细节中去。例如近期，法国版《ELLE》杂志推出了年度"绿色特辑"，喊出一个"绿色是新黑色"(Green is the new black)的口号。《名利场》几乎想把明星红地毯改成"绿地毯"了，他们选出过着"绿色日子"的明星，将其形象印制在环保再生纸片上示众。但是环保与时尚的结合远非"变绿"的时尚人士增多这么简单。为了顺应他们的口味，如今几乎所有的顶级时尚品牌都使出了环保招数，让时尚界的环保不仅仅是漂亮的口号，也变成一把市场利剑。"I'm not a plastic bag"拎包就在此时出现，并把时尚和环保的融合激发出一个最爆点。

Anya Hindmarch 的合作者，环保组织"We are what we do"的发言人 David Robinson 认为："不要小看了时尚环保的影响力，如果你向一个人微笑，他会再向其他人微笑，这就是涟漪效应。目前每个英国人平均年消耗 168 个塑料袋，只要让人们意识到这一点，也就是一种胜利。"

在当前的社会背景下，环保不可能一下子成为每个人的生活习惯，就比如时尚，实际上也未能融入每个人的生活当中。只是今天，我们用追寻时尚的标准来追寻环保，便已经是一个进步了。面对"时尚人士的伪善逻辑"的评价，设计师 Anya Hindmarch 说："我始终认为并非所有的顾客都是冲着捡时髦便宜货的心态而来，其中一定有人真的热心于环保。"其实，让环保成为每个跟随流行趋势的人脑子里的"时尚意识"也没有什么不好。哪怕年轻人只是为了赶时髦，而肯为环保做一点小事，比如说尽量少用塑料袋，那也是一件挺棒的事情。而且，从环保角度来讲，设计师设计一个棉质的做工精良又有时尚感的便宜手袋来支持环保，总比设计一个豪华的皮毛手袋好得多。

最后，时尚不是环保的噱头更不是环保的理由，要想环保，就应该从自身做起。例如，在欧洲，很多人为了减少因驾车带来的空气污染而愿意骑自行车上班，这样的人被视为环保卫士而受到尊敬。在上海，步行上班对很多人而言有巨大难度，这时候上海人的精明就发挥了优势，他们会自发组织拼车，使每辆车的效用最大化，降低了人均尾气排放量，也节约了道路空间。毕竟，独乐乐不如众乐乐。所以，环保不仅仅是时髦的时尚，更应该成为自身修养的一部分。

案例思考 请寻找并分析一些时尚品牌如何实践绿色营销理论而取得成功的，并通过案例阐述绿色营销核心是什么？

复习与思考

一、名词解释

1. 营销道德
2. 绿色营销
3. 关系营销

二、思考题

1. 评价营销道德的标准是什么？
2. 如何实施绿色营销策略？
3. 什么是关系营销策略？

参考文献

[1] 科特勒,阿姆斯特朗.市场营销原理[M].郭国庆,等,译.北京:清华大学出版社,2007.

[2] 方青云,袁蔚,孙慧.现代市场营销学[M].上海:复旦大学出版社,2005.

[3] 昆奇,等.市场营销管理:教程和案例[M].吕一林,等,译.北京:北京大学出版社,2004.

[4] 贾丹华,聂晶.现代市场营销[M].北京:清华大学出版社,2007.

[5] 朱华,窦坤芳.市场营销案例精选精析[M].3版.北京:中国社会科学出版社,2006.

[6] 魏明侠,司林胜.绿色营销绩效管理[M].北京:经济管理出版社,2003.

[7] 方光罗.市场营销概论[M].2版.大连:东北财经大学出版社,2007.

[8] 庄贵军.企业营销策划[M].北京:清华大学出版社,2005.

[9] 周雪晴.角逐市场——经济全球化与企业营销新理念[M].兰州:甘肃人民出版社,2003.

[10] 甘碧群.市场营销学[M].3版.武汉:武汉大学出版社,2002.

[11] 李玉珍,桑银峰.国际市场营销发展趋势展望[J].营销世界,2004(2):77-78.

[12] 龚兴郑.现代营销管理[M].合肥:安徽大学出版社,2001.

[13] 侯书森.市场营销学精华读本[M].北京:民主与建设出版社,2001.

[14] 王霆,卢爽,汪虹昱.深度营销[M].北京:中国纺织出版社,2003.

[15] 吴晓云.工商管理市场营销案例精选[M].天津:天津大学出版社,2001.

[16] 贝瑞,莱诺夫.数据挖掘技术:市场营销、销售与客户关系管理领域应用[M].别荣芳,尹静,邓六爱,译.北京:机械工业出版社,2006.

[17] 斯彼勒,拜尔.当代直复营销[M].韩顺平,译.大连:东北财经大学出版社,2006.

教学课件索取单

敬爱的老师：

感谢您使用由朱成纲、王超编写的《市场营销学(第五版)》。为了方便您的教学，本书配有相关的教学课件。如果您需要，请您填写下面表格中的相关信息，并以电子邮件的形式发到我社，我们在核对您的信息后，会免费向您提供教学课件。

我们的联系方式：

地址：上海市中山西路 2230 号立信会计出版社　　邮编：200235

电子邮件：hongmeichun@sina.com　　电话：(021)64411101

姓　名		性别		身份证号	
学　校		学院、系		教研室	
学校地址				邮　编	
职　务		职　称		办公电话	
E-mail		手　机		宅　电	
通信地址				邮　编	
教材用量	册	委托订购单位			

您对本书的使用有什么意见和建议？